PEARSON
myspanishlab ¡Hola!

Part of the **award-winning** MyLanguageLabs suite of online learning and assessment systems for basic language courses, MySpanishLab brings together—in one convenient, easily navigable site—a wide array of language-learning tools and resources, including an interactive version of the *Atando cabos* student text, an online Student Activities Manual, and all materials from the audio and video programs. Self-tests for individualized grammar review, tutorials, and English grammar Readiness Checks personalize instruction to meet the unique needs of individual students. Instructors can use the system to make assignments, set grading parameters, listen to student-created audio recordings, and provide feedback on student work. MySpanishLab can be packaged with the text at a substantial savings. For more information, visit us online at http://www.mylanguagelabs.com/books.html

A GUIDE TO *ATANDO CABOS* ICONS

ACTIVITY TYPES

✔	Self-test for MySpanishLab	This icon, located in each *Repasemos* section, reminds students to take the *Self-test* in MySpanishLab to test their understanding of the underlying first-year grammar and obtain their personalized study plan for the *Cabos sueltos* review sections.
🔊	Text Audio Program	This icon indicates that recorded material to accompany *Atando cabos* is available in MySpanishLab, on audio CD, or the Companion Website.
👥	Pair Activity	This icon indicates that the activity is designed to be done by students working in pairs.
👥	Group Activity	This icon indicates that the activity is designed to be done by students working in small groups or as a whole class.
🌐	Web Activity	This icon indicates that the activity involves use of the Internet.
🎬	Video icon	This icon indicates that a video clip is available for the indicated *Ventana al mundo* section. Activities to accompany the *Ventanas al mundo* video series appear in the *Atando cabos Student Activities Manual*. Videos are available on DVD and in MySpanishLab.
MediaShare	MediaShare	This icon, presented with all *Escuchemos* sections, refers to the video-posting feature available on MySpanishLab. Students can use this feature to share (and comment on) videos of their presentations with classmates and instructor. Instructors can use postings to assess student learning outcomes.

Dedico este libro además de a mi familia, a Marta Rosso por tantos años de amistad, confianza, esfuerzo y trabajo conjunto. También a Dora Vázquez Older y Douglas Morgenstern, mis primeros maestros.

María González-Aguilar

A mis hermanas, que son mujeres de empuje, Mariqué, Gabriela y Lucila.

Marta Rosso-O'Laughlin

Atando cabos

Curso intermedio de español

María González-Aguilar

Instituto Cervantes, París
École Polytechnique, Palaiseau

Marta Rosso-O'Laughlin

Tufts University

Fourth Edition

Prentice Hall
Boston   Columbus   Indianapolis
New York   San Francisco   Upper Saddle River
Amsterdam   Cape Town   Dubai   London
Madrid   Milan   Munich   Paris   Montréal   Toronto
Delhi   Mexico City   São Paulo   Sydney
Hong Kong   Seoul   Singapore   Taipei   Tokyo

Acquisitions Editor: *Donna Binkowski*
Editorial Assistant: *Gayle Unhjem*
Senior Marketing Manager: *Denise Miller*
Marketing Coordinator: *William J. Bliss*
Senior Managing Editor for Product Development: *Mary Rottino*
Executive Editor MyLanguageLabs: *Bob Hemmer*
Senior Media Editor: *Samantha Alducin*
Audio-Visual Project Manager: *Gail Cocker*
Development Editor for Assessment: *Melissa Marolla Brown*
Media Editor and Development Editor for Assessment:
  Meriel Martínez
Associate Managing Editor: *Janice Stangel*
Production Project Manager: *María F. García*

Art Director: *Leslie Osher*
Senior Art Director: *Pat Smythe*
Senior Manufacturing and Operations Manager,
  Arts and Sciences: *Nick Sklitsis*
Operations Specialist: *Brian Mackey*
Interior and Cover Design: *Ximena P. Tamvakopoulos*
Full-Service Project Management:
  Assunta Petrone, Preparé Inc.
Composition: *Preparé Inc./Emilcomp s.r.l.*
Printer/Binder: *Courier/Kendallville*
Cover Printer: *Coral Graphics*
Publisher: *Phil Miller*
Image Credit: *fotoluminate/Shutterstock*

Credits and acknowledgments borrowed from other sources and reproduced, with permission, in this textbook appear on appropriate page within text or on pages 445–446.

Microsoft® and Windows® are registered trademarks of the Microsoft Corporation in the U.S.A. and other countries. Screen shots and icons reprinted with permission from the Microsoft Corporation. This book is not sponsored or endorsed by or affiliated with the Microsoft Corporation.

Many of the designations by manufacturers and sellers to distinguish their products are claimed as trademarks. Where those designations appear in this book, and the publisher was aware of a trademark claim, the designations have been printed in initial caps or all caps. Library of Congress Cataloging-in-Publication Data.

Library of Congress Cataloging-in-Publication Data
González-Aguilar, María.
Atando cabos: curso intermedio de español / María Gonzalez-Aguilar,
Marta Rosso-O'Laughlin. —4th ed.
    p. cm.
1. Spanish language—Textbooks for foreign speakers—English.
I. Rosso-O'Laughlin, Marta. II. Title.
PC4129.E5R67 2010
468.2'421—dc22
                                              2010022631

10 9 8 7 6 5 4 3 2 1

Prentice Hall
is an imprint of

www.pearsonhighered.com

Student edition, ISBN-10: 0-205-77016-9
Student edition, ISBN-13: 978-0-205-77016-8
À la Carte Edition, ISBN-10: 0-205-77112-2
À la Carte Edition, ISBN-13: 978-0-205-77112-7

Brief Contents

Scope and Sequence

3 Hablemos de la interculturalidad 62

TEMA CULTURAL   La interculturalidad
La comunidad hispana en los Estados Unidos

4 Hablemos de donde vivimos 94

TEMA CULTURAL   Algunas grandes ciudades hispanas
Problemas ecológicos en el mundo hispánico

Conversemos sobre las lecturas

Avancemos con la escritura

Conversemos sobre las lecturas

Avancemos con la escritura

5 Hablemos de los derechos humanos 126

6 Hablemos de la salud 156

9 Hablemos de la juventud 252

10 Hablemos del comercio justo y el consumo responsable 280

Conversemos sobre las lecturas

Avancemos con la escritura

Conversemos sobre las lecturas

Avancemos con la escritura

11 Hablemos del ocio y del tiempo libre 308

TEMA CULTURAL   El ocio en el mundo hispánico

12 Hablemos de las celebraciones 340

TEMA CULTURAL   Las celebraciones hispánicas

Preface

The publication of *Atando cabos: Curso intermedio de español,* **Fourth Edition,** is a wonderful milestone to have reached. Over the last ten years we have seen this book's trajectory expand significantly, and it has helped thousands of students advance their language skills in Spanish. *Atando cabos* has its own community now, made up of all the many teachers and students who have chosen to use this book to improve their Spanish. Because of their feedback, the new fourth edition is an even more exciting and useful tool for learning.

New to This Edition

We have made a number of changes in the fourth edition of *Atando cabos* that we believe will enhance the usefulness of the program as a whole. These changes include the following:

- **Completely Revised and Updated Grammar Syllabus**   We have changed the sequence of the grammar points in order to better meet the needs of today's Intermediate Spanish students. Of particular note is the presentation of the past tenses and the subjunctive earlier in the program, in Chapters 2 and 5, respectively.

- **NEW Video Program**   We have created a new, video program featuring authentic mini-documentaries and interviews that reflect the cultural themes presented in each chapter. These video segments give students a real-life look at the varied cultures of the Spanish-speaking world. Pre-viewing, viewing, and post-viewing activities are found in the **Student Activities Manual** (SAM).

- **NEW Readings and Poems**   We have replaced three reading selections in the chapters about traveling, ecology, and work. Also, in order to introduce students to a broader range of Hispanic authors from varying periods and countries, we have replaced eight of the twelve poems. We now feature such prominent poets as Ernesto Cardenal, Jorge Luis Borges, Octavio Paz, Marjorie Agosín, Tino Villanueva, and Alfonsina Storni.

- **NEW *Escuchemos***   Each vocabulary section now ends with a culminating Listening Comprehension activity, *Escuchemos,* giving students the opportunity to hear the target vocabulary in context. An expansion activity for each *Escuchemos* segment, directing students to create their own videos and share them by using **MediaShare**, is found in **MySpanishLab**.

- **NEW *Palabras de enlace***   We have added a new feature, *Palabras de enlace,* to the writing section of each chapter. In this section, students can focus on and practice a few connecting words at a time, thereby enhancing their writing skills.

- **NEW *Capítulo* 10**   We have rewritten Chapter 10 and given it a new thematic focus. This brand-new chapter deals with consumer consciousness and fair trade, and it supports student awareness of how both topics can help to develop stable communities in the Hispanic world.

- ***Ventanas al mundo***   We have revised and updated the *Ventanas al mundo* sections so that each *Ventana* ties language functionality to developing sociolinguistic awareness and strategies for better reading and writing. In addition, we now feature a related video clip for one *Ventana* in each chapter. Pre- and post-viewing activities for every video are found in the **Student Activities Manual** and **MySpanishLab**.

- **Enhanced Design Features**   The new, updated design presents material in a clearer, more student-friendly format. New icons provide transparent links to online materials, making this edition of ***Atando cabos*** particularly well-suited for hybrid and online courses.

- **Reorganized Student Activities Manual**   Each chapter's Workbook, Lab Manual, and Video Manual activities are now presented in a single volume, the **Student Activities Manual (SAM)**, and in one continuous sequence, paralleling the sequence of topics in the student text.

- **Revised and Expanded Testing Program**   The **Testing Program** has been completely rewritten to provide instructors with a wider range of assessments that more closely correlate with the chapter structures and objectives, and to make online testing and test-building easier and more flexible than ever before.

Key Features of *Atando cabos*

The fourth edition remains faithful to the original goals of the ***Atando cabos*** program. It continues to focus on the needs of learners in third- and/or fourth-semester Spanish courses.

- **Content-based Approach**   Instructors and students will find a wide variety of topics that will hold their interest while they practice the language.

- **Four-skills in Support of Communication**   The basic skills—listening, speaking, reading, and writing—are taught as building blocks that lead to higher proficiency and better communication. Students learn to express, interpret, and negotiate meaning in context, supported by clear grammatical explanations and charts.

- **Development of Sociolinguistic Competence**   *Atando cabos* seeks to develop both fluency and accuracy, while fostering the student's ability to function within Hispanic cultures. Sociolinguistic competence is given a special place; it serves as a springboard to the world outside of the classroom.

- **Focus on the 5 C's of the National Standards**   Fully integrated, cultural information and authentic materials facilitate the learning process. All activities are designed to either increase cultural awareness or help students personalize and relate the material to their own experiences.

- **Individualized Instruction**   The *Atando cabos* program addresses the main challenge encountered at the intermediate level, that is, the wide range of language ability that students present at this stage of learning Spanish. Intermediate students normally bring to the classroom a variety of backgrounds and preparations. They inevitably have many different "loose ends" that need to be tied up during the course of the second year. Our learner-centered approach aids students in identifying their needs, and then allows them the freedom to work individually on selected areas. Furthermore, we offer instructors a rich array of resources from which they can choose to create a course that addresses their students' unique needs.

Program Overview

The **Atando cabos** textbook consists of two separate, but coordinated, parts. The first part, the core of the text, contains twelve thematically organized chapters. Each chapter contains contextualized vocabulary presentations, vocabulary development activities, grammatical explanations specific to the second year, communicative activities to review particular grammar points that are contextualized in the reading selection and/or in the vocabulary presentation, a section on the functions of language devoted to developing sociolinguistic awareness, a wealth of readings, and strategies for better reading and writing.

The second part, called *Cabos sueltos*, is a review of the basic grammatical structures that are usually covered during the first year of study. It prepares students to engage with the second-year grammar topics presented in the core of the textbook. The *Cabos sueltos* section provides clear grammar coverage for the student, and thereby helps instructors avoid loss of class time due to any one student's need for review. This treatment of grammar also gives students the opportunity to review individually, either in class or at home, any given structure not fully covered in their first year of study. Self-assessment and an individualized selection of review activities are provided in **MySpanishLab**. If, for example, a student's assessment indicates a need for additional practice with the basic forms of the preterite, the student is referred to a particular section of *Cabos sueltos* to review those basic forms. The student can then continue with the core section of the text. Integration and connection are key concepts in *Atando cabos*.

Each of the twelve thematically organized chapters begins by introducing the cultural theme of the chapter and outlining its objectives. Content in each chapter is divided into five manageable sections that can be covered in one or two class periods each.

- *En marcha con las palabras* contains a cultural reading that introduces the new vocabulary in context. Subsections include *Palabras conocidas*, which reviews words that students will be using in the chapter activities; *Expresiones útiles*, which calls attention to new idiomatic expressions introduced in the reading; *¡Sin duda!*, which presents vocabulary words that require special attention, like false cognates; *Así se dice*, which introduces special expressions associated with sociolinguistic functions; and *Escuchemos*, which provides cumulative listening comprehension practice.

- *Sigamos con las estructuras* is a two-tiered grammar section. The first, *Repasemos*, offers communicative activities for the practice of structures students learned in first-year Spanish, as well as links to explanations in the *Cabos sueltos* section of the text for students who need to review the material. The second, *Aprendamos,* provides explanations of intermediate-level grammar topics, followed by practice activities that progress from form-focused to meaning-focused to communication-focused.

- *Conversemos sobre las lecturas* is a reading section featuring a process approach. *Antes de leer* offers reading strategies (in English), while *Vocabulario de las lecturas* highlights specific vocabulary for the reading selections. Each reading (including both prose and poetry) is preceded by an introduction (usually a brief biography of the author), and followed by activities.

- *Avancemos con la escritura* is a writing section featuring a process approach. Each offers a different writing strategy, *Palabras de enlace* for implementing that strategy, a choice of writing topics, and a checklist to aid students in reviewing and revising their writing.

- Additional elements of each chapter include *Diario* (topics for journal entries), *Ventana al mundo* (cultural boxes), and *Boletín* (marginal cultural notes). These point-of-need elements bring the chapter's cultural themes to life and encourage individual reflection.

Program Components

The *Atando cabos* program includes a wide array of additional resources for students and instructors alike.

Student Resources

Audio for the Text

The audio program consists of recordings of each chapter's contextualized vocabulary presentation, *En marcha con las palabras: En contexto,* as well as all *Esuchemos* sections in the textbook.

Student Activities Manual

Organized by chapter, the **Student Activities Manual** (SAM) integrates the Workbook, Lab Manual, and Video Manual into one component, following the structure and objectives presented in each corresponding chapter of the textbook. **NEW** pre-viewing, viewing, and post-viewing video activities are designed to facilitate comprehension and to expand the themes presented in each video segment. The Student Activities Manual is available in print and within **MySpanishLab.**

Answer Key for Student Activities Manual

A separate **Answer Key** for the **SAM** activities is available for instructors who want students to check their own work and monitor their progress.

Audio CDs for the Student Activities Manual

These recordings accompany the Listening Comprehension portions of the **SAM** and are also accessible in **MySpanishLab.**

Video on DVD

The **NEW Video** program features authentic mini-documentaries and interviews that reflect and expand the cultural themes presented in the twelve chapters. The video is available for student purchase on DVD.

Instructor Resources

Annotated Instructor's Edition

The **Annotated Instructor's Edition** contains marginal annotations suggesting warm-ups, transitions, the incorporation of cultural topics into class discussions, and expansion exercises. Answers to discrete point activities are printed in their corresponding blanks in the text for the instructor's convenience.

Instructor's Resource Manual

The **Instructor's Resource Manual** includes sample syllabi, lesson plans, and the scripts for the **Student Activities Manual** audio and video programs, as well as strategies for integrating all program components into the course. **NEW** to this edition: A complete mapping of the activities in *Atando cabos* to the corresponding National Standards has been added.

Testing Program

The **Testing Program** uses a variety of techniques to evaluate students' skills in a manner consistent with the pedagogy of the *Atando cabos* program. Assessment of all skills—speaking, writing, reading, and listening, as well as cultural awareness—is provided. Two complete tests are available for each chapter. In addition, the testing program includes a larger number of other testing modules that can be used by individual instructors to create customized tests. The **Testing Program** is available through the **Instructor Resource Center** and **MySpanishLab.**

Audio CD for the Testing Program

This CD contains the recordings to accompany the listening activities in the *Atando cabos* **Testing Program**. This audio is also available in **MySpanishLab**.

Video on DVD

The **NEW Video** developed specifically to accompany the new edition of *Atando cabos* features authentic mini-documentaries and interviews that reflect and expand the cultural themes presented in the twelve chapters. Each segment provides authentic listening practice and a basis for class discussion. Pre-viewing, viewing, and post-viewing video activities are included in the **Student Activities Manual**. The **Video** is available to instructors on DVD and in **MySpanishLab.**

Course Management/Online Resources

Companion Website™

The **Companion Website**™, www.pearsonhighered.com/atandocabos, organized in chapters that correspond to those in the text, provides access to the complete text and **SAM** audio programs.

NEW MySpanishLab with eText (http://www.myspanishlab.com)

- **NEW eText.**   This fully navigable online version of the student text with links to audio and video programs provides a ready reference for students as they do their homework.
- **NEW Online Student Activities Manual.**   An interactive version of the **Student Activities Manual** in the **MySpanishLab** platform, this program facilitates instructor management of online homework and provides support to students as they do homework assignments. Between 60 and 70% of activities are machine-gradable.
- **NEW Online Testing Content.**   There are two sample tests per chapter and multiple test modules for those who wish to build their own exams within the **MySpanishLab** platform. This component allows online testing and simplified creation of paper tests.
- **NEW Oral Recording Activities.**   These recording activities require students to record oral responses, providing a channel for oral practice outside the classroom.
- **NEW MediaShare Activities.**   These activities require students to record their own videos, then share them with classmates in **MySpanishLab** through **MediaShare**.

Acknowledgments

This fourth edition of *Atando cabos* involved an entirely new team of collaborators. We want to especially thank Donna Binkowski for having kept us on track during the entire process of producing this new edition. Nancy Milner Kelly and Harriet C. Dishman helped us during the developmental phase of the project, and Assunta Petrone then took the book from the manuscript stage to a bound book. María F. García carefully oversaw the whole production cycle. Mary Rottino took on the unenviable task of supplying any missing elements and making sure that everyone and everything functioned together smoothly.

We also want to acknowledge the assistance that was given us by Bob Hemmer, Executive Editor MyLanguageLabs and Samantha Alducin, Senior Media Editor, for coordination of the online resources that accompany the program. We want to give a special thank you to Diana Arce, author of the new exciting audio-video content, and

Nancy Milner Kelly, author of the video activities. We would also like to thank Melissa Marolla Brown, Development Editor for Assessment, for the thorough coordination between the text, **Student Activities Manual**, and **Testing Program**, and Meriel Martínez, Media Editor, for her competent and efficient work in managing the preparation of the audio program, **Video** and **Testing Program**. Thanks are also due to Gayle Unhjem for coordinating all stages of reviewing, and to Denise Miller and the marketing team for coordinating all aspects of promotion for this new edition.

María González-Aguilar wants to give a very special thanks to Pablo and Lucas Radicella, for providing love, patience, time, and support in each of the stages of the preparation of the new edition of *Atando cabos*.

Marta Rosso-O'Laughlin wishes to thank Dora Older and Charles Dietrick as well as her colleagues at Tufts University for their generous comments and suggestions in making this edition an even better book for our students. A special thanks to Michael O'Laughlin for his unfailing patience and support.

Textbooks depend on reviewers, and we would like to sincerely thank and acknowledge our many fine reviewers:

Sonia Barrios Tinoco	*Seattle University*
Clara H. Becerra	*University of Mount Union*
Robert Henry Borrero	*Fordham University*
Kristy McKenzie Britt	*University of South Alabama*
Isabel Z. Brown	*University of South Alabama*
Eva Bueno	*St. Mary's University, San Antonio, Texas*
An Chung Cheng	*University of Toledo*
Chyi Chung	*Northwestern University*
Alicia Cipria	*The University of Alabama, Tuscaloosa*
Gloria da Cunha	*Morehouse College*
Jacqueline C. Daughton	*University of North Carolina at Greensboro*
Mark P. Del Mastro	*College of Charleston*
Claudia Fernández	*Knox College*
Carmela Ferradáns	*Illinois Wesleyan University*
Bruce S. Gartner	*Ohio Dominican University*
Polly J. Hodge	*Chapman University*
David C. Julseth	*Belmont University*
Charles Kargleder	*Spring Hill College*
Mariya Kireyeva	*Brandeis University*
María Jesus Leal	*Hamline University*
Sara L. Lehman	*Fordham University*
Amàlia Llombart-Huesca	*California State Polytechnic University Pomona*
Ellen C. Nugent McArdle	*Raritan Valley Community College*
Sharon M. Nuruddin	*Clark Atlanta University*
Laura Ortiz	*College of DuPage*
Teresa Perez-Gamboa	*University of Georgia*
Marie Piñeiro	*American University*
Jose A. Sainz	*University of Mary Washington*
Jorge A. Salvo	*University of South Carolina Upstate*
Nidia Schuhmacher	*Brown University*
Ana Amélia Skelton	*The University of Alabama, Tuscaloosa*
Daniella Wittern	*Brown University*
Eric W. Vogt	

"De tal palo, tal astilla."

Hablemos de nosotros

1

Tema cultural

- La familia hispánica

Objetivos comunicativos

- Aprender a saludar y a presentar personas
- Describir el carácter de las personas
- Comentar actividades habituales
- Describir las características, la ubicación y el estado de cosas y personas
- Pedir definiciones y seleccionar entre diferentes opciones

Gramática para la comunicación

- Concordancia de adjetivos
- Presente del indicativo: Verbos regulares e irregulares
- Presente progresivo
- Usos de **ser** y **estar**
- ¿Qué? o ¿cuál?

En marcha con las palabras

En contexto: La familia española de hoy

Una familia divertida.

¿Comprendes?

1. ¿Cuántos niños por mujer hay en España? ¿Y en tu familia?
2. ¿Hay muchas familias monoparentales en España? ¿Por qué?
3. ¿Cuál sigue siendo el modelo familiar español? ¿Qué modelo de familia aumentó, según los porcentajes? ¿Cuál está desapareciendo?
4. Los españoles solteros, en general, ¿viven solos?
5. ¿A qué edad suelen formar parejas estables?
6. ¿Qué rol desempeñan los abuelos? ¿Es similar en tu familia?
7. ¿Qué cambio existe con relación a la mujer y el trabajo? ¿Es igual en tu país?

Según un informe reciente, en una familia típica española hay pocos niños. También hay menos **embarazos ya que** la **tasa de natalidad** de España es muy baja, **alrededor** de 1,2 hijos por mujer. Pero el **núcleo familiar continúa estando intacto,** pues la cantidad de **divorcios** es inferior a la de otros países europeos y, como consecuencia, se ven menos familias **monoparentales.** Los **cónyuges** llevan adelante la familia juntos.

En cuanto a la **paternidad** y la **maternidad,** el modelo **familiar** que predomina **sigue siendo** el de la **pareja** con dos hijos, **aunque aumentó el porcentaje** de los **matrimonios** sin hijos (19,4 **por ciento**). El modelo tradicional de familias con tres hijos o más está desapareciendo.

Otro **dato** interesante es que los hijos continúan viviendo con los **padres** hasta ser muy adultos. Los motivos son **variados.** Una razón es el precio de los apartamentos y otra es la **falta** de trabajo. Muchos jóvenes **optan** por no formar una pareja estable hasta los 27 años o más y la **mayoría** de las parejas **elige** no **casarse** hasta los veinticinco o treinta años.

Hay bastantes familias en las que **conviven** padres, hijos y **abuelos.** Los abuelos ayudan a **criar** a los **nietos, cuidando** y **mimando** a los niños cuando los padres trabajan. Al convivir tres generaciones **juntas,** los **integrantes** de la familia **crecen** en un ambiente de **amor** y aceptación que crea **lazos familiares** muy fuertes. Esto se **refleja** en el **apoyo,** la **unidad** y el **respeto** entre **los parientes.**

Otro **cambio** importante, **basado** en el informe, es que la mayoría de las mujeres españolas trabaja. **Hoy en día** el trabajo fuera de casa es **no sólo** un **derecho, sino también** un **deber** para mujeres y hombres, aunque el informe también **muestra** que el hombre **sigue siendo** el principal **sostén** económico.

Palabras conocidas

Relaciones familiares

Estas palabras deben ser parte de tu vocabulario.

La familia

el/la abuelo/a	grandfather / grandmother	el medio hermano / la media hermana	stepbrother / stepsister
el/la bisabuelo/a	great-grandfather / great-grandmother	el/la novio/a	fiancé / fiancée, bridegroom / bride
el/la cuñado/a	brother-in-law / sister-in-law	la nuera	daughter-in-law
		el pariente lejano / la parienta lejana	distant relative
el/la esposo/a	husband / wife	el/la primo/a	cousin
el esposo de mi madre / la esposa de mi padre	stepfather / stepmother	el/la sobrino/a	nephew / niece
		el/la suegro/a	father-in-law / mother-in-law
la familia nuclear	nuclear family		
la familia política	in-laws, extended family	los suegros	in-laws
el/la gemelo/a	twin	el/la tío/a	uncle / aunt
el hijo único / la hija única	only child	el tío abuelo / la tía abuela	great-uncle / great-aunt
el marido	husband	el yerno	son-in-law

Expresiones útiles

alrededor (de)	around	Hay muchas parejas felices a nuestro **alrededor.**
		There are many happy couples around us.
aunque	though, although, even if	**Aunque** las estadísticas muestran un alto porcentaje de parejas divorciadas, muchos eligen casarse.
		Although the statistics show a high percentage of divorced couples, many choose to get married.
contraer matrimonio	to get married	La pareja va a **contraer matrimonio** en el ayuntamiento.
		The couple is going to get married at the cityhall.
en cuanto a	as far as, regarding, with respect to	**En cuanto a** los niños, no te preocupes, los abuelos los cuidan.
		As far as the children are concerned, don't worry, the grandparents take care of them.
hoy en día	nowadays	**Hoy en día,** hay muchos hogares no tradicionales.
		Nowadays, there are many non-traditional homes.
no solo... sino también	not only . . . but also	La crianza de los niños es **no solo** la responsabilidad de los padres **sino también** de la comunidad.
		The raising of the children is the responsibility not only of the parents but also of the community.
según	according to	**Según** podemos observar, la familia continúa intacta.
		According to what we can see, the family is still intact.
ya que	since, inasmuch as	Tengo que vivir con mis padres, **ya que** no puedo pagar un piso propio.
		I have to live with my parents, since I can't pay for my own apartment.

1-1 Aproximaciones. Empareja cada palabra de la lista **A** con su equivalente en la lista **B**. Luego, usa las expresiones de la lista **A** en oraciones completas. Compara tus oraciones con las de otro/a estudiante.

A	**B**
1. _____ hoy en día	a. aún cuando
2. _____ según	b. ahora, actualmente
3. _____ aunque	c. pues
4. _____ ya que	d. cerca de
5. _____ alrededor	e. de acuerdo con

1-2 Dime con quién vives, y te diré qué tipo de familia tienes. Completa el texto con las expresiones útiles que te parezcan más lógicas.

No podemos hablar de una única definición de familia _____ existe _____ una gran diversidad de tipos familiares _____ las personas que la integran y el parentesco entre ellas.

Una clasificación posible es la siguiente:

Familia nuclear: está integrada por una pareja adulta, con hijos (biparental) o sin hijos o por uno de los miembros de la pareja y sus hijos (monoparental).

Familia extensa: integrada por una pareja o uno de los miembros de ésta, con uno o más hijos y por otros miembros parientes y no parientes.

Familia reconstituida (o también llamada ensamblada): es decir, uno de los padres vuelve a formar pareja, luego de una separación o divorcio, donde hay uno o más hijos de una relación anterior.

La familia adoptiva es la que tiene uno o más hijos por medio del proceso de adopción.

_____ esta clasificación es bastante extensa, hay que tener en cuenta _____ que ninguna clasificación es perfecta _____ que las formas familiares cambian entre distintas culturas y a lo largo del tiempo.

1-3 ¿Cuál es la palabra correcta? Completa las oraciones con la palabra del vocabulario según el contexto.

1. Una familia que tiene un solo adulto responsable de la crianza de los hijos es una familia _____.

2. El esposo o la esposa es el _____.

3. El novio y la novia igual que la mujer y el marido forman una _____.

4. Cuando dos personas unen sus vidas formalmente se _____ o contraen matrimonio.

5. Cuando los abuelos miran, protegen y atienden a los nietos, se dice que ellos los _____.

6. Aumentar de tamaño, desarrollarse es lo mismo que _____.

Ventana al mundo

La gran familia

En la cultura hispana, la palabra *familia* no se refiere sólo al núcleo familiar sino que también incluye a los abuelos, tíos y primos. Para otras culturas puede ser llamativa la importancia que se le da a la gran familia en la cultura hispana. Es bastante común oír decir a un hispano que vive con su mujer y sus hijos en los EE.UU., "mi familia vive en México". Esto se debe, probablemente, a que para un hispano, el concepto de *familia* hace referencia a la *gran familia*. Es decir, que la familia incluye, además de la familia nuclear, a primos, tíos, abuelos, sobrinos y nietos. Los primos son casi como los hermanos y se crían y crecen juntos, compartiendo muchas experiencias familiares.

La gran familia.

Los tíos o los abuelos actúan como una autoridad para todos los niños, sin distinción entre hijos, sobrinos o nietos. Los niños no suelen cuestionar a una tía o a una abuela que le diga lo que debe hacer. La autoridad proviene de la historia compartida, de las costumbres y tradiciones de toda la gran familia. La familia extendida funciona muchas veces como apoyo y consejera cuando surgen conflictos en la familia nuclear. Por ejemplo, muchas veces cuando un joven tiene un problema, quien habla con él e intenta ayudarlo a resolver sus problemas es algún miembro de la familia extendida.

La familia para los hispanos. Después de leer la ventana *La gran familia*, completa las siguientes oraciones.

1. Según el artículo, para un hispano…
2. La gran familia incluye…
3. Los primos…
4. Los tíos o los abuelos…
5. La autoridad…

 1-4 Mi idea de familia. Comenta con un/a compañero/a la siguiente pregunta. Cuando piensas en tu familia, ¿a qué miembros incluyes? Explica por qué escoges a esos miembros.

1-5 Y tú, ¿qué piensas? En grupos de tres, conversen sobre las siguientes preguntas. Tomen notas para presentar las ideas principales a la clase.

1. ¿Qué es, para ti, una familia típica?
2. ¿Cuándo te reúnes con tus abuelos, tíos y primos?
3. ¿Qué fiestas celebra tu familia? ¿Qué hacen en esas ocasiones?
4. ¿Creen ustedes que es importante la gran familia? ¿Por qué? Expliquen su respuesta.

1-6 Mi familia. Completa las oraciones con información sobre tu familia. Describe con dos adjetivos a las siguientes personas. Luego, escoge a una persona y descríbela con más detalles. Explica dónde vive, cuál es su origen, cómo es su personalidad, cuál es su profesión, si tiene algunas particularidades, sus intereses, etc.

MODELO: Mi abuelo *se llama Juan y vive en Austin. Él es de origen mexicano.*
Es ingeniero pero ahora no trabaja. Sigue siendo un hombre muy activo.

1. Uno de mis bisabuelos es _____.
2. Mis abuelos maternos/paternos son _____.
3. Mis padres son _____.
4. Mis tíos y tías son _____.
5. Mis hermanos y hermanas son _____.
6. Mis primos son _____.

BOLETÍN

Refrán

"Dime con quién andas, y te diré quién eres".

— ¡Sin duda! —

parecer — parecerse

The verbs **parecer** and **parecerse** have slightly different meanings in Spanish. Study the use of each one in the chart below.

Palabra	Explicación	Ejemplo
parecer	*to seem*	**Parece** que ellos se llevan bien. *It seems that they get along.* **A mí me parece** que Ana y Luis son felices. *It seems to me that Ana and Luis are happy.*
parecer + adverb	*to seem; to appear to be*	**Parece** raro. *That seems strange.* **Parece** inglés. *He appears to be English.*
parecerse (reflexive verb)	*to resemble; to look like; to look alike*	Yo **me parezco** a mi madre. *I look like my mother.* El padre y el hijo **se parecen**. *Father and son look alike.*

1-7 De tal palo, tal astilla. ¿Hasta qué punto te pareces a alguien de tu familia? ¿Te pareces físicamente, en el carácter, en tus actividades favoritas, etc.? Pregúntales a tres o cuatro compañeros/as a qué miembro de su familia se parecen y en qué se parecen. Después, comparte sus respuestas con el resto de la clase.

1-8 ¿Qué te parece? Habla con dos compañeros/as sobre los siguientes temas para saber qué opinan. Luego, informa a la clase sobre uno de los temas.

> **MODELO:**   E1:   *¿Qué te parece pasar siempre parte de las vacaciones en familia?*
> E2:   *A mí me parece bien porque…*

Tema	Le parece bien / mal	¿Por qué?
contratar a los familiares para trabajar en la empresa	_____	_____
pagar a un/a hijo/a por cuidar a sus hermanos	_____	_____
estudiar lo mismo que lo que estudió uno de tus padres	_____	_____
vivir en la misma ciudad que los padres o cerca	_____	_____
prohibir el divorcio	_____	_____

Él se muda
de casa.

– ¡Sin duda! –

mover(se) — mudar(se) — la mudanza

The verbs **mover(se)** and **mudar(se)** are both translated as *to move* in English. This chart shows the difference between the two.

Palabra	Explicación	Ejemplo
mover(se) (reflexive verb)	*to move*	No **te muevas**. Si **te mueves**, la foto va a salir mal. *Don't move. If you move, the picture is going to come out badly.*
mudar(se) (reflexive verb)	*to change residence*	Mis padres **se** van a **mudar** de una casa a un apartamento. *My parents are going to move from a house to an apartment.*
la mudanza	*the move*	La **mudanza** va a ser complicada. *The move will be complicated.*

 1-9 Mudanzas. Estas fotos muestran dos maneras diferentes de mudarse. Con otro/a estudiante, compara y comenta las fotos. Explica quiénes hacen la mudanza en cada foto. ¿Qué ventajas tiene cada opción? ¿Cuál prefieres tú?

Los amigos
ayudan en la
mudanza.

La compañía de mudanza.

1-10 Mudarse. Nos mudamos muchas veces a lo largo de nuestra vida y nos vamos volviendo expertos.

Paso 1: Consejos. Piensa y comenta con un/a compañero/a cinco consejos para darle a una persona que va a mudarse. Escríbanlos.

Paso 2: Mudanza organizada. Lean los cinco consejos que se presentan aquí e indiquen si Uds. hacen o no hacen esto antes de mudarse. Expliquen por qué sí o no. Finalmente, seleccionen los mejores consejos de ambas listas y preséntenlos a la clase.

Consejos para una mudanza tranquila:

1. Ordenar, vaciar y limpiar la casa, y tirar lo que no necesitas.
2. Pintar, arreglar y decorar la casa nueva antes de la mudanza.
3. Preparar una lista de todo lo que hay que hacer.
4. Organizar una venta de los objetos que no quieres.
5. Invitar a los amigos para que te ayuden en la mudanza.

— Así se dice —

Saludos, presentaciones y despedidas

Para saludarnos usamos estas expresiones.

Hola. ¿Cómo andan/andas?	*Hello. How's it going?*
¿Qué tal?	*How are things?*
¿Cómo estás/están?	*How are you?*
Hola. ¡Tanto tiempo sin verte!	*Hello. Long time, no see!*
¿Qué hay de nuevo?	*What's new?*
¿Cómo te va?	*How is it going?*

Para presentarnos a nosotros mismos o para presentar a otra persona, usamos las siguientes expresiones.

Le (Te) presento a _____.	*Let me introduce you to _____.*
Permítame que me presente.	*Allow me to introduce myself.*
Yo soy _____.	*I am _____.*

Posibles respuestas:

Mucho gusto.	*Nice to meet you.*
Encantado/a.	*Delighted to meet you.*
Es un placer.	*It's a pleasure to meet you.*

Para despedirnos, usamos estas expresiones.

Chau. / Chao.	*Good-bye.*
Adiós.	*Good-bye.*
Adiós, que te vaya bien.	*Good-bye. I hope all goes well. / Good luck.*
Nos vemos.	*See you later.*
Hasta la vista.	*See you later.*
Hasta luego.	*See you later.*
Te veo más tarde.	*See you later.*

BOLETÍN

Saludar

En general, saludar a los amigos y a los miembros de la familia con un beso en la mejilla es costumbre entre mujeres y también entre hombres y mujeres. Pero, por lo general, los hombres se dan la mano o un abrazo para saludarse. Cuando se presenta a dos desconocidos, estos generalmente se dan la mano.

1-11 Presentaciones. Formen grupos de tres estudiantes. Un/a estudiante presenta a los otros dos. Los otros dos deben responder con la frase apropiada. Háganse un par de preguntas para conocerse mejor. Despídanse. Luego, presenten a sus compañeros/as ante el resto de la clase.

— Así se dice —

Circunlocución

La circunlocución es una manera de explicar lo que uno quiere decir cuando no encuentra la palabra exacta. En estos casos, se pueden usar antónimos, sinónimos o frases completas para explicar el concepto. Las siguientes expresiones nos ayudan a explicar nuestras ideas cuando nos falta la palabra adecuada.

Es un objeto que se usa para…	*It is an object used for . . .*
Es una cosa que sirve para…	*It is a thing that serves to . . .*
Es una persona que…	*It is a person that . . .*
Es una actividad que…	*It is an activity that . . .*
Es un lugar donde…	*It is a place where . . .*
Es como…	*It is like . . .*
Se parece a…	*It looks like . . .*
Suena como…	*It sounds like . . .*
Es una bebida / un alimento que…	*It is a drink / food that . . .*
Es un animal que…	*It is an animal that . . .*
Es una palabra que se usa cuando…	*It is a word that is used when . . .*
Significa que…	*It means that . . .*

1-12 Un juego. Piensen en cinco objetos, lugares, actividades, situaciones, etc., y escriban su definición en un papel utilizando circunlocuciones. En otro papel escriban el nombre del objeto, el lugar, etc. Mezclen las definiciones y las palabras e inviten a otro equipo de la clase a unir las definiciones con las palabras. El grupo que termina primero gana.

MODELO: **Definición:** *Es un lugar muy popular para los jóvenes. Es un lugar donde hablan un idioma que suena como al francés. Es un lugar que está en el noreste de España. Es una ciudad grande sobre el mar Mediterráneo en la cual encontramos muchos edificios del arquitecto Gaudí.*
Lugar: *Barcelona*

Escuchemos

¿Qué recomienda la psicóloga?   La Doctora Paz contesta preguntas en un programa de radio. Escoge la respuesta correcta.

_____   1. La psicóloga Camila Paz habla de temas relacionados con la familia. ¿Cuáles son esos temas?

   a. el matrimonio, el divorcio, el dinero

   b. los hijos, el comportamiento, la salud

   c. el matrimonio, el divorcio, los hijos

_____   **2.** La señora Ana describe a su hija. ¿Cómo es ella?
a. linda, divertida, simpática, educada, cariñosa
b. divertida, simpática, bonita, curiosa, puntual
c. educada, cariñosa, linda, callada, aburrida

_____   **3.** ¿Qué evento importante hay en la casa de la señora Ana?
a. La hija de la señora Ana va a contraer matrimonio.
b. La señora Ana va a contraer matrimonio.
c. La hija de la señora Ana es viuda.

_____   **4.** ¿Qué se puede decir del futuro esposo de la señora Ana?
a. Tiene dos hijos educados.
b. Es divorciado y no tiene hijos.
c. Tiene dos hijos pequeños.

_____   **5.** ¿Qué consejo da la psicóloga a la señora Ana?
a. Enseñar respeto y escuchar.
b. No sólo es importante hablar sino también mostrar apoyo.
c. Enseñar respeto y mostrar apoyo.

_____   **6.** ¿Cómo se llama el locutor de la radio?
a. Roberto Piedra
b. Rigoberto Piedra
c. Rodrigo Piedra

Sigamos con las estructuras

Repasemos 1

Describing people and things: Adjective agreement

Anita es una niña **hermosa** y muy **lista**. Su hermano es muy **listo** también.

Complete the self-test in your *MySpanishLab* course. If you do not obtain a passing score, you need to review the **Cabos sueltos** Study Materials in *MySpanishLab* or at the back of the book. If you do, you can continue with the following activities.

Palabras descriptivas

Estudia estas palabras, que deben ser parte de tu vocabulario, para hacer los siguientes ejercicios.

apasionado/a	*passionate*	enfermo/a	*sick*
atrevido/a	*daring*	flaco/a	*thin, skinny*
callado/a	*quiet*	insensato/a	*foolish*
cariñoso/a	*loving*	justo/a	*fair*
castaño/a	*chestnut-colored, brown, hazel*	largo/a	*long*
		leal	*loyal*
celoso/a	*jealous*	lindo/a	*beautiful, pretty*
culto/a	*well-educated*	maduro/a	*mature*
débil	*weak*	mayor	*older*
divertido/a	*amusing, funny*	peleador/a	*quarrelsome*
educado/a	*polite*	perezoso/a	*lazy*
(mal educado/a)	(*impolite*)	sensato/a	*sensible*

1-13 Es una persona que... Piensa en una de las palabras descriptivas y dale tu definición a un/a compañero/a para que deduzca cuál es. Utiliza las circunlocuciones. Cambien los papeles.

MODELO: *(atrevido) Es una persona que no tiene miedo de hacer nada.*

1-14 ¿Cómo son? En parejas, una persona elige a un miembro de la familia de la lista que aparece a continuación y la otra persona dice dos o tres adjetivos para describir a este/a pariente/a. Cambien de rol. Presten atención a la concordancia.

MODELO: E1: *abuelos*
           E2: *Mis abuelos son simpáticos y generosos.*

primos	bebé	nuera	tías	abuela
hermana	suegra	parientes lejanos	madre	padre

1-15 Lo mejor, lo peor y lo que son. Selecciona dos características positivas y dos negativas para cada persona de la lista. Luego, explica si estas características se aplican a los miembros de tu familia. Comenta las selecciones con tu compañero/a.

MODELO: *Para mí, una madre debe ser generosa y optimista. No debe ser aburrida o egoísta. Mi madre es generosa, callada y muy abierta.*

Persona	Características positivas	Características negativas	Él/ Ella es...
un/a amigo/a	_____	_____	_____
un padre	_____	_____	_____
la pareja	_____	_____	_____
una abuela	_____	_____	_____
un hermano	_____	_____	_____

Complete the self-test in your *MySpanishLab* course. If you do not obtain a passing score, you need to review the **Cabos sueltos** Study Materials in *MySpanishLab* or at the back of the book. If you do, you can continue with the following activities.

Repasemos 2

Discussing daily activities: Present tense indicative of regular verbs

La madre **mima** al bebé mientras la tía **cuida** a la niña.

1-16 ¿Qué haces? Entrevista a otro/a estudiante de la clase para saber con qué frecuencia realiza las siguientes actividades. Luego, informa al resto de la clase.

casi nunca	los fines de semana	nunca
cada año	x veces por semana	a menudo

1. mirar la televisión a medianoche
2. llamar por teléfono a la familia
3. cocinar comida mexicana
4. recibir regalos exóticos
5. trabajar o estudiar de noche
6. limpiar el cuarto
7. viajar a otros países
8. visitar museos de ciencias
9. comprar un coche nuevo
10. comer en restaurantes chinos
11. usar el cajero automático
12. mudarse
13. vender tus libros usados
14. leer el periódico

1-17 Una semana normal. Cuéntale a un/a compañero/a cinco actividades habituales que haces en una semana. Luego, tu compañero/a va a informar a la clase lo que haces durante la semana.

1-18 ¿Qué, cuándo y con quién? Hazle a un/a compañero/a todas las preguntas necesarias para conocer sus costumbres. Toma nota para poder informar a la clase.

Deportes: ¿cuáles? ¿cuándo? ¿con quién?

Los sábados por la noche: ¿qué? ¿dónde? ¿con quién?

Los domingos: ¿qué? ¿con quién?

Los veranos: ¿qué? ¿con quién?

Diario ⁄⁄⁄⁄⁄⁄⁄⁄⁄⁄⁄⁄⁄⁄⁄⁄⁄⁄⁄

Escribe una lista de todas las actividades que tienes que hacer esta semana. Incluye tantos detalles como puedas.

Repasemos 3

Describing actions in progress: Present progressive tense

Estoy preparando todo para la mudanza.
La gran familia **sigue siendo** muy importante para los hispanos.

1-19 Tu familia. Piensa en las distintas personas de tu familia y escribe una frase que diga lo que está haciendo cada una en este momento. Comparte la información con tu compañero/a.

MODELO: *En este momento, mi hermano Juan está comiendo. Mi papá está trabajando.*

1-20 En la sala de espera. Todas estas personas están esperando y llevan un rato en la sala de espera. Selecciona una de las láminas A o B. Tu compañero/a utilizará la otra. Pregúntale si la persona de tu lámina sigue haciendo lo mismo en su lámina y si no, explica qué está haciendo ahora.

MODELO: E1: *¿Doña Tota sigue hablando con Irma?*
E2: *No, ahora Doña Tota está hablando con Pedro.*

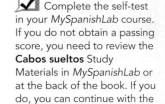

Complete the self-test in your *MySpanishLab* course. If you do not obtain a passing score, you need to review the **Cabos sueltos** Study Materials in *MySpanishLab* or at the back of the book. If you do, you can continue with the following activities.

Lámina A   Lámina B

1-21 Díganlo con mímica. Formen dos grupos. Un/a estudiante del grupo tiene que representar con mímica la acción que le indican los miembros del equipo contrario. Las personas de su equipo deben adivinar lo que está haciendo.

Ventana al mundo

México, familia y empresas

Quienes visitan México, ya sea por motivos de placer o negocio, descubren de inmediato la naturaleza única de la familia mexicana. El valor que se le da a la familia en México es una característica cultural relevante, e incluso una de las más sobresalientes. Esa conducta suele transmitirse hacia la empresa, en la que se prefiere contratar a miembros de la familia y a amigos cercanos. Como consecuencia, el trabajo tiende a ser una extensión del hogar, en la que el dueño juega, como autoridad moral, el papel de padre. Se calcula que en México el 90% de las empresas son de carácter familiar. De acuerdo con un reporte de la *Family Business Magazine,* diez de las 250 empresas familiares más grandes del mundo son mexicanas, entre las que destacan Cemex de la familia Zambrano; Grupo Industrial Bimbo de los Servitje; Grupo Televisa de familia Azcárraga.

(Texto adaptado de Imanol Belausteguigoitia)

¿Y en tu país? ¿En tu país hay muchas empresas familiares? ¿Sabías que Ford es una empresa familiar? ¿Conoces otras? ¿Qué ventajas y qué inconvenientes piensas que puede haber en una empresa familiar?

Una empresa familiar.

Aprendamos 1

Discussing daily activities: Present tense indicative of irregular verbs

There are two types of irregular verbs: those that are irregular only in the first-person singular (**yo**) and those that exhibit irregularities in most of their forms.

A. Verbs with irregular *yo* form

1. The first person of these verbs is irregular. The rest of the persons follow the regular conjugation for -**ar**, -**er**, and -**ir** verbs. For example:

saber	sé	sabes	sabe	sabemos	sabéis	saben

caer	*to fall*	caigo	**salir**	*to go out, leave*	salgo
dar	*to give*	doy	**traer**	*to bring*	traigo
hacer	*to do; to make*	hago	**valer**	*to be worth*	valgo
poner	*to put*	pongo	**ver**	*to see*	veo
saber	*to know*	sé			

2. Verbs that end in -**cer** or -**cir** also are irregular in the **yo** form.

   conocer (*to know*) → **conozco; traducir** (*to translate*) → **traduzco**

   * -**cer: aparecer** (*to appear*), **crecer** (*to grow*), **merecer** (*to deserve*), **obedecer** (*to obey*), **ofrecer** (*to offer*), **parecer** (*to seem*), **reconocer** (*to recognize*)
   * -**cir: conducir** (*to drive*), **producir** (*to produce*), **deducir** (*to deduce*)

B. Irregular verbs

All grammatical persons in this group exhibit irregularities.

		yo	tú	él/ella/Ud.	nosotros/as	vosotros/as	ellos/ellas/Uds.
decir	*to say*	digo	dices	dice	decimos	decís	dicen
estar	*to be*	estoy	estás	está	estamos	estáis	están
ir	*to go*	voy	vas	va	vamos	vais	van
oír	*to hear*	oigo	oyes	oye	oímos	oís	oyen
reír	*to laugh*	río	ríes	ríe	reímos	reís	ríen
ser	*to be*	soy	eres	es	somos	sois	son
tener	*to have*	tengo	tienes	tiene	tenemos	tenéis	tienen
venir	*to come*	vengo	vienes	viene	venimos	venís	vienen

Verbs that end in **-uir**, such as **construir** (*to build*), **contribuir** (*to contribute*), and **destruir** (*to destroy*), drop the **-ir** and add a **-y**, except in the **nosotros** and **vosotros** forms.

construir	construyo	construyes	construye	construimos	construís	construyen

C. Stem-changing verbs

The stem-changing verbs change the stressed vowel of the stem in the following manner: **e → ie, e → i, o → ue,** and **u → ue**. The **nosotros** and **vosotros** forms keep the vowel from the infinitive. Verbs of this kind are indicated in vocabulary lists by writing the vowel change in parentheses: **cerrar (ie); pedir (i); mover (ue); jugar (ue)**

e → ie cerrar	e → i pedir	o → ue mover	u → ue jugar
cierro	pido	muevo	juego
cierras	pides	mueves	juegas
cierra	pide	mueve	juega
cerramos	pedimos	movemos	jugamos
cerráis	pedís	movéis	jugáis
cierran	piden	mueven	juegan

e → ie		e → i		o → ue	
cerrar	*to close*	**medir**	*to measure*	**almorzar**	*to eat lunch*
comenzar	*to begin*	**pedir**	*to ask, request*	**costar**	*to cost*
empezar	*to start*	**repetir**	*to repeat*	**devolver**	*to return (an object to its owner)*
entender	*to understand*	**seguir**	*to follow*	**dormir**	*to sleep*
mentir	*to lie*	**servir**	*to serve*	**encontrar**	*to meet; to find*
pensar	*to think*			**morir**	*to die*
perder	*to lose*			**mostrar**	*to show*
preferir	*to prefer*			**mover**	*to move*
querer	*to love; to want*			**poder**	*to be able*
recomendar	*to recommend*			**probar**	*to try; to taste*
				recordar	*to remember*
				soñar	*to dream*
				volver	*to return (to a place)*

1-22 ¿Cuáles son tus actividades? ¿Cuándo haces estas actividades? ¿Siempre? ¿Nunca? ¿A veces? Cuéntale a tu compañero/a lo que haces.

MODELO: traducir la lectura para tus amigos

A veces, traduzco la lectura para mis amigos.

1. hacer ejercicio en el gimnasio
2. salir con los amigos a cenar
3. ir al cine los sábados
4. ver DVDs los viernes por la noche

5. obedecer las reglas de la residencia
6. ofrecer ayuda con la tarea de español
7. conducir a 90 millas por hora
8. dar fiestas en tu cuarto

1-23 ¿Quién hace esto? Habla con tus compañeros/as hasta encontrar uno/a que responda que sí a cada una de las preguntas. Completa todos los espacios con el nombre de tus compañeros/as. Luego, informa a la clase.

MODELO: E1: *¿Vuelves a tu casa los fines de semana?*
E2: *Sí/No, vuelvo a mi casa los fines de semana.*

1. pedir ayuda con la tarea _____
2. conocer a una persona famosa _____
3. saber hablar tres idiomas _____
4. conducir a la universidad _____
5. perder las cosas con frecuencia _____
6. recordar números de teléfono _____

1-24 Conociéndote. Lee las siguientes preguntas y piensa en la respuesta. Luego, conversen sobre los temas planteados.

1. ¿Cómo te diviertes los sábados?
2. ¿Pides muchas cosas prestadas? ¿Qué cosas pides? ¿Siempre devuelves lo que te prestan otras personas?
3. ¿A qué deportes juegas?
4. ¿Sueñas todas las noches? ¿Recuerdas los sueños?
5. ¿Contribuyes a pagar los gastos universitarios?
6. ¿Cuánto cuestan tus libros este semestre?

1-25 Más sobre ti. Selecciona algunos de los siguientes verbos y escribe cinco oraciones que te describan. Luego, entrega el papel a tu profesor/a. Él/Ella te va a dar un papel escrito por otro/a compañero/a; tú debes hacerles preguntas a los estudiantes de la clase hasta encontrar a la persona que ha escrito el papel. Informa a la clase.

ir	oír	poder	poner	querer
perder	ser	saber	dormir	pedir
pensar	producir	reír(se)	sentir	volver

1-26 La vida universitaria. Selecciona algunos de los siguientes temas y escribe tres o cuatro preguntas para hacerle a tu compañero/a. En su conversación pueden usar las siguientes expresiones.

todos los días	los fines de semana	lunes	los veranos	los inviernos
normalmente	(casi) siempre	nunca	a veces	los domingos por la tarde

> **MODELO:** ¿Normalmente sales de noche los días de semana? ¿Cuándo sales y adónde vas? ¿Con quién sueles salir los fines de semana?

Los deportes y actividades al aire libre
Los amigos
La familia
Las clases
Las diversiones

1-27 ¿Qué haces? Explica lo que harías en las siguientes situaciones y luego, comenta tus respuestas con otras tres personas de la clase.

> **MODELO:** Si encuentro una agenda electrónica, *la llevo a la policía.*
> *..., llamo por teléfono a los números que encuentro en la agenda.*
> *..., la guardo para mí y la uso.*

1. Si encuentro un teléfono celular en la biblioteca...
2. Si un pariente está haciendo algo ilegal...
3. Si quiero comprar algo pero no tengo dinero...
4. Si no quiero hacer lo que mis padres me piden...

Ventana al mundo

El compadrazgo: una institución social

El compadrazgo es una de las instituciones sociales más antiguas del mundo hispano. Tiene un origen religioso y consiste en elegir un hombre —el padrino— y una mujer —la madrina— que ayudarán a criar a un niño recién nacido —el ahijado, en caso de necesidad. Los padrinos se eligen entre los parientes o entre amigos muy cercanos y pasan a ser considerados como miembros de la familia. Se llaman "compadre" o "comadre" entre sí. En algunos países de América Latina esta relación es muy estrecha y los padrinos pueden desempeñar, en algunos casos un rol importante en la vida de sus ahijados. A veces los padrinos son personas con una situación económica claramente superior a la del ahijado y puede ocurrir que ellos se ocupen de pagarle la educación, de conseguirle trabajo e incluso de dejarle una herencia importante.

Bautismo: origen religioso del compadrazgo.

Mis padrinos. ¿Tienes padrino o madrina? ¿Cómo es tu relación con ellos? ¿Hay una relación equivalente en tu cultura?

Aprendamos 2

Describing conditions and characteristics: Uses of *ser* and *estar*

The English verb *to be* has two equivalents in Spanish: **ser** and **estar**. For this reason, it is important to know when to use one or the other. Translation will not help you decide which one to use. Study the following chart.

A. Uses of *estar*

1. To express health

   ¿Cómo **está** Ana?   *How is Ana?*
   Ana **está** enferma hoy.   *Ana is sick today.*

2. To express the condition of a person, thing, or place

   Nosotros **estamos** tristes.   *We are sad.*
   El niño **está** muy cansado.   *The boy is very tired.*
   Este cuarto **está** desordenado.   *This room is untidy.*
   Madrid **está** lleno de turistas en el verano.   *Madrid is full of tourists in the summer.*

3. To express the location of people and objects

   Ellos **estuvieron** en Sudamérica.   *They were in South America.*
   El Museo del Prado **está** en Madrid.   *The Prado Museum is in Madrid.*

4. To describe an action that is happening now (**estar** + present participle)

   La clase **está** practicando los verbos.   *The class is practicing the verbs.*
   Yo **estoy** comiendo el almuerzo.   *I am eating lunch.*

5. To express a state of being as a result of an action (**estar** + past participle used as adjective)

   La tienda **está** cerrada.   *The store is closed.*
   Las ventanas **están** abiertas.   *The windows are open.*
   Estos juguetes **están** rotos.   *These toys are broken.*

6. To express a change in state of mind or marital status (**estar** + past participle used as adjective)

State of mind (emotions)		Marital status	
estar enamorado/a (de)	*to be in love (with)*	**estar** casado/a (con)	*to be married (to)*
estar enojado/a	*to be angry*	**estar** comprometido/a (con)	*to be engaged (to)*
estar enfadado/a	*to be angry*	**estar** divorciado/a (de)	*to be divorced (from)*
estar entusiasmado/a (con)	*to be enthusiastic (about) / to be excited (about)*	**estar** separado/a (de)	*to be separated (from)*
estar preocupado/a (por)	*to be worried (about)*		

7. With these idiomatic expressions:

estar a punto de (+ *infinitive*)	*to be about (to do something)*
estar bien / bueno/a	*to be all right / good*
estar con prisa	*to be in a hurry*
estar contento/a	*to be happy*
estar de acuerdo	*to agree*
estar de buen humor	*to be in a good mood*
estar de mal humor	*to be in a bad mood*
estar de paso	*to be passing by*
estar de vacaciones	*to be on vacation*
estar embarazada	*to be pregnant*
estar equivocado/a	*to be wrong*
estar muerto/a	*to be dead*
estar sano/a	*to be healthy*

—Hola, Lucía, **estoy de paso**, no   —*Hello, Lucía, I'm just passing by; I can't*
     puedo quedarme mucho tiempo.   *stay long.*

—**Está bien**, Roberto. Pasa.   —*It's all right, Roberto. Come in.*

B. Uses of *ser*

1. To express physical, mental, and emotional characteristics associated with a person

¿Cómo **es**?	*What is it/he/she like?*
La prima **es** pelirroja.	*The cousin is red-headed.*
Su hermano **era** egoísta.	*His brother was selfish.*
Los novios **serán** felices.	*The bride and groom will be happy.*

2. To express physical characteristics of a thing

La boda va a **ser** sencilla.   *The wedding is going to be simple.*

3. To express origin

Los padres de Luis **son** de Perú.   *Luis's parents are from Peru.*

4. To express profession, nationality, religious, or political affiliation

Mi padre **es** un hombre de negocios.	*My father is a businessman.*
El bisabuelo **era** italiano.	*The great-grandfather was Italian.*
El abuelo **era** católico y conservador.	*The grandfather was Catholic and conservative.*

5. To express possession

Ese coche nuevo **es** de María.   *That new car is Maria's.*

6. To express what something is made of

La mesa **es** de madera.   *The table is made of wood.*

7. To express time and location of an event; it expresses where something takes place

La ceremonia religiosa **es** a las tres.   *The religious ceremony is at three.*
La fiesta **será** en casa de Luis.   *The party will be at Luis's house.*

8. To express time

Son las cinco de la tarde.   *It is five in the afternoon.*

9. To express marital status

ser soltero/a	*to be single*
ser casado/a	*to be married*
ser viudo/a	*to be a widower/widow*

1-28 Algunas observaciones. Describe estas cosas y personas con la información dada. Usa **ser** o **estar**, según la situación.

1. yo / muy entusiasmado/a con mis clases este semestre
2. la clase de español / en el edificio de lenguas
3. mis amigos / divertidos
4. mi hermana / comprometida con un muchacho cubano
5. mi madre / una pintora famosa
6. mi padre / en su oficina todo el día
7. Raquel y su novio / muy enamorados
8. mi hermano / de vacaciones en Acapulco
9. los libros en la biblioteca / bien ordenados
10. mi profesor/a / de buen humor

1-29 ¿Cómo eres? Entrevista a un/a compañero/a, utilizando el verbo **ser** en tus preguntas. Indica en qué grado (**demasiado**, **bastante**, **muy**, (un) **poco** o **nada**) reflejas las siguientes características. Guarda las respuestas para hacer un informe al final de la clase.

MODELO: prudente – imprudente

E1:   *¿Eres prudente o imprudente?*
E2:   *Soy muy prudente. (No soy nada imprudente.* o *A veces soy un poco imprudente.)*

1. apasionado/a – frío/a
2. conservador/a – progresista
3. eficiente – ineficiente
4. aburrido/a – divertido/a
5. fuerte – débil
6. hablador/a – callado/a
7. honesto/a – deshonesto/a
8. simpático/a – antipático/a
9. puntual – impuntual
10. tímido/a – abierto/a
11. perezoso/a – trabajador/a
12. tolerante – intolerante

1-30 ¿Cómo estás? Entrevista a un/a compañero/a utilizando el verbo **estar** y los siguientes adjetivos en tus preguntas. Tu compañero/a debe explicar por qué se siente así. Guarda las respuestas para hacer un informe al final de la clase.

MODELO: E1: *¿Estás contento/a? ¿Por qué?*
  E2: *Sí, estoy contento/a porque este fin de semana voy a ver a mi familia.*

aburrido/a	bien/mal	cansado/a	triste	nervioso/a	de buen humor
entusiasmado/a	enfadado/a	enfermo/a	sano/a	con prisa	preocupado/a

1-31 La foto. Trae a clase una foto que refleje la personalidad de las personas retratadas. Explícale a tu compañero/a quiénes son las personas en la foto y qué detalles denotan la personalidad de cada una.

1-32 Conociéndonos. Esta actividad es para que se conozcan mejor.

Paso 1: Así soy yo. Escribe en un papel una oración con tu información personal para cada una de estas categorías. Luego, intercámbiala con tu compañero/a. Usa los verbos **ser** y **estar** siempre que puedas en tu descripción.

aspecto físico (ojos, cabello, físico)	nacionalidad
familia	personalidad
estado de ánimo	actividades favoritas

Paso 2: Para conocerte mejor. Lee la descripción de tu compañero/a y luego, continúa la conversación con estas preguntas. Agrega otras preguntas.

¿Cómo estás hoy?

¿Eres soltero/a o casado/a?

¿Qué estás a punto de hacer?

¿Con quién estás de acuerdo? ¿Desacuerdo?

1-33 Los ídolos familiares. En todas las familias hay un pariente con una personalidad atractiva. ¿Quién es esa persona en tu familia? Utiliza las siguientes preguntas para preparar un informe sobre esa persona. Luego, preséntaselo a tu compañero/a.

1. ¿A qué mujer u hombre de tu familia admiras más? ¿Por qué? ¿Cómo es físicamente? ¿Y su personalidad?

2. ¿Hay algún niño preferido en tu familia? ¿Quién? ¿Por qué? ¿Cómo es físicamente? ¿Y su personalidad?

Diario

Describe tu personalidad incluyendo tus cualidades buenas y no tan buenas. ¿Hay algo que quieres cambiar en tu personalidad? ¿Por qué?

Ventana al mundo

Integración generacional

Generalmente, en las celebraciones de la familia hispana se encuentran personas de todas las edades. Los jóvenes y los niños participan en las mismas fiestas familiares que los abuelos y los padres. Si alguien festeja su cumpleaños con una fiesta, invita a los amigos y a los parientes de todas las edades sin discriminación. Por lo general, existe una mayor integración entre las generaciones de la que se puede observar en las familias estadounidenses.

Todos celebran juntos.

Celebraciones familiares. ¿Cuántas generaciones puedes identificar en esta foto? ¿A quiénes invitan para las fiestas familiares en tu familia? ¿Crees que las generaciones están integradas en los EE.UU.? Explica.

Aprendamos 3

Asking for definitions and choices: ¿*Qué*? or ¿*cuál*?

Observe the use of **¿qué?** and **¿cuál?** in the following questions. Notice that both of them are translated in English with the question word *what?* or *which?* Here are the rules that apply to the use of each in Spanish.

A. Use ¿cuál? / ¿cuáles? when there is the possibility of choice in the answer.

    1. Use **cuál** when the choice is between items in the same set or group.

¿Cuál prefieres, un/a compañero/a de cuarto callado/a o hablador/a?	*Which do you prefer, a quiet or a talkative roommate?*

    2. Use **¿cuál es...?** in the singular form, and **¿cuáles son...?** in the plural form.

¿Cuál es tu número de teléfono?	*What is your telephone number? (Of all the possible numbers, which one is yours?)*
¿Cuáles son tus hermanos en esta foto?	*Which are your brothers in this photo?*

B. Use ¿qué...? when asking for a definition or an explanation.

    1. Use **¿qué...?** when asking for an explanation.

¿Qué necesitan los niños para crecer con un buen amor propio?	*What do children need in order to grow up with positive self-esteem?*

    2. Use **¿qué...?** when asking for a definition.

¿Qué es una familia monoparental?	*What is a single-parent family?*

    3. **¿Qué...?** may also be used when there is a choice in which, unlike **¿cuál...?**, the items do not belong to the same set or group.

¿Qué prefieres, tomar el té o ir a caminar?	*What do you prefer, to have some tea or to go for a walk?*

Note: For a review of questions and other question words, check the **Cabos sueltos** section, pages 372–373.

Una fiesta
en el barrio.

1-34 Una fiesta. En este dibujo vemos una celebración en un barrio. Observa el cuadro, completa las frases con **qué**, **cuál** o **cuáles**. Luego, trabaja con otro/a compañero/a para contestar las preguntas.

1. ¿ _____ es el motivo de la celebración? ¿ _____ es la relación entre los hombres que se saludan?

2. ¿ _____ es la diferencia entre la ropa de las mujeres y la de los hombres?
   ¿ _____ te parece este modo de vestir? ¿ _____ lleva mucha gente en la cabeza?
   ¿Por _____?

3. ¿ _____ hay sobre la mesa? ¿ _____ son tus preferidos? ¿ _____ son los platos típicos hispanos que conoces?

4. ¿ _____ crees que beben? ¿ _____ son las bebidas típicas de una fiesta de hoy en día?

5. ¿ _____ hacen los jóvenes a la derecha de la tienda? ¿ _____ es su relación?

Conversemos sobre las lecturas

Antes de leer

Estrategia de lectura: *Predicting and guessing; cognates*

A. Predicting and guessing

Before you start reading a passage, take a few minutes to look at the title, any sentence that may precede it, any subtitles, and/or illustrations that may accompany it. These will give you clues to the content of the passage and will help you form an idea of what to expect in the reading selection. As you read the first paragraph, your idea may be confirmed, or you may need to modify or discard it. Repeat the same process as you read through the passage. This active reading is like a dialogue between the writer and the reader.

1-35 ¿Qué piensas? La siguiente selección es la introducción a la lectura. ¿Qué te sugieren el título y la oración que la preceden? Escribe una oración que explique lo que esperas encontrar en esta lectura.

Cómo nos afecta ser hermano mayor, menor o hijo único

El bueno, el feo y el malo

Por lo general, los primogénitos son más conservadores y dominantes; los medianos son celosos e independientes; y los pequeños, creativos y revolucionarios. Un estudio psicológico reciente afirma que el orden de nacimiento en una familia es determinante en la formación de la personalidad del ser humano.

B. Cognates

There are many words that look very similar in both Spanish and English. Words like **revolucionario** and *revolutionary* are called *cognates*. These words can help you understand a reading passage without looking up every word in the dictionary.

1-36 Cognados. Lee el primer párrafo de la lectura *El bueno, el feo y el malo* (página 24), y haz una lista de los cognados que encuentres.

— Vocabulario de las lecturas

Estudia estas palabras para comprender mejor los textos.

Vocablo	Explicación	Palabra en uso
el carácter	*temperament*	El señor tiene un **carácter** fuerte.
el comportamiento	*behavior*	El buen **comportamiento** del niño sorprendió a los adultos.
comportar(se)	*to behave*	Debes **comportarte** bien en la mesa.
dominante	*domineering*	Mi hermano mayor es el más **dominante** de la familia.
la infancia	*childhood*	Mi **infancia** está llena de buenos recuerdos.
el/la mayor	*eldest*	La **mayor** tiene más responsabilidades.
la mayoría	*majority*	La **mayoría** de los hermanos pequeños son muy mimados.
el/la mediano/a	*middle child*	El **mediano** necesita mucha atención.
el/la menor	*youngest*	El **menor** es un niño muy independiente.
la minoría	*minority*	Los niños que aprenden a tocar el piano son una **minoría**.
la moda	*fashion*	Su ropa no está a la **moda**.
el nacimiento	*birth*	El orden del **nacimiento** determina la personalidad.
el/la primogénito/a	*first-born*	La **primogénita** es la hermana mayor.
el resultado	*result*	Ya tenemos el **resultado** de las encuestas.
el ser humano	*human being*	El **ser humano** es un animal complejo.
el/la vecino/a	*neighbor*	El **vecino** vive al lado de tu casa.
el/la viudo/a	*widower / widow*	La señora quedó **viuda** este año.

1-37 ¿Qué palabra es? Escoge cinco palabras del vocabulario y descríbelas usando circunlocuciones. Tu compañero/a debe adivinar qué palabra estás definiendo.

MODELO: E1:   *Es la persona que vive al lado de mi casa.*
  E2:   *¿Es el vecino?*

1-38 El comportamiento y la personalidad. La manera en que un ser humano se comporta en diferentes situaciones refleja su personalidad.

Paso 1: ¿Cuál refleja tu personalidad? Lee las situaciones presentadas a continuación y escoge la respuesta correspondiente de acuerdo a cómo te comportarías tú en cada situación.

1. Tu vecino te pide que lo lleves al aeropuerto.
   a. Eres amable y lo llevas aunque te cause problemas.
   b. Le das una excusa para no llevarlo porque es una incomodidad para ti.

2. Tu novio/a va al cine con sus amigos/as.
   a. Estás celoso/a y te enojas.
   b. Haces planes para salir con otra persona.

3. Estás en un festival al aire libre y una mujer ofrece leerte el futuro en las palmas de las manos.
   a. Tienes miedo y te apartas de ella. No quieres saber el futuro.
   b. Tienes curiosidad y le permites que te lea las líneas de la mano.

4. Tú observas que los hijos primogénitos de tus hermanos son maleducados.
   a. Crees que es mejor esperar a que crezcan y aprendan solos.
   b. Crees que tienes derecho a corregirlos.

5. Tienes un/a amigo/a con una personalidad dominante.
   a. Siempre haces lo que él/ella dice para no discutir.
   b. Lo/La enfrentas cuando no estás de acuerdo aunque pongas en peligro tu amistad.

Paso 2: Resultado según tu comportamiento. Ahora lee el resultado de tus respuestas. Habla con tu compañero/a y decide si estás de acuerdo con la descripción de tu personalidad. Explica tu respuesta.

4–5 *Si escogiste la opción B cuatro o cinco veces:*

Tú eres una persona madura que sabe lo que quiere y no tiene miedo de expresar lo que piensa y siente.

2–3 *Si escogiste la opción B dos o tres veces:*

Tú eres una persona sensible que piensa en los sentimientos de los otros antes de expresar los suyos.

0–1 *Si escogiste la opción B menos de una vez:*

Tú eres una persona generosa, no eres agresiva y no te gustan los enfrentamientos. Antes una controversia, prefieres ponerte de acuerdo con el otro.

1-39 Mis reacciones. En parejas, cada estudiante debe explicarle a su compañero/a cómo se siente frente a estas situaciones. Túrnense para hablar.

MODELO: Frente a una situación inesperada...

Me siento nervioso/a y empiezo a hablar descontroladamente.

1. Cuando voy a conocer a una nueva persona...
2. Cuando en un grupo soy parte de la minoría...
3. Cuando tengo que probar algo nuevo...
4. Frente a una persona con una personalidad dominante...
5. Frente a un problema que parece no tener solución...
6. Frente a una persona a quien siempre todo le sale bien...

1-40 Las características. En grupos de tres estudiantes, hagan una lista de las diferentes características que tienen los distintos hermanos en una familia. ¿Cómo son el/la hermano/a mayor, el/la mediano/a y el/la menor? Después, comparen sus resultados con los de la clase.

LECTURA

El hermano mayor, el mediano y el menor.

En esta lectura, vas a informarte acerca de algunos estudios psicológicos sobre la personalidad de los hijos, según el orden de su nacimiento. Vas a descubrir el papel que juega cada hermano dentro de la familia y cómo ese papel determina su personalidad.

El bueno, el feo y el malo

"Parece mentira que sean hermanos." Esta frase tan repetida tiene, según la psicóloga Lucila Andrés, una explicación muy sencilla: el orden del nacimiento es uno de los factores determinantes de la formación del carácter. Los padres educan a los hijos de acuerdo a unos roles establecidos. Por ejemplo, el hermano mayor tiene la responsabilidad de ser un guía° — *guide*
5 para sus hermanos, algo que marca su futuro comportamiento.

Introvertido y extrovertido El historiador de las ciencias Frank Sulloway, profesor del Instituto de Tecnología de Massachusetts, afirma que los hermanos benjamines°* son — *menores*
dieciocho veces más propensos a dirigir° revoluciones de izquierda, mientras que los — *more likely to lead*
primogénitos se inclinan más por defender las causas conservadoras. El orden del nacimiento
10 es también un factor para predecir° la extroversión. Un estudio de la universidad de — *predict*

---

*__Benjamín__ se refiere al hijo menor y generalmente al más mimado de sus padres. Proviene de la historia bíblica del menor de los hijos de Jacobo y su esposa Raquel.

Tennessee demuestra que los hijos únicos son veinte veces más introvertidos que los benjamines.

"Aquí mando yo."° Los múltiples estudios psicológicos sobre hermanos mayores dan resultados comunes: generalmente, dentro del grupo familiar son los más autoritarios y agresivos. Según Frank Sulloway, los primogénitos crecen sabiendo que son más fuertes y grandes que el resto de sus hermanos, lo que les permite ser más dominantes. Aceptan los valores por los que se guían sus padres, rechazando° las ideas nuevas.

I'm the boss.

rejecting

Normalmente, a los primogénitos se les pide más que a sus hermanos mientras crecen; desarrollando° en ellos mayor responsabilidad y más fuerza de voluntad°.

developing / will power

"Eso no es justo." Protestar por todo es una máxima que usan buena parte de los hermanos pequeños; no en vano, la mayoría de los revolucionarios en la historia del mundo ocupan este lugar en sus familias. "Se rebelan contra las normas porque todo el mundo cree que tiene derecho a darles órdenes, los padres, el hermano mayor, el abuelo, hasta el vecino le dice lo que es mejor para él", explica Lucila Andrés. Por lo general son más sociables, están abiertos a innovaciones y en contra del autoritarismo de los mayores.

"Nadie me quiere." Generalmente se piensa que los hermanos medianos son los menos favorecidos "y en el caso de que sean sólo tres y del mismo sexo, es así, porque no tienen los derechos del mayor ni los privilegios del pequeño", afirma el doctor Ronald Richardson, del Centro North Shore de Vancouver.

Durante su infancia, los hermanos del medio se muestran° más celosos, pero también más independientes y, sobre todo, acostumbrados a comportarse como un puente° entre todos sus hermanos, tienen una importante capacidad° de negociación.

appear to be

bridge

ability

"Qué solo estoy." Los hijos únicos, cada vez más numerosos en nuestra sociedad, tienden° a identificarse con la autoridad paterna y en general son bastante conservadores. Los especialistas creen que al no tener que competir con hermanos, a la larga son más volubles° en intereses, personalidad y actitudes sociales. En su vida adulta prueban varias alternativas —laborales, afectivas… — hasta elegir una.

have a tendency

fickle

Generalmente, el hijo único tiende a adoptar los roles de sus padres: si es mujer, se identificará con su madre, y si es hombre, con su padre. "Maduran pronto, son independientes y no dedican mucho tiempo a jugar", explica el doctor Richardson.

El orden no lo es todo. Estos estudios estadísticos también son criticados. Sulloway afirma que existen muchos otros factores que pueden modificar la influencia del orden del nacimiento:

- Según el sexo, los padres educan a sus hijos de una u otra forma.
- La timidez minimiza las características de nacimiento y la extroversión las exagera.
- Los conflictos familiares pueden alterar el comportamiento de los hijos.
- Si hay más de cinco años entre los hermanos, tienen las características del orden que ocupan y además muchas de las del hijo único.

Eva Calvo,
Quo, el saber actual

1-41 ¿Cierto o falso? Señala si las siguientes afirmaciones son ciertas o falsas, según la lectura. Busca en el texto la justificación para tus respuestas y corrige las falsas.

1. C   F   El orden del nacimiento determina la personalidad.
2. C   F   El mayor es más conservador que el menor.
3. C   F   Los hijos únicos son más introvertidos que los que tienen hermanos.
4. C   F   Los hermanos mayores rechazan los valores de los padres.
5. C   F   Los menores son dominantes y agresivos.
6. C   F   Los menores son más sociables que los medianos.
7. C   F   Los hermanos medianos no saben negociar.
8. C   F   Los medianos son más independientes que los otros.
9. C   F   Los hijos únicos cambian de intereses con frecuencia.
10. C   F   No hay otros factores que determinen la personalidad.

1-42 Orden del nacimiento. Completen la siguiente tabla con la información de la lectura. Luego, compártanla con la clase.

Orden del nacimiento	Características generales
hijo/a mayor	_____
hijo/a mediano/a	_____
hijo/a menor	_____
hijo/a único/a	_____

Ahora compara estas respuestas con las del ejercicio 1-40.

1-43 Y Uds., ¿qué dicen? Aquí van a descubrir si Uds. entran dentro de las características de hermano mayor, mediano o menor que presenta la lectura. Pregúntale a tu compañero/a sobre las siguientes características y escribe sus respuestas para saber si coincide con la descripción del orden de nacimiento. Luego, presenten su conclusión a la clase.

MODELO: E1:   *¿Eres agresivo/a?*
              E2:   *Sí/No, (no) soy agresivo/a.*

abierto/a	creativo/a	negociador/a
autoritario/a	dominante	responsable
buen/a	extrovertido/a	revolucionario/a
negociador/a	independiente	sociable
celoso/a	innovador/a	
conservador/a	introvertido/a	

1-44 Debate. Preparen argumentos a favor y en contra de la siguiente afirmación. Luego, la clase se dividirá en dos grupos para debatir a favor y en contra.

> El orden del nacimiento es un factor determinante de la personalidad de los hijos.

1-45 Personalidades famosas. En grupos de tres o cuatro, piensen en algunas personas famosas que reflejen la teoría de que el orden del nacimiento marca la personalidad de las personas. Preparen un informe oral demostrando su teoría y preséntenselo a la clase.

POEMA

Mi autorretrato.

Gloria Fuertes (1918–1998)

Poeta española contemporánea que, como otros escritores que vivieron en España durante la guerra civil y la dictadura franquista, tuvo que superar la pobreza y otros obstáculos por ser mujer. Su lenguaje es directo, coloquial y espontáneo. En este ejemplo del libro *Mujeres de verso en pecho*, 1995, nos presenta un poema en el que se describe a sí misma.

Yo soy así

Yo soy así
como me estáis viendo.
Yo soy así,
con nariz pinochil°,   *a nose like Pinocchio's*
con hermosa nariz
(de pequeña no podía
jugar al "ori"°).   *word used when playing hide and seek*
Flequillo° y entrecejo°   *bangs / space between the eyebrows*
acusado°   *marked*
—no me acuso° de haber amado—   *acknowledge*
Vestida de soltera,
mi moda es no ir a la moda,
mi guerra° es no ir a la guerra.   *war*
Soy más pacifista que artista
más humanista que feminista,
más alta que baja,
mis músculos°   *muscles*
más fuertes que García…

Soy tímida y no lo parece,
soy poeta y sí lo parece,
soy gorda y sí lo parece,
soy soltera y no lo parece,
soy viuda y sí lo parece,
soy niña y no lo parece.

Soy así…
Como me estáis leyendo.

1-46 Gloria es…   ¿Cuál es el retrato completo de la mujer descrita en el poema?

Paso 1: Su físico.   Busquen los adjetivos que la poeta usa para describir sus cualidades físicas. Luego, hagan un dibujo que refleje estas características en una persona.

Paso 2: Su personalidad.   Busquen los adjetivos que describen la personalidad de la poeta.

Paso 3: Opiniones.   ¿Cuál es su estado civil? ¿Cuál es su guerra? ¿Qué piensa de la moda? ¿Es feminista?

1-47 ¿Se parece a Gloria Fuertes?   Prepara cinco preguntas para hacerle a otro/a estudiante con el propósito de saber si este/a se parece a Gloria Fuertes. Entrevista a un/a compañero/a. Luego, informa a la clase.

MODELO: *¿Eres pacifista?*

1-48 ¿Cómo eres tú?   Descríbete a ti mismo/a en verso. Escribe una estrofa que refleje quién eres tú, siguiendo este modelo.

Soy tímida y no lo parece,
soy poeta y sí lo parece,
soy gorda y sí lo parece,
soy soltera y no lo parece,
soy viuda y sí lo parece
soy niña y no lo parece.
Soy así…
Como me estáis leyendo.

Avancemos con la escritura

Antes de escribir

Estrategia de escritura: *Describing a person*

When you describe a person, you are painting a picture of that person and you want to make the reader agree with you. To share your views on a particular person with someone else, you need to select the details that will convey your impression of that person. These are some general points that are used to describe a person:

physical appearance
personality and temperament
particular characteristics and behaviors
preferred activities

Palabras de enlace: Adición

These words can help you make a transition between different qualities, ideas, and sentences.

además	*furthermore, what's more*
es más	*furthermore*
también	*also*
y	*and*

1-49 Una persona famosa. Ustedes son parte de un comité que tiene que escoger a una persona famosa para invitarla a visitar la universidad. Decidan a quién van a escoger y expliquen por qué lo/la escogieron, describiendo sus cualidades sobresalientes y algunas de sus actividades. Presenten su descripción para convencer a la clase. Luego, se votará por la personalidad más interesante. Usen las palabras descriptivas de la página 9 y de la Actividad 1-29.

1-50 Buscamos un/a compañero/a de casa. Ustedes buscan un/a compañero/a de casa y van a seleccionar entre varias personas. Decidan cómo debe ser la personalidad y el carácter de la persona que buscan. Hagan una lista.

La persona que buscamos tiene que ser...

1-51 Los amigos universitarios. Este es tu primer semestre en la universidad y has hecho muchos amigos. Escríbele un *e-mail* a un amigo/a en el que describes a tres de tus nuevos compañeros. Incluye detalles sobre la apariencia física, la personalidad, las características de cada uno y las actividades que hacen juntos. Usa las palabras descriptivas y el vocabulario de este capítulo.

A escribir

1-52 Piso compartido. Imagina que quieres ir a vivir por un tiempo a la casa de un/a estudiante de Madrid. Escribe una carta de presentación. En la carta debes describirte a ti mismo, y hablar de tus actividades favoritas y tus obligaciones. Explica quién eres y cómo eres, dónde vives, cómo es tu familia y el lugar donde vives, cuáles son tus actividades diarias y tus obligaciones en la universidad. Pide información sobre la otra persona, sus intereses, sus obligaciones, sus actividades habituales, etc. Sigue este formato.

Fecha
Querido/a _____:
Tu descripción
Tus preguntas
Saludos,

Antes de entregar tu carta, asegúrate de haber incluido y revisado lo siguiente:

* La conjugación correcta de los verbos en el presente
* Las **Expresiones útiles**
* El uso de **ser y estar**
* La concordancia de los adjetivos y los sustantivos
* Las palabras de enlace

🔊 Vocabulario

La familia

La lista de **Palabras descriptivas** de la página 9 debe ser parte de tu vocabulario activo.

el cónyuge	spouse
la familia nuclear	nuclear family
el/la hijo/a	son / daughter
los hijos	children
la madre	mother
el matrimonio	marriage
el/la nieto/a	grandson / granddaughter
el padre	father
los padres	parents
el/los papá/s	dad(dy) / parents
la pareja	couple / partner, lover

Sustantivos

el amor	love
el apoyo	support
el bebé	baby
la boda	wedding
el cambio	change
el carácter	temperament
el comportamiento	behavior
la crianza	bringing up, rearing
el dato	data, fact(s)
el deber	duty, obligation
el derecho	right
el divorcio	divorce
el embarazo	pregnancy
la falta	lack of
la infancia	childhood
el integrante	member
el lazo familiar	family tie
la maternidad	maternity
el/la mayor	the oldest
la mayoría	majority
el/la mediano/a	middle child
el/la menor	the youngest
la minoría	minority
la moda	fashion
la mudanza	move to another residence

el nacimiento	birth
el/la pariente/a	relative
la paternidad	paternity
el porcentaje	percentage
el/la primogénito/a	first-born
el respeto	respect
el resultado	result
el ser humano	human being
el sostén	support
el tamaño	size
la tasa de natalidad	birth rate
la unidad	unity
el/la vecino/a	neighbor
el/la viudo/a	widower / widow

Verbos

La lista de verbos de la páginas 12–13 debe ser parte de tu vocabulario activo. También la lista de verbos regulares que aparece en **Cabos sueltos**, página 369.

aumentar	to increase
cambiar	to change
cambiar al bebé	to change the baby's diaper
casar(se)	to get married
comportar(se)	to behave
contar (ue)	to count
continuar	to continue
contraer matrimonio	to get married
convivir	to live together
crecer	to grow
criar	to raise, rear
cuidar	to take care of
elegir (i)	to choose
mimar	to pamper, indulge
mostrar (ue)	to show
mover (ue)	to move
mover(se) (ue)	to move
mudar(se)	to change residence
optar	to opt, choose
parecer (zc)	to seem
parecer(se) a (zc)	to resemble
reflejar	to reflect
seguir (i)	to continue

Adjetivos

La lista de adjetivos de la página 9 debe ser parte de tu vocabulario activo.

basado/a (en)	*based (on)*
dominante	*domineering*
intacto/a	*intact*
junto/a	*together*
monoparental	*single-parent*
rizado	*curly headed, curly haired*
sano/a	*healthy*
variado/a	*varied*

Expresiones útiles

alrededor	*around*
aunque	*though, although, even if*
en cuanto a	*as far as, with respect to, regarding*
hoy en día	*nowadays*
no solo ...	
sino también	*not only . . . but also*
por ciento	*percent*
según	*according to*
ya que	*since, inasmuch as*

Hablemos de viajes

"...caminante, no hay camino, se hace camino al andar..."

—Antonio Machado

2

Tema cultural

- La belleza natural de América Latina
- La geografía y los lugares de interés de América Latina

Objetivos comunicativos

- Hablar de viajes
- Hacer reservas de hotel y de avión
- Pedir información en un aeropuerto
- Hablar de sucesos pasados
- Especificar cuándo ocurrió una acción en el pasado

Gramática para la comunicación

- Pretérito
- **Hace** + expresiones de tiempo
- Imperfecto
- Usos del pretérito e imperfecto
- Verbos que cambian de significado en el pretérito

En marcha con las palabras

En contexto: Un viaje por América Latina

El diario de Luis

2 de diciembre

Ayer empezó mi viaje por Latinoamérica. Por la mañana, **abordé el avión** en el que **volé** a México. Tenía todo listo en mi **equipaje**: muy poca ropa, mi videocámara y muchos **folletos** con información sobre los **países** que pienso visitar. Además, traje mi **saco de dormir** y mi **tienda de campaña** porque quiero **acampar**. Tuve un pequeño problema cuando **estaba a punto de embarcar** porque no encontraba mi **tarjeta de embarque**. Pero todo se solucionó rápidamente y, más tarde, cuando el avión **despegó**, ¡comenzó mi gran aventura!

El **acantilado** de la Quebrada, Acapulco. Los clavadistas **se arrojan** a las grandes **olas** del **mar** desde 50 metros de **altura**.

4 de diciembre

El lunes estuve en Acapulco. Como era un día **soleado, tomé el sol** en la **playa** (claro, con mucho **bloqueador solar** para no **quemarme**.) **Disfruté de** todos los deportes que se pueden practicar allí: **hice esquí acuático, buceé** en el mar y **navegué** en **velero**. Como estaba cansado, dormí una siesta sobre la **arena**. Por supuesto que, por la tarde, fui a ver a los **clavadistas**. Aquí pongo la foto que **saqué**.

14 de diciembre

Partí de México para Costa Rica, donde voy a **hacer ecoturismo**. Para ahorrar dinero, no voy a **alojarme** en un hotel sino que voy a estar tres días en un **campamento** en el **bosque**. Voy a **hacer** varias **caminatas** por la **selva** tropical para ver la variedad de plantas y animales que hay en esta región. ¡Supongo que lo voy a **pasar muy bien**!

2 de enero

Acabo de llegar al otro extremo de América Latina; estoy en el **sur, escalando** montañas en la **cordillera** de los Andes en Chile. El **paisaje** es espectacular: **lleno de lagos, ríos** y **montañas**. La semana próxima voy a **hacer dedo** a Tierra del Fuego con un amigo que conocí en Santiago. Desde allí, vamos a tomar un **barco** para volver al **norte**. El barco **hace escala** en Buenos Aires, donde voy a **quedarme** unos días. Será una **estadía** corta para conocer un poco esa famosa ciudad. Allí, voy a estar de **huésped** en la casa de un amigo. Esto será el final de mi viaje.

¿Comprendes?

1. ¿Qué país visitó Luis primero?
2. ¿Qué llevaba en su equipaje?
3. ¿Qué hizo en Acapulco?
4. ¿Qué quería hacer en Costa Rica?
5. ¿Qué hizo en Chile?
6. ¿Cómo llegó a Tierra del Fuego?
7. ¿Cómo volvió al norte?
8. ¿Qué ciudad visitó en Argentina y por qué?
9. ¿Qué estación del año es en Argentina cuando en EE.UU. es verano?

BOLETÍN

América del Sur

Las cataratas del Salto Ángel, Venezuela, son las más altas del mundo.

Palabras conocidas

En el hotel – De viaje

Estas palabras deben ser parte de tu vocabulario.

En el hotel

el/la botones	*bellhop*
el/la conserje	*concierge*
la habitación doble	*double room*
la habitación individual / sencilla	*single room*
la maleta / la valija	*suitcase*
la piscina / la pileta	*swimming pool*
el portero	*doorman*
la primera clase	*first class*
la propina	*tip*

Cognados

la cámara de fotos
cancelar
la clase turista
confirmar
filmar
el parque nacional
el piloto
la reserva
el volcán

De viaje

la aduana	*customs*
el/la asistente de vuelo / la azafata / el/la aeromozo/a	*flight attendant*
el billete / el boleto	*ticket*
el pasaje de ida y vuelta	*round-trip ticket*
la carpa	*tent*
hacer las maletas / el equipaje / las valijas	*to pack suitcases*
la línea aérea	*airline*
la lista de espera	*waiting list*
la llegada	*arrival*
el/la pasajero/a	*passenger*
la puerta de salida / de llegada / de embarque	*departure / arrival / boarding gate*
la salida (de emergencia)	*emergency exit*
la (tarjeta) postal	*postcard*
el/la viajero/a	*traveler*
el vuelo	*flight*

Expresiones útiles

acabar de + infinitivo	*to have just (done something)* [refers to an action that has just occurred]	**Acabo de llegar** a los Andes. *I have just arrived in the Andes.*
estar a punto de	*to be about to (do something)*	**Estábamos a punto de** subir al avión cuando cancelaron el vuelo. *We were about to board the plane when they canceled the flight.*
pasarlo bien/mal	*to have a good/bad time*	**¡Lo pasé muy bien** en mi viaje! *I had a good time on my trip.*
pasar(se) el tiempo + **-ando/-iendo** (gerundio)	*to spend time (doing something)*	**(Me) Pasé el tiempo tomando** el sol. *I spent the time sunbathing.*
pensar + infinitivo	*to plan to (do something)*	**Pienso visitar** muchos países. *I plan to visit many countries.*
como [often at the beginning of a sentence]	*since, as*	**Como** era un día soleado, tomé el sol en la playa. *Since it was a sunny day, I sunbathed on the beach.*

2-1 ¿Qué tal lo pasaste? En parejas, contesten las siguientes preguntas sobre sus
últimas vacaciones. Usen las **Expresiones útiles**.

1. ¿Adónde fuiste?
2. ¿Cómo lo pasaste? ¿Por qué?
3. ¿Cómo pasaste el tiempo?
4. ¿Qué más hiciste?
5. ¿Acabas de regresar?
6. ¿Piensas volver pronto? ¿Por qué?

2-2 Un viaje accidentado. Imagina que en las vacaciones pasadas tuviste muchos
inconvenientes. Cuéntale a tu compañero/a lo que pasó y cómo lo solucionaste. Completa las
oraciones, según la situación.

1. Estaba a punto de salir de casa cuando _____.
2. El avión estaba a punto de partir cuando _____.
3. Estaba a punto de confirmar mi vuelo cuando _____.
4. Como se me olvidó la cámara de fotos en casa, _____.
5. Como me cancelaron el vuelo a último momento, _____.
6. Como el hotel no tenía piscina, _____.
7. Como el vuelo salió atrasado, _____.
8. Como la aerolínea perdió mi maleta, _____.
9. ¿. . . ?

2-3 ¿Qué necesitas? ¿Qué haces? Imagina que vas a hacer un viaje. Escribe en la
lista el nombre de tres objetos que debes llevar y explica por qué los llevas. Luego, escoge tres
actividades que puedes hacer allí y explica por qué las escogiste.

	Objetos	Actividades
la playa	_____	_____
	_____	_____
	_____	_____
la montaña	_____	_____
	_____	_____
	_____	_____
el campo	_____	_____
	_____	_____
	_____	_____
una ciudad latinoamericana	_____	_____
(Buenos Aires /		
Ciudad de México / Lima . . .)	_____	_____
	_____	_____

2-4 Un poco de geografía. ¿Dónde están estos lugares y qué son?

Paso 1: ¿Cuál es la capital? Trabaja con los mapas que aparecen al final del libro. Dile a tu compañero/a el nombre de un país hispano y él/ella debe decirte el nombre de su capital.

Paso 2: ¿Qué es? Descríbele a tu compañero/a algún lugar del mundo hispano. Tu compañero/a debe identificar el lugar.

> **MODELO:** E1: *Es una cadena de montañas que está al oeste de América del Sur y que separa a Chile de Argentina.*
> E2: *Es la cordillera de los Andes.*

 2-5 ¿Te gusta la aventura? Entrevista a un/a compañero/a para saber si le gustaría hacer estos viajes. Él/Ella debe explicar por qué sí o por qué no.

> **MODELO:** E1: *¿Te gustaría conocer Buenos Aires?*
> E2: *Sí, me encantaría conocer Buenos Aires porque yo estoy aprendiendo a bailar el tango y quiero asistir a una academia de tango allí.*

1. tomar el sol en las playas de México
2. hacer ecoturismo en Costa Rica
3. viajar por el río Amazonas
4. escalar las montañas de Chile
5. hacer dedo a Tierra del Fuego
6. visitar Machu Picchu en Perú

 2-6 Diferentes modos de viajar. Completa el cuadro con tus preferencias y entrevista a otras dos personas de la clase para saber qué tipo de viaje prefieren. Luego, informa a la clase.

	Tú	Compañero/a 1	Compañero/a 2
medio de transporte			
lugar			
época del año			
personas			
alojamiento			
equipaje			
comida			

2-7 Un viaje de novela. Cuéntale a tu compañero/a un viaje que hayas leído en una novela o que hayas visto en una película.

2-8 Para saber más. Busquen información en Internet o en la biblioteca sobre algún lugar turístico de Latinoamérica. Las ventanas al mundo en este capítulo pueden darles algunas ideas. Para la próxima clase, hagan un folleto turístico sobre ese lugar. En el folleto incluyan algunas fotos o ilustraciones; datos generales como ubicación, población, moneda, etc.; los lugares de interés más importantes e información práctica para los turistas.

Ventana al mundo

Buenos Aires, Argentina

Buenos Aires es la capital y la ciudad más grande de Argentina. Aproximadamente la tercera parte de la población de Argentina vive en Buenos Aires y sus alrededores. Tiene una población de 3.000.000 en la Ciudad Autónoma de Buenos Aires (CABA) y un total de 11.000.000 en lo que se llama "el Gran Buenos Aires." Es una ciudad de muchos contrastes con mucha riqueza y mucha pobreza. Buenos Aires está llena de vida y movimiento con una intensa vida cultural, económica y política. Durante cualquier época del año, se puede gozar de teatros, museos de arte, ferias, ópera y ballet que son reconocidos mundialmente. El tango es parte de su identidad y se lo puede escuchar, ver y bailar en distintos lugares. El famoso tango, *Mi Buenos Aires queridos*, es un lema para sus habitantes.

Las grandes ciudades. ¿Te gustaría conocer Buenos Aires? ¿Conoces otras ciudades grandes de América?

Calle de Buenos Aires, Argentina.

─ ¡Sin duda! ─

irse (marcharse) — salir — partir — dejar

All these words may be translated as *to leave* but, in Spanish, they have different shades of meaning. Study the table below.

Palabra	Explicación	Ejemplo
irse (marcharse)	*to leave a place, especially when the destination is not mentioned. It puts emphasis on the place being left, rather than on the destination.*	**Se van** hoy y vuelven el mes que viene. *They leave today and come back next month.*
salir de	*to leave (from), to exit, to go away*	**Salgo de** mi casa temprano. *I leave my house early.* **Salgo de** viaje mañana. *I leave on a trip tomorrow.*
salir para	*to go to a specific place*	**Salgo para** México la semana que viene. *I leave for Mexico next week.*
salir con	*to go out with someone (could mean a romantic relationship)*	Adela **está saliendo con** Luis. *Adela is going out with Luis.*
partir	*to leave, generally in relation to travel situations; to depart*	El tren **parte** de la estación central en quince minutos. *The train leaves the main station in fifteen minutes.*
dejar	*to leave something or someone behind, abandon; to leave out, omit*	**Dejamos** las montañas y vamos al mar. *We leave the mountains and go to the sea.* Mi novio y yo nos **dejamos**. *My boyfriend and I broke up.*
dejar de + infinitive	*to stop*	**Dejamos de fumar.** *We stopped smoking.*

2-9   Un viaje de fin de semana. En parejas, háganse las siguientes preguntas sobre un viaje de fin de semana. Luego, compartan sus respuestas con otras parejas.

1. ¿Cuándo hiciste un viaje de fin de semana? ¿Con quién?
2. ¿Adónde fuiste?
3. ¿Viajaste en autobús, en tren, en avión o en coche? ¿Partiste temprano?
4. Si tienes perro o gato, ¿con quién o dónde lo dejaste?
5. ¿A qué hora saliste de tu ciudad?

2-10 Ficha personal. Completa esta ficha, creando una pregunta con cada verbo. Luego, interroga a tu compañero/a para ver si ha hecho alguna de esas cosas. Escribe sus respuestas junto a cada pregunta.

Verbo	Pregunta	Respuesta
irse		
salir (de, para, con)		
partir (para)		
dejar		

Ventana al mundo

La Habana, Cuba

Sin duda, La Habana se considera una de las ciudades más hermosas del mundo. Un paseo al atardecer por el malecón (*pier*) de La Habana le ofrecerá al visitante una vista espectacular del mar y una tranquila puesta de sol. También le permitirá observar una variedad de estilos arquitectónicos que deleitarán la mirada más exigente. El visitante verá una ciudad majestuosa entre ruinas y columnas. Verá a su gente caminando por las calles y a sus niños jugando pelota en cualquier esquina, verá la ropa colgando (*hanging*) de los balcones para secarse al sol y oirá su música y sus tambores (*drums*). Quizás también vea, con el ojo un poco más soñador, por qué a La Habana, cuando era más joven, la llamaban "la París del Caribe."

¿Viajar a Cuba? ¿Te gustaría ir a Cuba? ¿Puedes ir? ¿Qué necesitas?

El Hotel Nacional de la Habana, Cuba, es uno de los monumentos arquitectónicos más bellos de esa ciudad.

— Así se dice

Cómo hacer reservas

Estas son algunas frases útiles para reservar un cuarto de hotel:

Quisiera hacer una reserva para la Sra. Martínez.	*I would like to make a reservation for Mrs. Martínez.*
Me gustaría alojarme en una pensión / un hotel de lujo.	*I would like to stay in a bed and breakfast / a luxury hotel.*
Me gustaría una habitación doble / sencilla.	*I would like a double / single room.*
Quiero una habitación con baño privado.	*I want a room with a private bathroom.*
Quisiera una habitación con vista al mar.	*I would like a room with a view of the sea.*
¿Está incluido el desayuno?	*Is breakfast included?*
¿Hay ascensor?	*Is there an elevator?*
¿A qué hora hay que dejar la habitación?	*At what time do we have to check out? When is checkout time ?*
¿Se puede pagar con cheques de viajero / tarjeta de crédito?	*Is it possible to pay with travelers' checks / a credit card?*

En el aeropuerto

Estas son algunas preguntas útiles para pedir información en el aeropuerto:

¿Cuál es la puerta de embarque?	*Which is the boarding gate?*
¿Tiene la tarjeta de embarque / su pasaporte?	*Do you have the boarding pass / your passport?*
¿Este vuelo hace escalas o es directo?	*Does this flight make stops or is it a direct flight?*
¿Prefiere el asiento de la ventanilla, el del pasillo o el del medio?	*Do you prefer the window, aisle, or middle seat?*
¿Quiere un pasaje de ida y vuelta?	*Do you want a round-trip ticket?*
¿Quiere clase turista, de negocios o primera clase?	*Do you want coach, business, or first class?*

🍦 **2-11 En el hotel.** Uno/a de Uds. llama por teléfono desde el aeropuerto para hacer una reserva en el Hotel Nacional de La Habana. El/La otro/a es el/la conserje del hotel. Cada persona debe hacer un mínimo de tres preguntas y contestar las de su compañero/a.

HUÉSPED: Habla con el/la conserje para hacer la reserva.

CONSERJE: Contesta las preguntas del huésped y hazle las preguntas necesarias para completar la reserva.

MODELO: E1: *Buenos días. ¿Tiene una habitación doble / sencilla con baño privado?*
　　　　　 E2: *Sí (No), señor/señorita. (Lo siento). Tenemos una habitación doble sin baño privado, pero con vista al mar.*
　　　　　 E1: *¿Cuánto cuesta?*
　　　　　 E2: . . .

2-12 En el aeropuerto. En parejas, hagan los papeles de viajero/a y agente de la aerolínea. Usen las expresiones de **Así se dice** para pedir información en el aeropuerto.

VIAJERO/A: Tienes que hacer un viaje de emergencia y vas al aeropuerto para tomar el primer vuelo. Explícale al/a la agente de viajes cuál es la emergencia, adónde quieres ir y cómo quieres viajar.

AGENTE DE LA AEROLÍNEA: Ayuda al/a la viajero/a a conseguir el vuelo que necesita.

MODELO:
E1: *Señor/Señorita, tengo una emergencia y necesito volar urgente a Sacramento.*
E2: *Lo siento, pero todos los vuelos están completos.*
E1: *Mi hijo, que estudia en la Universidad de Davis, en California, tuvo un grave accidente anoche y necesito estar a su lado hoy.*
E2: *Déjeme ver lo que puedo hacer...*

Ventana al mundo

Machu Picchu

Machu Picchu es una fortaleza inca construida alrededor del año 1430 en los Andes peruanos a 8.000 pies de altura sobre el nivel del mar. Es conocida como "La ciudad perdida de los Incas"; pues no fue descubierta por los conquistadores españoles del siglo XVI.

Los Incas construyeron una ciudad de piedras pulidas perfectamente ensambladas para crear templos, casas con techo de paja, santuarios, parques, fuentes de agua, canales de riego y un acueducto que llevaba el agua a cada casa. Los edificios principales son "El templo del sol" y "El Cuarto de las Tres Ventanas" que se encuentran en el "Distrito Sagrado."

En 2007 fue nombrada una de las Nuevas Siete Maravillas del Mundo por ser una obra maestra de arquitectura y un testimonio de la civilización inca de la época precolombina.

Para saber más. Busca información sobre Machu Picchu y trae tres oraciones para compartir con la clase.

Machu Picchu es una fortaleza inca en Perú.

Escuchemos

Mario y su viaje. Mario hace una reserva de avión y luego al regreso le cuenta su viaje a Rosario. Después de escuchar las conversaciones, indica si las frases siguientes son ciertas o falsas y corrige las falsas y crea dos frases más para compartir con la clase.

1. Mario vuela a varios países de América.

2. El agente de viajes no conoce Perú pero lo quiere conocer.

3. Mario viaja solo por negocios.

4. El agente le recomienda un hotel.

5. Mario tiene que volver a Miami antes del 20 de abril.

6. El agente de viajes va a viajar a Perú este año.

7. El viaje fue estupendo, no hubo ningún problema.

Sigamos con las estructuras

Repasemos 1

Talking about past activities: The preterite

El año pasado, para las vacaciones de primavera, **estuve** en Cozumel. **Nadé** en el mar, **hice** esquí acuático y **tomé** el sol en la playa. Lo **pasé** de maravilla.

2-13 La última vez. Completa el cuadro siguiente con información personal y, luego, entrevista a otra persona de la clase. Debes intentar obtener más información que la fecha del viaje. Trata de hacerle preguntas adicionales como por ejemplo: ¿con quién?, ¿dónde?, ¿qué?, ¿cuáles?, ¿por qué?, ¿cómo?, etc.

¿Cuándo fue la última vez que...	Tú	Otra persona de la clase
irse de vacaciones?		
visitar unas ruinas?		
navegar por un río?		
quedarse en un *camping*?		
hacer una caminata?		
perder la maleta o el equipaje?		

Complete the self-test in your *MySpanishLab* course. If you do not obtain a passing score, you need to review the **Cabos sueltos** Study Materials in *MySpanishLab* or at the back of the book. If you do, you can continue with the following activities.

2-14 Alguna vez. Entrevista a otra persona de la clase y completa el cuadro. Luego, informa a la clase.

¿Alguna vez. . .	¿Cuándo?	¿Dónde?	¿Con quién?
1. visitar una selva tropical?			
2. recorrer un parque nacional?			
3. ver un volcán?			
4. cambiar dinero extranjero?			
5. dormir en un saco de dormir?			
6. perder un tren, avión o autobús?			
7. tomar demasiado sol y enfermarse?			
8. usar una tienda de campaña?			

2-15 ¿Respetaste la cultura y la ecología del lugar que visitaste? Explícale a tu compañero/a si hiciste estas actividades en vacaciones. Explícale por qué sí o no. Luego decidan si Uds. respetan la naturaleza y las otras culturas o no. Compartan sus resultados con el resto de la clase.

MODELO: E1:   *Antes de hacer un viaje a un país que no conocía, yo me informé sobre su cultura y sus costumbres y las respeté cuando estuve allí.*

1. consumir productos del lugar ricos en agua, como frutas y verduras
2. comprar plumas de pájaros exóticos, conchas, coral, etc.
3. interesarse por la cultura e historia del lugar y visitar los lugares de interés
4. alojarse en hoteles y casas rurales
5. hacer ostentación de lujo con la ropa, cámaras, joyas, etc.
6. malgastar recursos, como el agua y la electricidad
7. grabar los sonidos de la naturaleza
8. pasear por la orilla del mar y nadar en el mar

Repasemos 2

Telling how long ago something happened: *Hace* + time expressions

—¿**Cuánto tiempo hace** que estuviste en España?
—**Hace tres veranos** que estuve en España con mi amiga Laura.

2-16 ¿Cuánto tiempo hace? Pregúntale a un/a compañero/a cuánto tiempo hace que hizo estas acciones. Cada persona debe escoger cuatro actividades de la lista para hacer sus preguntas.

MODELO: E1:   *¿Cuánto tiempo hace que volaste en avión?*
          E2:   *Hace un mes que volé en avión.*

1. escalar una montaña
2. ver a sus padres
3. quedarse en un hotel de lujo
4. ir a la playa
5. estar de vacaciones
6. viajar en autobús
7. hacer esquí acuático
8. nadar en el mar

☑ Complete the self-test in your *MySpanishLab* course. If you do not obtain a passing score, you need to review the **Cabos sueltos** Study Materials in *MySpanishLab* or at the back of the book. If you do, you can continue with the following activities.

☑ Complete the self-test in your *MySpanishLab* course. If you do not obtain a passing score, you need to review the **Cabos sueltos** Study Materials in *MySpanishLab* or at the back of the book. If you do, you can continue with the following activities.

Repasemos 3

Describing how life used to be: The imperfect

Cuando yo **era** niña, mi familia **iba** siempre de vacaciones a México porque mis tíos **vivían** allí. A mí me **encantaba** jugar con mis primos que **tenían** dos años más que yo.

2-17 Cuando era niño/a. ¿Cómo era tu vida cuando eras niño/a? Usa las siguientes palabras cuando sea apropiado para contestar estas preguntas sobre tu vida de niño/a. Cuéntale a tu compañero/a.

algunas veces	a veces	siempre	casi siempre	nunca

1. ¿Cuántas personas vivían en tu casa? ¿Quiénes eran?
2. ¿Había animales domésticos en tu casa? ¿Cuáles?
3. ¿Cuál era tu rutina diaria? ¿A qué hora te levantabas y te acostabas?
4. ¿Quién te llevaba a la escuela? ¿Tomabas el autobús escolar?
5. ¿Cuál era tu comida favorita?
6. ¿De qué tareas domésticas eras responsable?
7. ¿Te peleabas con tus hermanos/as o primos/as?
8. ¿Tenías una buena relación con tus padres?

2-18 Las vacaciones de la infancia. ¿Recuerdas dónde y cómo pasabas tus vacaciones de verano durante tu infancia? Cuéntaselo a tu compañero/a, usando esta guía.

lugar de las vacaciones

descripción del lugar

compañeros durante las vacaciones

actividades

2-19 ¿Qué creías tú? ¿Recuerdas tus creencias de pequeño/a? Cuéntaselas a tu compañero/a. Cuanto más alejadas de la realidad, mejor. Debes resumir lo que creías en un párrafo de tres oraciones, comenzando con "Cuando era muy pequeño/a, creía que. . ."

MODELO: *Cuando era muy pequeño/a, creía que la gente buena siempre ganaba, igual que en las películas. También creía que la gente moría de verdad en las películas. Por supuesto que creía en Santa Claus.*

Ventana al mundo

Puerto Rico, la isla del encanto

Puerto Rico es una de las islas más grandes y bonitas del Caribe. En el año 1898, España cedió Puerto Rico a los EE.UU. Este país la incorporó como colonia. En 1952, Puerto Rico se estableció como Estado Libre Asociado. Los puertorriqueños son ciudadanos de los Estados Unidos pero no votan en las elecciones presidenciales de los EE.UU. Puerto Rico tiene un representante en el Congreso de los Estados Unidos, pero este representante no tiene derecho al voto. Las lenguas oficiales son el español y el inglés, aunque Puerto Rico sigue manteniendo una fuerte identidad hispana. Escritores como Julia de Burgos, Rosario Ferré, Luis Rafael Sánchez y Ana Lydia Vega han hecho

Vendedora de flores en el Viejo San Juan, Puerto Rico.

famosa su literatura. Tito Puente la representa con su música. El viejo San Juan, en el centro de su capital, tiene todas las características de un típico pueblo español. La comida puertorriqueña es una muestra de la mezcla de varias culturas y del uso de productos locales —plátanos, mariscos, cerdo y especias. El arroz es el principal ingrediente en las comidas, seguido por los frijoles. También son populares la yuca, el ñame, la batata y el plátano.

¿Conoces Puerto Rico? ¿Hay muchas personas de Puerto Rico en tu universidad, en tu ciudad o en tu estado? Busca información adicional en Internet y compártela con el resto de la clase.

Aprendamos 1

Narrating in the past: Preterite and imperfect

When you tell a story or narrate an event that happened in the past, you need to use both aspects of the past tense: the preterite and the imperfect. Each one plays a different role in the narration.

A. The imperfect

1. Sets the scene.

   - Establishes the time of the action. **Era** un día de verano a las tres de la tarde.
   - Describes the weather. **Llovía.**
   - Describes the age of the participants. Yo **tenía** 22 años cuando empezaba mi gran aventura.

2. Describes the background.

   - Describes the appearance of people, places, and things. **Tenía** aspecto de extranjero. **Era** alto y rubio y **llevaba** una camiseta blanca y unos pantalones cortos. **Había** dos o tres viajeros en la estación de trenes.
   - Describes a state of mind. **Estaba** cansado.
   - Describes emotions. Ese día, **extrañaba** a mis amigos y mi país.

3. Describes repeated or continuing actions in the past.

    • Describes what was going on.   Unos niños **corrían** por la calle y su madre se **enfadaba** con ellos.

    • Describes what used to happen.   Yo **escalaba** montañas cuando vivía en los Andes.

4. Describes something that you were planning to do.

    • Uses **ir** (in the imperfect) **a** + infinitive   Yo **iba a** viajar con un amigo pero no pudo ser.

B. The preterite

1. Moves the action along.   Finalmente, **llegó** el tren y todos **subimos** a bordo.

2. Relates the plot; tells what happened.   El tren **llegó** a Machu Picchu según el horario.

3. Describes a completed past action.   **Fue** un viaje maravilloso.

2-20 Los clavadistas. Lee este párrafo y escribe la forma correcta de los verbos en el pretérito o en el imperfecto. Explica por qué se usa uno u otro.

    MODELO: *Pepa __viajaba__ (used to travel) mucho cuando __trabajaba__ (describes continuing action) en la agencia de viajes.*

(1. Ser) _____ las dos de la tarde cuando mi hermana y yo

(2. ir) _____ a ver a los clavadistas de la Quebrada.

(3. Ser) _____ unos muchachos jóvenes que

(4. tener) _____ entre 15 y 20 años. Ellos (5. subir) _____

unos 50 metros por un acantilado. (6. Parecer) _____ muy tranquilos,

pero yo (7. estar)_____ muy nerviosa cada vez que uno se

(8. arrojar) _____ al mar. Pronto mi hermana se

(9. cansar) _____ de verlos y nosotros

(10. volver) _____ al coche. Una hora más tarde,

(11. estar) _____ otra vez en el hotel.

 2-21 El invierno pasado. En grupos pequeños, cada persona va a decir dos oraciones sobre lo que hizo en sus vacaciones de invierno. Escojan un/a secretario/a para escribir las oraciones de todo el grupo.

    MODELO: *Mis amigos, mi novia y yo fuimos a esquiar a las montañas. Nos alojamos en la casa de una amiga.*

2-22 ¿Cómo era? Ahora, cada miembro del grupo debe agregar algo a sus oraciones de la actividad **2-21**. Debe profundizar la idea con una oración que describa la escena, el estado mental o la apariencia de un elemento de la oración que escribieron antes. El/La secretario/a toma nota y, luego, informa a la clase de lo que han dicho los miembros del grupo.

    MODELO: E1:   *Mis amigos, mi novia y yo fuimos a esquiar a las montañas. Hacía muy buen tiempo y había mucha nieve. Nos alojamos en la casa de una amiga que tenía un jacuzzi.*

2-23 Relato de un viaje. Usa tu imaginación para completar estas oraciones. Luego compártelas con tu compañero/a.

1. La semana que terminaron las clases mi familia y yo _____.

2. Mi madre preparaba las valijas mientras _____.

3. Mientras mi padre hablaba por teléfono a su oficina _____.

4. Finalmente salimos de la ciudad y _____.

5. Después de tres horas de viaje _____.

6. Cuando llegamos a nuestro destino, _____.

7. Por una semana entera nos divertimos mucho, excepto cuando _____.

2-24 En México. Observen la siguiente lista de viajeros: una pareja de 50 años, un mochilero de 20 años, una pareja de 35 años y una antropóloga de 27 años. Todos ellos visitaron México de distintas maneras. Elijan un/a viajero/a o una pareja y narren su viaje, usando la información que aparece en el cuadro. Luego, en parejas compartan su narración.

Lugares	Pareja de 50 años	Mochilero de 20 años	Pareja de 35 años	Antropóloga de 27 años
el Paseo de la Reforma	Quejarse de la contaminación / Ser asmáticos	Comer en un restaurante barato / Hacer fresco	Ir de compras / Estar soleado	Investigar la historia de los edificios / Llover
el Parque de Chapultepec	Admirar el jardín botánico / Hacer sol	Escuchar a los mariachis / Estar nublado	Navegar por el lago / Hacer sol	Visitar el museo de antropología / Estar muy entusiasmada
el Palacio Nacional	Cansarse de subir las escaleras / Estar muy cansados	Sacar fotos y escribir una postal para enviar a sus amigos / Extrañar a los amigos	Comprar un póster con la reproducción del mural de Rivera / Ser las tres de la tarde	Analizar la comida y los trajes del mural de Rivera / Tener calor
el Palacio de Bellas Artes	Pedir entradas con descuento para ver el Ballet Folklórico de México / Ser para la función de la tarde	Recibir una entrada gratis para ver el Ballet Folklórico de México / Estar muy contento	Comprar boletos caros para la función del Ballet Folklórico de México / Ser los mejores asientos	Pedir permiso para visitar las salas privadas / Haber cuadros importantes para su investigación
la Pirámide del Mago en Uxmal	Perder la cámara de fotos / Llover	Conocer a la antropóloga / Estar soleado	Llegar en helicóptero / Estar nublado	Conocer al mochilero / Hacer sol
la Playa de Akumal	Tomar el sol y usar mucho bloqueador solar / Hacer mucho calor	Nadar y hacer *windsurf*, volver a encontrarse con la antropóloga / Estar enamorado	Quejarse por el tamaño de la habitación / Estar disgustados	Escribir en su diario y hacer *windsurf* con el mochilero / Llevar un traje de baño colorido

2-25 Mi primer viaje de estudiante. Cuéntale a un/a compañero/a el primer viaje que hiciste con amigos. Habla de tus emociones y sentimientos, de las personas que conociste, de los medios de transporte, del clima, de los lugares que viste, de las compras que hiciste y de tus impresiones en general.

Ventana al mundo

El Parque Nacional de Torres del Paine

El Parque Nacional de Torres del Paine es un grupo espectacular de montañas, glaciares, ríos y lagos al sur de Chile. Caminantes y alpinistas de todas partes del mundo visitan este lugar por su incomparable belleza natural. El Cerro Paine Grande es el más alto del grupo de montañas, pero las más bonitas son las tres Torres del Paine. La UNESCO declaró este parque Reserva Bioesférica para promover y demostrar el equilibrio en la relación entre los seres humanos y el medio ambiente.

Parque Nacional de Torres del Paine en Chile.

Parques Nacionales. ¿Existen en tu estado parques y reservas naturales? ¿Qué características tienen? ¿Tú sueles hacer caminatas por parques naturales? ¿Dónde? Busca en Internet información y fotos de este parque nacional en Chile o de otros en América o en España y tráelas a la clase para compartir. Debes escribir tres oraciones resumiendo la información que encontraste.

Aprendamos 2

More uses of the preterite and imperfect

1. The imperfect and the preterite are used in the same sentence when an ongoing action is interrupted by another action. **Cuando** is the key word in this instance.

    Corría por el parque **cuando vi** a Alicia.   *I was running in the park when*
    ↑   ↑   *I saw Alice.*
    Ongoing action: imperfect   Interruption: preterite

    Mientras can also introduce an ongoing action that is interrupted by another action. It follows the same pattern as above; the ongoing action is in the imperfect and the interruption is in the preterite.

    Mientras caminábamos por la playa,   *While we were walking on the beach, it*
      comenzó a llover.   *started to rain.*

2. Verbs that introduce reported speech are usually in the preterite, whereas the reported idea is in the imperfect. These verbs are **decir, preguntar, contestar, informar, argumentar**, etc.

    El conserje nos **dijo** que no **había**   *The concierge told us that there were no*
      habitaciones disponibles para esa noche.   *rooms available for that night.*

3. You have studied the rules that determine the use of the preterite or imperfect. Despite these rules, the choice of one or the other depends on the meaning that you want to convey. The preterite is used when you view the action as completed, or you want to emphasize the beginning or end of the event. The imperfect is used when you view the action as ongoing or as a habitual condition.

El verano pasado **comimos** tapas todas las noches.	*Last summer we ate tapas every night. (Views the action as an event that is finished.)*
El verano pasado **comíamos** tapas todas las noches.	*Last summer we ate tapas every night. (Views the action as repeated.)*
Ana **estuvo** contenta en la fiesta de anoche.	*Ana was happy at the party last night. (Emphasizes the time limit of the party. Ana's happiness is confined to that event.)*
Ana **estaba** contenta en la fiesta de anoche.	*Ana was happy at the party last night. (Emphasizes the state of mind she was in during the party.)*

Notice the use of **anoche** and **el verano pasado**. You have learned that specific time in the past requires the preterite, and, most of the time, this will be a very helpful rule. However, the choice of preterite or imperfect is determined by the sense of the whole sentence or paragraph, as you see in the examples above.

2-26 Una historia de amor. Completa la siguiente historia con el pretérito o el imperfecto del verbo entre paréntesis.

El último día del viaje, mientras yo (1. leer) _____ tranquilamente en el hotel el último capítulo de mi novela, (2. sonar) _____ el teléfono. (3. Ser) _____ mi amigo Félix. Me (4. decir) _____ que (5. necesitar) _____ hablar conmigo por un asunto del corazón. Aparentemente, la noche anterior, mientras (6. beber) _____ un jerez en el bar del hotel, (7. ver) _____ a una chica que le (8. encantar) _____. (9. Escuchar) _____ con paciencia su larga historia. Cuando finalmente (10. colgar) _____ el teléfono, ya (11. ser) _____ las siete de la tarde. Entonces (12. decidir) _____ salir a dar una vuelta por el Zócalo. Cuando (13. caminar) _____ por la calle, (14. encontrarme) _____ con la chica que Félix me había descrito. Verdaderamente, (15. ser) _____ muy bonita. Además, la chica (16. llevar) _____ ropa elegante, como para ir a una fiesta. A las dos horas, (17. volver) _____ al hotel. Más tarde en mi habitación, cuando (18. escribir) _____ esta historia, (19. recibir) _____ una llamada telefónica de la administración del hotel. El conserje me (20. informar) _____ que esa noche (21. celebrarse) _____ el carnaval y que (22. haber) _____ una fiesta a la que (23. estar) _____ invitados todos los huéspedes del hotel. Cuando (24. bajar) _____ al salón de baile, Félix y la chica (25. bailar) _____ amorosamente.

2-27 ¿Cómo fue la fiesta? Cuéntale a tu compañero/a lo que pasó en la última fiesta a la cual asististe. Sigue esta guía y termina la historia con un mínimo de dos oraciones más.

1. Cuando llegué a la fiesta, . . .
2. Mientras yo estaba en la fiesta, . . .
3. Mientras todos bebían y se divertían, . . .
4. Cuando terminó la música, . . .
5. Eran las tres de la mañana cuando. . .
6. ¿ . . . ?

Diario

Escribe un párrafo comentando lo que te gusta hacer cuando vuelves de vacaciones. ¿Es fácil para ti volver a la rutina diaria? ¿Vuelves a tus estudios o trabajo directamente o planeas unos días de descanso en tu casa? ¿Qué haces para mantener el sentido de relajación que te dan las vacaciones?

Aprendamos 3

Talking about past activities: Verbs that change meaning in the preterite

Some verbs in Spanish change their meaning, depending on whether they appear in the preterite or the imperfect. The best way to remember their correct use is to study them as lexical items.

Infinitivo	Pretérito	Imperfecto
conocer	**conocí** = *met*	**conocía** = *knew (a person or place); was acquainted with*
	Ernesto **conoció** a Lucía en la playa. *Ernesto met Lucía on the beach.*	Luis **conocía** a Lucía porque habían ido a la escuela juntos. *Luis knew Lucía because they had gone to school together.*
saber	**supe** = *found out*	**sabía** = *knew*
	Ayer **supimos** que Ana estaba en Quito. *Yesterday we found out that Ana was in Quito.*	No **sabíamos** que Uds. llegaban ayer. *We did not know that you were arriving yesterday.*
querer	**quise** = *tried*	**quería** = *wanted*
	Quisimos tomar el vuelo de la noche para ahorrar dinero. *We tried to take the night flight to save money.*	Todos **querían** parar en un albergue juvenil. *Everyone wanted to stay in a youth hostel.*
no querer	**no quise** = *refused*	**no quería** = *did not want to*
	Elisa **no quiso** aceptar la invitación de Luis porque **no quería** ofender a su novio. *Elisa refused to accept Luis's invitation because she did not want to offend her boyfriend.*	
poder	**pude** = *could, managed, was able*	**podía** = *was capable of, had the ability*
	Sólo después de recibir un permiso escrito, **pudieron** acampar en los llanos. *Only after getting a written permit were they able to camp on the plains.*	Estela **podía** esquiar cuando tenía tres años. *Estela had the ability to ski when she was three years old.*

| **no poder** | **no pude** = *could not, failed* | **no podía** = *was not able* |

No pude mandarle el mensaje a mi familia porque la computadora estaba descompuesta y **no podíamos** usarla.

I couldn't send the email to my family because the computer was down, and we were not able to use it.

| **tener que** | **tuve que** = *had to and did do something* | **tenía que** = *had to do something, was supposed to* |

Tuve que hacer las maletas rápidamente porque **tenía que** estar en el aeropuerto temprano.

I had to pack the bags quickly (and I did) because I had to be (was supposed to be) at the airport early.

2-28 Un crucero a Costa Rica. Formen oraciones completas para descubrir lo que pasó con Rosario en el crucero.

1. Rosario y sus amigas / querer / hacer / un crucero a Costa Rica
2. antes de embarcarse / ellas / tener que / ponerse una vacuna
3. ellas / estar / muy entusiasmadas / y / querer / pasarlo bien
4. ellas / no tener que / hacer nada en el barco / sólo descansar / y / tomar el sol
5. el capitán del crucero / saber / que las chicas / querer / divertirse
6. Rosario / no saber / que su vida / ir a cambiar / completamente / en ese viaje
7. ella / conocer / a su futuro esposo / en el crucero
8. las amigas / saber / inmediatamente / que ellos / estar / enamorados

2-29 ¡Cuántos problemas! ¿Tuviste que resolver muchos problemas en tu último viaje? Explícale a tu compañero/a lo que trataste de hacer, por qué no pudiste hacerlo y cómo solucionaste el problema.

MODELO: *Quise viajar en tren pero no pude porque no había boletos; entonces, tuve que viajar en autobús.*

1. Quise hacer una excursión pero no pude porque. . .
2. Mi compañero/a y yo quisimos alojarnos en una pensión pero no pudimos porque. . .
3. Yo quise acampar en el bosque pero no pude porque. . .
4. El botones quiso llevar las maletas a la habitación pero no pudo porque. . .
5. Mi hermano quiso reservar un boleto en avión en Internet pero no pudo porque. . .

Diario

¿Qué tipo de vacaciones disfrutas más? ¿Te gusta viajar de un lugar a otro y visitar lugares diferentes cada día? ¿Prefieres ir siempre al mismo lugar y pasar el tiempo tranquilo/a sin hacer nada?

Ventana al mundo

Venezuela

Otro de los grandes países de América del Sur es Venezuela. Se caracteriza por sus variados paisajes, islas, costas y playas que podemos descubrir en la llamada "Ruta del Sol." Hay más de 3.500 km de costas y 300 islas en las cuales se disfruta de una gran biodiversidad. El turista puede sumergirse en las aguas coralinas del archipiélago de Los Roques o disfrutar de las playas de la Isla de Margarita. Puede combinar el Caribe con el paisaje de Los Llanos, en el centro del país, y dedicarse a la observación de la fauna o dar paseos a caballo. Si le gusta la montañes, Venezuela le ofrece también una zona de imponentes montañas en su zona oeste,

Botes de pescadores en el Puerto de Juan Griego en la Isla de Margarita

donde se encuentran los Andes venezolanos. Allí se pueden visitar los típicos pueblos del Páramo a pie o a caballo. Otra posibilidad es viajar a los grandes ríos y a la selva al sur del río Orinoco, donde se puede descubrir la gran sabana en Canaima y el escudo Guayanés con el Salto Ángel, que es la caída de agua más alta del mundo. Así como es variado el paisaje, también lo son sus costumbres y su gente.

Paisajes. ¿Qué tipo de paisaje te gusta más? ¿Cuál de las regiones prefieres visitar? ¿Qué tipos de paisajes ofrece el lugar donde vives?

Conversemos sobre las lecturas

Antes de leer

Estrategia de lectura: *Skimming*

Skimming is a reading technique we use when we want to find out quickly what type of information a reading selection contains. By moving our eyes quickly over the text, we get the general idea, an overview rather than a detailed understanding.

2-30 La isla de mis sueños. La idea de isla es un **símbolo** de felicidad. Lee este párrafo rápidamente, usando la estrategia que se acaba de describir, y decide a cuál de las siguientes categorías pertenece.

El párrafo presenta . . .

a. un problema   c. personas

b. una descripción   d. un suceso

La isla de la felicidad

La isla se ha convertido en un símbolo de felicidad para la mayoría de las personas. Nos imaginamos paisajes espectaculares habitados por gente amable. Estas islas están en lugares aislados, que tienen un microclima ideal en el que siempre es primavera. En ellas hay senderos (*paths*) secretos, escarpados (*steep*) caminos de montaña que llevan a un "lugar alto", un espacio místico. La isla sería, de este modo, un arquetipo del refugio, un espejo de nuestros mejores sueños.

←⋯ La isla de mis sueños.

2-31 ¿Cuál es tu lugar paradisíaco? Todos tenemos un lugar real o imaginario al que nos referimos cuando queremos escapar de la realidad. Descríbele a tu compañero/a tu lugar idílico. ¿Cómo es? ¿Dónde se encuentra? ¿Es real o imaginario? Si no tienes uno, invéntalo.

—Vocabulario de las lecturas

Estudia estas palabras para comprender mejor los textos.

Vocablo	Explicación	Palabra en uso
el agobio	*exhaustion*	Su cara mostraba el **agobio** que sentía.
aguardar	*to wait*	Mi esposo me **aguardaba** en el coche a la salida del aeropuerto.
el ánimo	*spirits*	Estaban sin **ánimo** para celebrar nada.
la ballena	*whale*	El barco nos llevó mar adentro para ver las **ballenas** en la bahía.
el buey / los bueyes	*ox/oxen*	La carreta es tirada por **los bueyes**.
la campana	*bell*	El buey llevaba una **campanita**.
la carreta	*ox cart*	Vimos unas **carretas** hermosamente pintadas.
la cinta	*ribbon*	Las niñas tienen **cintas** en su cabello.
congelado/a	*frozen*	¿Dónde están las verduras **congeladas**, por favor?
cotidiano/a	*daily*	Me aburre la rutina **cotidiana**.
el desembarco	*disembarkation, unload*	Cuando el capitán dio la orden de **desembarco** los pasajeros se pusieron de pie.
desembarcar	*to disembark*	Al abrirse la puerta del avión, los pasajeros empezaron a **desembarcar** rápidamente.
escarcharse	*to frost over*	Las alas del avión se **escarcharon** con la lluvia y el frío.
la fatiga	*fatigue*	Su **fatiga** era evidente en su forma de moverse.
la guerra	*war*	Ella pelea una **guerra** que no va a ganar.
hundir	*to sink*	El bote viejo se **hundió** en la laguna.
incierto	*uncertain*	Todos tenemos un futuro **incierto**.
la muerte	*death*	Ella pensó en la **muerte** porque se sentía claustrofóbica.
parado/a	*standing*	El avión estaba **parado** en la pista esperando la señal de partida.
la pista (de aterrizaje/ despegue)	*landing strip/ runway*	El avión no pudo aterrizar en esa **pista** porque estaba cubierta de nieve.
rugir	*to roar*	Los jets **rugieron** al despegar el avión.
ruidoso/a	*noisy*	Fue una fiesta de despedida muy **ruidosa**.
el terremoto	*earthquake*	El **terremoto** dejó a muchos sin casa.
la tormenta	*storm*	Cuando pase la **tormenta**, empezaremos el viaje.

2-32 Juego de palabras. Escoge la palabra de la columna **B** que se asocia con la de la columna **A**. Luego, escribe una oración con cada palabra de la columna **A**.

A	B
1. aguardar	a. cansancio
2. agobio	b. vida
3. parado	c. embarcar
4. guerra	d. descongelado
5. muerte	e. seguro
6. congelado	f. paz
7. desembarcar	g. sentado
8. incierto	h. esperar
9. hundir	i. silencioso
10. ruidoso	j. flotar

2-33 El juego de las preguntas. En pares, preparen una definición simple de cada una de estas palabras. Luego, presenten sus definiciones a otro grupo. Ellos deben responder en forma de pregunta, utilizando la palabra o frase que ustedes definieron.

campana	cinta	buey	agobio	incierto
terremoto	tormenta	parado/a	hundir	muerte

MODELO: GRUPO 1:   *Es la cualidad de estar hecho hielo.*
GRUPO 2:   *¿Qué significa, congelado?*

2-34 Situaciones inesperadas. Muchas veces, cuando salimos de viaje, nos pasan cosas inesperadas. ¿Cómo reaccionarías tú? Descríbele en detalle a tu compañero/a lo que harías en estas situaciones y explica por qué.

1. Finalmente estás sentado/a en el avión, listo/a para partir, y no encuentras ni el nombre ni la dirección del hotel en el que vas a alojarte cuando llegues a tu destino.

2. Te dieron el asiento del medio en el avión y estás entre dos personas a las que les encanta hablar.

3. Estás en el aeropuerto esperando que te llamen para embarcar cuando anuncian que el avión no saldrá a causa de una tormenta de nieve.

4. Estás en la sala de embarque del aeropuerto, listo/a para tomar el avión de regreso a tu ciudad, cuando anuncian que el vuelo está completo y necesitan tres voluntarios que den sus asientos.

5. Llegas al hotel muy cansado/a después de un largo viaje en coche y, cuando quieres registrarte, dicen que no encuentran tu reserva y que no tienen ninguna habitación disponible.

2-35 Viaje en avión. Escribe en un papel todas las acciones de una persona que viaja en avión. Empieza desde el momento que pasa por seguridad y termina cuando llega a su destino. Luego compara tu descripción con la de tu compañero/a. Usa las siguientes palabras y otras que sean necesarias.

embarcar	desembarcar	ruidoso	rugir	pista
aguardar	despegar	aterrizar	sentado	

2-36 ¿Cómo te sientes? En la siguiente lectura, la autora describe sus pensamientos cuando está sentada en el avión esperando que despegue. Descríbele con detalles a tu compañero/a cómo te sientes tú cada vez que viajas en avión.

LECTURA
Rosa Montero (1951–)

Rosa Montero es una periodista española que escribe para el periódico *El País*. Ha escrito varias obras de ficción que le han dado renombre internacional. Es ganadora de muchos premios literarios y periodísticos por sus artículos y novelas contemporáneas. El siguiente artículo es una reflexión filosófica y metafísica sobre la fragilidad de la vida y la inevitabilidad de la muerte.

Caos

Un avión parado en una pista cubierta de nieve.

Escribo esta columna dentro de un avión parado en mitad de una pista cubierta de nieve: parece una ballena atrapada° por los hielos polares. Llevo tres días dando tumbos° por aeropuertos de países mediterráneos repentinamente transmutados en Groenlandia. Ahora estoy en Salónica (Grecia), y la tormenta ruge alrededor, convirtiendo el mundo en una nada blanca y espectral. Estamos a la espera (y en la desesperación) de despegar, de hundirnos en ese cielo congelado como quien se tira° a un pozo°. Cuando el miedo merodea° y se atisba° la posibilidad del propio fin, a los humanos nos da por ponernos fastidiosamente metafísicos: muchas filosofías y muchos dioses, si no todos, han nacido del estrujón° de un ataque de pánico. Yo no puedo ser menos en esta noche glacial y en la insegura tripa de la ballena de hierro, y, mientras las alas del avión se escarchan y tiemblan (pero desde luego menos que mi ánimo), me pongo a rumiar° pensamientos obvios sobre la fragilidad del mundo, lugares comunes que en estos momentos de fatiga y agobio me parecen verdades luminosas, a saber: que por debajo de las cosas se agita el abismo, y que nuestra cotidianidad, en apariencia tan sólida, no tiene más consistencia que una tenue y esponjosa telaraña°. [...] No necesitamos guerras ni terremotos para que la vida se haga trizas°. Basta con un poco de nieve inesperada, con tres o cuatro míseros días de tormenta, para que los aeropuertos se conviertan en campos de concentración, para que las sociedades se paralicen, para que las ciudades ricas y seguras bordeen la catástrofe. El caos es una bestia íntima que vive pegada a nuestra sombra.

trapped / stumbling

throws oneself down / well / is on the prowl / glimpses

tight grip

ponder

spongy spiderweb

breaks

20   Pienso todo esto en el avión, en mitad del hielo intransitable, mientras espero la orden de despegue, o la de desembarco, o el accidente que acabará conmigo, porque los aviones provocan más ideas mortuorias° que los camposantos°. Pero en cuanto salga de aquí haré lo posible por olvidar esto que ahora me parece tan evidente: que lo único que sabemos con seguridad en este mundo incierto es que la muerte, cazadora° paciente, nos aguarda.

funereal / cemeteries

hunter

2-37 ¿**Qué nos dice el texto?** Decide si las siguientes oraciones son verdaderas o falsas. Explica tu respuesta apoyándote en oraciones del texto. Corrige las oraciones falsas.

1. La narradora está sentada en un bar esperando a una amiga.
2. El avión está parado porque hay escarcha en la pista.
3. Lleva tres días viajando de un aeropuerto a otro por países mediterráneos.
4. En Salónica hay una tormenta de verano.
5. Durante la espera por despegar, ella siente cierto miedo.
6. La narradora se siente insegura y temerosa frente a la tormenta.
7. No se le ocurre pensar en la fragilidad del mundo.
8. Descubre como verdades filosóficas que las cosas cotidianas son siempre sólidas en su vida.
9. La tormenta de nieve durante tres o cuatro días ha causado un caos en los aeropuertos, en las sociedades y en las ciudades.
10. Ella se siente invencible frente a la tormenta.
11. Piensa en la muerte.

2-38 **Imágenes literarias.** En la lectura se encuentran varias comparaciones y metáforas para hacer las ideas más claras. ¿A qué se refieren las siguientes frases? Explícalas.

1. parece una ballena atrapada
2. países mediterráneos repentinamente transmutados en Groenlandia
3. hundirnos en ese cielo congelado como quien se tira a un pozo
4. la tripa de la ballena de hierro

 2-39 **Un poco de filosofía** Comenta con tus compañeros/as las siguientes citas. Luego presenten un resumen de sus ideas a la clase.

1. Por debajo de las cosas se agita el abismo, y nuestra cotidianidad, en apariencia tan sólida, no tiene más consistencia que una tenue y esponjosa telaraña.
2. El caos es una bestia íntima que vive pegada a nuestra sombra.

2-40 **Situaciones límites.** Cuéntale a tu compañero/a alguna situación límite en la que te hayas encontrado. ¿Cuál era la situación? ¿Cómo reaccionaste?

POEMA

Una colorida carreta decorada de Costa Rica.

Ernesto Cardenal (1925–)

Poeta y sacerdote católico nicaragüense que abogó por el derecho de los pobres y destituidos en su país. Fue ministro de cultura y escritor de numerosas obras poéticas. Fue uno de los candidatos para recibir el premio Nobel de literatura en 2005. Es uno de los poetas latinoamericanos más importantes de su generación. Este poema es una descripción de las famosas carretas costarricenses en la época del corte del café.

Costa Rica

En Costa Rica
cantan los carreteros°   *cart driver*

Caminan con
mandolinas en los caminos

Y las carretas
van pintadas como lapas°,   *macaws*

Y los bueyes van
con cintas de colores

Y campanitas
y flores en los cuernos°.   *horns*

Cuando es el corte°   *harvest*
del café en Costa Rica,

Y las carretas van
cargadas de café.

Y hay bandas
en las plazas de los pueblos,

Y en San José
los balcones y ventanas
están llenos de muchachas y de flores

Y las muchachas
dan vueltas en el parque.

Y el presidente
camina a pie
en San José.

2-41 ¿Qué nos dice el poema? Contesta estas preguntas según el poema.

1. ¿Qué hacen los carreteros?
2. ¿Cómo están decoradas las carretas?
3. ¿Qué llevan los bueyes?
4. ¿Qué llevan las carretas durante el corte del café?
5. ¿Cómo festejan en las plazas de los pueblos?
6. ¿Cómo están los balcones en San José?
7. ¿Dónde dan vueltas las muchachas?
8. ¿Dónde camina el presidente?

2-42 Imágenes. En este poema hay varias imágenes que evocan todos los sentidos. Escoge las palabras que evocan las siguientes categorías.

1. Imágenes visuales: _____
2. Imágenes de sonido: _____
3. Imágenes de movimiento: _____
4. Imágenes de olor: _____

2-43 Las cosas sencillas. Cardenal hace una poesía de un objeto muy común en Costa Rica: la carreta que los campesinos usan para el corte del café, para ir de paseo o simplemente para transporte. En grupos de tres personas, escojan un objeto cotidiano y descríbanlo usando adjetivos. Expliquen para qué se usa.

2-44 ¿Qué será? Sin mencionar el nombre del objeto, compartan su descripción con otro grupo. Ellos deben adivinar cuál es el objeto que Uds. describen.

2-45 Mi poema. Escribe un poema corto (4 ó 5 líneas) del objeto que describieron en la actividad 2-43. Además de los adjetivos usados, trata de usar una metáfora o una comparación para el objeto descrito. Compártelo con otro/a estudiante.

Avancemos con la escritura

Antes de escribir

Estrategia de escritura: *Narration, telling a story*

When we retell the sequence of events that form a story, we are narrating an event. The purpose of the narration is to inform and entertain. In the first case, we want to make sure that the reader clearly understands what happens and why it happens. In the second case, we want to present the events in an interesting way, in order to hold the reader's attention.

To accomplish this, adding details is very important. Often, the story relates past events, so the use of both the preterite and the imperfect is called for. However, we can also tell a story in the present.

Palabras de enlace: Conectores lógicos

To help yourself organize your story in a chronological way, use the following transition words.

al cabo de	*at the end of*
al (día, mes, año) siguiente	*the next (day, month, year)*
al rato	*later*
antes / antes de eso	*before / before that*
cuando	*when*
de pronto	*all of a sudden*
de repente	*suddenly*
de vez en cuando	*from time to time*
después	*after*
enseguida	*immediately*
finalmente / por último / al final / por fin	*finally / lastly / in the end / finally*
luego / más tarde	*then / later*
mientras	*while, as*
para empezar / primero / al principio	*to begin with / first / at the beginning*
tan pronto como	*as soon as*

2-46 Unas vacaciones malogradas. El primer día de tus vacaciones pierdes a tu compañero/a de viaje por un día entero. Por supuesto, le notificas esto a la policía, que lo/la encuentra a la medianoche, perdido/a en otra parte de la ciudad. Cuando él/ella regresa al hotel con la policía, te cuenta cómo pasó su día. Cuenta qué le pasó. Usa las palabras de enlace de secuencia que se presentaron anteriormente.

2-47 Una aventura inesperada. Piensa en unas vacaciones en las cuales pasó algo inesperado. ¿Perdieron el equipaje o los documentos? ¿Alguien se enfermó? ¿Les robaron? ¿Vieron algo sorprendente que no esperaban ver? ¿Tuvieron una experiencia maravillosa? Debes escribir una historia verdadera, alguna anécdota que te haya pasado a ti o a un familiar durante un viaje.

A escribir

2-48 Un final inesperado. Escoge uno de los temas de los ejercicios 2-46 ó 2-47 y escribe la historia con un final inesperado.

Antes de entregar tu cuento, asegúrate de haber incluido y revisado lo siguiente:

- El pretérito y el imperfecto. Recuerda: el pretérito adelanta la acción, el imperfecto describe el fondo físico y temporal de la acción.
- Las palabras de enlace
- **Hace** + tiempo
- Las formas correctas de los verbos en el pretérito y el imperfecto
- **Ser** o **estar** en el pretérito e imperfecto
- La concordancia de género y número

🔊 Vocabulario

La naturaleza — *Nature*

el acantilado	*cliff*
la arena	*sand*
el bosque	*forest*
la cordillera	*mountain range*
el lago	*lake*
el mar	*sea*
la montaña	*mountain*
la ola	*wave*
la playa	*beach*
el río	*river*
la selva	*jungle*

la pista (de aterrizaje/ despegue)	*landing strip/runway*
la señal	*signal*
el suceso	*event*
el sur	*south*
la tarjeta de embarque	*boarding pass*
el terremoto	*earthquake*
la tienda de campaña	*tent*
la tormenta	*storm*
el velero	*sailboat*

Sustantivos

el agobio	*exhaustion*
el alpinista	*mountain climber*
la ánimo	*spirits*
el asiento	*seat*
la ballena	*whale*
el barco	*boat, ship*
el bloqueador solar	*sunscreen*
la bolsa/el saco de dormir	*sleeping bag*
el buceo	*scuba diving*
el buey/los bueyes	*ox/oxen*
el campamento	*campground*
la campana	*bell*
la carreta	*ox cart*
la casa de campo	*vacation home*
la cinta	*ribbon*
el/la clavadista	*diver*
el desembarco	*unloading, landing*
el equipaje	*luggage*
la escala	*stop, port of call*
el esquí acuático	*water skiing*
la estadía	*stay*
la fatiga	*fatigue*
el folleto	*brochure*
la guerra	*war*
el huésped	*guest, lodger*
la muerte	*death*
el norte	*north*
la noticia	*news*
el país	*country (in the sense of nation)*
el paisaje	*landscape, countryside*
la parada	*stop*

Verbos

abordar el avión	*to board a plane*
acampar	*to camp*
aguardar	*to wait*
alojarse	*to lodge*
andar	*to walk, go*
arrojarse	*to throw oneself*
bucear	*to scuba dive*
desaparecer (zc)	*to disappear*
desembarcar	*to disembark, to land*
despegar	*to take off (referring to a plane)*
detenerse*	*to stop*
disfrutar (de)	*to enjoy*
embarcar	*to board*
escalar (montañas)	*to climb (a mountain)*
escarcharse	*to frost over*
hacer dedo	*to hitchhike*
hacer ecoturismo	*to take an ecological vacation*
hacer escala	*to stop over (referring to a plane ride)*
hacer esquí alpino / nórdico / acuático	*to ski downhill / cross country / water ski*
hacer una caminata	*to hike*
hundir	*to sink*
navegar	*to sail*
quedarse	*to remain*
quemarse	*to get sunburned*
recobrar	*to recover*
rugir	*to roar*
sacar / tomar fotos	*to take pictures*
tomar el sol	*to sunbathe*
viajar a dedo	*to hitchhike*
volar (ue)	*to fly*

---

*Conjugate like **tener**.

Adjetivos

asustado/a	*frightened*
congelado/a	*frozen*
cotidiano/a	*daily*
disgustado/a	*displeased*
incierto	*uncertain*
inesperado/a	*unexpected*
lleno/a	*full*
parado/a	*standing*
ruidoso/a	*noisy*
soleado/a	*sunny*

Expresiones útiles

acabar de + infinitivo	*have just done (something)*
al rato	*a short time later*
como	*since (at the beginning of a sentence)*
estar a punto de	*to be about to*
pasarlo bien/mal	*to have a good/bad time*
pasar(se) el tiempo + -ando/-iendo	*to spend the time doing (something)*
pensar (ie) + infinitivo	*to plan to*

Palabras útiles

el aire	*air*
aterrizar	*to land*
atrasado/a	*late*
broncearse	*to get a tan*
la costa	*coast*
divertirse (ie, i)	*to have a good time*
esquiar	*to ski*
el este	*east*
la excursión	*tour*
la guía turística	*tourist guide*
hacer windsurf	*to windsurf*
la isla	*island*
el oeste	*west*
el/la pasajero/a	*passenger*
recorrer	*to go around a place*
la vista	*view*

"Dame tu mano,
hermano."

Hablemos de la
interculturalidad

3

Tema cultural
- La interculturalidad
- La comunidad hispana en
  los Estados Unidos

Objetivos comunicativos
- Expresar acuerdo y
  desacuerdo
- Formular preguntas y pedir
  aclaraciones
- Describir la rutina diaria
- Expresar gustos y
  preferencias
- Comparar y contrastar
- Expresar acciones en
  secuencia

Gramática para la
comunicación
- Verbos reflexivos
- Verbos recíprocos
- Verbos como **gustar**
- Comparaciones
- Infinitivo después de
  preposiciones

En marcha con las palabras

En contexto: Romper las barreras interculturales

Para romper las **barreras** culturales es necesario entender los parámetros por los que se **guía** cada cultura. Es un **hecho** que todos no vemos la realidad de la misma manera. Por eso, aunque estamos **expuestos** a las mismas experiencias en el mundo que nos **rodea**, diferentes culturas reaccionan ante ellas de distintas formas. Aunque lo que vivimos es lo mismo, se lo ve desde ángulos diferentes. Dos conceptos que **crean malentendidos** entre diferentes culturas son la importancia del individuo o de la colectividad y el concepto del tiempo. Según estos dos aspectos podemos clasificar a las culturas como individualistas y "monocrónicas", según su visión del tiempo, o colectivistas y "policrónicas".

En un mundo multicultural es imprescindible saber negociar eficazmente las barreras culturales.

Para comprender mejor esta dicotomía, consideremos este ejemplo. Un estadounidense se sorprende cuando llega a su oficina en la Ciudad de México y observa que sus colegas mexicanos generalmente toman un cafecito y tienen una pequeña **tertulia** antes de empezar a trabajar. En cambio, él llega, dice "Buenos días" y va directamente a su escritorio. Estas personas vienen de culturas con diferentes interpretaciones del tiempo y del individuo. Los EE.UU. está entre los países que tienen una cultura individualista y "monocrónica", mientras que México pertenece al grupo que tiene una cultura colectivista y "policrónica".

Las culturas monocrónicas tienen una visión lineal del tiempo y **valoran** la planificación, la **puntualidad**, el proceso, el **cumplimiento** de los **plazos**, y la eficacia en el trabajo. Por otro lado, las culturas policrónicas tienen una visión cíclica del tiempo donde la gente es flexible, acepta modificaciones a los planes, **tiene en cuenta** los **imprevistos**, es creativa y sabe improvisar. Para el estadounidense es una **pérdida** de **tiempo** la tertulia de los colegas mexicanos, mientras que para los mexicanos es más importante terminar una conversación con un colega que empezar a trabajar inmediatamente.

Además, en nuestro ejemplo, también hay que tener en cuenta la diferencia en el **valor** que se le da a la colectividad y al individuo. En una cultura individualista, el **logro** personal, la **competencia** y el **rendimiento prevalecen** sobre las relaciones personales. **Mientras que** en culturas colectivistas, la **amistad**, llevarse bien con los colegas y tener un buen **ambiente** de trabajo son más importantes. El buen **funcionamiento** del grupo y la solidaridad tienen preferencia sobre la **libertad** individual y el **éxito** personal.

Entender las diferencias culturales es esencial para **funcionar** con eficiencia dentro de diferentes contextos culturales. El primer paso para la comprensión es **darnos cuenta de** que nosotros miramos la realidad de acuerdo a las normas culturales de la sociedad a la que **pertenecemos**. Otras culturas **juzgan** la realidad **de acuerdo con** sus normas, ninguna es mejor que la otra, cada una de ellas es igualmente **válida**.

¿Comprendes?

1. ¿Cada cultura ve la realidad de la misma manera? Explica.
2. ¿Cuáles son los dos conceptos que se usan en este texto para clasificar a las culturas?
3. ¿Qué valora una cultura monocrónica?
4. ¿Cómo se comportan las personas en una cultura policrónica?
5. ¿Qué es importante en una cultura individualista? ¿Y en una cultura colectivista?

Palabras conocidas

Los hispanos

Estas palabras deben ser parte de tu vocabulario.

Lugares y nacionalidades
América Central (Centroamérica)
América del Norte (Norteamérica)
América del Sur (Sudamérica)
el barrio
el/la chicano/a
el/la costarricense
el/la cubano/a
el/la dominicano/a
el/la guatemalteco/a
el/la hispanohablante
el/la hondureño/a
el/la mexicano/a

el/la nicaragüense
el/la panameño/a
el/la puertorriqueño/a
el/la salvadoreño/a

Cognados

el anglo	el estereotipo
bilingüe	la inmigración
el bilingüismo	el/la inmigrante
la discriminación racial	inmigrar
el/la emigrante	el machismo
emigrar	monolingüe

Expresiones útiles

además	*besides, in addition to*	**Además** de aprender inglés, el inmigrante tiene que asimilarse a una nueva cultura.
		Besides learning English, the immigrant has to assimilate into a new culture.
darse cuenta de	*to realize*	**Nos damos cuenta de** que dejar a la familia y su país es muy difícil emocionalmente.
		We realize that leaving one's family and one's country behind is emotionally very difficult.
de acuerdo con	*in accordance with*	**De acuerdo con** esta visa, Ud. puede estar en el país por tres meses.
		In accordance with this visa, you can be in the country for three months.
perder el tiempo	*to waste time*	No me gusta **perder el tiempo**.
		I don't like to waste time.
realizar	*to carry out, fulfill, accomplish*	El inmigrante espera **realizar** su sueño en el nuevo país.
		The immigrant hopes to fulfill his dream in the new country.
tener en cuenta	*to take into account*	La educación bilingüe **tiene en cuenta** que los niños de inmigrantes recién llegados son monolingües.
		Bilingual education takes into account that the children of immigrants who have just arrived are monolingual.

3-1 Mis valores. ¿Cuáles de estas ideas valoras tú? Haz un círculo a los conceptos que son importantes para ti y explícale a tu compañero/a por qué los escogiste. Agrega otros valores.

la amistad   los imprevistos
el buen funcionamiento   la libertad
la competencia   los logros personales
la creatividad   los malentendidos
el cumplimiento   la pérdida de tiempo
cumplir con los plazos   la puntualidad
el éxito personal   el rendimiento
la flexibilidad   las tertulias

3-2 Mi cultura. Según lo que marcaste en el **ejercicio 3-1**, ¿a qué tipo de cultura perteneces? Descríbesela a tu compañero/a. Usa la guía de la clasificación de las culturas en **En contexto**.

3-3 Los valores culturales en el arte. Observa este mural chicano. Descríbele a tu compañero/a lo que ves en él para completar las siguientes oraciones. Contesta las preguntas cinco, seis y siete.

1. Lo que vemos a la derecha del mural es _____.

2. La mujer en el centro del mural es _____.

3. La mujer con el vestido verde y el hombre a su lado pueden ser _____.

4. La mujer de falda roja y camiseta blanca está _____.

5. Los niños sentados en sillas, ¿en qué país pueden estar?

6. ¿Qué puede representar la mujer con el arma delante del campo de maíz?

7. ¿Qué temas están representados en este mural?

Cristina Cárdenas, Watts, Los Ángeles, *Young people of Watts*, mural, 1993.

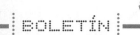 **3-4 Asociaciones.** ¿Qué ideas asocias con estas palabras? Usando oraciones completas, explícale a otro estudiante lo que te sugieren estas palabras.

MODELO: integrarse
Cuando pienso en la palabra integrarse, *me imagino a una persona joven que es nueva en un lugar y trata de entender lo que está pasando alrededor de ella. Quiere hacer amigos porque se siente sola. Quiere ser parte de un grupo.*

1. la competencia
2. tener éxito
3. el racismo
4. el malentendido
5. perder el tiempo
6. barrera

3-5 Tú, ¿qué piensas? Lee estas oraciones que ejemplifican el uso de la palabra en negrilla y dan información sobre los hispanos en los EE.UU. Luego escribe oraciones originales usando las palabras señaladas. Puedes comentar sobre los boletines en las páginas 66–67 en tus oraciones.

1. Según este boletín, **me doy cuenta de** que las familias hispanas en los EE.UU. son más grandes que en otras comunidades.
2. **De acuerdo con** el censo de los EE.UU., los hispanos ganan menos dinero que los blancos no hispanos.
3. Los comerciantes estadounidenses deben **tener en cuenta** que uno de cada ocho habitantes de los EE.UU. es de origen hispano.
4. Según la lectura *Romper las barreras interculturales*, a las personas en las culturas monocrónicas no les gusta **perder el tiempo**.
5. **Además**, respetan el cumplimiento de los plazos.
6. Yo quiero **realizar mi sueño** de vivir en un país extranjero durante mi tercer año en la universidad.

 3-6 Nuestras soluciones. Hay muchos inmigrantes que no tienen los documentos en orden. ¿Qué problemas presenta eso a las personas indocumentadas? En grupos de tres o cuatro, piensen qué soluciones pueden proponer ustedes para mejorar esta situación.

3-7 Debate. En grupos de cuatro, escojan uno de los siguientes temas. Luego, comenten el tema y presenten sus conclusiones al resto de la clase. Dos estudiantes van a estar a favor y dos en contra.

• Los Estados Unidos debe cerrar sus fronteras para que no entren más inmigrantes.
• Sólo debe existir una lengua oficial en los Estados Unidos: el inglés.
• Los Estados Unidos debe tener mejores leyes para proteger a los inmigrantes.

Ventana al mundo

Las remesas

Los inmigrantes que consiguen ganarse la vida en su nuevo país, regularmente mandan dinero a sus parientes en Latinoamérica. A este dinero se lo llama remesa. México es el país que más remesas recibe en el mundo. La cantidad de dinero que México recibe en remesas varía de año a año pero se calcula alrededor de 1.600 millones de dólares anuales. Las remesas son la segunda fuente de ingresos de México después de las exportaciones de petróleo.

Se debe notar que México no es el único país que se beneficia de esta manera. Las remesas aportan a la economía de otros países como las de Colombia, Perú y Cuba. En Bolivia las remesas comprenden el 10% del PIB (Producto Interior Bruto) y en Ecuador es el 4% del PIB. En la República Dominicana y El Salvador, el 20% de las familias reciben remesas. Éstas provienen no sólo de los EE.UU. sino también de España y en menor cantidad de otros países de la Unión Europea.

Dinero. ¿Recibes dinero regularmente de tus padres o familiares? ¿En qué situaciones pides dinero? ¿A quién? ¿Alguna vez le prestaste dinero a alguien? ¿Puedes imaginar dos o tres situaciones en las cuales tú le enviarías dinero a alguien o en las cuáles alguien te enviaría dinero a ti? Comparte tus respuestas con otros/as estudiantes de la clase.

Jóvenes hispanos que contribuyen al bienestar de su familia.

¡Sin duda!

haber — tener

The verbs **haber** and **tener** are used in idiomatic expressions that should be learned as separate vocabulary items. Study these examples. Review other expressions with **hacer, haber**, and **tener** on pages 380–381 in the **Cabos sueltos** section.

Palabra	Explicación	Ejemplo
haber	**Haber** is used in the third-person singular as **hay**. It's equivalent to *there is, there are*.	**Hay** muchos chicanos en California. *There are many Chicanos in California.*
hay + que	**Hay** can also be used with **que** to indicate necessity, without indicating who is performing the action.	**Hay que** leer el artículo sobre la inmigración. *The article about immigration has to be read. / It is necessary to read the article about immigration.*
tener	Means *to have*, in the sense of possession.	Yo **tengo** visa para trabajar en los EE.UU. *I have a visa to work in the U.S.A.*
tener que + infinitive	**Tener que** followed by an infinitive means *to have to*. It expresses obligation.	**Tenemos que encontrar** una solución. *We have to find a solution.*

pedir — preguntar

Both **pedir** and **preguntar** may be translated as *to ask* in English. However, they differ in the way they are used in Spanish. Study these uses.

Palabra	Explicación	Ejemplos
pedir	**Pedir** is used to report a request for something or to ask someone to do something.	El Servicio de Inmigración nos **pide** los nombres de nuestros empleados. *The INS is requesting the names of our employees.* **Pídele** el informe a mi abogada. *Request the report from my lawyer.*
preguntar	**Preguntar** is used to report a question or to request information.	—¿Ud. quiere una visa de seis meses? —Me **pregunta** si quiero una visa de seis meses. —*Do you want a six-month visa?* —*He asks me if I want a six-month visa.* Por favor, **pregunta** en el consulado el horario de atención al público. *Please ask in the Consulate what hours they serve the public.*
preguntar por	**Preguntar por** is used to inquire about a person.	La gobernadora **pregunta por** el cónsul. *The governor is asking for / asking about the consul.*

3-8 ¿Cuántos hay? Hagan una investigación sobre la población latina en su institución. Preparen un informe y compárenlo con el de otras parejas. Antes de ir a buscar la información, preparen una lista de lo que necesitan averiguar. Pueden utilizar las siguientes preguntas como guía e inventar otras.

MODELO: *En nuestra universidad hay 1.000 latinos. Hay 350 mexicanos. Hay una asociación de mujeres latinas que se ocupa de..., etc.*

1. ¿Cuántos estudiantes latinos hay?
2. ¿Cuántos estudiantes hay de origen puertorriqueño, centroamericano, mexicano, cubano, etc.?
3. ¿Cuántas asociaciones de estudiantes latinos hay? ¿Qué objetivos tienen?
4. ¿Cuántos estudiantes bilingües (español/inglés) hay en la universidad?
5. ¿Cuántos empleados latinos tiene la universidad?
6. ¿...?

3-9 Solucionemos algunos problemitas. Piensen en lo que hay que hacer para mejorar las relaciones interculturales en su institución. Hagan una lista de por lo menos cinco acciones concretas. Utilicen la estructura **hay** + **que** + infinitivo para expresar obligación impersonal cuando sea necesario.

MODELO: *Hay que hablar con el Centro Latino para organizar una fiesta.*

3-10 ¿Quién lo va a hacer? Ahora, decidan quién va a realizar cada una de las actividades del ejercicio anterior. Utilicen el verbo **tener** + **que** + infinitivo para expresar obligación personal.

3-11 En la alcaldía. Completa las frases con la forma correcta de **pedir** o **preguntar**.

1. La alcaldesa me _____ si quiero ir a Puerto Rico con ella.
2. Yo le _____ cuándo piensa viajar.
3. Ella me responde que no lo sabe todavía y me _____ que busque los horarios de los vuelos que van de Nueva York a San Juan.
4. Es la segunda vez que la alcaldesa me _____ que la acompañe a Puerto Rico. Cada día, se interesa más por la población hispana de aquí.
5. Mis compañeros me _____ todo el tiempo si pienso ser candidato en las próximas elecciones.
6. Yo no estoy seguro. Me gustaría darles a los hispanos todo lo que _____ pero me _____ si podré hacerlo desde un puesto político.

BOLETÍN

La integración

En muchas regiones de los EE.UU. la población hispana se ha integrado a la cultura del nuevo país contribuyendo, en parte, a su idiosincrasia. Esta integración se refleja en el arte, la comida, las costumbres e incluso en la lengua; las cuales han pasado a formar parte de la cultura de la región.

BOLETÍN

La población hispana

La población hispana de los EE.UU. según su origen.

México	64%
Puerto Rico	9%
Cuba	3,4%
República Dominicana	2,8%
Centro América	7,6%
Sud América	5,5%
Otros hispanos	7,7%

U.S. Census Bureau, 2006, American Community Survey

Ventana al mundo
La población de los EE.UU.

Los hispanos llegaron a más de 45,5 millones de personas en los Estados Unidos en 2007, y son un 15,1% de la población total. El estado de California es el que tiene el mayor número de residentes hispanos (13,2 millones), le sigue Texas (8,6 millones) y luego Florida (3,8 millones).

La población negra es la segunda mayor minoría, con 40,7 millones de personas y una tasa de crecimiento del 1,3%. La mayoría de la población negra reside en los estados de Nueva York, Florida y Texas.

La población asiática es la segunda en crecimiento después de los hispanos y supera los quince millones de personas. La mayoría vive en California, Nueva York y Texas. Hay más de cuatro millones de indígenas americanos—un millón de indígenas en Hawai y otras islas del Pacífico.

Los blancos representan el 66% de la población y llegan a casi 200 millones pero con un índice de crecimiento del 0,3 por ciento. Al igual que, en el caso de los asiáticos, California, Nueva York y Texas tuvieron la mayor concentración de blancos en el país. Las minorías étnicas son el 34% de la población total.

¿Cuántos somos? Analiza la información presentada en esta **Ventana al mundo** y coméntala con un/a compañero/a. ¿Hay muchos hispanos en tu estado? ¿De qué origen es la mayoría de los hispanos que viven en tu estado? ¿Por qué crees que hay más hispanos en la zona sur del país? ¿De dónde son los hispanos que viven en los siguientes estados: Florida, Nueva York, Texas, California?

Juntos somos más.

Anita, chica, no tengo cómo llegar a la universidad ahora. ¿Podrías llevarme en tu coche?

¿Cómo dices? No te entendí bien. Estaba distraída.

Así se dice

Cómo pedir aclaraciones

Cuando no comprendas lo que alguien dice, pídele que lo aclare, usando las siguientes expresiones.

¿Cómo dice(s)?	*What did you say?*
¿Qué quiere decir _____?	*What does _____ mean?*
¿Qué es lo que quiere(s) decir?	*What is it that you want to say?*
No sé si comprendo bien.	*I don't know if I understand correctly.*
¿Quiere(s) decir que. . .?	*Do you mean to say that. . .?*
No entendí bien.	*I didn't understand very well.*
No entiendo. ¿Puede(s) repetir, por favor?	*I don't understand. Can you repeat it, please?*

Cómo expresar acuerdo y desacuerdo

Claro que sí.	*Of course.*	**(No) Estoy de acuerdo.**	*I (don't) agree.*
Tienes razón.	*You are right.*	**Estoy en desacuerdo.**	*I disagree.*
Cómo no.	*Of course.*	**A mí sí (no).**	*Yes, I do (don't).*
Por supuesto.	*Of course.*	**Yo sí (no).**	*Yes, I do (don't).*
		(Sí,) Yo también.	*(Yes,) I do too.*
		(No,) Yo tampoco.	*(No,) I don't either.*

Notes:

También is used to agree after an affirmative statement. **Tampoco** is used to agree after a negative statement.

—En mi universidad, **hay** muchos estudiantes hispanos.

—En mi universidad **también**.

—Yo **no** sé cuántos hispanos viven en esta ciudad.

—Yo **tampoco**.

3-12 No entiendo bien. Estás hablando por teléfono celular con tu compañero/a y no tienes buena recepción. Algunas palabras no se escuchan bien. Completen este diálogo con las expresiones de **Así se dice**.

¿Sabes? Creo que voy a votar por la nueva candidata hispana para

E1: concejal de educación.

E2: (No entendiste lo que dijo.)

E1: (Repite lo que dijiste. Aclárale.)

E2: ¿Y por qué te gusta esa candidata?

E1: (Dile que se interesa por la educación bilingüe y tú también estás interesado/a en eso.)

E2: (No entendiste lo que dijo.)

E1: (Aclárale tu posición. Repite lo que dijiste si es necesario.)

E2: Mira, ésta es una mala conexión. No te escucho bien. Te llamo más tarde.

E1: (Responde.)

3-13 ¿Estás de acuerdo o no? Lee la siguiente **Ventana al mundo** y luego reacciona a estos comentarios expresando acuerdo o desacuerdo con estos parámetros culturales. Explica tu reacción a tu compañero/a.

1. Me siento incómodo/a cuando alguien me toca el brazo, el hombro o la cara mientras habla.
2. Cuando hablo con un desconocido, mantengo un pie de distancia.
3. No me gusta cuando mis amigos invaden mi espacio personal.
4. No me importa si mi compañero/a de cuarto toma algo mío sin decirme.
5. Si voy a tomar un café con dos amigos/as, uno de nosotros debe pagar por los tres.
6. Es extraño (*strange*) cuando veo a dos hispanas saludarse con besos en las mejillas.

Ventana al mundo

Nuestro espacio personal

El uso del espacio es una forma de comunicación no-verbal de gran importancia cuando entramos en contacto con personas de otras culturas. Diferentes culturas necesitan más o menos proximidad con su interlocutor. Los estadounidenses dividen el espacio personal en cuatro zonas: la zona pública (de 12 pies y más), la zona social (de 4 a 12 pies), la zona personal (de 2 a 4 pies) y la zona íntima (de 0 a 2 pies). Las culturas de poco contacto como Norte América, Europa del norte y Asia, están cómodas en la zona social; mientras que culturas de alto contacto, como los países del

Para negociar mejor es necesario saber las convenciones del espacio personal.

Mediterráneo, los árabes y los latinos, prefieren la zona personal cuando se comunican. Momentos de tensión, incomodidad y malentendidos surgen cuando se violan las leyes del espacio personal.

¿Cómo nos verán ellos? ¿Qué crees que puede pensar una persona árabe o latina de un estadounidense que se mantiene en la zona social cuando habla? ¿Cómo te sientes tú cuando alguien en el ascensor te toca accidentalmente?

Escuchemos

La tolerancia y el respeto. En el programa de radio de Rigoberto se discute la cuestión de la inmigración. Escucha el diálogo y contesta las siguientes preguntas.

1. ¿Cuál es el tema del programa de hoy?
2. ¿Por qué opina Fernando que la inmigración es algo positivo para la identidad de un país?
3. ¿Por qué vino a este país Fernando?
4. Según Fernando, ¿qué debemos hacer para funcionar bien como sociedad?
5. ¿Qué no tolera el segundo señor que llama?
6. Da tres ejemplos de cómo tú practicas el respeto y la tolerancia en tu vida diaria.

Sigamos con las estructuras

Repasemos 1

Describing daily routines: Reflexive verbs

Yo **me preocupo** por sacar buenas notas; por eso, generalmente, **me levanto** temprano para estudiar.

3-14 La rutina matinal. Entrevista a otro/a estudiante para averiguar cuál es su rutina cada mañana. Haz más de una pregunta para cada acción. Luego, informa a la clase.

> **MODELO:** *¿Te vistes antes o después de desayunar? ¿A qué hora aproximadamente te vistes? ¿Qué ropa llevas normalmente?* etc.

| arreglarse | cepillarse | despertarse | ducharse | irse | levantarse | peinarse | vestirse |

3-15 Preguntas personales. Contesten las siguientes preguntas en parejas.

1. ¿Cómo te diviertes tú? ¿Qué haces?
2. ¿Tus amigos y tú se adaptan fácilmente a nuevas situaciones?
3. ¿Te acuerdas de los números de teléfono con facilidad?
4. ¿Fue fácil mudarte a la universidad? ¿Quién te ayudó a mudarte?
5. ¿A quién te pareces tú? ¿Se parecen a ti tus hermanos/as?
6. ¿Qué cosas te preocupan?

3-16 Hace mucho tiempo... Descríbele a tu compañero/a la rutina de cada noche cuando eras pequeño/a. Usa estos verbos y otros que necesites en tu relato. Comienza con la frase: *Cuando era pequeño/a...*

| acostarse | cenar | desvestirse | lavarse | quitarse |
| bañarse | cepillarse | dormirse | ponerse | secarse |

☑️ Complete the self-test in your *MySpanishLab* course. If you do not obtain a passing score, you need to review the **Cabos sueltos** Study Materials in *MySpanishLab* or at the back of the book. If you do, you can continue with the following activities.

Repasemos 2

Describing reciprocal actions: Reciprocal verbs

Mi hermana y yo **nos entendemos** bien. En cambio, mis primas no **se llevan** bien entre sí.

3-17 ¿Cómo se llevan? Entrevista a un/a compañero/a para saber cómo se lleva con las distintas personas de su residencia y/o de su familia. Utiliza algunos de los siguientes verbos. Luego, prepara un informe para la clase con toda la información que tengas.

ayudarse	contarse (todo)	entenderse	saludarse
comunicarse	criticarse	llevarse (bien/mal)	
conocerse	detestarse	pelearse	

3-18 Mi mejor amiga. Cuéntale a tu compañero/a sobre tu mejor amigo/a en la escuela secundaria. Contesta estas oraciones y agrega otra información.

1. ¿Se hicieron amigos/as fácilmente?
2. ¿Cuándo se veían?
3. ¿Se visitaban con frecuencia durante el verano?
4. ¿Se contaban todos los secretos?
5. ¿Se pelearon alguna vez? ¿Por qué?
6. ¿Cuándo se separaron?
7. ¿...?

✐ Diario ////////////////////////

Escribe una historia de amor real o inventada usando los verbos recíprocos. Cuenta cómo, dónde y cuándo se conocieron, se sonrieron, se besaron por primera vez, se abrazaron, se comprometieron, se casaron, etc.

Repasemos 3

Expressing likes and dislikes: Verbs like *gustar*

A mis amigos y a mí **nos encanta** la música latina. **Nos divierte** bailar al compás de la salsa.

 3-19 Me divierte mucho. Escribe en un papel una oración con cada uno de estos verbos para expresar tus gustos y preferencias. Entrégaselo a tu profesor/a. Luego, él/ella repartirá los papeles entre los estudiantes. Lee el mensaje que te toque y hazles preguntas a tus compañeros/as acerca de sus gustos y preferencias hasta descubrir de quién es la información.

aburrir	divertir	encantar	interesar	molestar

3-20 ¿Qué gustos tienen? Tú quieres saber cómo son los amigos de tu compañero/a. Pregúntale qué piensan sus amigos sobre los siguientes puntos. Agrega dos preguntas a la siguiente lista. Después, contesta las preguntas de tu compañero/a sobre tus amigos.

MODELO: disgustarle / las personas racistas

E1: *¿A quién le disgustan las personas racistas?*
E2: *A mi hermana le disgustan las personas racistas.*

1. gustarle / la comida tejano-mexicana
2. molestarle / la injusticia social
3. interesarle / la literatura chicana
4. importarle / la situación de los ilegales
5. disgustarle / el bilingüismo

3-21 ¿Te gusta su música? Aquí tienes algunos cantantes hispanos famosos. ¿Los conoces? Explícale a tu compañero/a si te gusta su música, qué canciones escuchas o conoces de ellos. ¿Escuchas a otros que no están en la lista? Cuéntanos.

Juanes	Selena
Rubén Blades	Enrique Iglesias
Thalia	Marc Anthony

3-22 ¿Somos tolerantes o intolerantes? Explícale a tu compañero/a tus ideas sobre las siguientes afirmaciones.

MODELO: poner nervioso/a / no entender el inglés de inmigrantes
A mí no me pone nerviosa no entender el inglés de los inmigrantes porque yo estuve en España una semana y la gente fue muy paciente conmigo. Yo entiendo que es difícil hablar otro idioma.

1. (no) disgustar / la ropa que usan algunas personas
2. (no) caer mal / los inmigrantes que no hablan inglés
3. (no) gustar / los ritos de religiones diferentes a la mía
4. (no) parecer / bien tomar un examen de inglés antes de ser otorgada la tarjeta de residencia
5. (no) molestar / que se gaste dinero en programas sociales para extranjeros
6. (no) fastidiar / que las personas usen símbolos que representan su religión, por ejemplo: cruces, turbantes, etc.

Diario

Escribe un párrafo sobre las cosas o actividades de tu vida diaria que te encantan y las que no te gustan. Explica tus razones con claridad.

Ventana al mundo

El español en los EE.UU.

Casi 15 millones de personas en los Estados Unidos tienen como lengua materna el español. No es sorprendente que la lengua española llegue a veces a ocupar espacios que antes sólo tenía el inglés, especialmente en las áreas del comercio y la política. El español de los Estados Unidos tiene sus propias particularidades en vocabulario, giros idiomáticos y hasta en la sintaxis. Como es tan importante en este país, es de esperar que en el futuro llegue a influir en el español del resto del mundo.

Los hispanos consideran la lengua como un fuerte valor cultural y un elemento más de identidad cultural. Además, el prestigio del español crece constantemente a nivel internacional. Mucha gente lo aprende ahora para acceder al mercado hispano, para establecer contactos políticos y sociales, y para una nueva comunicación entre culturas. No hay duda de que el español es hoy parte de la educación y la imaginación norteamericana.

Tienda hispana.

¿Por qué lo aprendes tú? ¿Puedes pensar en dos o tres motivos que te llevaron a elegir el español como lengua extranjera? En tu región, ¿se oye mucho español? ¿Aparece en publicidades y letreros en las calles? ¿Puedes dar algún ejemplo concreto?

Aprendamos 1

Expressing inequality: Comparisons

1. When you want to compare people or things that are not equal, use the following structure:

$$\left. \begin{array}{c} \textbf{más} \\ \\ \textbf{menos} \end{array} \right\} + \left\{ \begin{array}{l} \text{adjective} \\ \text{noun} \\ \text{adverb} \end{array} \right\} + \textbf{que}$$

California es **más** grande **que** Massachusetts.

California is larger than Massachusetts.

Vermont tiene **menos** hispanos **que** California.

Vermont has fewer Hispanics than California.

La población asiática de los Estados Unidos crece **más** lentamente **que** la hispana.

The Asian-American population grows more slowly than the Hispanic population.

2. When comparing unequal actions and ways of doing things, use the following structure:

$$\text{verb} + \textbf{más} / \textbf{menos} + \textbf{que}$$

Los hispanos se divorcian **menos que** otros grupos.

Hispanics divorce less than other groups.

3. A few adjectives have irregular comparative forms. Remember that they are always followed by **que**.

Regular		Irregular	
más bueno/a	*nicer, kinder*	**mejor**	*better*
más malo/a	*badly behaved*	**peor**	*worse*
más viejo/a	*older (thing)*	**mayor**	*older (person)*
más pequeño/a	*smaller, younger*	**menor**	*younger (person)*

Note: Notice that the regular forms have different meanings.

Los hombres suelen tener **mejores** salarios **que** las mujeres.

Men usually have better salaries than women.

When used alone, **el mayor** and **el menor** are translated as *the oldest* and *the youngest* in a family.

El hijo **menor** es más alto que **el mayor**.

The youngest son is taller than the eldest.

4. With numbers and quantities use **más de / menos de**.

Hay **más de** 25 millones de mexicoamericanos.

There are more than 25 million Mexican Americans.

3-23 La población en mi estado. Analiza la siguiente tabla y establece tres o cuatro comparaciones con los datos de la misma. Compártelas con tu compañero/a.

Statistical Portrait of Hispanics in the United States, 2007

	Hispanic population	Total population	Percent Hispanic
California	13,219,347	36,553,215	36.2
Texas	8,591,352	23,904,380	35.9
Florida	3,751,186	18,251,243	20.6
New York	3,146,959	19,297,729	16.3
Illinois	1,922,844	12,852,548	15.0
Arizona	1,893,171	6,338,755	29.9
New Jersey	1,379,047	8,685,920	15.9
Colorado	967,536	4,861,515	19.9
New Mexico	872,626	1,969,915	44.3
Georgia	733,510	9,544,750	7.7
Nevada	643,358	2,565,382	25.1
North Carolina	636,442	9,061,032	7.0
Washington	611,369	6,468,424	9.5
Pennyslvania	564,880	12,432,792	4.5
Massachusetts	519,190	6,449,755	8.0
Virginia	488,589	7,712,091	6.3
Connecticut	411,349	3,502,309	11.7
Michigan	394,878	10,071,822	3.9
Oregon	391,561	3,747,455	10.4
Maryland	346,990	5,618,344	6.2

3-24 Los hispanos y la sociedad. Analiza la siguiente tabla y di si las siguientes declaraciones son ciertas o falsas. Corrige las falsas. Luego, escribe dos comparaciones y compártelas con la clase.

Tema	Población total		Hispanos	
Lugar de nacimiento	Nativos 87% Nacidos en el extranjero 12,5%		Nativos 60% Nacidos en el extranjero 40%	
Edad promedio del primer matrimonio	Hombres 27,5 años	Mujeres 25,9 años	Hombres 27,1 años	Mujeres 24,7 años
Educación	Menos de 9no grado — 6,7%	6,3%	24,5%	23,3%
	Secundaria — 83,5%	84,4%	58,7%	61,7%
	Universitaria — 27,9%	26,2%	11,5%	13,1%
Salario promedio	$42.200	$32.650	$27.490	$24.738

1. Los hombres hispanos se casan más jóvenes que las mujeres.
2. El salario promedio de un hispano es de menos de 30.000 dólares.
3. Hay más mujeres que hombres que terminan la educación secundaria.
4. Los hombres hispanos asisten más a la universidad que las mujeres hispanas.
5. ¿...?
6. ¿...?

 3-25 Diferencias. Piensa en la población de la ciudad donde vives ahora y compárala con otra ciudad donde viviste o donde viven tus padres o un/a amigo/a. Si puedes, ilustra tu presentación con fotos de las ciudades que menciones. Comparte tu presentación con tu grupo.

peor mejor	menos / menos de	más / más de

Presencia hispana
Restaurantes de comida extranjera (mexicana,
  japonesa, china, india, italiana, etc.)
Eventos en español
Películas extranjeras
Templos para la comunidad hispana
Canales de televisión hispanos
¿...?

Ventana al mundo

Los cubanos en Estados Unidos

Al principio del siglo XXI, la Oficina del Censo de Estados Unidos estimaba la población cubana en Estados Unidos en un millón quinientos mil cubanos. Los cubanos llegaron a Estados Unidos en diferentes etapas:

1. Entre 1960 y 1962, la revolución de Castro y la Operación Pedro Pan: 14 mil niños y adolescentes fueron enviados solos de Cuba a los Estados Unidos

2. Entre 1965 y 1973, tienen lugar los llamados vuelos de la libertad desde Varadero en Cuba a Miami, en Estados Unidos. Los vuelos salían dos veces por día y fueron patrocinados por el gobierno de Estados Unidos. Fueron financiados con un presupuesto de $12 millones y la asistencia de voluntarios y entidades religiosas.

3. En 1980 más 125 mil cubanos cruzaron el Estrecho de Florida durante el llamado éxodo de Mariel.

4. Otros muchos viajaron a otros países, como España, México y Venezuela, y luego se trasladaron al territorio estadounidense.

La comunidad cubana está formada por científicos, artistas, escritores, empresarios, académicos, trabajadores de todo tipo y un grupo notable de activistas políticos. La comunidad cubano-estadounidense tiene cinco legisladores entre la Cámara de Representantes y el Senado de los Estados Unidos. Ileana Ros Lehtinen fue la primera mujer cubana en formar parte del Congreso. Dentro del mundo de la música, hay muchos nombres conocidos como Celia Cruz, Gloria y Emilio Estefan, Willy Chirino, Albita y muchos otros músicos. También son muy conocidos los actores de Hollywood: Andy García, Cameron Díaz, Natalie Martínez y Eva Méndez, entre otros.

Los cubanos tienen el más alto nivel de educación entre los hispanos de los Estados Unidos; pero son los menos jóvenes dentro del mismo grupo. Se calcula que tres cuartas partes de los cubanos viven en el estado de Florida y le siguen los estados de Nueva York y Nueva Jersey.

¿Lo sabías? ¿Cuáles de las personas o de los eventos históricos mencionados en esta ventana conocías? ¿Puedes recordar alguna canción, película o noticia relacionada con los nombres que se mencionan?

Un mercado cubano.

Aprendamos 2

Expressing equality: Comparisons

1. To compare people, things, or actions that are the same, use this structure:

tan	+	adjectives / adverb	+	**como**
tanto/a/os/as	+	noun	+	**como**
verb	+	**tanto como**		
tanto/tanta = *as much*		**tantos/tantas** = *as many*	+	**como**

Remember that **tanto** agrees in gender and number with the noun that follows.

El aire de Santiago de Chile está **tan contaminado como** el aire de la Ciudad de México.	*The air in Santiago de Chile is as contaminated as the air in Mexico City.*
Los hispanos adultos no se asimilan a la cultura **tan rápidamente como** sus niños.	*Adult Hispanics don't assimilate into the culture as fast as their children.*
Hay casi **tantos puertorriqueños** en la isla de Puerto Rico **como** en los Estados Unidos.	*There are almost as many Puerto Ricans on the island of Puerto Rico as there are in the United States.*
Las asociaciones hispanas ayudan a los nuevos inmigrantes **tanto como** pueden.	*Hispanic associations help the new immigrants as much as they can.*

2. To express equality between two nouns, you can also use this expression:

> **el/la mismo/a** + noun + **que**

Remember that this expression must agree with the noun modified.

Roberto tiene **el mismo** nombre **que** su padre.	*Roberto has the same name as his father.*
Nosotros compramos **la misma** guía turística **que** tú.	*We bought the same tourist guide as you did.*

3-26 El año pasado. Con otro/a estudiante hagan una comparación entre su vida en la universidad este año y el anterior. Traten de utilizar las siguientes expresiones.

el/la mismo/a	los/las mismos/as	tanto como	tanto/a	tantos/as	tan ... como

MODELO: Este año (no) tengo el mismo horario que el año pasado.

1. amigos
2. compañero/a de cuarto
3. clases
4. actividades extra curriculares

5. profesores
6. novio/a
7. cuarto
8. ¿...?

3-27 Antes y ahora. Reflexionen sobre cómo era la vida antes y cómo es ahora. Después establezcan comparaciones y decidan qué aspectos les parecen mejores y cuáles peores. Aquí les ofrecemos algunos temas.

MODELO: *Antes no había tantas marcas de ropa como ahora y la gente no estaba tan preocupada por la moda como hoy.*

1. familia
2. vacaciones
3. ropa y moda
4. medio ambiente
5. economía

6. tecnología
7. ocio y entretenimiento
8. viajes
9. trabajo
10. política

3-28 Los hispanos viven más. Lean la **Ventana al mundo** a continuación y establezcan por lo menos cinco comparaciones relacionando los datos del mismo. Luego utilicen las expresiones de **Sin duda** (página 68) para hacer un pequeño informe a la clase.

Ventana al mundo

Los hispanos viven más.

Según los Centros de Prevención y Control de Enfermedades los hispanos en los Estados Unidos, viven más y se enferman menos que otros grupos minoritarios. A principio de los años 2000 la tasa de mortalidad de los hispanos era 25% menor que la de los blancos y 43% menor que la de los afroamericanos.

La tasa de mortalidad infantil era de 5,7 por cada 100.000, casi lo mismo que la de los niños blancos y 58% menos que la de los afroamericanos.

Según el Censo de los Estados Unidos, para el año 2030, los hispanos mayores de 65 años van a superar a los afroamericanos de esa edad por un millón de personas y podrían llegar, para el año 2050, a unos 13.8 millones. Se estima que para ese año el 16,4% de la población mayor de 65 años será hispana siendo en el 2000 del 5,6%.

Los hispanos tienen una vida más larga que otros grupos minoritarios.

El informe afirma que la industria médica no está aún preparada para atender al número cada vez mayor de hispanos mayores de 65 años. El problema es mayor porque el personal médico no habla español y por lo tanto es difícil superar la barrera del idioma.

Algunos expertos atribuyen las razones de este fenómeno a la inmigración ya que suponen que los más fuertes y jóvenes cruzan la frontera hacia los Estados Unidos. Otros especialistas piensan que si bien casi el 40% de los hispanos no tiene seguro médico, el estilo de vida hace que tengan mejor salud. Entre los factores que se mencionan están la dieta alimentaria y las fuertes redes de apoyo familiar y social.

Tu opinión. ¿Estás de acuerdo que la dieta alimentaria y las fuertes redes de apoyo familiar y social contribuyen a tener mejor salud? ¿Por qué sí o no? Da ejemplos.

Aprendamos 3

Expressing sequence of actions: Infinitive after preposition

To express a sequence of actions, Spanish always uses the infinitive after a preposition; English uses the present participle form (*-ing* ending).

Después de hablar, entendieron mejor las diferencias.

After talking, they understood better the differences.

In Spanish, pronouns are placed after the infinitive and attached to it.

Antes de **conocerte**, no sabía nada sobre la cultura china.

Before meeting you, I didn't know anything about Chinese culture.

Several Spanish prepositions have special meanings.

1. **Al** + *infinitive* = *upon* + *-ing* or *when* + verb

   Al ver sus bailes se quedó encantado con esa cultura.

   Upon seeing (When she saw) their dances, she was fascinated with that culture.

2. **Para** + *infinitive* = *in order to* + verb

   Para comprenderse mejor hay que dialogar más.

   In order to understand one another better, people have to talk with one another more.

3-29 La quinceañera. Estercita celebró la fiesta de sus quince años. Lee la descripción de la fiesta y completa el párrafo con las preposiciones correspondientes según el contexto.

Estercita estaba hermosísima con su vestido blanco, largo. (1) _____ entrar ella al salón, los invitados la aplaudieron mucho. (2) _____ comenzar el baile general, la quinceañera bailó con su padre. El abuelo hizo un brindis (3)_____ desearle una buena y larga vida. (4) _____ comer, algunos amigos leyeron unos poemas que le habían escrito en su honor. (5) _____ cortar el pastel de cumpleaños, todos le cantaron *Cumpleaños feliz*. (6) _____ abrir los regalos tuvo sorpresas muy agradables. Al final ella estuvo muy contenta con su fiesta.

 3-30 Buenos o malos modales. Como sabemos, las costumbres cambian de una cultura a otra. En grupos de tres o cuatro, completen las oraciones de una manera lógica y según las costumbres de su país. Agreguen otras costumbres en los números cinco y seis, y utilicen la construcción de preposición + infinitivo.

1. (No) Hay que llegar a las fiestas antes de...
2. (No) Podemos irnos de la casa de un amigo sin...
3. En una fiesta (no) podemos comer y beber hasta…
4. Si visitamos a alguien enfermo, (no) debemos llevar regalos para…
5. ¿…?
6. ¿…?

Ventana al mundo

Los puertorriqueños en los Estados Unidos

Los puertorriqueños son el segundo grupo de hispanos en los EE.UU., después de los mexicanos y eran casi cuatro millones y medio en 2007. Los puertorriqueños, también llamados boricuas, son ciudadanos de los Estados Unidos. La mayoría de los puertorriqueños en los EE.UU. nacieron en este país; sólo un tercio nació en la isla.

La relación con los EE.UU. comienza en 1898 cuando los EE.UU. invade militarmente la isla. Desde esa época, los Estados Unidos tiene una gran influencia en todos los aspectos de la vida de la isla, desde lo económico, su moneda es el dólar, pasando por la política, la agricultura e incluso el sistema judicial.

Los puertorriqueños se destacan en muchas áreas diferentes.

En 1900 y 1901 las leyes Fóraker y Jones dan a todos los habitantes de Puerto Rico la ciudadanía estadounidense. Las olas de ciudadanos que se quieren mudar hacia el continente varían según las décadas. Al principio los que iban hacia los Estados Unidos eran principalmente obreros y campesinos. Sus estados preferidos eran Nueva York, Nueva Jersey y Massachusetts. En los últimos años la mayoría de los puertorriqueños que se mudan son profesionales y se instalan en Texas, California y Florida.

Los puertorriqueños se destacan en muchas áreas. Tenemos músicos y cantantes como José Feliciano, Ricky Martin, Tito Puente, Chayanne o Luis Miguel; actores como Joaquín Phoenix, Micaela Nevárez, Jenifer López o Benicio del Toro; atletas como Angelina Lind, Roberto Clemente, Ada Vélez o Ivonne Harrison. También hay entre ellos grandes escritores como Esmeralda Santiago, Rosario Ferré o René Márquez.

Boricuas. ¿Sabes cuántos puertorriqueños hay en tu universidad? ¿En tu ciudad? ¿En tu estado? ¿Hay alguno de los datos que lees que te parezca sorprendente? ¿Conoces a alguno de los puertorriqueños que se mencionan? Busca información sobre alguno de ellos y preséntala a la clase. Puedes buscar otros boricuas famosos.

Conversemos sobre las lecturas

Antes de leer

Estrategia de lectura: *Scanning*

Scanning is the strategy used when we want to find specific information in a passage without reading the entire text. We practice scanning when we highlight parts of a reading passage to which we want to pay special attention.

3-31 El mural. Estudia los distintos elementos del siguiente mural. Luego, lee la información sobre los chicanos en la **Ventana al mundo** y busca los valores de la cultura chicana que se ven reflejados en el mural. Para esto, tendrás que seleccionar las oraciones que hablan específicamente de los valores culturales.

Ventana al mundo

Los chicanos

Los chicanos son personas de origen mexicano nacidas en los Estados Unidos. La mayoría vive en el suroeste de los Estados Unidos. Algunas familias se establecieron allí hace muchos años, cuando esa parte del país era parte de México (antes de 1848). Otras familias descienden de inmigrantes más recientes. La cultura chicana, "la raza", se caracteriza por la lealtad (*loyalty*) a su comunidad, por el compadrazgo, por la lucha por la autodeterminación y por un gran orgullo por su herencia cultural. Esta última es una combinación de la cultura indígena y la española, a la que se le suma la experiencia de vivir en un país de habla inglesa. El pocho denomina a personas y a una manera de hablar. Un pocho suele ser un mexicano que emigró a los Estados Unidos y usa palabras en inglés castellanizadas, o toma Change palabras del espanglish. En la actualidad, para los mexicanos residentes en los Estados Unidos y en especial para sus hijos, nacidos en este país, la utilización del pocho es motivo de orgullo y una forma de identificarse. Algunas expresiones de la cultura chicana son los murales de Los Ángeles y San Francisco, la literatura bilingüe, la música de los mariachis y comidas tales como el burrito, la tortilla, el pozole, el mole y el menudo, entre muchas otras.

Investigar. Busca información sobre personas chicanas que se desempeñen en cargos públicos y tráela para compartir con la clase.

BOLETÍN

El origen de la palabra chicano

Entre 1930 y 1940, se firmó un acuerdo entre los gobiernos de los EE.UU. y México, que permitía la entrada al país de muchos campesinos pobres del estado de Morelos para trabajar por muy poco dinero en los campos de California. La mayoría de ellos hablaba el nahuatl, la lengua indígena de esa región mexicana. De acuerdo con la fonética de su lengua, estos campesinos se referían a sí mismos como "mesheecanos", en vez de "mexicanos". Como modo de reivindicar esa historia, en las décadas de 1960 y 1970, el llamado *Brown Power Movement* adoptó el nombre de "chicano", que es el que se usa hoy en día.

— Vocabulario de las lecturas —

Estudia estas palabras para comprender mejor los textos.

Vocablo	Explicación	Palabra en uso
amargo/a	bitter	Esta naranja es **amarga**.
asimilarse	to assimilate	Mamacita no **se asimiló** a la nueva cultura.
bonito/a	pretty	¡Qué **bonita** te ves con ese vestido rosa!
bronceado/a	tanned	Tiene la cara **bronceada** por el sol.
cruzar	to cross	Muchos **cruzan** la frontera ilegalmente.
de súbito	all of a sudden	Nos sorprendió cuando, **de súbito**, habló en inglés.
empujar	to push	Tuvimos que **empujar** el coche cuando se descompuso.
ganarse la vida	to earn one's living	El hombre **se gana la vida** con dos trabajos.
gritar	to scream; to shout	El niño **grita** sin razón.
grueso/a	thick	La mujer tiene dedos **gruesos**.
hartarse	to be fed up	Los trabajadores **se hartaron** de trabajar por poco dinero.
la herencia cultural	cultural heritage	Soy cubana. Esa es mi **herencia cultural**.
el hogar	home	No hay ningún lugar como tu propio **hogar**.
jalar (halar)*	to pull	**Jale (Hale)** la puerta para abrirla.
junto a	by, next to	Ella se sentaba **junto a** la ventana.
la lengua materna	mother tongue	El inglés no es su **lengua materna**.
llorar	to cry	¡No **llores** más, mi niña!
mantener una familia	to support a family	Con un solo trabajo no puedo **mantener a mi familia**.
la madrugada	dawn	Se levanta a la **madrugada** para ir a trabajar al campo.
el nivel de vida	standard of living	Tienen un **nivel de vida** más alto que en su país de origen.
solo/a	alone	Ella está **sola** en este país. No tiene a nadie.
suave	soft	La mujer tiene una voz muy **suave**.
suspirar	to sigh	**Suspira** cada vez que habla de su país.
la tez	face skin	Tienes la **tez** bronceada.

*****Halar** se considera más formal; **jalar** menos.

Nota: En esta lectura también aparecen varios diminutivos. Repasa el uso de los diminutivos en las páginas 387–388 de la sección **Cabos sueltos**.

3-32 Relaciones. Escoge la palabra de la lista **A** que se relaciona con cada oración de la lista **B**.

	A		B
1.	_____ bonita	**a.**	**De pronto** entendí que no iba a volver a verla.
2.	_____ jalar (halar)	**b.**	La mujer es gorda y **linda**.
3.	_____ de súbito	**c.**	Es lo opuesto de **empujar**.
4.	_____ hartarse	**d.**	Se dice de una persona que **no tiene a nadie**.
5.	_____ sola	**e.**	Estar **muy cansado** de hacer un trabajo.
6.	_____ llorar	**f.**	Es el **lugar donde vives** con tu familia.
7.	_____ hogar	**g.**	Para tener éxito el inmigrante debe **integrarse** a la sociedad donde vive.
8.	_____ asimilarse	**h.**	Hago esto cuando estoy muy **triste**.

3-33 Y tú, ¿qué dices? Escoge la palabra de la lista que mejor complete las oraciones. Haz los cambios necesarios.

> algodón   cruzar   gritar   grueso   suave   suspirar

1. Cuando alguien habla en voz muy alta, _____.
2. Tienes que esperar para _____ la calle cuando el semáforo está en rojo.
3. Este vestido es de _____ .
4. La niña tiene una piel muy _____ .
5. Está enamorada de un muchacho extranjero; ella _____ porque no se ven mucho.
6. Tiene los labios _____.

3-34 Lejos de mi hogar. ¿Cómo se sienten Uds. cuando están lejos de sus seres queridos, de sus amigos, de su casa? En parejas, escriban una lista de adjetivos que describan cómo se sienten ustedes cuando están lejos de su casa y de sus seres queridos. Expliquen por qué.

MODELO: *Siento nostalgia. Mi hermana y yo somos muy compañeras y nos contamos todo. Ahora no puedo hablarle tanto como antes.*

LECTURA

Sandra Cisneros (1954–)

Sandra Cisneros nació en Chicago y vive en San Antonio, Texas. Es una de las narradoras chicanas que ha ganado más premios por su poesía y sus obras de ficción. Esta selección es un capítulo del libro *La casa en Mango Street*, traducido por la escritora mexicana Elena Poniatowska. En este capítulo, la protagonista de la novela, Esperanza Cordero, describe a su nueva vecina Mamacita y a su esposo.

No Speak English

Mamacita es la mujer enorme del hombre al cruzar la calle, tercer piso al frente. Rachel dice que su nombre debería ser Mamasota, pero yo creo que eso es malo. El hombre ahorró su dinero para traerla. Ahorró y ahorró porque ella estaba sola con el nene-niño en aquel país. Él trabajó en dos trabajos. Llegó de noche a
5   casa y salió tempranito. Todos los días.

Y luego un día Mamacita y el nene-niño llegaron en un taxi amarillo. La puerta del taxi se abrió como el brazo de un mesero. Y va saliendo un zapatito color de rosa, un pie suavecito como la oreja de un conejo° luego el tobillo°, grueso, una agitación de caderas°, unas rosas fucsia y un perfume verde. El hombre
10   tuvo que jalarla, el chofer del taxi empujarla. Empuja, jala. Empuja, jala. ¡Puf!

rabbit / ankle

hips

Floreció de súbito°. Inmensa, enorme, bonita de ver desde la puntita rosa salmón de la pluma° de su sombrero hasta los botones de rosa de sus dedos del pie. No podía quitarle los ojos a sus zapatitos.

Arriba, arriba, arriba subió con su nene-niño en una cobija azul, el hombre cargándole° las maletas, sus sombrereras color lavanda, una docena de cajas de zapatos de satín de tacón alto. Y luego ya no la vimos.

Alguien dijo que era porque ella es muy gorda, alguien que por los tres tramos de escaleras°, pero yo creo que ella no sale porque tiene miedo de hablar inglés, sí, puede ser eso, porque sólo conoce ocho palabras: sabe decir He not here cuando llega el propietario° , No speak English cuando llega cualquier otro y Holy smokes. No sé dónde aprendió eso, pero una vez oí que lo dijo y me sorprendió.

Dice mi padre que cuando él llegó a este país comió jamanegs durante tres meses. Desayuno, almuerzo y cena. Jamanegs. Era la única palabra que se sabía. Ya nunca come jamón con huevos.

Cualesquiera° sean sus razones, si porque es gorda, o no puede subir las escaleras, o tiene miedo al idioma, ella no baja. Todo el día se sienta junto a la ventana y sintoniza el radio en un programa en español y canta todas las canciones nostálgicas de su tierra con su voz que suena a gaviota°.

Hogar. Hogar. Hogar es una casa en una fotografía, una casa color de rosa, rosa como geranio con un chorro de luz azorada°. El hombre pinta de color de rosa las paredes de su departamento, pero no es lo mismo, sabes. Todavía suspira por su casa color de rosa y entonces, creo, se pone a chillar°. Yo también lloraría.

Algunas veces el hombre se harta. Comienza a gritar y puede uno oírlo calle abajo.

Ay, dice ella, ella está triste.

Oh, no, dice él, no otra vez.

¿Cuándo, cuándo, cuándo?, pregunta ella.

¡Ay, caray! Estamos en casa. Esta es la casa. Aquí estoy y aquí me quedo. ¡Habla inglés!, speak English, ¡por Dios!

¡Ay!, Mamacita, que no es de aquí, de vez en cuando deja salir un grito, alto, histérico, como si él hubiera roto° el delgado hilito° que la mantiene viva°, el único camino de regreso a aquel país.

Y entonces, para romper su corazón para siempre, el nene-niño que ha comenzado a hablar, empieza a cantar el comercial de la Pepsi que aprendió de la tele. No speak English, le dice ella al nene-niño que canta en un idioma que suena a hoja de lata°. No speak English, no speak English. No, no, no. Y rompe a llorar.

She came out all of a sudden.
feather
carrying
flights of stairs
owner
whatever
seagull
dazzling
llorar
had broken / thread / alive
tin

3-35 ¿Quién es? ¿Mamacita o el hombre? Escoge el personaje que corresponde a cada una de estas oraciones, según la lectura. Busca las citas correspondientes en la lectura.

MODELO: *Escucha en el radio un programa en español.* _Mamacita_
            Pinta las paredes de rosa. _el hombre_

1. Ahorró su dinero. _____
2. Trabajó en dos trabajos. _____
3. Es muy bonita de ver. _____
4. No sale de su casa. _____
5. No habla inglés. _____
6. Se sienta junto a la ventana. _____
7. Canta canciones de su país. _____
8. Grita cuando está harto. _____

3-36 ¿Cómo es Mamacita? En parejas, describan a Mamacita según la información en el texto. Usen estas preguntas como guía. Luego, presenten la información a la clase en forma de párrafo.

1. ¿De qué tamaño es Mamacita?
2. ¿Es Mamacita linda o fea?
3. ¿De qué color es la pluma de su sombrero?
4. ¿Cómo son sus zapatos?
5. ¿Cuánto sabe de inglés?
6. ¿Cómo sabemos que tiene nostalgia por su país de origen?
7. ¿Qué hace cuando se siente muy mal?
8. ¿Cuál es la imagen general que tú tienes de Mamacita?

3-37 Mamacita. ¿Qué opinión tienen sobre Mamacita? ¿Cómo reacciona Mamacita frente a la cultura de su nuevo país? Piensen en el trabajo, el aprendizaje del inglés, los nuevos amigos, la integración a la nueva cultura, la relación con su país de origen, etc.

3-38 ¿Qué les pasa? En parejas, expliquen lo que pasa en la vida de los personajes. ¿Cómo se sienten y qué hacen?

MODELO: El hombre se siente cansado porque *trabaja día y noche.*

1. El hombre trabaja mucho porque _____.
2. Mamacita no sale de su apartamento porque _____.
3. Mamacita siente nostalgia por su país por eso _____.
4. Pintan de color rosa las paredes del apartamento porque _____.
5. El hombre se siente frustrado porque _____.
6. Mamacita no quiere que el nene-niño cante en inglés porque _____.

3-39 ¿Qué o a quién extrañas tú? Todos tenemos nostalgia de algo. Haz una lista de lugares, cosas, personas o animales que tú extrañas. Luego, explícale a tu compañero/a lo que extrañas y por qué.

MODELO: animales

Yo extraño a mi perrita porque ella me despertaba todas las mañanas y ahora tengo que poner el reloj despertador.

	Razones
lugares	
personas	
cosas	
animales	

POEMA

Tino Villanueva (1941–)

Tino Villanueva es un escritor estadounidense de origen mexicano. Sus poemas y cuentos reflejan un compromiso con la causa de los chicanos. Creció en una familia de trabajadores migrantes en Texas y recibió su doctorado en literatura española de la Universidad de *Boston* donde actualmente enseña. El siguiente fragmento es del poema "Que hay otra voz" que aparece en el libro *Hay otra voz (1972)*.

Que hay otra voz (Fragmento)

*God prepares those who have to
suffer and take punishment.
Otherwise, how could we exist?*

César Chávez
TIME, July 4, 1969

...que hay otra voz que quiere hablar;
que hay un perfil° de tez bronceada   profile
              que de rodillas°   on their knees
arrastrándose° camina por los   dragging themselves
Cotton-fields de El Campo *y* Lubbock, Texas.
—¿A dónde voy? — , pregunta.
¿A los *cucumber* patches de Joliet,
a las *vineyards* de *San Fernando Valley,*

a los *beet fields* de *Colorado*?

10 Hay ciertas incertidumbres ciertas:

to pick   lo amargo de piscar° naranjas

lo lloroso de cortar cebollas.

* * *

Horarios inalterables:

15 la madrugada mecánicamente despierta el

reloj de timbre (¿de qué tamaño es el tiempo?)

Viene el desayuno: huevos rancheros,

tortillas de harina,

un cafecito.

continue   20 ¡Y éntrale° otra vez con la frescura!

furrows   Éntrale a los surcos° agridulces más largos

que la vida misma:

plums	beans
grapes	cotton
25 betabel	pepinos
pruning	leafing
potatoes	apricots
chopping	plucking
soybeans	cebollas

30 no importa,

hay que comer, hacer pagos, sacar la ropa

del *Lay-Away*; '55 *Chevy engine tune-up*;

los niños en *seventh-grade* piden lápices

con futuro. Hay otra voz que quiere hablar.

3-40 Primera impresión. Encuentra en el poema imágenes que se refieren a los siguientes conceptos. Luego compártelos con un/a compañero/a.

1. la persona chicana
2. el trabajo duro del campo
3. las cosechas
4. las frutas y vegetales
5. la comida chicana
6. los gastos de la familia

3-41 ¿Qué nos quiere decir? En parejas, contesten las preguntas para explicar lo que el poeta quiere decir con estas frases. ¿Qué significan para Uds.?

1. *hay otra voz que quiere hablar*
   ¿De quién es esta voz? ¿Creen Uds. que esta voz estaba callada hasta ahora? ¿Por qué?
2. *Hay ciertas incertidumbres ciertas*
   Este es un juego de palabra, ¿cómo lo pueden explicar con otras palabras?
3. El poeta usa dos idiomas. ¿Qué efecto tiene en Uds.? Expliquen con ejemplos del poema.

3-42 Otra voz. El poema habla del trabajo duro de los obreros migrantes, de su opresión y falta de libre expresión. Piensa en una actividad que tuviste que hacer y que fue muy dura para ti. Cuéntasela a tu compañero/a. Usa estas preguntas como guía.

1. ¿Dónde tuvo lugar?
2. ¿Qué tenías que hacer?
3. ¿Con quién hiciste la actividad?
4. ¿Por qué era difícil para ti hacer eso?
5. ¿Qué aprendiste?
6. ¿Podías expresar tus sentimientos libremente o debías callar y aceptar la situación pasivamente?

Avancemos con la escritura

Antes de escribir

Estrategia de escritura: *How to conduct and write an interview*

When you prepare to do an interview, there are two steps that you need to follow. First, you need to decide the topic that you want to investigate and then you need to create a series of questions that will elicit the information that you want. In order to get detailed information, your questions have to be precise and clear. Be courteous and act natural with the person that you are interviewing. Make sure that you have answers to the key questions **¿Qué?, ¿Quién?, ¿Dónde?, ¿Cómo?, ¿Cuándo?, ¿Por qué?.** Conclude your interview on a positive note, mentioning possible solutions or perceived consequences, or restating the problem in different terms.

Write your interview following this format:

ESTUDIANTE: ¿Qué lo motivó a dejar su país?

ENTREVISTADO/A: La falta de oportunidades de trabajo.

Palabras de enlace: Conectores lógicos

Aquí hay algunas palabras que te ayudarán a establecer la transición entre ideas en una entrevista.

para comenzar / empezar	*to begin with*
en primer lugar / primero	*in the first place / first*
la segunda observación	*the second observation*
como Ud. dijo...	*as you said ...*
para resumir	*to summarize*
para terminar	*to finish*
por último	*lastly*
en conclusión	*in conclusion*

3-43 Planificación. Uds. van a entrevistar a una persona hispana de su comunidad. Escojan la persona que quieren entrevistar de esta lista. Con esa persona en mente, hagan una lluvia de ideas para definir el tema de la entrevista. Escriban rápidamente varias ideas y luego agrupen las ideas que tienen el mismo tema.

Posibles personas para entrevistar:

1. un/a estudiante hispano/a de la universidad
2. una persona hispana que trabaja en la universidad
3. una persona hispana que trabaja en, o es dueño/a de, un restaurante hispano
4. un/a hispano/a que acaba de llegar a los EE.UU.
5. un pariente hispano

3-44 Mis preguntas. Una vez seleccionado el tema, hagan una lista de preguntas sobre ese tema. Escriban preguntas simples, exactas y claras sobre temas de los cuales Uds. conocen el vocabulario tales como familia, viajes, trabajos, inmigración, rutina diaria, celebraciones, etc.

3-45 La entrevista. Cuando estés listo/a para hacer tu entrevista, ten tus preguntas delante de ti y toma notas claras sobre las respuestas. Pide clarificación de conceptos que no entiendas.

A escribir

3-46 El informe. Escribe un informe sobre tu entrevista con la siguiente estructura.

1. Escribe un párrafo que introduce a la persona que entrevistaste dando su nombre, apellido, edad, país de origen y profesión. Establece el lugar de la entrevista.
2. Escribe la entrevista siguiendo el modelo de diálogo explicado arriba.
3. Escribe un párrafo con una conclusión.

Antes de entregar el informe de tu entrevista, asegúrate de haber incluido y revisado lo siguiente:

- Los verbos reflexivos, recíprocos
- Las **expresiones útiles**
- Los verbos como **gustar**
- Comparaciones
- Infinitivo después de preposiciones

🔊 Vocabulario

Los hispanos

la herencia cultural	cultural heritage
el/la indocumentado/a	person without legal documents
el permiso de trabajo	work permit
la raza	race
la tarjeta de residente	permanent resident card

Sustantivos

el algodón	cotton
el ambiente	environment
la amistad	friendship
la barrera	barrier
la competencia	competition
el cumplimiento	accomplishment, fulfillment
el éxito	success
el funcionamiento	functioning, workings
el hecho	fact
el hogar	home
el imprevisto	unforeseen / unexpected occurrence
la lengua materna	mother tongue
la libertad	freedom
el logro	achievement
el malentendido	misunderstanding
el nivel de vida	standard of living
la pérdida de tiempo	waste of time
el plazo	term, date (fixed or agreed upon for an action)
la población	population
el prejuicio	prejudice
la puntualidad	punctuality
el racismo	racism
el rendimiento	output (of a worker), yield
la tertulia	social gathering
el valor	value

Verbos

Las listas de verbos en las páginas 383, 384 y 386 de **Cabos sueltos, Repasemos 1, Repasemos 2** y **Repasemos 3** deben ser parte de tu vocabulario.

asimilarse	to assimilate
conseguir (i, i)	to get, obtain
crear	to create
cruzar	to cross
detestar	to hate, dislike
empujar	to push
funcionar	to work, function
ganar	to earn; to win

ganarse (la vida)	to earn one's living
gritar	to scream; to shout
guiar	to guide
hartarse	to be fed up
integrarse	to become part of
jalar (halar)	to pull
juzgar	to judge
llorar	to cry
lograr	to attain
mantener (una familia)	to support (a family)
mejorar	to improve
pagar	to pay
pertenecer (zc)	to belong
prevalecer (zc)	to prevail
realizar	to carry out, fulfill, accomplish
realizar (su sueño)	to fulfill one's dream
rodear	to surround
suspirar	to sigh
tener éxito	to succeed
tratar (bien / mal) a alguien	to treat someone well / badly
valorar	to value

Adjetivos

bonito/a	pretty, attractive
expuesto/a	exposed
grueso/a	thick
solo/a	alone
suave	soft, smooth
válido/a	valid

Expresiones útiles

además	besides
darse cuenta de	to realize
de acuerdo con	in accordance with
de súbito	all of a sudden
junto a	by, next to
mientras que	while
perder el tiempo	to waste time
tener en cuenta	to take into account

> "Sólo si renace entre
> nosotros el sentimiento
> de hermandad con la
> naturaleza, podremos
> defender a la vida."
> —Octavio Paz

Hablemos de donde vivimos

4

Tema cultural
- Algunas grandes ciudades hispanas
- Problemas ecológicos en el mundo hispánico

Objetivos comunicativos
- Hablar de la planificación urbana y del medio ambiente
- Hablar de los lugares donde vivimos
- Mantener una conversación
- Distinguir entre cosas y personas
- Evitar la repetición
- Indicar a quién y para quién se realizan las acciones
- Expresar acciones involuntarias
- Indicar la ubicación de objetos y el propósito o la causa de situaciones

Gramática para la comunicación
- La **a** personal
- Pronombres de objeto directo
- Pronombres de objeto indirecto
- Pronombres directos e indirectos juntos
- Reflexivo en acciones accidentales
- **Por** y **para**

En marcha con las palabras

En contexto: El Congreso de Protección del Medio Ambiente

JAIME: ¿Qué tal fue el Congreso Latinoamericano sobre la Protección del **Medio Ambiente**?

CATALINA: ¡Genial! Fue muy interesante estar de **reportera** allí porque pude entrevistar a muchísima gente de diferentes partes del mundo. Todos son expertos en cuestiones de **deforestación**, **calentamiento global** y **contaminación ambiental**.

JAIME: ¡Qué chévere! Leí en tu **blog** uno de los artículos que **colgaste**. Vi que hay muchos grupos, individuos y **entidades** internacionales que trabajan para **salvar** el **planeta** de una **catástrofe ecológica**. Te felicito por la investigación. Muy buena.

CATALINA: Gracias. Me alegro que leas mi blog. Encontré que hay muchas instituciones y organizaciones que están luchando contra la **tala** de bosques tropicales. Parece que por su **esfuerzo**, la tala es menor ahora que hace una década. **De hecho**, en los últimos diez años se **duplicaron** las áreas naturales **protegidas** en Latinoamérica y el Caribe.

JAIME: Sí, yo también leí que las **reservas** más **sobresalientes** se encuentran en Brasil, Perú y Colombia, ¿es verdad?

CATALINA: Sí, claro, pero el país líder en su compromiso para **proteger** la **naturaleza** es Costa Rica. El 25%* de su superficie son parques nacionales o **refugios naturales**. En Centroamérica, existen también programas de **reforestación** que son esenciales para países como Honduras y El Salvador donde el 90% de los bosques tropicales han desaparecido.

JAIME: …Y para colmo, como ya sabemos, la deforestación es una de las causas del calentamiento global, que junto con la **emisión de gases**, crean el efecto **invernadero** que tanto afecta al **clima**.

CATALINA: Por cierto, entrevisté a un científico argentino que formaba parte de un equipo que mide el **retroceso** de los **glaciares** en la región **andina** en el sur de Argentina. Como la atmósfera **terrestre** se está **calentando** con mucha más **rapidez** de la que se pensaba hace algunos años, es probable que desaparezcan varios glaciares durante este siglo.

JAIME: ¡Lo sé y eso es terrible! Por eso yo creo que es importante **apoyar** el Protocolo de Kioto, que propone que los países industrializados **reduzcan** las emisiones de gases. Se espera que el uso de **combustibles fósiles** sean **reemplazados** por nuevas formas de energía limpia y **renovable**; y también que la contaminación industrial sea **controlada**.

CATALINA: **Yo estoy convencida de que**, con un esfuerzo por parte de cada uno de nosotros, podremos reducir la **contaminación ambiental** sin malgastar los **recursos naturales** que tenemos. **De esta manera** vamos a ayudar a la **supervivencia** de nuestro pobre planeta.

---

*% = por ciento: percent

· Bosque tropical en Costa Rica.

¿Comprendes?

1. ¿En qué Congreso estuvo Catalina?
2. ¿En qué son expertas las personas que entrevistó Catalina?
3. ¿Quiénes trabajan para salvar el planeta de una catástrofe ecológica?
4. ¿Qué se duplicó en los últimos años?
5. ¿Qué hizo Costa Rica para proteger la naturaleza?
6. ¿Por qué son importantes los programas de reforestación en Honduras y El Salvador?
7. ¿Cuáles son las causas del calentamiento global?
8. ¿Qué puede pasar con los glaciares en el sur de Argentina?
9. ¿Qué es el Protocolo de Kioto?
10. ¿Qué esperanza tiene Jaime?

BOLETÍN

Destrucción de los bosques tropicales

Aproximadamente un 50% de todo el bosque tropical ha sido destruido desde 1900. En los últimos diez años, se ha talado un 0,7% de los bosques tropicales de Latinoamérica.

95

Palabras conocidas

Donde vivimos

Estas palabras deben ser parte de tu vocabulario.

La casa	*House*	**Los muebles**	*Furniture*
la escalera	*stairs*	la cama	*bed*
la llave	*key*	la cómoda	*chest of drawers*
la pared	*wall*	el espejo	*mirror*
el piso	*floor*	el estante	*shelf*
el sótano	*basement*	la lámpara	*lamp*
el techo	*roof*	la litera	*bunkbed*
		el sofá	*sofa*
La ciudad	*City*	el televisor	*television (set)*
la acera	*sidewalk*		
las afueras	*suburbs*	**Los electrodomésticos**	*Household appliances*
la autopista	*expressway, freeway*	el lector del DVD	*DVD player*
la bocacalle	*intersection*	el microondas	*microwave*
la calle	*street*	la nevera / el refrigerador	*refrigerator*
el centro comercial	*shopping center*	la pava eléctrica	*electric kettle*
el cine	*movie theater*		
el correo	*post office*	**Cognados**	
la esquina	*corner*	el blog	la energía
la estación	*station*	el desastre	el planeta
el metro	*subway*	la ecología	la preservación
el transporte público	*public transportation*	ecológico/a	preservar
		el/la ecólogo/a	el reciclaje
		la emisión de gases	reciclar

Expresiones útiles

a causa de	*because of*	**A causa de** la basura que las fábricas tiran al río, las aguas están contaminadas.
		Because of the waste that factories throw into the river, the waters are polluted.
de esta manera	*(in) this way*	Ella dice que, **de esta manera**, puede contribuir a salvar el planeta.
		*She says that, **in this way**, she can contribute to saving the planet.*
de hecho	*in fact, indeed, actually*	La reforestación es esencial para muchos países; **de hecho**, en Costa Rica es una parte importante de sus programas ecológicos.
		*Reforestation is essential in many countries; **in fact**, in Costa Rica, it is an important part of its ecological programs.*
por eso	*for that reason*	A Catalina le encanta la naturaleza, y **por eso** va a trabajar en un parque nacional.
		*Catalina loves nature, and **for that reason**, she is going to work in a national park.*

4-1 La reforestación de Panamá. Completa las oraciones con las expresiones útiles.

La tala de árboles es uno de los problemas más serios de Panamá. (1) _____ se pasó una Ley de Incentivos a la Reforestación. (2) _____, se espera cambiar el proceso de destrucción de la selva tropical que sirve de hábitat a muchas especies de animales y plantas en peligro de extinción. Panamá quiere proteger sus áreas naturales. (3) _____, entre el 10% y el 12% de su territorio son parques naturales protegidos. De todas maneras, la deforestación sigue siendo un problema.

(4) _____ esto, en el último año se destinaron 17 millones de dólares para reforestar 7.000 hectáreas en un área que está a una hora de la capital panameña.

(5) _____, no veremos extinguirse tantas especies de animales y plantas.

4-2 ¿Qué crees tú? Piensa en diferentes formas de completar las oraciones. El diálogo de **En contexto** (página 95) puede ayudarte.

1. Costa Rica es un verdadero paraíso tropical. De hecho,…
2. En las grandes ciudades hay mucha contaminación del aire a causa de…
3. El calentamiento global causa problemas en los glaciares. Si seguimos de esta manera,…
4. La tala de árboles es menor ahora a causa de…
5. Muchos ríos y playas están contaminados; por eso,…

4-3 ¿Qué es? Define las palabras de la columna **Estudiante A** para tu compañero/a sin utilizar la palabra en la definición. Tu compañero/a debe deducir cuál es la palabra. Luego, tu compañero/a va a definir las palabras de la lista **Estudiante B** y tú debes deducirlas. Cubran con un papel las palabras de la columna que deducen.

Estudiante A	Estudiante B
talar	los recursos naturales
la contaminación	el calentamiento global
el reciclaje	proteger
el combustible fósil	malgastar

4-4 ¿Qué haces tú? Escribe una lista de cinco cosas que haces para cuidar el medio ambiente. Luego, compara tu lista con la de tu compañero/a. ¿Son similares? ¿Qué aprendiste de la lista de tu compañero/a? ¿Hay algo más que puedan agregar?

4-5 En tu comunidad. Representen los papeles de un/a ecologista y un/a líder de la comunidad. Hagan un diálogo siguiendo las claves que se indican.

MODELO: Describe el problema ecológico más grave de tu comunidad.

LÍDER: *En nuestra ciudad hay mucho ruido.*

ECOLOGISTA: Presenta soluciones para el problema.
Hagan una campaña para establecer horas de silencio.

4-6 Para discutir. En grupos pequeños, escojan uno de los siguientes temas y hablen sobre él. Presenten sus conclusiones a la clase.

* El ecoturismo es una manera efectiva de enseñarle a la gente a proteger la naturaleza.
* Las sociedades más desarrolladas son las que más malgastan los recursos naturales.
* Una sociedad industrializada es necesariamente una sociedad que destruye el medio ambiente.
* Una sola persona no puede hacer nada para prevenir un desastre ecológico.

4-7 No todas son malas noticias. Busca información sobre algún programa de protección del medio ambiente. Haz un breve resumen para presentarlo en la próxima clase.

Ventana al mundo

Vivir en ciudades hoy

En las ciudades vive el 60% de la población del mundo. Por muchos problemas que causen, hay que contar con ellas. En un planeta con más de 6.769 millones de habitantes, volver al campo no es una solución. Existen grupos de defensa de los espacios urbanos que intentan transformar las ciudades en lugares apropiados ecológicamente. Para lograrlo es necesario cambiar algunos hábitos. El uso y la explotación del suelo, la arquitectura, el transporte, la planificación urbana, así como las costumbres sociales, la educación y la cultura deben estar relacionadas entre sí. Sobre todo, se deben tener en cuenta las nociones ecológicas que permitan respetar el medio ambiente.

Calle comercial de Buenos Aires, Argentina.

Mi ciudad. ¿Vives en una ciudad? ¿Cuántos habitantes tiene? ¿Conoces algún programa relacionado con los problemas ecológicos de la ciudad?

BOLETÍN

Las ciudades más pobladas del mundo

En el 2010 se calcula que varias de las ciudades más pobladas del mundo están en Latinoamérica. Estas cifras, de las diez ciudades más grandes de esta zona, incluyen el área metropolitana de cada ciudad.

1. Ciudad de México, México (23,5 millones)
2. São Paulo, Brasil (19,5 millones)
3. Buenos Aires, Argentina (14,4 millones)
4. Río de Janeiro, Brasil (13,8 millones)
5. Lima, Perú (9,3 millones)
6. Bogotá, Colombia (8,1 millones)
7. Belo Horizonte, Brasil (6,2 millones)
8. Santiago, Chile (5,9 millones)
9. Guadalajara, México (5,0 millones)
10. Caracas, Venezuela (4,1 millones)

— ¡Sin duda! —

tener éxito — suceder — conseguir — lograr

Three of the above Spanish words mean *to succeed*: **tener éxito, lograr**, and **conseguir**. There is a subtle difference between **lograr** and **conseguir**, though in many instances the two may be used interchangeably. (**¡OJO!** Do not confuse these verbs with the false cognate, **suceder**, which means *to occur*.)

Palabra	Explicación	Ejemplo
tener éxito	*to be successful in an activity or a field*	Los programas de reforestación **tuvieron éxito** en Costa Rica. *The reforestation programs were successful in Costa Rica.*
suceder	*to occur; to happen*	Van a **suceder** importantes cambios climáticos en los próximos años. *Important climate changes are going to occur in the next few years.*
conseguir	*to get, obtain, to achieve*	Si trabajamos duro, vamos a **conseguir** que las autoridades comprendan el problema ambiental. *If we work hard, we'll succeed in getting the authorities to understand the environmental problem.*
lograr	*to succeed in, manage to (implies some effort)*	De esta manera **lograremos** salvar el planeta. *In this way, we'll succeed in saving the planet.*

4-8 Soluciones. Aquí te proponemos algunas ideas para intentar mejorar la vida en las ciudades. Completa las oraciones con las palabras de **¡Sin duda!** Luego, decide si estás de acuerdo. Compara tus respuestas con las de otro/a estudiante.

1. Primero debemos _____ entrevistas con las personas responsables del medio ambiente.

2. Si nuestros planes _____, la ciudad va a ser un mejor lugar para vivir.

3. Hay que _____ un medio ambiente más limpio.

4. Es necesario _____ permiso para informar a los estudiantes de todas las escuelas acerca de los problemas del medio ambiente.

5. Si no corregimos los problemas ahora, van a _____ cambios climáticos irreversibles.

6. Debemos _____ nuestra meta antes de que empeore la situación.

4-9 Defensa de la vida urbana. Uds. están organizando un movimiento en defensa de la vida urbana. Expliquen lo que deben hacer, usando los elementos de la lista y los verbos dados.

tener éxito	conseguir	lograr	suceder

MODELO: *Primero tenemos que conseguir dinero del gobierno para la organización.*

1. un local para poder trabajar
2. integrar arquitectura y planificación urbana
3. voluntarios
4. cambiar algunos hábitos
5. los objetivos propuestos
6. Si no hay cambios, ¿qué puede suceder?
7. Si Uds. tienen éxito, ¿cómo va a ser diferente la ciudad?

Ventana al mundo

Santiago de Chile

La ciudad de Santiago de Chile es una de las grandes capitales de América Latina. Tiene una población de más de cinco millones de personas. Como se encuentra en un valle al pie de unas montañas, desde siempre sus ciudadanos se han preocupado por la limpieza del aire y por evitar la contaminación. Entre otras medidas se fomenta el uso del metro como medio de transporte habitual. Santiago cuenta con una red de metros muy

Santiago, la capital de Chile.

moderna. El sistema tiene 5 líneas y 92 estaciones y se están terminando de construir otras 16 estaciones. En el metro de Santiago viaja un promedio de 2 millones de personas aunque el 30 de mayo de 2008, su récord histórico fue de 2.504.089 pasajeros, más de la mitad de la población total de Santiago.

Cuando esté terminado, el metro va a tener una extensión de 105 km (65 millas aproximadamente) y abarcará 21 de las 36 comunas del Gran Santiago, las comunidades alrededor de Santiago.

Transportes ecológicamente correctos. Busca información sobre medios de transporte no contaminantes. Elige uno y preséntalo al resto de la clase.

— Así se dice

Cómo mantener y reaccionar en una conversación

Expresar incredulidad y sorpresa

Usa estas expresiones para mantener abierta la comunicación.

Cuéntame más.	*Tell me more.*
Dame un ejemplo.	*Give me an example.*
Deja que te cuente lo que me pasó.	*Let me tell you what happened.*
¿No (lo) sabes?	*Don't you know (it)?*
¿Quién más lo sabe?	*Who else knows it?*
¿Y qué pasó?	*What happened?*
Y tú, ¿qué me cuentas?	*What's up? What do you have to say?*

Usa estas expresiones para reaccionar naturalmente en una conversación.

Así como lo oyes.	*Believe it or not.*
Es un secreto.	*It's a secret.*
Mira lo que me dijo.	*Look what he/she told me.*
¡No lo puedo creer!	*I can't believe it.*
¡Qué emocionante!	*How exciting!*
¡Qué fresco!	*How fresh!*
Sí, chica / mujer / hombre.	*Of course, girl / ma'am / man.*

Usa estas expresiones para expresar asombro y sorpresa.

¡Chévere! *[Caribbean only]*	*Awesome!*
¡Chido! *[México]*	*Awesome!*
¡Guay! *[Spain]*	*Awesome!*
¡Qué barbaridad!	*How dreadful!*
¡Qué bien!	*That's great!*
¡Qué horror!	*How horrible!*
¡Qué lío!	*What a mess!*
¡Qué maravilla!	*How marvelous/wonderful!!*
¡Qué pena!	*What a shame!*
¡Qué suerte!	*Lucky you!*

Usa estas expresiones para expresar incredulidad.

¿De veras?	*Really?*
¿En serio?	*Is that so?*
¡No me digas!	*You don't say!*
No te lo creo.	*I don't believe it.*

4-10 ¡Qué emocionante! Cuéntale a tu compañero/a algo que acaba de ocurrir en tu vida. Empieza el diálogo con las expresiones para mantener abierta la comunicación y luego tu compañero/a va a reaccionar apropiadamente usando las expresiones de sorpresa, asombro e incredulidad.

4-11 No te lo creo. Aquí tienen algunas observaciones sobre estado del reciclaje en Latinoamérica. Reaccionen a esta información con expresiones de incredulidad o sorpresa. Luego propongan juntos una alternativa o solución a algunos de estos problemas.

1. En muchas ciudades latinoamericanas no se reciclan los plásticos.
2. En los basureros municipales se puede ver el terreno cubierto por bolsas de plástico que no se descomponen naturalmente como los residuos orgánicos.
3. En muchas ciudades las personas de pocos recursos recogen las botellas de vidrio para venderlas a las compañías que reciclan el vidrio.
4. En muchas ciudades y pueblos de Argentina no hay reciclaje organizado a nivel municipal ni estatal.
5. En general en Latinoamérica se reutilizan y se reparan muchos electrodomésticos que en los EE.UU. se botan a la basura.

Diario

Describe el lugar donde creciste. ¿Era una ciudad o un pueblo? ¿Qué lugares eran importantes para ti y tu familia? ¿Qué hacían en estos lugares? ¿Tenías un lugar preferido para reunirte con tus amigos? ¿Cómo era? ¿Qué es lo que más extrañas de tu pueblo o ciudad? ¿Por qué?

Ventana al mundo

Barcelona

Barcelona, la capital de Cataluña —una de las 17 Comunidades Autónomas de España— es uno de los principales puertos del Mediterráneo y una de las ciudades más importantes de España. Uno de sus mayores atractivos es su riqueza arquitectónica. Barcelona ha sido y es lugar de residencia de grandes artistas, como Picasso, Miró y Dalí.

Como ciudad costera, Barcelona tiene un clima cálido y soleado que permite disfrutar de las actividades al aire libre, e, incluso, bañarse en sus playas desde la primavera hasta el inicio del otoño.

Las Ramblas de Barcelona es una calle peatonal muy larga en el centro de la ciudad.

Barcelona es también un gran centro industrial con un puerto muy activo. Es la sede del Gobierno Catalán (Generalitat) y un centro cultural importante que cuenta con varias universidades y numerosos museos, teatros y salas de conciertos. El catalán es la lengua co-oficial de esta región y se usa en la educación y la vida diaria, junto con el español o castellano.

Impresiones de Barcelona. Busca Barcelona en el mapa de España. ¿Cómo se llama la costa sobre la que se encuentra? Busca más información sobre Barcelona y compártela con tus compañeros en la próxima clase.

Escuchemos

Casa nueva, vida nueva. Mario y Laura hablan del lugar donde viven. Luego, Mario visita un piso para alquilar. Según lo que escuchaste, contesta a las siguientes preguntas de la forma más completa que puedas. No olvides ningún detalle.

1. ¿Quiénes son Mario y Laura? Explica.
2. ¿Cómo es la casa que visita Mario? Descríbela.
3. ¿A ti te gusta la casa? ¿La alquilarías? Explica.

Sigamos con las estructuras

Repasemos 1

Distinguishing between people and things: The personal *a*

—¿**A** quién buscas?
—Busco **al** Director de la Comisión del Medio Ambiente.

4-12 En Barcelona. Un estudiante extranjero llega a Barcelona para estudiar. Forma oraciones completas para decir qué hace el estudiante los primeros días en la ciudad.

MODELO: llamar / los amigos
Llama a los amigos.

1. fotografiar / las casas de Gaudí
2. conocer / gente nueva
3. buscar / la Cervecería Catalana para comer
4. ver / la profesora que coordina el programa
5. llamar / unos parientes lejanos
6. visitar / los primos de sus padres
7. recoger / los estudiantes panameños en la estación
8. pasear / Lupe, la perra de los vecinos

Complete the self-test in your *MySpanishLab* course. If you do not obtain a passing score, you need to review the **Cabos sueltos** Study Materials in *MySpanishLab* or at the back of the book. If you do, you can continue with the following activities.

Ventana al mundo

Costa Rica

Acá todo ¡pura vida!

Costa Rica es uno de los países más bellos de América
Central. Tiene fronteras con Nicaragua y Panamá y está
bañado por las costas del Mar Caribe y del océano
Pacífico. San José es la capital administrativa y el centro
económico del país. Costa Rica lleva más de 125 años de
vida democrática y fue uno de los primeros países en
eliminar el ejército a mediados del siglo XX.

Casi la mitad del territorio costarricense está cubierto
de selvas y bosques y un cuarto de la superficie está
protegida aunque hay también bastante deforestación.
La isla de Coco, en el Pacífico, es Patrimonio Natural de la
Humanidad. Costa Rica es el país con más variedad de
flora y fauna de toda América Latina. La región de
Monteverde, en el centro del país, es la región con mayor
densidad de orquídeas del mundo. Su fauna también es
muy rica, especialmente la variedad de pájaros como el
quetzal y el colibrí. El río Savegre, es considerado el río más
limpio de todo el continente. En el año 2007 Costa Rica
poseía el 5% (cinco por ciento) de la biodiversidad del mundo.
Según un estudio sobre Desempeño Ambiental realizado por la universidad
de Yale, Costa Rica ocupa el quinto puesto a nivel mundial y el primero
de América Latina.

El macao es parte de un programa para reintroducir
este pájaro a las áreas que habitaba originalmente en
Costa Rica.

Mucha gente llama a los costarricenses *ticos*, aparentemente por una
contracción del diminutivo hermanitico. La frase más popular de los ticos es *¡Pura
Vida!* que puede traducirse como **muy bien**. Por ejemplo, si alguien te pregunta,
¿Qué tal?, puedes responder, ¡Pura vida! o para indicar que una persona es muy
chévere puedes decir, "Fulanita es pura vida".

Día de los parques nacionales. El 24 de agosto es fiesta en Costa Rica, es el
día de los Parques Nacionales. Busca información sobre algún parque nacional
costarricense y prepara una presentación para la clase.

Complete the self-test
in your *MySpanishLab* course.
If you do not obtain a passing
score, you need to review the
Cabos sueltos Study
Materials in *MySpanishLab* or
at the back of the book. If you
do, you can continue with the
following activities.

Repasemos 2

Avoiding repetition of nouns: Direct object pronouns

—Hoy vamos a visitar el Museo Picasso. ¿Quieres venir con nosotros?

—No, gracias. Ya **lo** conozco.

4-13 Dime qué tiras y te diré cuánto contaminas.

Paso 1: Sondeo. Pregúntale a tu compañero/a lo que tira a la basura y lo que recicla. Márcalo en la columna apropiada. **¡OJO!** Usa el pronombre correspondiente en la respuesta.

> MODELO: E1:   ¿Tiras los periódicos a la basura?
> E2:   Sí, los tiro a la basura. / No, no los tiro. Los reciclo.

Productos	Tiempo de descomposición	Basura	Reciclar
los periódicos y revistas	10 años		
un pañuelo de papel	3 meses		
un vaso de plástico descartable	1.000 años		
una bolsa de plástico	150 años		
el corazón de una manzana	6–12 meses		
una botella de vidrio	4.000 años		
una lata	10 años		
una pila (Pila botón = contamina hasta 600.000 litros de agua)	1.000 años		
una tapita de cerveza	30 años		
un par de tenis	200 años		

Paso 2: Resultados. Ahora suma el tiempo que tardan en descomponerse los productos que tiras a la basura y léele el resultado a tu compañero/a.

Más de 100 años	¡Un desastre! Contaminas demasiado. Pobre planeta.
99–20 años	**¡OJO!** Contaminas mucho. Busca un centro de reciclaje en tu ciudad.
10–19 años	¡Mucho mejor! En una generación nos recuperamos. Trata de encontrar nuevas maneras de reciclar.
3–18 meses	¡Pura vida! Excelente. Cuidas muy bien el medio ambiente.

4-14 Lo bueno y lo malo del lugar donde vivimos. El club de protección del medio ambiente organiza un concurso de fotos sobre el medio ambiente universitario y adjudica distintas tareas a los responsables. Formula y responde las siguientes preguntas con la información dada.

> MODELO: diseñar el anuncio del concurso / yo
> E1:   ¿Quién va a diseñar el anuncio del concurso?
> E2:   Yo lo diseño. / Yo lo voy a diseñar. / Yo voy a diseñarlo.

1. comprar las cámaras descartables / las chicas
2. enviar las invitaciones / tú
3. publicar los anuncios en la prensa / los periodistas
4. distribuir los anuncios en la universidad / el centro de estudiantes
5. seleccionar las fotos / nosotros
6. organizar la entrega de premios / los profesores
7. entregar los premios / yo
8. participar en el concurso / todos

4-15 Viaje de voluntariado a Costa Rica. Tú vas a trabajar en un programa ecológico en Costa Rica y hablas con el director del programa para saber más detalles para ti y para el grupo de estudiantes que va a estar allí.

MODELO: E1:   *¿Uds. me van a llamar con los detalles del viaje? (Sí, nosotros…)*
          E2:   *Sí, nosotros te vamos a llamar.*
          E1:   *Nos van a llevar a un hotel la primera noche, ¿verdad?*
                (Sí, los organizadores…)
          E2:   *Sí, los organizadores los van a llevar a un hotel en la capital.*

1. Cuando lleguemos a Costa Rica, me van a recoger en el aeropuerto, ¿no? (Sí, nosotros…)
2. ¿El primer día nos van a invitar a una fiesta de bienvenida? (Sí, nosotros…)
3. El fin de semana nos llevan a ver un bosque tropical, ¿verdad? (Sí, nosotros…)
4. ¿Me pueden visitar mis amigos en las reservas de pájaros macao? (Sí, tus amigos…)
5. ¿Estás seguro de que con esta dirección voy a encontrarte fácilmente? (Sí, yo…)
6. Me van a ayudar con el español, ¿verdad? (Sí, los traductores…)
7. Cuando vayamos a la reserva, ¿nos van a esperar en la estación de autobús? (Sí, nosotros…)
8. Me gustaría visitar el mercado regional. ¿Me puedes acompañar, por favor? (Sí, yo…)

Ventana al mundo

Madrid

Madrid, la capital de España, está situada en el centro de la Península Ibérica y tiene una población que supera los tres millones de habitantes. Se trata de una ciudad cosmopolita, centro de negocios, sede de la administración pública, del gobierno del estado y del parlamento español, y residencia habitual de los reyes.

Madrid se caracteriza por una intensa actividad cultural y artística, y por tener una vida nocturna muy activa. Por otra parte, en el terreno de la economía, los sectores más importantes son el bancario y el industrial. La industria se desarrolla principalmente en la zona sur, donde se concentran importantes empresas textiles, de alimentos y metalúrgicas.

Vista nocturna de la **Calle de Alcalá** en Madrid.

¿Qué sabes de Madrid? Busca información sobre Madrid y prepara una presentación para la clase. Puede ser información sobre un lugar cultural, una industria, una tradición particular, un barrio, una persona famosa, etc.

Complete the self-test in your *MySpanishLab* course. If you do not obtain a passing score, you need to review the **Cabos sueltos** Study Materials in *MySpanishLab* or at the back of the book. If you do, you can continue with the following activities.

Repasemos 3

Indicating to whom or for whom actions are done: Indirect object pronouns

—¿En qué puedo servir**le**, señora?

—Quisiera comunicar**le** un problema a la jefa de reciclaje.

4-16 Un río contaminado. La mayoría de los ríos que pasan por las ciudades están contaminados. Aquí están las medidas que va a tomar la Comisión del Medio Ambiente para limpiar el río de la ciudad. Explica para qué van a hacer estas cosas.

> MODELO: presentar una propuesta / a una fundación / conseguir dinero
> *Van a presentarle una propuesta a una fundación para conseguir dinero.*

1. pedir dinero / al gobierno / limpiar el río
2. escribir carta / a las autoridades / informarles de la situación
3. explicar la propuesta / a nosotros / educarnos sobre el problema
4. enviar un informe / a mí / poner en los archivos
5. proponer una campaña publicitaria / a ti / conseguir dinero
6. pedir una cita / al gobernador / obtener su apoyo

4-17 Mi ciudad. Entrevista a dos estudiantes de la clase para saber lo que piensan de la ciudad donde viven y por qué. Luego, informa a toda la clase, incluyendo tu propia opinión sobre sus respuestas.

> MODELO: E1:   *¿Qué te gusta de la ciudad donde vives? ¿Por qué?*
> E2:   *Me gusta porque tiene muchos parques y un río que corre por el medio de la ciudad.*

> divertir   faltarle   fastidiar   molestar   no gustar

Ventana al mundo

Vivir en España

Algunas razones para vivir en España son:

Los cafés al aire libre son muy típicos.

1. **Los precios.** Se sitúan por debajo de la media europea.
2. **La dieta.** La gastronomía de España es excelente. Existe la cocina tradicional y la cocina de laboratorio. De esta última, el cocinero Ferrán Adriá se considera uno de los mejores cocineros del mundo.
3. **Los paisajes.** La geografía española es un ejemplo de biodiversidad, donde puedes disfrutar de una gran variedad de paisajes.
4. **Un estilo de vida muy atractivo.** Además la variada gastronomía, puedes practicar deportes.
5. **La gente.** El pueblo español ama la fiesta y la alegría; es abierto, imaginativo y generoso. Es un país con empresas multinacionales en sectores claves y servicios que superan los de muchos otros países europeos.
6. **La cultura y la historia.** España fue de gran importancia durante el Imperio Romano, dado que cinco emperadores fueron de origen hispano. También, el reino compartió ocho siglos con la civilización árabe. Además la nación comparte lengua y cultura con gran parte del continente americano, donde más de 300 millones de personas hablan español. También, España es la tierra de Cervantes, Picasso, Lorca y Dalí.

¿Te gustaría vivir en España? Busca información sobre cómo se vive en alguna ciudad española y prepara un informe para la clase.

Aprendamos 1

Avoiding repetition of nouns: Double object pronouns

In order to avoid repetition, the direct and indirect object pronouns may be used with the same verb. In this case, the indirect object precedes the direct object. They follow the same placement rules as the single object pronouns, i.e., before the conjugated verb, and after and attached to the infinitive and the gerund.

IO — DO

Elisa **me** mandó **una foto de plantas exóticas** desde Perú.

Elisa **me la** mandó desde Perú.

A. Study this chart for the position of the pronouns.

1. Before the conjugated verb	—¿El gobierno les ofreció a Uds. La protección de estos bosques?	—Did the government offer you protection of these woods?
	—Sí, **nos la** ofreció el gobernador.	—Yes, the governor offered it to us.
2. Before the negative command	—¿Quieres que **te** caliente **el té** en el microondas?	—Do you want me to warm up your tea in the microwave?
	—No, gracias. No **me lo** calientes. Lo prefiero frío.	—No, thank you. Don't warm it up for me. I prefer it cold.
3. After and attached to the affirmative command	—¿Tienes listo el informe sobre la contaminación del río?	—Do you have the report ready on the pollution in the river?
	—Lo estoy por terminar. Píde**melo** mañana por favor.	—I am about to finish it. Ask me for it tomorrow.
4. After and attached to the infinitive	—Aquí hay un artículo sobre los refugios naturales.	—Here is an article on the conservation lands.
	—¿Puedes guardár**melo** por favor? Me interesa mucho.	—Can you save it for me please? I'm very interested.
5. After and attached to the gerund (**-ando**, **-iendo** form)	—¿A quién le mandas el informe sobre la contaminación del aire?	—To whom are you sending the report on the air pollution?
	—Estoy mandándo**selo** a todos los representantes.	—I am sending it to all the representatives.

B. The pronouns **le** and **les** become **se** when they precede the third-person direct objects **lo, los, la**, and **las**.

—¿**Le** explicaste los problemas a la compañía?
—Sí, **se los** expliqué.

le
    } → **se** before { lo/los
les   la/las

4-18 Un viaje ecológico. Los novios hicieron una excursión ecológica a Ecuador y las islas Galápagos para su luna de miel. Para descubrir lo que aprendieron en el viaje, formen oraciones completas con las palabras dadas. Luego sustituyan el objeto directo por el pronombre correspondiente y hagan los cambios necesarios.

MODELO: los padres / regalar / **el viaje** / a los novios
Los padres les regalaron el viaje.
Los padres se lo regalaron.

1. la guía / explicar / **la fauna marina** / a los turistas / muy claramente
2. tú y yo / mandar / **una postal** / a nuestros amigos / desde Guayaquil
3. el ecólogo / mostrar / **las tortugas** *(turtles)* / al grupo
4. el cocinero del crucero / cocinar / **una comida especial** / para mí
5. la turista / pedir / **ayuda con su cámara de foto** / a ti
6. los novios / dar / **su dirección en EE.UU.** / a nosotras
7. el fotógrafo / sacar / **fotos** / a los novios
8. el capitán del crucero / enseñar / **las islas** / a Uds.

4-19 Mucho para hacer. Uds. son parte del Comité de Medio Ambiente y hoy en la oficina hay mucho trabajo. Contesten las preguntas utilizando los pronombres cuando sea necesario.

MODELO: E1:   *¿Ustedes les dieron las fotos a los miembros del jurado? No, (nosotros)…*
E2:   *No, no se las dimos.*

1. ¿Le enviaste las cartas a la gobernadora? No, (yo)…
2. ¿Ustedes ya nos firmaron el permiso? Sí, (nosotros)…
3. ¿Me trajiste los papeles que te pedí? No, (yo)…
4. ¿La periodista ya te dio la nota? Sí, (ella)…
5. ¿Les dieron Uds. los resultados de las becas a los candidatos? No, (nosotros)…
6. ¿Nos dieron la autorización para construir el canal? Sí, (ellos)…
7. ¿Las empresas le aceptaron el plan de limpieza del río al gobernador? No, (ellas)…
8. ¿Le aprobaron el programa de educación ecológica a la comisión? Sí, (ellos)…

4-20 Fondos para el parque. Para conseguir dinero para proteger el parque natural, tu grupo ha organizado una feria. Contesten las preguntas con los pronombres de objeto directo e indirecto. Túrnense para hacer las preguntas.

MODELO: E1:   *¿Nos prestas tu coche para ir a la feria? (yo)*
E2:   *Sí, se lo presto.*

1. ¿Nos regalas (tú) entradas a la feria? (yo)
2. ¿Le pidieron (Uds.) permiso al alcalde para hacer la feria? (nosotros)
3. ¿Les enviaron (Uds.) los anuncios a todas las universidades de la región? (nosotros)
4. ¿Les van (ellos) a servir comida vegetariana a los visitantes de la feria? (ellos)
5. ¿Me mandaste (tú) una invitación para la cena? (yo)
6. ¿Nos van (ellos) a dar botellas de agua gratis? (ellos)

4-21 ¿Dónde están mis cosas? Uds. acaban de mudarse. Como hicieron la mudanza juntos, no encuentran algunos objetos. Sigan estos pasos.

Paso 1: Objetos perdidos. Mira la lista de objetos perdidos y escoge tres. Escríbelos en un papel. Estos son tres objetos que tú perdiste. Vas a pedírselos a tus compañeros.

También escribe en tres papeles diferentes los nombres de tres objetos que no son tuyos. Si un compañero/a te los pide, dale el papel que tiene escrito el objeto.

MODELO: E1:   *¿Tienes los cables de la computadora?*
            E2:   *No, no los tengo. / Sí, aquí los tengo.*
                  (Entrégale el papel que tiene escrito "los cables de la computadora".)

Objetos perdidos

los video juegos	la tarjeta del cajero	los cables de la
las bolsas de la basura	automático	computadora
la libreta del banco	los medicamentos	los platos de la cocina
la cámara de fotos	la caja con CDs	la tarjeta del video club
el disco duro extra	las llaves del coche	el candado de la bicicleta
el plano de la ciudad	los DVDs	el libro de recetas fáciles
	el MP3	el teléfono celular

Paso 2: ¿Quién los tenía? Ahora, debes explicar quién te dio los objetos que recuperaste. También, explica si te faltan objetos.

MODELO: *Las bolsas de basura, me las dio Ana.*
            Encontré todo lo que me faltaba. / Todavía me faltan mis estantes.

Ventana al mundo

Energía alternativa

Se sabe que Venezuela es uno de los países de mayor producción petrolera. Pero también existen energías alternativas tales como la energía hidráulica que genera el 64% de la energía eléctrica en el país. Esta energía es producida por caídas de agua. La cuenca del Río Caroní es la principal generadora de electricidad del país, produciendo el 75% del total actual del país. También existen proyectos alternativos de producción de energía eléctrica barata y limpia a través de la transformación de las energías eólica y solar. Estos proyectos tienen mucha probabilidad de éxito porque el territorio venezolano es privilegiado por su posición geográfica. Puede aprovechar la energía solar ya que no existen diferencias climáticas extremas a lo largo del año. Además, en la región de la Península de Paraguaná, hay corrientes permanentes de fuertes vientos que beneficiaría la producción de energía eólica. Desafortunadamente la energía solar y eólica son sólo proyectos por el momento.

Energía alternativa. ¿Qué posibles soluciones proponen Uds. para producir o conservar energía? ¿Qué formas de energía alternativa hay? Busquen información sobre los tipos de energía alternativa y preséntenlos a la clase. Sus compañeros deben comentar las alternativas propuestas.

La energía eólica es una alternativa viable.

Aprendamos 2

Expressing unintentional or accidental events: Reflexive construction for unplanned occurrences

It is very common in Spanish not to assign responsibility when something accidental or unintentional happens. In such a situation, the impersonal **se** is used in the following construction. You will generally hear it used in the past tense.

Se cayó el vaso.	*The glass fell.*
Se apagó la luz.	*The light went out.*

In order to express to whom something happened, the indirect object is added according to the construction outlined below.

se + [indirect object pronoun] + [verb in third person] + [noun]

se	**me**	perd**ieron** (*plural*)	las llaves del coche
se	**le**	perd**ió** (*singular*)	un papel importante.

1. The verb agrees with the noun that follows (since this noun is the subject). The verb may be in the third-person singular or plural, according to the subject.
2. The indirect object pronoun (**me, te, le, nos, os, les**) refers to the person(s) involved in the action. To clarify to whom the pronoun refers, the phrase **a** + [noun/pronoun] may be used.

   A mi padre se le olvidó apagar la luz.   *My father forgot to turn the light off.*

3. This list presents some verbs commonly used with this construction. These words are active vocabulary, so you should memorize them.

acabarse	*to finish, run out*	**morirse**	*to die*
apagarse	*to go out (lights, fire)*	**olvidarse**	*to forget*
caerse	*to fall, slip away*	**perderse**	*to lose; to get lost*
complicarse	*to get complicated*	**pincharse la llanta**	*to get a flat tire*
derramarse	*to spill*	**quedarse**	*to remain*
descomponerse	*to break down*	**quemarse**	*to burn*
enfriarse	*to get cold / chilled*	**romperse**	*to break*
ensuciarse	*to get dirty*	**vencerse**	*to expire*
escaparse	*to escape*	**volcarse**	*to tip over; to*
hacerse tarde	*to get late*		*throw oneself*
irse	*to go, go away*		*into something*

4-22 La bici. La bicicleta es un medio ecológico de transporte pero tú eres un poco perezoso/a y no la usas a menudo. Hoy decidiste utilizarla pero… ¿Qué te pasó? Explica qué te pasó; utiliza los elementos dados en tu explicación.

MODELO: *Se me rompió la bici.*

1. caerse la bici
2. salirse la cadena
3. descomponerse los frenos
4. ensuciarse las ruedas
5. pincharse las llantas
6. acabarse el agua
7. perderse las válvulas
8. romperse los pedales
9. doblarse el radio
10. olvidarse las llaves del candado

4-23 ¿Qué les pasó a estas personas? Estas personas tuvieron un día muy complicado. Todo les salió mal. Para saber lo que les pasó, combina los elementos de las tres columnas de una manera lógica. Agrega otras palabras para completar la idea.

A mí	acabarse	las facturas
A ti	complicarse	el agua
A ella	derramarse	los papeles
A él	olvidarse	la situación
A usted	perderse	las llaves
A nosotras	quedarse	la gasolina
A ellas	romperse	la cita
A ustedes	quemarse	el dinero

4-24 Díganlo con mímica. Formen dos equipos y, en diferentes papelitos, escriban oraciones con los verbos que siguen. Luego denle una de las oraciones escritas a un/a compañero/a del equipo contrario. Esta persona debe comunicar la oración a través de la mímica a los otros miembros de su equipo para que ellos la adivinen.

acabarse	descomponerse	morirse	quedarse
caerse	escaparse	olvicarse	quemarse
derramarse	irse	perderse	romperse

4-25 ¿Cuándo fue la última vez que...? Piensa cuándo fue la última vez que te ocurrieron estas cosas y cómo se resolvieron. Luego, entrevista a otro/a compañero/a e informa a la clase sobre sus experiencias.

¿Cuándo fue la última vez que... algo importante?

se te perdió   se te olvidó

se te acabó   se te rompió

se te hizo tarde para...

Y ¿cómo lo resolviste?

4-26 Se me complicó. Tenías una cita con tu profesor/a, pero llegaste muy tarde. Explícale lo que te pasó. Haz una lista de ideas, usando los verbos que expresan accidentes. Luego, con otro/a estudiante prepara un minidrama que represente la conversación.

Ventana al mundo

México, D.F.

La Ciudad de México, también llamado el Distrito Federal o D.F., es un conglomerado de 16 delegaciones en el que residen cerca de nueve millones de personas. Sin embargo, si se cuenta la Zona Metropolitana del Valle de México con los 58 municipios conurbanos, el número de habitantes sube a alrededor de los 23 millones.

De todas maneras, podemos decir que la ciudad de México es una ciudad llena de vida en la que conviven y se mezclan tradiciones y costumbres de varias culturas, fundamentalmente las prehispánicas y la hispánica. El Museo Nacional de Antropología cuenta con maravillosos tesoros artísticos de las culturas

Palacio de Bellas Artes en la Ciudad de México.

mesoamericanas. En varios edificios públicos podemos admirar los murales de grandes artistas como Siqueiros, Rivera y Orozco. Los Jardines de Xochimilco son el lugar de cita familiar durante los fines de semana. Allí puedes disfrutar de la música de los mariachis o de otros artistas callejeros, y dar un paseo en bote.

El D.F. Busca información sobre la Ciudad de México o el D.F. y prepara una presentación para la clase.

Aprendamos 3

Indicating location, purpose, and cause: *Por* vs. *para*

A. Uses of *para*

1.	Destination	Salgo **para** México mañana.
2.	Recipient	Este periódico es **para** Alicia.
3.	Purpose: *in order to* + [verb]	Te doy estos papeles **para** reciclar.
	for + [noun]	Este es el coche **para** vender.
4.	Deadline	Los resultados de la encuesta deben estar listos **para** el próximo martes.
5.	Comparison	**Para** ser ecologista, reciclas poco.
6.	Employed by	Trabajo **para** una ONG.

Expressions with *para*

para bien / mal	*for good / evil ends*	Es difícil pero **para bien o para mal** hay que intentarlo.
para colmo	*on top of everything*	No vinieron y **para colmo** no avisaron.
para mejor / peor	*for better / worse*	Esperamos que sea **para mejor**.
para siempre	*forever*	No vamos a vivir acá **para siempre**.
para variar	*for a change*	Propongo que **para variar** hoy vayamos al cine.

B. Uses of *por*

1.	Duration of time	Estuvo en la fábrica **por** tres días.
2.	Cause, reason	**Por** no cuidar el río, se contaminó.
		Ana me hizo un regalo **por** el favor que le hice.
3.	Exchange	Pagué 50 pesos **por** estos libros.
		Tengo mucha sed; daría cualquier cosa **por** un vaso de agua.
4.	Imprecise location	¿Dejé mis anteojos **por** aquí?
5.	Indication of passing through or around	Todas las noches paso **por** la biblioteca.
		Corrimos **por** el parque toda la tarde.

Expressions with *por*

por ahora	*for the time being*	**Por ahora** voy a seguir trabajando acá.
por casualidad	*by chance*	**Por casualidad**, ¿no viste mi libro?
por cierto	*by the way*	Tengo que comprar los libros, **por cierto**. ¿Tú ya los compraste?
por de pronto	*to start with*	**Por de pronto** responde, luego veremos.
por demás	*in excess*	Hablas **por demás**.
por ejemplo	*for example*	**Por ejemplo**, este libro es el mejor de todos.
por eso	*that's why, therefore*	**Por eso** lo escojo.
por fin	*at last, finally*	**Por fin** nos contestaron.
por lo general	*generally*	**Por lo general** tardan mucho.
por lo menos	*at least*	**Por lo menos** contestan.
por lo pronto	*for now*	**Por lo pronto** lee la respuesta.

por lo tanto	*therefore*	Son varios, **por lo tanto** podemos elegir.
por si acaso	*just in case*	**Por si acaso**, llama antes.
por supuesto	*of course*	**Por supuesto** no tienes que pagarlo tú.
por último	*lastly*	**Por último**, envía el informe.
por un lado /	*on the one hand /*	**Por un lado** creo que tienes razón;
por el otro	*on the other hand*	**por el otro** entiendo a tus padres.
por una parte /	*on the one hand /*	**Por una parte** tienen razón ellos;
por la otra	*on the other hand*	**por la otra** tú tienes buenas razones.

4-27 La energía moderna. Completa los espacios en blanco con **por** o **para**.

Nosotros, los habitantes de todo el planeta hemos consumido (1) _____ siglos gran
cantidad de energía no renovable y ahora debemos prepararnos (2) _____ utilizar
nuevas formas de energía que permitan (3) _____ lo menos no hacer el problema
mayor. El fuerte incremento en el consumo energético exige, (4) _____ supuesto, un
recurso sostenible que no cree más contaminación ni residuos (5) _____ las
generaciones futuras. (6) _____ eso y (7) _____ solucionar este problema existe
la energía eólica que es una fuente de energía renovable, previsible y limpia.

4-28 Diez puntos en ecología. Escriban diez frases lo más rápido posible
combinando los elementos de las diferentes columnas. El equipo que logre escribir diez
frases primero gana. Todas las frases deben incluir **por** o **para**. Cada palabra vale un punto.
Pueden añadir todas las palabras que quieran.

MODELO: *La reforestación sirve **para** proteger los recursos naturales.*
               *La fábrica tuvo que cerrar **por** contaminar el agua.*

la basura	apoyar
el calentamiento global	calentar (ie)
la catástrofe	comprometerse
el clima	conseguir (i)
la ecología	contaminar
el envase	desperdiciar
la fábrica	proteger (j)
el medio ambiente	reciclar
el planeta	reducir (zc)
el recurso natural	salvar
la reforestación	sostener
la reserva	tener éxito
el riesgo	tirar

4-29 Por y para el planeta. En grupos preparen y presenten una campaña publicitaria para una ONG ecologista u otro tema que les interese. Utilicen en su presentación las preposiciones **por** y **para** y algunas de las siguientes expresiones. Preparen una presentación con los puntos fundamentales de la campaña.

para bien o para mal	por ahora	por demás
para colmo	por último	por un lado / por el otro
para mejor / peor	por eso	por lo pronto
para variar	por cierto	por si acaso
para siempre	por casualidad	por lo tanto
por fin	por lo general	por supuesto
por ejemplo	por lo menos	

4-30 En mi ciudad. Seleccionen los tres problemas que Uds. consideran los más graves y de urgente solución en el lugar donde viven. Presenten los problemas a la clase, expliquen las causas y la razón **por** la cual los consideran graves y luego intenten dar algunas propuestas **para** solucionarlos.

4-31 Objetos útiles e inútiles. Piensa en algún objeto que es imprescindible en tu vida y en un objeto que todavía no existe pero que debería inventarse. Explícale a tu compañero por qué no podrías vivir sin ese objeto y para qué serviría el objeto que se debe inventar. Utiliza por lo menos cuatro de las expresiones de **por** y **para** en tu explicación.

Conversemos sobre las lecturas

Antes de leer

Estrategia de lectura: *Background information*

The reading process is like a dialogue with a person who is not present. The reader approaches the text with some questions in mind, which may or may not be answered. For example, even before you start to read an e-mail from a friend, you already have some ideas of what might be in the message because you and your friend have exchanged messages before. This understanding of your friend's life is called background knowledge. Before you read a text, it is very helpful to look at the cues that the text provides, such as the title, the illustrations, and the format, and also to tap into the knowledge that you already have of the topic. Then, you can relate the new knowledge to something that is already familiar to you.

4-32 Los nuevos edificios ecológicos. Según estas fotos y el título del siguiente pasaje, ¿qué alternativa presentan estos edificios al problema del gasto de energía eléctrica? ¿Conoces proyectos como los edificios de las fotografías?

El edificio "Nexus" de la Universidad Politécnica de Barcelona.

Biblioteca Pompeu Fabra en Mataró, cerca de Barcelona.

La vivienda ecológica

La mitad de la energía del mundo la consume el funcionamiento de viviendas y edificios. Los vehículos representan otra cuarta parte del total. El 75% del gasto energético planetario se consume en la arquitectura y el urbanismo, es decir en las viviendas y en las ciudades. Reducir ese porcentaje a la mitad no es difícil. Muchos estudios de arquitectura diseñan actualmente edificios que funcionan como plantas productoras de electricidad. Gracias a las placas solares de sus fachadas, estos edificios producen más energía de la que consumen. La Biblioteca Pompeu Fabra, cerca de Barcelona, es un ejemplo de este tipo de construcción. El edificio tiene módulos fotovoltaicos integrados en la fachada.

4-33 Gasto energético planetario. Completa las oraciones con la información de *La vivienda ecológica.*

1. La energía que se gasta en viviendas y otros edificios es…
2. La energía que se gasta en transporte es…
3. Una solución al gasto de energía en la vivienda es…
4. Esta solución reduce el gasto al…
5. El uso de energía solar no es una utopía porque…

— Vocabulario de las lecturas

Estudia estas palabras para comprender mejor los textos.

Vocablo	Explicación	Palabras en uso
convocar	*to summon*	Nos han **convocado** a una reunión.
el deshielo	*thaw*	Se produjo un **deshielo** en el lago.
desperdiciar	*to waste*	No deberíamos **desperdiciar** el agua.
el desperdicio	*waste*	En esta casa hay muchos **desperdicios** (de comida, papel).
la herramienta	*tool*	¿Tienes una **herramienta** para reparar esto?
hondo/a	*deep*	Desde la montaña se veía un valle **hondo**.
la huella	*footprint, trace*	Dejamos nuestra **huella** en la arena.
la llanura	*plain*	Desde la **llanura** podemos ver las montañas.
poblar	*to populate*	Hay que **poblar** la Patagonia; está inhabitada.
reponerse*	*to recover*	Debes descansar para **reponerte**.
el riesgo	*risk*	Puedes invertir en esto pero me parece mucho **riesgo**.
la siembra	*sowing, planting (of seeds)*	Su **siembra** les permite comer.
sostener†	*to support, maintain*	Ese salario puede **sostener** a toda la familia.
la supervivencia	*survival*	La **supervivencia** del planeta es muy importante.
el terreno	*plot of land, lot*	Transformó el pequeño **terreno** en un hermoso jardín.

*****reponerse** is conjugated like **poner** (+ the reflexive pronoun)

†**sostener** is conjugated like **tener**

4-34 Crucigrama. Escoge la lista A o B. Cubre con un papel la que escoja tu compañero/a. Dale a tu compañero/a las definiciones de tus palabras correspondientes y el número para que complete su parte del crucigrama.

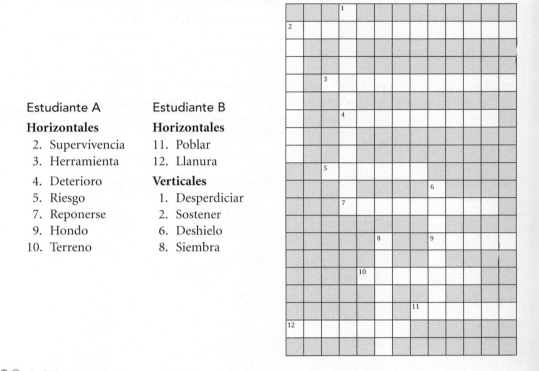

Estudiante A

Horizontales

2. Supervivencia
3. Herramienta
4. Deterioro
5. Riesgo
7. Reponerse
9. Hondo
10. Terreno

Estudiante B

Horizontales

11. Poblar
12. Llanura

Verticales

1. Desperdiciar
2. Sostener
6. Deshielo
8. Siembra

4-35 Cognados. Todas estas palabras son cognados. Selecciona una de las palabras y defínesela a tu compañero/a. Alternen los roles.

adverso/a	consumir	emitir	el glaciar	infringir	regenerativo/a
austero/a	el deterioro	generar	el indicador	el panel	

4-36 Una ojeada. Echa una ojeada (lee rápidamente) al texto de la lectura sin detenerte en los detalles y selecciona la frase que en tu opinión mejor resume el tema del artículo.

A mí me parece que el artículo trata el tema de…

a. el impacto del consumo de energías no renovables.
b. el impacto del consumo en la vida de la gente.
c. el impacto del consumo en la vida del planeta.

4-37 Pensando y deduciendo. Cada lista de palabras corresponde a un párrafo del artículo que vas a leer. Tú y tu compañero/a tienen que escribir una o dos frases de cada lista que refleje lo que Uds. piensan que dirá la lectura.

MODELO: planeta, residuos, contaminar, conciencia, tener
Tenemos que tomar conciencia de que los residuos contaminan el planeta.

necesitamos, recursos, vivir, consumir, impacto, reponerse

huella ecológica, ciudades, zonas rurales

riesgo, próximas generaciones

conocer, responsabilizarnos

LECTURA

En esta lectura encontrarán información relacionada con la huella ecológica.

Nuestra huella ecológica

Estamos dejando una marca en el planeta que será difícil cambiar.

overuse

reefs / mangrove swamps / meadows / jungles

Los humanos necesitamos alimentos, agua y energía para vivir y crecer. En la medida en que utilizamos estos recursos, no solamente producimos un impacto sobre el planeta, sino que consumimos sus recursos sin considerar, ni por un segundo, la capacidad o imposibilidad de la naturaleza para reponerse. Un panel de 500 expertos convocado por la ONU concluyó que los humanos a partir de la revolución industrial y con el consumo de combustibles fósiles, desde 1960 hemos provocado un cambio climático y originado el calentamiento global.

Al consumir los recursos naturales y hacer sobreuso° y desperdicio de agua y energía, sobreproducción de basura, reducción de bosques, arrecifes,° manglares,° praderas° y selvas,° lo que estamos generando es un impacto determinante en la supervivencia del planeta, tanto a nivel personal como comunitario. Este impacto es conocido como "huella ecológica". Llamamos la huella ecológica a la manera que tienen los científicos del medio ambiente para referirse al efecto de deterioro que causamos los seres humanos en el mundo de hoy.

Esta herramienta mide, entre otros factores, el área de tierra que se requiere para sostener a una población de acuerdo a sus niveles de consumo de alimentos y combustibles. La "huella ecológica" considera el tamaño del terreno necesario para apoyar la vida vegetal que pueda absorber a las emisiones de CO_2 que emiten el carbón y el petróleo que usamos como fuentes principales de energía. Estos dos son los culpables directos del cambio climático.

Algunos de nosotros, como los habitantes de las ciudades, desperdiciamos mucha agua, utilizamos numerosos aparatos eléctricos, consumimos alimentos que son traídos desde otros estados o países, viajamos en carro y en avión, usamos numerosos envases de plástico y producimos mucha basura. Nuestra "huella ecológica" es grande. Por el contrario, la gente que habita en zonas rurales, en donde usan poco agua y pocos aparatos eléctricos, se alimenta de sus siembras, viaja a pie o a caballo, usa escasos envases de plástico y produce menos basura, tiene una "huella" pequeña.

En estos momentos la "huella ecológica" de la humanidad es 23% mayor que la capacidad regenerativa de la Tierra, lo cual implica un gran riesgo para la vida de todos los seres que la habitamos, sobre todo para las próximas generaciones.

El panorama es más adverso de lo que nos permiten ver. El aumento de la temperatura de la Tierra y el efecto que el cambio de clima tendrá en la pérdida de la biodiversidad, en el calentamiento del agua, en el deshielo en los glaciares y en el surgimiento de desastres naturales, será inevitable y catastrófico.

Es muy importante conocer y tomar conciencia de la "huella ecológica" como un indicador que nos deja apreciar la dimensión de nuestro impacto ambiental de acuerdo a los estilos de vida que llevamos. Con este parámetro podemos calcular cuántos planetas necesitaríamos para que todo el mundo viviera como viven los individuos pertenecientes a las minorías privilegiadas. Esta medida nos muestra la urgencia que tiene la humanidad de reaccionar.

40 Conocer nuestra "huella ecológica" es un primer paso para responsabilizarnos individual y colectivamente, evaluando y apoyando las acciones que nos permitan sobrevivir como especie. Alimentación, vivienda, servicios, movilidad, transportes y bienes de consumo son sus principales indicadores. ¿Cuánto de esto necesitamos para vivir y cuánto usamos? ¿De qué tamaño es nuestra "huella ecológica"?

Gilda Sánchez-Medina

4-38 ¿Qué comprendieron? Lee las siguientes oraciones y decide si son ciertas o falsas. Corrige las oraciones falsas según la información en el texto.

1. Cuando utilizamos los recursos necesarios para vivir y crecer, no producimos ningún impacto en la tierra.
2. Los expertos concluyeron que por causa de la industrialización y el consumo de combustibles fósiles, los seres humanos somos responsables del cambio climático y del calentamiento global.
3. El consumo de los recursos naturales no tiene un impacto determinante en la supervivencia del planeta.
4. Los científicos del medio ambiente llaman huella ecológica al impacto que los seres humanos tienen en el medio ambiente hoy en día.
5. Los científicos no pueden saber el área de tierra que se requiere para mantener a una población de acuerdo a los alimentos y combustibles que consume.
6. La "huella ecológica" considera la cantidad de vida vegetal necesaria para absorber las emisiones de CO_2 que emiten el carbón y el petróleo.
7. Las principales fuentes de energía, el carbón y el petróleo, son las causas directas del cambio climático por la emisión de CO_2.
8. Los habitantes de las ciudades tienen una "huella ecológica" más pequeña que las personas que residen en zonas rurales.
9. Hoy en día la "huella ecológica" de la humanidad es igual que la capacidad regenerativa de la Tierra.
10. El efecto del calentamiento global no causará muchos cambios en el planeta.
11. Conocer nuestra "huella ecológica" es importante para tomar medidas responsables para poder sobrevivir como especie.
12. Alimentación, vivienda, servicios, movilidad, transportes y bienes de consumo son los principales indicadores de nuestra "huella ecológica" individual.

4-39 Resumiendo. Vuelve al párrafo que escribiste en el **ejercicio 4-37** corrígelo y amplíalo teniendo en cuenta lo que dice el artículo.

4-40 Y tú, ¿qué "huella" dejas? Considera tu "huella ecológica" respondiendo a este cuestionario. Compárala y contrástala con la de otros/as compañeros/as.

1. ¿Consumes productos envasados o de tu comunidad?
2. ¿Qué transporte usas?, ¿público?, ¿bicicleta?, ¿coche?, ¿caminas?
3. ¿Reciclas? ¿Qué cosas reciclas?
4. ¿Usas el lavavajillas?, ¿cuándo está lleno o semi-lleno?
5. ¿Usas la calefacción siempre y andas con ropa liviana en invierno o sólo cuando hace mucho frío y llevas ropa abrigada dentro de la casa?
6. ¿Gastas mucha agua o cuidas de no gastarla?

POEMA

Jorge Luis Borges (1899–1986)

Borges es un escritor argentino de fama internacional. Nació y vivió gran parte de su vida en Buenos Aires, Argentina. Su familia vivió en Suiza durante sus años adolescentes donde cursó sus estudios secundarios en francés. Borges dominaba el inglés, el francés y el español. Fue director de la Biblioteca Nacional en Buenos Aires y escritor de cuentos y poemas que reflejan la idiosincrasia argentina al mismo tiempo de tener un carácter universal. A los cincuenta años se volvió ciego pero, siguió su labor de escritor y lector con ayuda de otros. Murió en Ginebra, Suiza. Su primera colección de poemas publicados se llama *Fervor de Buenos Aires* (1923) de donde sale el poema a continuación.

Las calles de Buenos Aires ya son mi entraña.

Las calles

Las calles de Buenos Aires
ya son mi entraña°.   *heart [figurative]*
No las ávidas° calles,   *eager*
incómodas de turba° y de ajetreo°,   *crowd / bustle*
sino las calles desganadas° del barrio,   *indifferent*
casi invisibles de habituales,
enternecidas° de penumbra y de ocaso°   *touched by / sunset*
y aquellas más afuera
ajenas° de árboles piadosos°   *free from / pious*
donde austeras casitas apenas se aventuran,
abrumadas° por inmortales distancias,   *overwhelmed*
a perderse en la honda visión
de cielo y de llanura.
Son para el solitario una promesa
porque millares de almas singulares las pueblan,
únicas ante Dios y en el tiempo
y sin duda preciosas.
Hacia el Oeste, el Norte y el Sur
se han desplegado° ——son también la patria—— las calles: *spread*
ojalá en los versos que trazo°   *draw*
estén esas banderas°.   *flags*

4-41 ¿Comprendiste? Responde a las siguientes preguntas.

1. ¿Cuáles son las calles que emocionan al poeta? ¿Cómo son?
2. ¿Puedes explicar estos dos versos? ¿Hay algún lugar que forma parte de tus entrañas?

   "las calles de Buenos Aires
   ya son mi entraña"

3. En los últimos versos las calles se extienden hacia el norte, el sur y el oeste. ¿Qué relación tiene esto con la ubicación de Buenos Aires?
4. ¿De qué manera se pueden asociar las calles con una bandera?

4-42 Fotos. Busca alguna foto que se parezca a las calles descritas por Borges. Escribe una descripción de la fotografía. Trae la foto y la descripción a la clase. Escucha la descripción de tus compañeros e intenta identificar la foto correspondiente.

Ventana al mundo

El genio de Gaudí (1852–1926)

Hay pocas ciudades asociadas a arquitectos. Chicago tiene a Sullivan, Glasgow tiene a Macintosh y Barcelona tiene a uno de los arquitectos más imaginativos de la historia: Antoni Gaudí. Gaudí supo observar y aprender del entorno natural. Los árboles y el mar Mediterráneo, las montañas, las flores y los animales fueron su fuente de inspiración, tanto en la decoración como en las estructuras de los edificios que diseñó. En la Casa Batlló, la Casa Milà, la Cripta de la Colonia Güell y la Iglesia de la Sagrada Familia, Gaudí logró una identificación perfecta entre arquitectura y naturaleza. Gaudí fue, además, un ecologista: reciclaba azulejos, trozos de cerámica, vajillas, vidrio y otros materiales comunes con los que cubría y decoraba sus edificios.

Casa Batlló, en Barcelona.

Gaudí. Busca información sobre Antoni Gaudí y preséntala a la clase. Trae imágenes de su obra si es posible.

Avancemos con la escritura

Antes de escribir

Estrategia de escritura: *Comparing and contrasting*

Comparing and contrasting is used to show the differences and similarities between two entities. There are two ways of using this strategy in your writing. One is to compare and contrast two or more things on one aspect at a time. The other is to describe one of the things completely first and, then, move on to the other one.

Use these connecting words when you contrast or compare two or more things.

Palabras de enlace: Contraste

en cambio	*on the other hand, instead*
pero	*but*
por otra parte	*on the other hand*
por un lado…por otro lado	*on the one hand… on the other hand*
sin embargo	*nevertheless, anyway*

Palabras de enlace: Comparaciones

diferente de	más/menos…que	tan/tanto…como
igual que	parecido a	

Presentación completa de cada ciudad

Se presentan todos los aspectos de una ciudad juntos.

Primero describe **ciudad 1** según estas categorías. Luego haz lo mismo para la **ciudad 2.**
La geografía de la ciudad le da o le quita belleza.
El transporte determina el carácter de la ciudad.
La edificación es impersonal y fría o cálida y acogedora.
El espíritu de la ciudad es cosmopolita o provincial.
Los habitantes son abiertos y cálidos o reservados y distantes.
El comercio y la industria la hacen más o menos agradable.

Comparación de dos ciudades

Se presenta un aspecto a la vez en las ciudades

La geografía de la ciudad le da o le quita belleza.
A. Ciudad 1   B. Ciudad 2

El transporte determina el carácter de la ciudad.
A. Ciudad 1   B. Ciudad 2

La edificación es impersonal y fría o cálida y acogedora.
A. Ciudad 1   B. Ciudad 2

El espíritu de la ciudad es cosmopolita o provincial.
A. Ciudad 1   B. Ciudad 2

Los habitantes son abiertos y cálidos o reservados y distantes.
 A. Ciudad 1   B. Ciudad 2

El comercio y la industria la hace más o menos agradable.
 A. Ciudad 1   B. Ciudad 2

4-43 Gaudí y los edificios de tu universidad. El arquitecto Antoni Gaudí incorpora el medio ambiente en sus edificios. ¿Cómo es la arquitectura de tu universidad?

Paso 1: Contrastes. Contesta estas preguntas para descubrir las diferencias y similitudes.
Antoni Gaudí

1. ¿Son los edificios de Gaudí impersonales y fríos?
2. ¿Cuál es la inspiración de Gaudí?
3. ¿Qué elementos usa Gaudí para decorar sus edificios?
4. ¿Por qué se dice que Gaudí fue un ecologista?

Los edificios de tu universidad

1. ¿Es importante la naturaleza para esta universidad?
2. ¿Son los edificios impersonales y fríos o son acogedores? ¿Son rascacielos?
3. ¿Cómo te sientes delante de estos edificios?
4. ¿Son modernos o antiguos estos edificios?

Paso 2: Comparaciones. Escribe un párrafo comparando los edificios de Gaudí con los de tu universidad. Usa como guía tus respuestas al paso anterior.

A escribir

4-44 Dos ciudades interesantes. Busca información sobre dos ciudades latinoamericanas y compáralas siguiendo uno de los cuadros de la página 123.

Paso 1. Trae la información a clase y compártela con un/a compañero/a.

Paso 2. Completa el cuadro de la página 123 con la información de las ciudades que has investigado.

Paso 3. Escribe tu composición siguiendo el cuadro con la nueva información.

Antes de entregar tu composición, asegúrate de haber incluido y revisado lo siguiente:

- El vocabulario de **En contexto**
- Las **Palabras conocidas**
- Las **Expresiones útiles**
- Los **Pronombres de complemento directo e indirecto**
- El **se accidental**
- Usa **por** y **para**
- Las palabras conectoras para expresar **comparación** y **contraste**

🔊 Vocabulario

La ecología / *Ecology*

ambiental	environmental
la basura	garbage, trash
el calentamiento global	global warming
el clima	climate
la contaminación	pollution
la deforestación	deforestation, clear cutting
el deshielo	thaw
el efecto invernadero	greenhouse effect
la entidad	entity
el medio ambiente	environment
el planeta	planet
el reciclaje	recycling
el recurso natural	natural resource
la reforestación	reforestation
la tala	felling/cutting down of trees

Sustantivos

el candado	padlock
la catástrofe	catastrophe
el combustible fósil	fossil fuel
el desperdicio	waste
el envase	container
la fábrica	factory
el glaciar	glacier
la herramienta	tool
la huella	footprint, trace
la llanura	plain
la naturaleza	nature
la rapidez	quickness, swiftness
el refugio natural	nature sanctuary
el/la reportero/a	newspaper reporter
la reserva	reserve
el retroceso	backward movement
el riesgo	risk
la siembra	sowing, planting
la supervivencia	survival
el terreno	plot of land, lot
el vidrio	glass (window pane)

Verbos

apoyar	to support
calentar (ie)	to get hot; to heat
colgar (ue) (en Internet)	to post (something on the Internet)
comprometerse	to commit
conseguir (i, i)	to get, obtain
contaminar	to pollute, contaminate
convocar	to summon
desperdiciar	to waste
duplicar	to duplicate
generar	to generate
halagar	to flatter
lograr	to succeed in; to manage
malgastar	to waste
poblar (ue)	to populate
proteger (j)	to protect
reciclar	to recycle
reducir (zc)	to reduce
reponerse	to recover from
reutilizar	to reuse
salvar	to save
sostener	to support, maintain
suceder	to happen
tener éxito	to succeed
tirar	to throw away

Adjetivos

andino/a	Andean
contaminado/a	contaminated, polluted
controlado/a	controlled
desarrollado/a	developed
desempleado/a	unemployed
ecológico/a	ecological
hondo/a	deep
limpio/a	clean
protegido/a	protected
reemplazado/a	replaced
renovable	renewable
sobresaliente	outstanding
terrestre	terrestrial, relating to Earth

Expresiones útiles

a causa de	because of
de esta manera	in this way
de hecho	in fact, indeed, actually
por eso	for that reason, therefore

Palabras útiles

desarrollar	to develop
el desarrollo	development
en retroceso	receding
el material reutilizable	reusable material
el municipio	municipality
reutizable	reusable

> "Todo individuo tiene derecho a la vida, a la libertad y a la seguridad de su persona."
>
> —Artículo 3 del *Preámbulo de la Declaración Universal de los Derechos Humanos*

5

Hablemos de los derechos humanos

Tema cultural

- Los derechos humanos en los pueblos indígenas
- Las culturas indígenas de América Latina
- Los derechos humanos en América Latina

Objetivos comunicativos

- Indicar frecuencia y hechos en el tiempo
- Expresar obligaciones y necesidades
- Expresar deseos y esperanzas
- Expresar opiniones, sentimientos y juicios de valor
- Sugerir y dar consejos
- Expresar dudas, certezas, incertidumbres y negaciones

Gramática para la comunicación

- Presente del subjuntivo: Verbos regulares e irregulares
- Uso del subjuntivo con expresiones impersonales
- Subjuntivo en cláusulas nominales

En marcha con las palabras

En contexto: La importancia de la tierra

Más de cinco **siglos** después de la **conquista** de América, las comunidades **indígenas**—hasta ahora, **oprimidas** y **desheredadas** de su patrimonio ancestral—están en busca de un futuro propio. Los **pueblos** indígenas **luchan** por **salvar** su identidad contra el **poder** de la uniformidad y la globalización. Para ellos, la tierra es un elemento esencial. "Sin la tierra, no somos nada", se oye de un extremo al otro del continente.

La tierra es, **sobre todo**, una **fuente** de alimentos y, **a la vez**, la **generadora** de la identidad cultural de todos los pueblos indígenas. El culto y la veneración a la madre tierra, la "Pachamama", es una característica común de diversas comunidades indígenas.

Rigoberta Menchú, una indígena quiché y ganadora del Premio Nobel de la **Paz**, dice "Nosotros los indígenas tenemos más contacto con la naturaleza… porque es nuestra cultura y nuestra **costumbre**… La tierra es la madre del hombre porque es la que le da de comer al hombre… por eso, le pedimos a la tierra una buena cosecha. Y de hecho, nuestros padres nos enseñan a respetar esa tierra." Un **jefe** del pueblo mapuche, del sur de Chile y Argentina, dice: "Para nosotros la tierra nunca puede ser algo que se compra y se vende. Es nuestra **fuente** de **vida** y nuestra **razón de ser**; la cultivamos y la respetamos".

La población rural de América Latina y el Caribe representa cerca del 42% de la población total de la región. Existen muchos programas que, **poco a poco**, organizan la redistribución de la tierra a las comunidades **campesinas** e indígenas. Se espera que estos programas, **a la larga**, puedan ayudar al desarrollo de estas comunidades. Pero, **desgraciadamente**, la tenencia de la tierra no es lo único que hay que cambiar para que se dejen de **violar** los **derechos humanos** fundamentales. La **explotación** de las tierras **intenta impedir** la pobreza y la **opresión**, pero se necesita también **atacar** problemas básicos, tales como lograr acceso al crédito y a servicios tecnológicos de investigación y de desarrollo. Se necesita desarrollar la infraestructura mínima para que los niños puedan ir a la escuela y para que hombres, mujeres, niños y **ancianos** tengan acceso a **sistemas de salud** y los **trabajadores** tengan empleos. **Sobre todo**, se necesita que los campesinos encuentren un **mercado** para sus productos. Entonces, se va a poder decir que existe menos **desigualdad** entre los pueblos.

Los pueblos originarios celebran sus tradiciones.

Campesino peruano trabajando en el campo.

¿Comprendes?

1. ¿Qué quieren salvar las comunidades indígenas?
2. ¿Por qué es importante la tierra para los pueblos indígenas?
3. ¿Quién es Rigoberta Menchú?
4. ¿Cuál es la relación que los indígenas tienen con la tierra, según Menchú?
5. ¿Qué se hace para devolverles la tierra a las comunidades?
6. ¿Qué hay que lograr?
7. ¿Conocen Uds. otros problemas de los pueblos indígenas de los Estados Unidos o Canadá?

Palabras conocidas

El mundo precolombino

Estas palabras deben ser parte de tu vocabulario.

La conquista	Conquest	Cognados	
el conquistador	*conqueror*	atacar	invadir
construir	*to build, construct*	colaborar	la opresión
la creencia popular	*popular belief*	conquistar	pacífico/a
el maíz	*corn*	cooperar	precolombino/a
el oro	*gold*	el desastre	respetar
la plata	*silver*	explorar	las ruinas
la riqueza	*riches*	el/la indígena	el templo

Expresiones útiles

a la larga	*in the long run*	**A la larga**, los indígenas pueden perder sus costumbres.
		In the long run, the indigenous people may lose their customs.
a la vez	*at the same time, in addition*	La tierra es una fuente de alimentos y, **a la vez**, les da su identidad.
		The land is a source of food and at the same time, it gives them their identity.
desgraciadamente	*unfortunately*	**Desgraciadamente**, la lucha por la tierra es también causa de mucho dolor para estos pueblos.
		Unfortunately, the fight for the land is also the cause of much pain for these people.
poco a poco	*little by little*	**Poco a poco**, perdieron sus tierras.
		Little by little they lost their land.
sobre todo	*above all*	Los indígenas quieren, **sobre todo**, mantener su identidad.
		The indigenous people want, above all, to keep their identity.

5-1 ¿La guerra o la paz? Empareja cada palabra de la columna **A** con su opuesto de la columna **B**. Hazle a tu compañero/a una pregunta con cada palabra.

A	B
1. _____ igualdad	a. guerra
2. _____ paz	b. construir
3. _____ oprimir	c. desigualdad
4. _____ atacar	d. liberar
5. _____ destruir	e. violar
6. _____ respetar	f. defender

5-2 La lucha de los indígenas. Completa las oraciones según la información de **En contexto** (página 127) usando las **Expresiones útiles**. Luego compártelas con tu compañero/a.

a la larga	a la vez	desgraciadamente	poco a poco	sobre todo

1. Los pueblos indígenas luchan por conservar su identidad...
2. Además de darles alimento, la tierra es...
3. Si no tienen una buena cosecha,...
4. Se necesitan organizaciones que...
5. Lo más importante para los niños indígenas es...

5-3 Para discutir. Lean la siguiente lista de los valores de las culturas indígenas. Hagan una lista de los valores de su propia cultura. Comparen las dos listas. ¿Qué similitudes y/o diferencias hay? Presenten sus conclusiones a la clase.

1. Tienen una relación especial con la tierra donde habitan.
2. Valoran sus tradiciones y costumbres.
3. Tienen una vida comunitaria en la que la familia es muy importante.
4. Valoran su propia lengua.
5. Valoran su patrimonio arqueológico e histórico.
6. Su vestimenta es parte de su identidad como pueblo.
7. Respetan los sitios sagrados donde están enterrados sus antepasados.
8. ¿...?

5-4 Para saber más. Busca información sobre una de las siguientes civilizaciones precolombinas. Averigua cómo eran en el siglo XVI y cuál es su situación hoy. Después, prepara un breve resumen para presentar en la próxima clase.

- Los incas de Perú, Colombia, Bolivia, Ecuador, Argentina y Chile
- Los chibchas de Colombia
- Los mayas de México y Centroamérica
- Los aztecas de México
- Los moches de Perú
- Los guaraníes de Paraguay y Argentina
- Los mapuches de Chile y Argentina
- ¿...?

Ventana al mundo

La Pachamama

La Pachamama representa la Tierra. La Pachamama para sus creyentes es la madre de todo, explica todo. Es una deidad, inmediata y cotidiana, con la cual se dialoga, a veces para pedir algo, otras veces para disculparse por una falta. La Pachamama protege la vida y favorece la fecundidad y la fertilidad.

Actualmente los pueblos quechuas y aymarás mantienen el culto a la Pachamama en las áreas andinas de Ecuador, Perú y Bolivia, el norte de Chile y noroeste de Argentina. Su fiesta se celebra el primero de agosto y dura todo el mes. También se realizan ritos a la Pachamama en ocasiones especiales, como al partir de viaje o al pasar por una *apacheta* (montículo de piedras a un lado del camino para invocar la protección divina).

El ritual más importante es la challa, o el challaco, que consiste en dar de comer y beber a la tierra y depositar ofrendas en los lugares donde está el agua para los cultivos. También las familias suelen preparar una comida especial llamada la tijtincha. Las ofrendas incluyen comida, bebida y hojas de coca. Antiguamente se realizaban sacrificios de animales o fetos de llamas para pedir la fertilidad de la tierra y buenas cosechas.

¿Y en EE.UU.? ¿Sabes si existen cultos y ritos similares entre los pueblos nativos de los EE.UU.? ¿Te parece que algunas de las celebraciones actuales son parecidas a las de la Pachamama, por ejemplo, la comida del Día de Acción de Gracias?

Un grupo de personas realizando un ritual a la Pachamama en Bolivia.

— ¡Sin duda! —

época — hora — rato — ratito — ratico — tiempo — vez

The words **época, hora, rato, tiempo,** and **vez** can be translated as *time* in English in the following contexts.

Palabra	Explicación	Ejemplo
época	*historical time*	La **época** de la conquista de América fue larga. *The period of America's conquest was long.*
	time in a season	La **época** de las vacaciones es divertida. *The vacation period is fun.*
hora	*time of the day*	¿Qué **hora** es? *What time is it?*
rato	*a while*	Pasamos **un rato** largo, hablando con los delegados indígenas. *We spent a long time talking with the indigenous delegates.*
ratito / ratico	*short while*	Te veo en un **ratito / ratico**. *I'll see you in a short while.*
tiempo	*time in abstraction*	El **tiempo** pasa. *Time passes.*
	the duration of an action	Bartolomé de las Casas vivió en América por mucho **tiempo**. *Bartolomé de las Casas lived in America for a long time.*
	weather	¿Qué **tiempo** hace hoy? *What's the weather like today?*
otra vez	*again*	Tenemos que buscar **otra vez** los datos. *We have to look for the information again.*
una vez	*once / one time*	Sólo fui a México **una vez**. *I went to Mexico only once / one time.*
dos / tres / · · · veces	*(two / three / . . . times)*	Colón viajó a América **cuatro veces** en su vida. *Columbus traveled to America four times during his life.*
primera / segunda . . . vez	*first / second . . . time*	Cuando Fray Bartolomé de las Casas vio Chiapas por **primera vez**, se quedó muy impresionado. *When Fray Bartolomé de las Casas saw Chiapas for the first time, he was very impressed.*
a veces / otras veces / muchas veces	*sometimes / other times / many times*	**A veces**, los españoles hablaban la lengua de los indígenas, **otras veces** no. **Muchas veces**, necesitaban intérpretes, pero no **cada vez** que se encontraban.
cada vez	*each time*	*Sometimes, the Spaniards spoke the language of the natives; other times, they didn't. Many times, they needed interpreters, but not each time they met.*

5-5 Los viajes de Colón. Pregunta y respóndele a tu compañero/a usando la información en la siguiente cronología. Sé creativo con la número 5. Luego, hagan un pequeño informe oral para leer en clase.

1451	Cristóbal Colón nace en Génova, Italia.
1476–1484	Estadía en Portugal
1484–1506	Estadía en España
1492–1493	Primer viaje: Cuba y Haití
1493–1496	Segundo viaje: Dominica, Antigua, Guadalupe y Puerto Rico
1498–1500	Tercer viaje: las islas Trinidad, Tobago, Granada y el continente americano
1502–1504	Cuarto viaje: Dominica, Puerto Rico, Honduras y Panamá
1506	Colón muere en Valladolid.

Estudiante 1	Estudiante 2
1a. ¿En qué época viajó Colón a América?	1b. ¿Cuándo llegó a América por primera vez?
2a. ¿Cuántas veces estuvo en América antes de 1500?	2b. ¿Cuántas veces estuvo en América antes de morir?
3a. ¿Cuánto tiempo pasó entre el primer y el segundo viaje?	3b. ¿Cuánto tiempo pasó entre el tercer y el cuarto viaje?
4a. ¿Cuántas veces estuvo en Puerto Rico?	4b. ¿Cuántas veces estuvo en Cuba?
5a. ¿Qué pasaba en lo que es hoy los EE.UU. en esa época?	5b. ¿Qué pasaba en lo que es hoy Europa en esa época?

 5-6 Experiencias personales. Escribe en un papel cinco frases explicando cuántas veces al mes haces diferentes actividades. Usa las expresiones dadas. Luego, entrega el papel a tu profesor/a sin tu nombre. Él/Ella distribuirá los papeles y tú debes interrogar a tus compañeros/as hasta saber quién es el autor.

> a veces   cada vez   muchas veces   otra vez   primera vez   una vez

5-7 El choque de dos culturas. Describan lo que pasó durante la conquista de los pueblos indígenas de las Américas. Usen la información en el texto **La subyugación de los indígenas** como punto de partida para sus respuestas. Deben expandir las respuestas con sus propias ideas e información porque algunas respuestas no están en el texto. Usen las palabras de **Sin duda** (página 131) cuando sea posible.

1. ¿Qué hicieron los conquistadores españoles con los pueblos indígenas de América Central y América del Sur? ¿Conocen algunos hechos concretos?
2. ¿Qué hicieron los europeos en los Estados Unidos con los pueblos indígenas? Mencionen algunas acciones concretas.
3. ¿Qué trajeron los europeos a las Américas? ¿Cuáles fueron las consecuencias?
4. ¿Creen Uds. que todo fue negativo o también se puede decir que de alguna manera contribuyeron al avance de los nativos? ¿De qué manera?
5. ¿Puedes pensar cómo contribuyeron los pueblos indígenas de las Américas al avance de la civilización europea?

La subyugación de los indígenas

Es conocimiento general que los indígenas de las Américas fueron casi exterminados del continente cuando los europeos llegaron a estas tierras después de su descubrimiento en el siglo XVI. Los indígenas armados con arcos y flechas no pudieron defenderse contra la superioridad de las armas de fuego de los invasores. Pero aún peor, fueron las enfermedades que trajeron los europeos, contra las cuales los indígenas no tenían ninguna resistencia inmunológica. Desgraciadamente estas enfermedades destruyeron poblaciones enteras causando más muertes que las mismas guerras. Como consecuencia, el vencedor subyugó a los indígenas haciéndolos esclavos, maltratándolos inhumanamente y apoderándose de sus tierras. Dos grandes civilizaciones fueron destruidas, la Azteca en Centroamérica y la Inca en Sudamérica.

Fray Bartolomé de Las Casas, defensor de los derechos de los indígenas.

Ventana al mundo

En defensa de los indígenas ayer y hoy

Al mismo tiempo que se cometieron muchas atrocidades contra los indígenas durante la conquista, hubo una voz que se levantó en defensa de ellos. **Fray Bartolomé de las Casas** (1474–1566), el primer obispo de Las Américas, defendió el derecho de los indígenas delante de la corona española. En 1542 logró la proclamación de las Leyes Nuevas que eliminaron la esclavitud de los indígenas. Sin embargo, la violación de los derechos humanos en los pueblos indígenas continuó bajo diferentes formas a través de los siglos. Algunos ejemplos recientes fueron los secuestros, violaciones, torturas y asesinatos que llevó a cabo el ejército guatemalteco en contra de los indígenas que denunciaban la violación de los derechos humanos del régimen militar en Guatemala en los años 80s. Esta vez, del pueblo quiché en Guatemala, apareció la voz de **Rigoberta Menchú** (1954–), mujer, indígena, campesina, de familia humilde *(humble)* que llegó a ser reconocida con el Premio Nobel de la Paz en 1992 por su trabajo a favor de la justicia social, la paz, la democracia y la igualdad de derechos entre los diferentes grupos étnicos. Su lucha por la causa de no violencia, justicia y libertad les ha dado a todos los pueblos indígenas un reconocimiento internacional.

Las ideas de justicia social.
¿Por qué son importantes Fray Bartolomé de las Casas y Rigoberta Menchú? ¿Te recuerdan ellos a alguna otra persona que luche o que haya luchado por los derechos humanos? ¿A quién? ¿Por qué?

Rigoberta Menchú, ganadora del Premio Nobel de la Paz en 1992.

El principio de los derechos humanos

"En todas las naciones del mundo hay hombres y la definición de cada uno de ellos es que son racionales, todos tienen su entendimiento y su voluntad y su libre albedrío como que son formados a imagen y semejanza de Dios."

—Bartolomé de las Casas, 1544

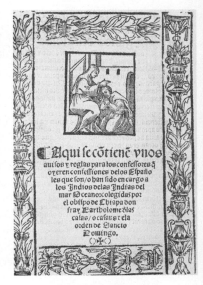

Primera edición un libro de Las Casas.

5-8 Voces en contra de la opresión. Fray Bartolomé de las Casas y Rigoberta Menchú son dos personas que lucharon a favor de los indígenas. Busca más información sobre ellos y tráela a clase para compartirla con tus compañeros/as.

— Así se dice

Como influir y convencer a otros

Usa estas expresiones para tratar de que otras personas acepten tu punto de vista.

Debe(s) pensar que...	*You have to think that...*
Es importante pensar en...	*It's important to think about...*
Hay que tener en cuenta que...	*One has to take into account that...*
Tenemos que darnos cuenta de que...	*We have to realize that...*
Hay que considerar que...	*It is necessary to consider that...*
Por un lado...	*On the one hand...*
Por otro (lado)...	*On the other hand...*
Yo pienso que...	*I think that...*
Te lo aseguro.	*I assure you.*
No puede ser.	*It can't be.*

5-9 Un proyecto comunitario. En pequeños grupos, decidan qué tipo de proyecto van a programar. Hablen de los pros y los contras de cada idea usando las expresiones de **Así se dice**. Expliquen sus razones. Nombren un/a secretario/a para que tome notas de las discusiones y estén listos para presentarlas a los otros grupos de la clase.

Paso 1: Escoger el proyecto. Estas son algunas sugerencias para el proyecto.

diseñar un proyecto humanitario para llevar a cabo fuera del país

organizar un programa de ayuda con alguna ONG

proponer un proyecto de alfabetización

trabajar con los indígenas de Centroamérica

trabajar con grupos minoritarios de tu comunidad

MODELO: E1: *Yo pienso que es bueno hacer el proyecto en otro país porque...*
E2: *Es importante quedarse en los Estados Unidos porque...*
E3: *Hay que tener en cuenta una comunidad en esta ciudad porque...*
E4: *Por un lado estoy de acuerdo en ir a otro país pero por otro no creo que mis padres me den permiso porque...*

Paso 2: Convencer a los padres. Algunos de Uds. temen que sus padres digan que no pueden participar en este proyecto y, por lo tanto, tienen que estar preparados para convencerlos. Entre todos, busquen las razones para convencer a sus padres de que les permitan participar. Usen las expresiones de **Así se dice** en su presentación.

MODELO: *Creemos que será una experiencia enriquecedora porque por un lado... por otro... Además hay que tener en cuenta que... etc.*

Ventana al mundo

El pueblo quiché

Los quichés son el grupo más numeroso de los mayas contemporáneos. Hay alrededor de un millón de quichés que viven en las montañas del oeste de Guatemala, entre Quezaltenango y Chichicastenango. Su modo de vida refleja una combinación de la cultura occidental con las costumbres mayas tradicionales. Generalmente llevan vestimenta colorida tradicional de tela de algodón que fabrican ellos mismos. Para su alimentación, dependen de la agricultura; cultivan el maíz, frijoles, y calabazas (*squash*) al estilo tradicional, sin usar maquinarias. La mayoría de ellos habla tanto el español como el quiché.

Antes de la conquista, los quichés tenían una civilización avanzada con un alto nivel de organización social y política. Vivían en grandes ciudades con una compleja estructura de clases. Su historia y mitología están descritas en el *Popol Vuh*, un libro escrito en lengua quiché unos años después de la conquista española.

Investigar. Busca información sobre el pueblo quiché. Trae los datos para informar a la clase.

Mujer guatemalteca con traje tradicional.

Escuchemos

Los derechos de los indígenas. Mario y Laura conversan sobre los problemas de los indígenas. Escucha el diálogo y escribe las respuestas a las siguientes preguntas.

1. ¿Por qué está buscando información en línea Mario?
2. ¿Qué problemas enfrentaron los indígenas con la llegada de los españoles a las Américas? Escribe al menos dos.
3. ¿Qué problemas enfrentan hoy en día? Escribe al menos dos.
4. Y tú, ¿qué opinas que se puede hacer para que se respeten mejor los derechos de los indígenas hoy en día?

Sigamos con las estructuras

☑ Complete the self-test in your *MySpanishLab* course. If you do not obtain a passing score, you need to review the **Cabos sueltos** Study Materials in *MySpanishLab* or at the back of the book. If you do, you can continue with the following activities.

Repasemos 1

Expressing hope and desire: Present subjunctive of regular verbs

Los indígenas **quieren que** el gobierno **respete** sus derechos.

5-10 ¿Cuáles son tus deseos? Dile a tu compañero/a lo que tú quieres que hagan estas personas.

> MODELO: mis padres
> *Yo quiero que mis padres me comprendan.*

1. mi compañero/a de cuarto
2. mis amigos/as
3. las autoridades de la universidad
4. mis profesores/as
5. ni novio/a
6. mi jefe/a en el trabajo

5-11 ¿Qué desean los pueblos indígenas? Para mejorar la situación actual de los indígenas, la Comisión Interamericana de Derechos Humanos redactó una declaración sobre los derechos de los pueblos indígenas. Aquí tienen una lista de sus problemas. Expresen Uds. lo que los indígenas pueden **querer, esperar** o **desear** que ocurra a partir de las ideas sacadas de este documento.

> MODELO: Problemas:
> Sus lenguas están desapareciendo porque tienen que hablar la lengua oficial del país.
> Pienso que…
> *los indígenas quieren que los gobiernos respeten sus lenguas.*
> *los indígenas desean que se transmitan programas radiales en su lengua.*
> *los indígenas esperan que se trabaje en un proyecto de educación bilingüe.*

Problemas:

1. En muchas regiones de las Américas, las poblaciones indígenas son muy pobres.
2. Sufren discriminación racial.
3. Se los intenta convertir a otras religiones, sin respetar su libertad de expresión espiritual.
4. No se respeta su historia, la cual es anterior a la conquista y a la colonización europea.
5. No se considera su derecho a gobernarse según sus costumbres y tradiciones.
6. Se los obliga a integrarse a la cultura dominante, lo cual destruye su propia cultura.
7. No tienen la posibilidad de educar a sus hijos en su propia lengua y de acuerdo a sus creencias, tradiciones y cultura.

5-12 La radio universitaria. Todos nosotros formamos parte de un grupo y a veces somos parte de una minoría (hispanos, mujeres, homosexuales, etc.). La radio de la universidad les ha dado a Uds. unos minutos para presentar a su grupo minoritario y hablar de sus deseos e intereses.

> MODELO: *Nosotros somos parte de un grupo de estudiantes mayores de 25 años en esta universidad y queremos que nos escuchen. Deseamos que la universidad nos dé un lugar para reunirnos; queremos que los estudiantes más jóvenes vengan a nuestras reuniones sociales, esperamos que los profesores comprendan que…, etc.*

Paso 1: El grupo. Escojan el grupo que van a representar. Descríbanlo brevemente.

Paso 2: Los deseos. Expliquen qué es lo que el grupo desea de la comunidad estudiantil. Presenten por lo menos cuatro deseos.

Paso 3: El informe. Preparen el informe y preséntenlo a la clase.

Ventana al mundo

Declaración Universal de los Derechos Humanos

El 10 de diciembre de 1948, la Asamblea General de las Naciones Unidas aprobó y proclamó la *Declaración Universal de los Derechos Humanos.*

Mujeres indígenas del Perú.

Artículo 2

Toda persona tiene todos los derechos y libertades proclamados en esta Declaración, sin distinción alguna de raza, color, sexo, idioma, religión, opinión política o de cualquier otra índole, origen nacional o social, posición económica, nacimiento o cualquier otra condición.

Artículo 3

Todo individuo tiene derecho a la vida, a la libertad y a la seguridad de su persona.

Artículo 7

Todos son iguales ante la ley. . .

Artículo 13

...toda persona tiene derecho a salir de cualquier país, incluso del propio, y a regresar a su país.

Artículo 16

...sólo mediante libre y pleno consentimiento de los futuros esposos podrá contraerse matrimonio. . .

Artículo 18

Toda persona tiene derecho a la libertad de pensamiento, de conciencia y de religión. . .

Artículo 19

Todo individuo tiene derecho a la libertad de opinión y de expresión. . .

Mis derechos. Piensa en un ejemplo concreto en el que puedas demostrar que gozas de los derechos mencionados arriba. Luego, piensa en algún ejemplo en el que se viole alguno de estos derechos. Compartan sus ejemplos con los del resto de la clase.

Complete the self-test in your *MySpanishLab* course. If you do not obtain a passing score, you need to review the **Cabos sueltos** Study Materials in *MySpanishLab* or at the back of the book. If you do, you can continue with the following activities.

Repasemos 2

Expressing hope and desire: Present subjunctive of irregular verbs

Las mujeres **esperan** que **haya** más trabajo.

5-13 Ojalá. Piensa en cinco aspectos que te gustaría cambiar en tu familia, comunidad o país, y escribe una lista de deseos utilizando la expresión **ojalá**. Usa los verbos dados y compara la lista con la de tu compañero/a.

| dar   estar   haber   ir   saber   ser   tener |

> MODELO: *Ojalá que todos los jóvenes de mi comunidad tengan acceso a estudios universitarios.*

5-14 Nuestro trabajo. Un grupo de estudiantes ha descubierto que en su comunidad no se cumplen ciertos derechos, como, por ejemplo, el derecho al trabajo y la paridad entre hombres y mujeres. Entonces hicieron una lista de deseos para presentarle al/a la presidente/a de la universidad para mejorar la situación. Forma oraciones completas uniendo las frases de las dos columnas de forma lógica.

A	B
1. Queremos que la universidad (organizar)...	a. de todos los derechos
2. Esperamos que los estudiantes (buscar)...	b. el trabajo que hacemos
3. Deseamos que los profesores y los estudiantes (analizar)...	c. grupos de trabajo para mejorar la situación
4. No queremos que nadie (criticar)...	d. a un acuerdo sobre cómo resolver los problemas
5. Esperamos que todos (llegar)...	e. información sobre la violación de los derechos
6. Deseamos que todos los miembros de la comunidad (gozar)...	f. los datos que encontramos

Complete the self-test in your *MySpanishLab* course. If you do not obtain a passing score, you need to review the **Cabos sueltos** Study Materials in *MySpanishLab* or at the back of the book. If you do, you can continue with the following activities.

Repasemos 3

Expressing opinion and judgment: Impersonal expressions with the subjunctive

Es necesario que en esta universidad **ofrezcan** más clases sobre estudios de los latinos en Estados Unidos.

5-15 Esto podría ser mejor. Completa las frases comentando algún aspecto de la vida estudiantil que piensas que podría mejorarse.

> MODELO: *Es una lástima que no haya más clases de noche para los estudiantes que trabajan.*

1. Es horrible que...
2. Es terrible que...
3. Es malo que...

4. Es una lástima que...
5. Es ridículo que...

5-16 Y Uds., ¿qué opinan? Cada uno de los siguientes grupos todavía está luchando por conseguir algunos derechos. Siguiendo el modelo, conversen sobre lo que quiere lograr cada una de estas minorías.

> MODELO: las mujeres
> *Es sorprendente que todavía las mujeres tengan que luchar por conseguir puestos directivos.*

1. las mujeres
2. las minorías étnicas
3. los extranjeros residentes en cualquier país
4. las personas mayores
5. los niños
6. las personas con discapacidades físicas

Diario

¿Recuerdas alguna vez que te hayas sentido discriminado/a o marginado/a? ¿Dónde fue? ¿Cuándo? ¿Cómo reaccionaste entonces? ¿Qué piensas ahora de esa experiencia?

Escribe en tu diario un párrafo sobre el tema.

Ventana al mundo

Los incas

Los incas eran un grupo de origen aymará, que durante el siglo XV logró formar un gran imperio: el Imperio Inca o Tahuantinsuyu. El imperio incaico se extendía desde el sur de Colombia hasta la región de las actuales ciudades de Santiago en Chile y Mendoza en Argentina, y desde la selva amazónica hasta la costa del Pacífico. Su lengua común era el quechua y su capital era Cuzco, en Perú.

La sociedad inca se dividía en dos grandes grupos todos gobernados por el inca. Por un lado estaban los nobles y por otro los habitantes de los pueblos aliados o sometidos, que eran los que hacían todos los trabajos. Los nobles se dividían en dos subgrupos: los conquistadores y los curacas, o gobernantes, de pueblos sometidos. Los nobles podían tener más de una esposa. Vivían en palacios lujosos con muchas habitaciones, patios y fuentes de agua fría y caliente. Los nobles se distinguían, también, por la ropa hecha con lana de vicuña. Sus hijos estudiaban con los "amautas", o sabios.

Ruinas de Machu Picchu en Perú.

En la sociedad inca, los descendientes de un mismo antepasado integraban un ayllu. La tierra pertenecía a toda la comunidad y se distribuía entre los ayllus. El inca otorgaba a cada ayllu el derecho de usar en su beneficio una parte de la tierra.

Los dioses principales de los incas eran el Sol y su hermana, la Luna. Los incas respetaban a los dioses de los pueblos sometidos y a sus lugares sagrados, pero imponían a sus dioses como dioses principales. El culto a los antepasados era un aspecto central de la religión inca. Machu Picchu era el centro sagrado y fortaleza de los incas. Se encuentra en la cima de una montaña. A pesar de no tener ni caballos, ni ruedas, ni un sistema de escritura, las autoridades se mantenían en contacto con todo el Imperio. Tenían una red de caminos que conectaban las regiones y por las que circulaban mensajeros— los chasquis— que con relevos, hacían alrededor de 400km al día. Su manera de "escribir" era el quipu, conjunto de cuerdas, unas largas principales, de las cuales colgaban otras más pequeñas.

Investigar. Busca más información sobre algún tema relacionado con el imperio inca y prepara un informe para presentar en clase.

Aprendamos 1

Expressing feelings and emotions: Subjunctive in noun clauses

Noun clauses are dependent clauses that can be replaced by the word *this*. To find the noun clause, ask the question *What* + the verb of the main clause.

Nosotros lamentamos **que Uds. estén preocupados por sus cosechas**.

¿Qué lamentamos nosotros? → que Uds. estén preocupados por sus cosechas = *Noun clause*

Verbs that express a feeling or emotion also require the subjunctive when there is a change of subject. These are the expressions of emotion that trigger the subjunctive in the dependent clause.

alegrarse (de)	estar triste	molestar(se)	sorprender(se)
estar contento/a	lamentar(se)	sentir	tener miedo (de)

Me alegro de que Uds. **colaboren** en las relaciones entre las etnias y el gobierno.

I am glad that you are collaborating in the relations between the indigenous groups and the government.

5-17 El imperio inca. Después de leer la **Ventana al mundo** en la página 139 sobre los incas, escribe oraciones con estas expresiones y compártelas con tu compañero/a.

MODELO: Me sorprende que los incas tengan agua caliente y fría.

1. Me sorprende que los incas...
2. Me alegro que los incas...
3. Siento mucho que los incas...
4. Estoy contento/a de que los incas...
5. Lamento que los incas...

5-18 Violación de los derechos humanos. En grupos piensen en por lo menos tres situaciones en las que se vea que no se respeta algún derecho dentro de tu comunidad o en otros países. Luego, expresen sus sentimientos y reacciones ante las situaciones presentadas.

MODELO: *Violación al **Artículo 19**. Todo individuo tiene derecho a la libertad de opinión y de expresión.*

SITUACIÓN: *En nuestra ciudad acaban de cerrar un canal de televisión.*

REACCIÓN: *Lamentamos que el gobierno cierre un canal tan popular.*

Aprendamos 2

Giving advice, suggesting, and requesting: Subjunctive in noun clauses

1. Remember that the subjunctive is used to express subjectivity. In situations when you want to give advice or suggestions, there is a strong element of subjectivity. These are not factual statements. Therefore, use the subjunctive.

   Verbs used to give advice or suggest:

aconsejar	proponer	recomendar	sugerir

Te aconsejo que **leas** la Declaración de los Derechos Humanos.

I advise you to read the Declaration of Human Rights.

2. The subjunctive is also used when you want to get someone to do something. You may request or command that something be done.

Verbs used to request:

decir	insistir en	pedir	preferir	rogar

Verbs used to command:

exigir	mandar	ordenar	permitir	prohibir

Exigimos que **se respeten** sus derechos.   *We demand that their rights be respected.*

Note: The verb **decir** requires the subjunctive when it is used in giving a suggestion or command; however, when reporting what someone said, it is followed by the indicative.

El jefe **les dice** a los artesanos que **vendan** sus artesanías por un precio justo.

(Suggesting) *The chief tells the artisans to sell their wares for a fair price.*

Rigoberta Menchú **dijo** que el gobierno violaba los derechos humanos de los indígenas.

(Reporting) *Rigoberta Menchú said that the government violated the rights of the indigenous population.*

5-19 Un mundo ideal. Según la Declaración de los Derechos Humanos, todos los seres humanos deben tener los siguientes derechos. Modifica las frases según el modelo.

MODELO: respetar la igualdad (pedir / todos nosotros)
La Declaración pide que todos nosotros respetemos la igualdad.

1. poder estudiar de forma gratuita (insistir en que / los niños)
2. tener vacaciones pagas (aconsejar / todo trabajador)
3. recibir un mismo salario por el mismo trabajo (mandar / hombres y mujeres)
4. tener acceso a una vivienda digna (ordenar / nosotros)
5. decidir libremente con quien querer casarte (exigir / tú)
6. expresar sus ideas con libertad (pedir / el periodismo)

5-20 ¿Qué me aconsejas? Escribe en un papel un problema que te preocupe o te inquiete. Puede ser serio como en el modelo o algo divertido, insólito u original. Entrégale el papel al/a la profesor/a. El/La profesor/a va a repartir las hojas entre los miembros de la clase. En pares, lean los problemas presentados por otros/as estudiantes y den por lo menos dos consejos para cada uno, explicando por qué recomiendan eso.

MODELO: Problema: *Mis amigos y yo queremos saber más sobre la libertad de expresión en el mundo.*

E1:   *Yo les aconsejo que busquen informes de ONGs sobre el tema.*
E2:   *Yo les sugiero que tomen una clase de sociología política para saber cuáles son los países donde hay censura política hoy en día.*

5-21 En la comunidad universitaria. Tu compañero/a y tú forman parte de un comité para mejorar la vida universitaria. Uds. son responsables de elaborar una lista con las exigencias, prohibiciones, órdenes, pedidos y mandatos que el comité quiere que se implementen en la universidad. Presenten su lista a los otros grupos y elaboren una lista común.

MODELO: *Nosotros pedimos que se ofrezca un seguro de salud a bajo precio para todos los estudiantes.*

5-22 ¿Cómo mejorar las relaciones? En tu comunidad, hubo varios enfrentamientos entre dos grupos de adolescentes. Lean las situaciones problemáticas y preparen cinco sugerencias para evitar las peleas. Usen algunos de estos verbos.

aconsejar	decir	insistir en	preferir	proponer	recomendar	sugerir

MODELO: *Les recomendamos que organicen charlas sobre el respeto a la diversidad.*

Situaciones:

1. Escribieron grafitis racistas en contra de un grupo en el baño de la escuela.
2. Usaron lenguaje ofensivo en la cafetería en contra de un miembro de otro grupo.
3. Atacaron a un miembro del grupo durante un partido de fútbol.
4. Pintaron con aerosol las ventanas del coche de un miembro del grupo.
5. Hubo una pelea de los dos grupos en el parque de la ciudad. La policía intervino.

5-23 ¿Cómo conseguir el dinero? Uds. son parte de un comité de jóvenes que organiza actividades recreativas. Necesitan obtener 190.000 dólares para cubrir los gastos. Expliquen lo que desean hacer y dónde pueden conseguir el dinero. Pueden usar algunos de estos verbos.

aconsejar	exigir	ordenar	prohibir	recomendar
decir	mandar	permitir	proponer	sugerir

MODELO: *Nosotros proponemos que el ayuntamiento contribuya con 30.000 dólares para alquilar un lugar de encuentro para los estudiantes.*

5-24 Ayúdame, por favor. Los amigos suelen ser buenos consejeros. Piensa en algún problema que te gustaría resolver y preséntaselo a un/a compañero/a. Él/Ella te dará algunas soluciones. Luego, ayuda a tu compañero/a a resolver su problema.

aconsejar	pedir/recomendar	ser bueno que…	ser necesario que

MODELO: E1: *Mi compañero/a de cuarto hace mucho ruido por la noche cuando yo quiero dormir.*
E2: *Te recomiendo que hables con él/ella y le pidas que no haga tanto ruido.*

Ventana al mundo

El imperio azteca

El llamado imperio azteca fue un estado que floreció en el siglo XIV en Mesoamérica y que estaba formado fundamentalmente por el grupo de los mexicas. Los mexicas y sus aliados establecieron su dominio sobre numerosos pueblos. La capital era Tenochtitlán, que es ahora la Ciudad de México. Los aztecas eran fundamentalmente guerreros y conquistaron a muchos otros pueblos. La sociedad estaba gobernada por el emperador que tenía un poder absoluto. Luego seguían los guerreros y sacerdotes. La mayor parte de la población estaba formada por artesanos, agricultores y empleados públicos, que se organizaban en grupos llamados calpulli. También había esclavos. Algunos esclavos podían pagar un tributo y obtener la libertad; otros eran prisioneros de guerra y podían ser sacrificados.

Ruinas aztecas en México.

Los aztecas hablaban náhuatl. La escritura mezclaba pictogramas, ideogramas y signos fonéticos y quedó reflejada en los códices. Creían y adoraban a varios dioses, por ejemplo, a Coatlicue (la diosa de la tierra), Huitzilopochtli (el dios de la guerra) y Tlazoltéotl (la diosa del placer).

La astronomía era una de las ciencias fundamentales para los aztecas. Conocían la frecuencia de los eclipses de sol y de luna y crearon un calendario muy complejo. Desarrollaron también la medicina y conocían las propiedades curativas de muchas plantas y animales. Los sacrificios humanos les permitieron tener buenos conocimientos de anatomía. Su arquitectura quedó reflejada en las pirámides escalonadas en Cholula, Teotihuacán y Xochicalco. La educación era obligatoria y se realizaba en casa. Solo los nobles iban a la escuela.

Investigar. Selecciona alguno de los aspectos mencionados en la **Ventana** (educación, religión, astronomía, arquitectura, etc.) y prepara un informe para presentar en clase.

Aprendamos 3

Expressing doubt, denial, and uncertainty: Subjunctive in noun clauses

1. The subjunctive is used when there is doubt, uncertainty, or denial in the mind of the speaker. Study these verbs and expressions.

Verbs of doubt and denial:

dudar	negar	no creer	no pensar	¿creer?	¿pensar?

Expressions of uncertainty:

quizá(s)	tal vez

Dudo que Uds. **conozcan** la leyenda maya de la creación del mundo.

I doubt that you know the Mayan legend of the creation of the world.

No creo que ellos **sepan** cuántos habitantes había en Mesoamérica en el siglo XV.

I don't think that they know how many inhabitants there were in Mesoamerica in the 15th century.

¿Crees que los campesinos **vendan** bien sus productos?

Do you think that the peasants sell their products well?

As seen in the above examples, the subjunctive is used mostly in the negative and the interrogative forms.

Now study these examples in which the indicative is used. If the assertion is not in doubt then the indicative is used.

No hay duda de que la civilización azteca **construyó** grandes ciudades.

There is no doubt that the Aztec civilization built great cities.

When **pensar** and **creer** appear in a question, they can also be followed by the indicative if there is no doubt in the mind of the speaker. **Pensar** and **creer** are used in rhetorical questions too.

¿Piensas que esto **está** bien?

Do you think this is right?

¿Crees que **hay** tiempo para hacer todo?

Do you think there is time to do everything?

Creer and **pensar** do not require the subjunctive in the affirmative form because there is no doubt implied.

Yo **creo** que los campesinos **son** explotados. *I believe that the peasants are exploited.*
Nosotros **pensamos** que las comunidades *We think that the indigenous communities*
  indígenas **necesitan** ayuda. *need help.*

2. The subjunctive is used when the expressions of uncertainty—**tal vez** and **quizá(s)**, both meaning *maybe* or *perhaps*—express doubt. But if there is some certainty about the matter expressed, the indicative is used.

Quizás venga, pero no sé. *Perhaps he'll come, but I don't know.*
Tal vez viene porque me dijo que quería *Maybe he's coming because he told me*
  verte. *he wanted to see you. (You can see the
  person walking toward you.)*

The same is true for **probablemente** and **posiblemente**. They may be used with the indicative or the subjunctive, according to the degree of certainty or uncertainty that the speaker wishes to express.

Probablemente venga porque dijo que (Doubt: *He may or may not come*)
  quería verte.
Probablemente viene porque me dijo (Certainty: *The speaker can see him arrive.*)
  que quiere verte. (*colloquial*)

 5-25 ¿Qué pasa ahora en Mesoamérica? En parejas expresen si creen o dudan las siguientes afirmaciones sobre la vida actual en Mesoamérica. Formen nuevas oraciones con las expresiones de duda o de certeza.

MODELO: La Iglesia defiende a las minorías indígenas de esta región.

E1: *Es cierto que la Iglesia defiende a las minorías indígenas. Tú, ¿qué crees?*
E2: *No creo que la Iglesia haga bastante por las minorías indígenas.*

1. El índice de analfabetismo de Mesoamérica no es muy alto.
2. Los campesinos cultivan grandes áreas de tierra.
3. Los mestizos tienen los mismos derechos que los blancos.
4. Rigoberta Menchú defiende los intereses de esta región.
5. No hay muchas ruinas mayas y aztecas en esta región.
6. Todavía hoy se ofrecen sacrificios a los dioses, pero no se les ofrecen vidas humanas.

5-26 Los reporteros. Uds. son reporteros y están haciendo una lluvia de ideas para escribir un artículo sobre las minorías de su región. Formen frases con los elementos de las tres columnas y agreguen sus propias ideas. Luego, compártanlas con los otros grupos. Escojan el subjuntivo o el indicativo, según el grado de certidumbre que tengan.

MODELO: *Quizás las minorías de la región mantienen sus propias tradiciones porque vivimos en una región multicultural.*

	(no) hablar sus lenguas	los padres (no) querer...
posiblemente	(no) haber diferentes grupos	el gobierno (no) apoyar...
probablemente	(no) tener diferentes religiones	la población (no) interesarse...
quizás	(no) haber programas educativos bilingües	la comunidad (no) desear...
tal vez	(no) vivir con sus propias tradiciones	los ciudadanos (no) respetar...

5-27 Uds, ¿qué creen? Con otros/as dos compañeros/as conversen hasta llegar a un acuerdo sobre las siguientes afirmaciones. Pueden usar algunos de estos verbos. Tomen notas durante la conversación para poder informar al resto de la clase.

(no) creer	(no) dudar	negar	pensar	saber	ser cierto

MODELO: Los indígenas de hoy en día no trabajan la tierra. Trabajan en las maquiladoras.

E1: *Dudo que todos trabajen en las maquiladoras. Creo que algunos trabajan la tierra.*

E2: *No creo que muchos trabajen la tierra, porque no tienen muchas tierras para trabajar.*

E3: *Pienso que algunos trabajan en las maquiladoras y otros no.*

1. Los indígenas ganan mucho dinero con la venta de sus productos.

2. El respeto por los derechos humanos en América Latina varía mucho de un país a otro.

3. En México, se hablan más de 150 lenguas indígenas.

4. En nuestro país, no existen minorías indígenas.

5. En nuestro país, respetamos a todos los grupos minoritarios.

6. ¿…?

5-28 ¿Qué pasa en esta región? En cada región existen grupos de diferentes culturas. Indiquen lo que Uds. saben de estos grupos. Preparen un informe para la clase que describa la conducta de los diferentes grupos usando algunos de estos verbos.

(no) creer	(no) dudar	negar	pensar	saber	ser cierto

MODELO: Grupos que hablan otras lenguas

No es cierto que en nuestra región los diferentes grupos culturales hablen otras lenguas. Todos se han asimilado y hablan el inglés. Tal vez los adultos hablen otra lengua pero dudo que los jóvenes lo hagan.

1. Grupos que hacen sacrificios religiosos

2. Grupos que tienen diferentes religiones

3. Grupos que participan en programas educativos bilingües

4. Grupos que viven con sus propias tradiciones

5. ¿…?

5-29 Yo creo que esto puede mejorar. En grupos, piensen en los tres problemas más urgentes de la humanidad en relación a los derechos humanos. Luego, expliquen cuáles de ellos es probable que mejoren, cuáles no tienen duda de que van a mejorar y cuáles creen que no van a solucionarse a corto o mediano plazo. En todos los casos, expliquen el por qué de sus afirmaciones.

Ventana al mundo

El calendario maya y sus astrónomos

Los pueblos de Mesoamérica se destacaron en la astronomía. Sus astrónomos tenían un calendario más exacto que el que existía en Europa en esa época. Empleaban el calendario de 365 días y uno de 260, utilizando, además, la "rueda calendárica" de 52 años. El calendario de 365 días, llamado "Yza," era el calendario solar. El de 260 días, llamado "Piye," era el calendario ritual.

El año solar era de 18 meses de 20 días cada uno, más cinco días adicionales al final del año. La combinación de los 20 signos de los días con 13 números formaba el calendario ritual de 260 días.

Los aztecas tenían una concepción cíclica del tiempo. Le daban mucha importancia a la observación astronómica; por eso podían predecir los eclipses solares y lunares.

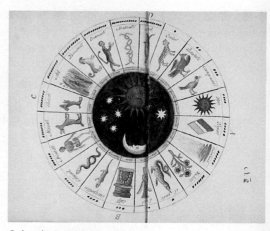

Calendario maya.

¿Cuál es tu calendario personal? Cada persona tiene un calendario particular que refleja el ritmo de su vida durante un año. Incluye, por ejemplo, época de fiestas, temporada de vacaciones, meses de trabajo intensivo, meses de estudio. Descríbele a tu compañero/a tu calendario personal del año.

Conversemos sobre las lecturas

Antes de leer

Estrategia de lectura: *Main idea and supporting elements*

When you read, it is important to be able to differentiate the main idea from the details that support or develop the topic. Often, you can find the main idea stated at the beginning of the paragraph. It is stated in the topic sentence. The sentences that follow it expand upon or develop the topic sentence.

5-30 La formación de la tierra. Lean este fragmento del Popol Vuh. En parejas, escojan la idea principal en cada uno de los dos párrafos. ¿Cuáles son los detalles que apoyan la idea principal en cada caso?

Ilustración del Popol Vuh por D. Rivera

El Popol Vuh: La formación de la tierra

"Primero se formaron la tierra, las montañas y los valles; se dividieron las corrientes de agua, los arroyos se fueron corriendo libremente entre los cerros y las aguas quedaron separadas cuando aparecieron las altas montañas.

Así fue la creación de la tierra, cuando fue formada por el Corazón del Cielo, el Corazón de la Tierra, que así son llamados los que primero la fecundaron, cuando el cielo estaba en suspenso y la tierra se hallaba sumergida dentro del agua."

El párrafo uno presenta:

a. La creación de los animales

b. La formación de la Tierra

c. La división del agua

El párrafo dos presenta:

a. Quienes crearon la Tierra.

b. Los nombres de los dioses más importantes

c. La creación del hombre y la mujer

5-31 La creación. ¿Qué otras historias de la creación de la Tierra conoces? Descríbelas con todos los detalles que puedas.

▬Vocabulario de las lecturas ▬

Estudia estas palabras para comprender mejor los textos.

Vocablo	Explicación	Palabra en uso
aislado/a	*isolated*	Me siento **aislado** cuando no hablo con nadie.
apresar	*to capture*	**Apresaron** al líder de la rebelión.
bajar	*to lower, go down*	El indígena **bajó** la cabeza cuando se le acercó el jefe de la tribu.
la bandera	*flag*	El soldado saludaba la **bandera**.
confiar en	*to trust in*	Mis hermanos **confiaban en** mí cuando era pequeña.
el conocimiento	*knowledge*	Los mayas tenían un gran **conocimiento** de la astronomía.
el consejo	*council*	El **consejo** administrativo toma decisiones importantes.
demorar en	*to delay in*	No **demoremos en** declarar la paz.
engañar	*to deceive*	Dijo una mentira para **engañar** a los indígenas.
matar	*to kill*	**Mataron** a muchos inocentes durante la represión política.
el/la mestizo/a	*person of half Spanish, half Native-American descent*	Los **mestizos** son un veinte por ciento de la población.
oscurecer (zc)	*to get dark*	El cielo se **oscureció** durante el eclipse solar.
la piedra	*stone*	Los sacrificios se hacen sobre **piedras** sagradas.
rodeado/a	*surrounded*	Se encontró **rodeado** de indígenas, sin saber qué decirles.
el rostro	*face*	Ella tiene un **rostro** angosto y ojos expresivos.
el sacerdote	*priest*	El **sacerdote** se preparaba para la ceremonia religiosa.
salvar	*to save (a life)*	El fraile trató de **salvar** la vida.
el temor	*fear*	Nunca tiene miedo; para ella no existe el **temor**.

5-32 Explícame. Usa circunlocuciones para expresar el significado de las palabras. Escoge palabras del **Vocabulario de las lecturas** y explícaselas a tu compañero/a. Él/Ella debe adivinar qué palabra es.

5-33 Los sacrificios. Completa el párrafo con la forma correcta de las palabras del vocabulario.

Ofrecer sacrificios humanos a los dioses era una costumbre practicada por muchas

religiones. Los mayas, en general, sacrificaban a sus prisioneros de guerra. Un

(1) _____ de sacerdotes se reunía alrededor de una (2) _____ sagrada.

Los prisioneros, llenos de (3) _____, intentaban (4) _____ su vida y

(5) _____ a sus captores para poder escapar. El sacrificio no era una actividad

(6) _____; era parte de una ceremonia en la que participaba todo el pueblo. Los

indígenas creían que los dioses serían siempre jóvenes si se les ofrecían estos sacrificios.

5-34 Opiniones. El cuento *El eclipse* habla de la sabiduría de los pueblos indígenas. Antes de leerlo, indica qué opinas sobre las siguientes afirmaciones. Escribe si estás de acuerdo o no con ellas y explica por qué. Comparte tus opiniones con otro/a compañero/a.

1. Los españoles sabían más de astronomía que los indígenas de Mesoamérica.
2. Los españoles aprendían las lenguas indígenas rápidamente.
3. Los españoles respetaban las costumbres y tradiciones indígenas.
4. Cuando llegaron los españoles, los indígenas de Mesoamérica sabían mucho de astronomía.
5. Los mayas podían predecir los eclipses solares y lunares.
6. Los mayas tenían grandes conocimientos matemáticos.

LECTURA

Augusto Monterroso (1921–2003)

Augusto Monterroso era guatemalteco, pero vivió en México desde 1944 hasta su muerte. Escribió, sobre todo, relatos y microcuentos. "El eclipse" es parte de la colección *Obras completas y otros cuentos*, publicada en 1959. En él, Monterroso narra la historia de un sacerdote español que intenta engañar a los indígenas para escapar de un sacrificio.

El eclipse

Un guerrero azteca simulando una ceremonia.

Cuando Fray Bartolomé Arrazola se sintió perdido, aceptó que ya nada podría salvarlo. La selva poderosa de Guatemala lo había apresado, implacable y definitiva. Ante su ignorancia topográfica se sentó con tranquilidad
5 a esperar la muerte. Quiso morir allí, sin ninguna esperanza, aislado, con el pensamiento fijo° en la España *fixed* distante, particularmente en el convento de los Abrojos, donde Carlos V condescendiera una vez a bajar de su eminencia para decirle que confiaba en el celo° religioso *zeal*
10 de su labor redentora°. *redeeming work*

Al despertar se encontró rodeado por un grupo de indígenas de rostro impasible que se disponía° a sacrificarlo ante un altar, un altar que a Bartolomé le pareció *se preparaba* como el lecho° en que descansaría, al fin, de sus temores, de su destino, de sí mismo. *la cama*

Tres años en el país le habían conferido° un mediano dominio de las lenguas nativas. *dado*
15 Intentó algo. Dijo algunas palabras que fueron comprendidas.

Entonces floreció en él° una idea que tuvo por digna de su talento y de su cultura *se le ocurrió* universal y de su arduo° conocimiento de Aristóteles. Recordó que para ese día se esperaba *muy difícil* un eclipse total de sol. Y dispuso°, en lo más íntimo, valerse de° aquel conocimiento para *decidió / make use of* engañar a sus opresores y salvar la vida.
20 —Si me matáis —les dijo— puedo hacer que el sol se oscurezca en su altura.

Los indígenas lo miraron fijamente y Bartolomé sorprendió la incredulidad en sus ojos. Vio que se produjo un pequeño consejo, y esperó confiado, no sin cierto desdén.

Dos horas después, el corazón de Fray Bartolomé Arrazola chorreaba° su sangre *was gushing* vehemente sobre la piedra de los sacrificios (brillante bajo la opaca luz de un sol eclipsado),
5 mientras uno de los indígenas recitaba sin ninguna inflexión de voz, sin prisa, una por una, las infinitas fechas en que se producirían eclipses solares y lunares, que los astrónomos de la comunidad maya habían previsto y anotado en sus códices sin la valiosa ayuda de Aristóteles.

5-35 ¿Quién lo hizo? Explica quién realizó cada una de estas acciones: ¿Los indígenas o Fray Bartolomé?

1. Sentarse a descansar.
2. Estar perdido en la selva.
3. Descubrir al sacerdote dormido.
4. Prepararse para un sacrificio humano.
5. Querer engañar a los otros.
6. Matar al fraile.
7. Recitar las fechas de los eclipses.

5-36 Cronología. Algunas acciones aparecen en el cuento y otras no. En parejas, seleccionen las acciones de la lista que corresponden al cuento y ordénenlas según el orden en que suceden. Expliquen en oraciones completas el orden de los sucesos.

despertarse	dormirse	escapar	hablar otra lengua
nadar en un río	perder la vida	recitar	rodear
salvar la vida	sentarse	sentirse perdido	traducir

5-37 Y Uds., ¿qué opinan? En grupos pequeños, respondan y comenten las siguientes preguntas y, luego, expliquen sus conclusiones a la clase. Fundamenten sus opiniones y traten de encontrar ejemplos en la historia de los pueblos que hayan estudiado.

1. ¿Qué piensan de la lectura? ¿Cuál es su impresión? ¿Quién engaña a quién?
2. ¿Creen que cuando un pueblo vence a otro es porque tiene mayores conocimientos?
3. ¿Es lógico que los pueblos conquistadores se lleven los tesoros de los territorios conquistados?
4. ¿Engañar es una práctica aceptable dentro de la política?

Diario

Piensa en una situación en la cual tú trataste de engañar a otra persona para salvarte de un problema y, luego, resultó que eras tú quien no había entendido completamente la situación.

Ventana al mundo

Los desaparecidos

Desaparecido es el nombre que se utiliza para referirse a las personas víctimas de crímenes de desaparición forzada, cometidos por las dictaduras militares durante las décadas de 1970 y 1980 en América Latina. La Desaparición forzada se caracteriza por la detención y la privación de la libertad de una persona por parte de agentes del estado y la ocultación de esta detención. En la mayoría de los casos esta desaparición forzada terminaba con el asesinato de la víctima, frecuentemente tras un cautiverio con torturas en un lugar secreto.

La desaparición masiva de personas implicó largos años de sufrimiento para aquellos que buscaban a los desaparecidos. Muchos de los parientes de las víctimas se organizaron para buscar información y reclamar justicia. Así nacieron instituciones como La Agrupación de Familiares de Detenidos Desaparecidos y Ejecutados Políticos en Chile y en Argentina, la Asociación de Madres de la Plaza de Mayo, Abuelas de la Plaza de Mayo e HIJOS. Una de las misiones importantes en la actualidad es tratar de encontrar e identificar a los hijos de desaparecidos nacidos en cautiverio y también promover juicios contra los responsables de las desapariciones.

Organizaciones de los familiares de las víctimas de dictaduras. Busca información sobre alguna organización de familiares de víctimas de dictaduras y prepara un informe para la próxima clase.

Las Madres de la Plaza de Mayo siguen marchando cada jueves con la foto de sus hijos desaparecidos.

POEMA

Marjorie Agosín (1955–)

Marjorie Agosín nació en Chile y vive actualmenete en EE.UU. Es profesora en Wellesley College. Agosín ha recibidio muchos premios por sus obras literarias y también por su compromiso político por la defensa de los derechos humanos en América Latina. El poema pertenece a su obra Circles of Madness: Mothers of the Plaza de Mayo (Círculos de Locura: Madres de la Plaza de Mayo) publicado en 1992.

Cuando me enseñó su fotografía

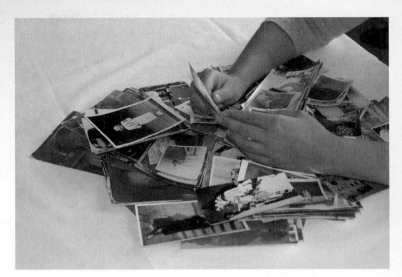

La fotografía de su hija.

Cuando me enseñó su fotografía
me dijo
esta es mi hija
aún no llega a casa
hace diez años que no llega
pero esta es su fotografía
¿Es muy linda no es cierto?
es una estudiante de filosofía
y aquí está cuando tenía
catorce años
e hizo su primera
comunión
almidonada, sagrada
esta es mi hija
es tan bella
todos los días converso con ella
ya nunca llega tarde a casa, yo por eso la
reprocho
mucho menos

20 pero la quiero tantísimo
esta es mi hija
todas las noches me despido de ella
la beso y me cuesta no llorar
aunque sé que no llegará
25 tarde a casa
porque tú sabes, hace años que
no regresa a casa
yo quiero mucho a esta foto
la miro todos los días
30 me parece ayer cuando
era un angelito de plumas en mis manos
y aquí está toda hecha una dama
una estudiante de filosofía
una desaparecida
35 pero ¿no es cierto que es tan linda,
que tiene un rostro de ángel,
que parece que estuviera viva?

5-38 Mis fotografías. Trae a clase dos o tres fotos de los miembros de tu familia en momentos importantes de su vida. Por ejemplo una graduación, una fiesta o baile importante, una boda, un nacimiento, etc. Descríbele lo que pasa en la foto a otro/a estudiante.

5-39 Me dijo. En los dos primeros versos del poema leemos que alguien cuenta lo que dijo otra persona. Contesta las siguientes preguntas en base a la información del texto.

1. ¿Quién es esa persona que habla?
2. ¿A quién describe y cómo la describe?
3. ¿Hace cuánto tiempo que no se ven las dos personas?
4. ¿Qué estudiaba la chica de la foto?
5. ¿Qué momento de la vida de la chica muestra en las fotos?
6. ¿Qué pasó con la chica?
7. ¿Qué sentimientos te produce el poema?
8. ¿Te puedes imaginar cómo es alguna de las tres personas del poema? ¿Cuál? ¿Por qué es así?

5-40 Esperanza. Algunas mujeres desaparecidas estaban embarazadas. La Asociación Abuelas de la Plaza de Mayo, busca a los nietos que nacieron en cautiverio. Ellas ya han recuperado a casi cien niños. Busca información sobre alguno de los casos y prepara una presentación para la clase.

Ventana al mundo

Los mayas

La civilización maya se extendió por el sur de Yucatán, parte de Guatemala y Honduras entre los siglos III y XV. El imperio estaba organizado en ciudades-estados independientes en las que se hablaban distintos idiomas. La sociedad estaba dirigida por los nobles y los sacerdotes que vivían en las ciudades. La base de la economía era la agricultura. Los cultivos más frecuentes eran el maíz, el algodón y el cacao. El cacao fue utilizado como moneda. Utilizaban un sistema de numeración en el que el 20 era la unidad básica. También desarrollaron una escritura muy compleja y escribieron libros de diferentes ciencias. Se conservan algunos códices como el de Dresden o el de París.

La pirámide de Chichén Itzá en Yucatán, México.

Los mayas creían que antes de existir nuestro mundo habían existido otros mundos. Para ellos el universo tenía tres partes: el cielo, la tierra y el inframundo. El dios Itzamná dominaba todo el universo. También tenían otros dioses relacionados con la vida cotidiana como el dios del maíz, de la miel, de la lluvia, del comercio, etc.

Una de las ceremonias religiosas de los mayas era el Juego de Pelota. La cancha representaba la entrada al inframundo. El partido simbolizaba la lucha contra los dioses de las tinieblas. Los equipos solían ser de siete jugadores. Los jugadores debían pegar con la pelota en los discos de piedra de los muros como en el básquet actual. La pelota era de caucho y muy pesada. El capitán del equipo vencedor recibía grandes honores y podía ser ofrendado a los dioses. La cancha de Chichén Itzá es uno de los mejores ejemplos que se conservan.

La arquitectura maya fue muy rica. Las construcciones más importantes de esta época se encuentran en Copán, Tikal y Palenque.

Investigar. Busca más información sobre algún tema relacionado con la civilización maya y prepara un informe para presentar en clase.

Avancemos con la escritura
Antes de escribir

Estrategia de escritura: *Expressing opinions*

When you express an opinion regarding a situation or a particular subject, a great degree of subjectivity comes into play, as you are presenting your own personal views, attitude, or values. Generally, the reason for expressing your opinion is to convince someone else regarding some issue. To do this, you may use logical or emotional arguments, as critics do when writing a review of a book, a movie, a piece of art, or music. When writing, you may start by relating the plot or by describing the work of art, without giving too much information. You want to interest the reader in finding out more about the topic. Then, you express your opinion while supporting it with the necessary details present in the piece. Finally, you may reiterate your opinion, explaining the feelings or thoughts that it produced in you and comparing it to something else.

Palabras de enlace: Opiniones

Estas expresiones se usan para introducir opiniones.

(No) Es importante saber que...	*It is (not) important to know that...*
(No) Estoy de acuerdo con...	*I (don't) agree with...*

Con las siguientes expresiones, presta atención al uso del subjuntivo o del indicativo, según se usen en la forma afirmativa o negativa.

A mí me parece que la ONU **debe** trabajar más duro para solucionar la desigualdad entre los países ricos y los pobres.

A mí no me parece que el analfabetismo vaya a desaparecer pronto del mundo.

(Yo) (no) opino que...	*My opinion is (not)...*
A mí (no) me parece que...	*It (does not) seem(s) to me that...*
(Yo) (no) pienso que...	*I (do not) think that...*
(Yo) (no) creo que...	*I (do not) believe that...*
(No) Estoy seguro/a de que...	*I am (not) sure that...*
Dudo que...	*I doubt that...*
No hay duda que...	*There is no doubt that...*

5-41 **Ayuda para un nivel de vida digno.** Busca información sobre organizaciones que ayudan a combatir la pobreza para que la gente viva con dignidad. Luego, escoge una sola y describe lo que hace para ayudar a mejorar el nivel de vida de los necesitados. Explícale a tu compañero/a por qué escogiste esta organización y de qué forma te gustaría colaborar con ella.

5-42 **Una forma de atacar la pobreza.** Ahora escribe un informe sobre la organización que describiste en el ejercicio previo. Incluye los detalles de la función de la organización, sus proyectos y su ayuda. Agrega cómo tú podrías trabajar con ellos.

A escribir

5-43 **Presentación.** Tienes que presentar la organización que investigaste en la actividad **5-41** a un grupo de estudiantes y a sus padres para que ellos colaboren con la misma. Usando tus notas, escribe un informe que describa el problema y la forma de resolverlo. Expresa tu opinión sobre la tarea de la organización. Debes convencer al público para que colabore con esta organización.

Antes de entregar tu composición, asegúrate de haber incluido y revisado lo siguiente:

* Las expresiones de opinión
* El uso del subjuntivo
* Las **Expresiones útiles**
* El vocabulario del capítulo
* Las palabras de **¡Sin duda!**

🔊 Vocabulario

Los pueblos indígenas

la costumbre	custom, habit
el/la indígena	indigenous person
el/la jefe/a	chief
el/la mestizo/a	person of half Spanish, half Native-American descent
el pueblo	people
el sacerdote	priest

Sustantivos

el/la anciano/a	old / elderly person
la bandera	flag
el/la campesino/a	peasant
el conocimiento	knowledge
el consejo	council
los derechos humanos	human rights
la desigualdad	inequality
la época	epoch, age, period of time
la fuente	fountain; source
el/la generador/a	generator
la hora	hour
el mercado	market
la paz	peace
la piedra	rock, stone
el poder	power
el rato	short time, little while
la razón de ser	reason for being
el rostro	face
el siglo	century
el sistema de salud	health system
el temor	fear
el tiempo	time; weather
el/la trabajador/a	worker
la vez	time
la vida	life

Verbos

apresar	to capture
atacar	to attack
bajar	to lower, go down
confiar	to trust
demorar	to delay
engañar	to deceive
impedir (i, i)	to hinder, prevent
intentar	to try
matar	to kill
oscurecer (zc)	to get dark
violar	to violate; to rape

Adjetivos

aislado/a	isolated
desheredado/a	disinherited
oprimido/a	oppressed
rodeado/a	surrounded

Expresiones útiles

a la larga	in the long run
a su vez	in turn
desgraciadamente	unfortunately
poco a poco	little by little
sobre todo	above all
quizá(s)	maybe, perhaps
tal vez	maybe

Palabras útiles

la aldea	village
la alfabetización	literacy
el analfabetismo	illiteracy
desigual	unequal
entero/a	entire, whole
el/la esclavo/a	slave
explotar	to exploit
la guerra	war
igual	equal, same
la igualdad	equality
el maltrato	mistreatment
subyugar	to subjugate

"Mente sana en cuerpo sano."

Hablemos de la salud

6

Tema cultural
- La salud y la nutrición en el mundo hispánico

Objetivos comunicativos
- Describir el cuerpo y sus estados físicos y mentales
- Hablar de generalidades y dar información
- Hacer recomendaciones y sugerencias
- Pedir turno en el dentista, médico u hospital
- Dar instrucciones y mandatos
- Sugerir actividades grupales

Gramática para la comunicación
- **Se** impersonal
- Mandatos formales
- Mandatos informales
- Mandatos con **Nosotros**
- Uso de pronombres con mandatos afirmativos y negativos

En marcha con las palabras

En contexto: Cuidemos nuestro cuerpo

Para tener buena salud hay que **prestar atención** a los consejos del médico.

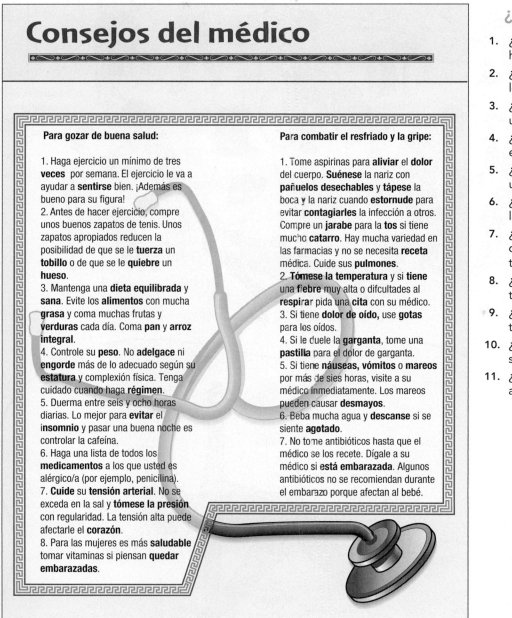

Consejos del médico

Para gozar de buena salud:

1. Haga ejercicio un mínimo de tres **veces** por semana. El ejercicio le va a ayudar a **sentirse** bien. ¡Además es bueno para su figura!

2. Antes de hacer ejercicio, compre unos buenos zapatos de tenis. Unos zapatos apropiados reducen la posibilidad de que se le **tuerza** un **tobillo** o de que se le **quiebre** un **hueso**.

3. Mantenga una **dieta equilibrada** y **sana**. Evite los **alimentos** con mucha **grasa** y coma muchas frutas y **verduras** cada día. Coma **pan** y **arroz integral**.

4. Controle su **peso**. No **adelgace** ni **engorde** más de lo adecuado según su **estatura** y complexión física. Tenga cuidado cuando haga **régimen**.

5. Duerma entre seis y ocho horas diarias. Lo mejor para **evitar** el **insomnio** y pasar una buena noche es controlar la cafeína.

6. Haga una lista de todos los **medicamentos** a los que usted es alérgico/a (por ejemplo, penicilina).

7. **Cuide** su **tensión arterial**. No se exceda en la sal y **tómese la presión** con regularidad. La tensión alta puede afectarle el **corazón**.

8. Para las mujeres es más **saludable** tomar vitaminas si piensan **quedar embarazadas**.

Para combatir el resfriado y la gripe:

1. Tome aspirinas para **aliviar** el **dolor** del cuerpo. **Suénese** la nariz con **pañuelos desechables** y **tápese** la boca y la nariz cuando **estornude** para evitar **contagiarles** la infección a otros. Compre un **jarabe** para la **tos** si tiene mucho **catarro**. Hay mucha variedad en las farmacias y no se necesita **receta** médica. Cuide sus **pulmones**.

2. **Tómese la temperatura** y si tiene una **fiebre** muy alta o dificultades al **respirar** pida una **cita** con su médico.

3. Si tiene **dolor de oído,** use **gotas** para los oídos.

4. Si le duele la **garganta**, tome una **pastilla** para el dolor de garganta.

5. Si tiene **náuseas, vómitos** o **mareos** por más de seis horas, visite a su médico inmediatamente. Los mareos pueden causar **desmayos**.

6. Beba mucha agua y **descanse** si se siente **agotado**.

7. No tome antibióticos hasta que el médico se los recete. Dígale a su médico si **está embarazada**. Algunos antibióticos no se recomiendan durante el embarazo porque afectan al bebé.

¿Comprendes?

1. ¿Por qué es importante hacer ejercicio?
2. ¿Por qué son necesarios los zapatos apropiados?
3. ¿Cómo puedes mantener una dieta equilibrada?
4. ¿Cómo puedes controlar el insomnio?
5. ¿Qué hay que hacer si uno tiene alergias?
6. ¿Por qué hay que cuidar la tensión arterial?
7. ¿Cómo puedes evitar contagiar a otros cuando tienes un resfriado?
8. ¿Qué tienes que hacer si tienes fiebre?
9. ¿Qué puedes hacer si tienes dolor de garganta?
10. ¿Qué puedes hacer si te sientes agotado/a?
11. ¿Cuándo tomas antibióticos?

El ejercicio es esencial para la salud.

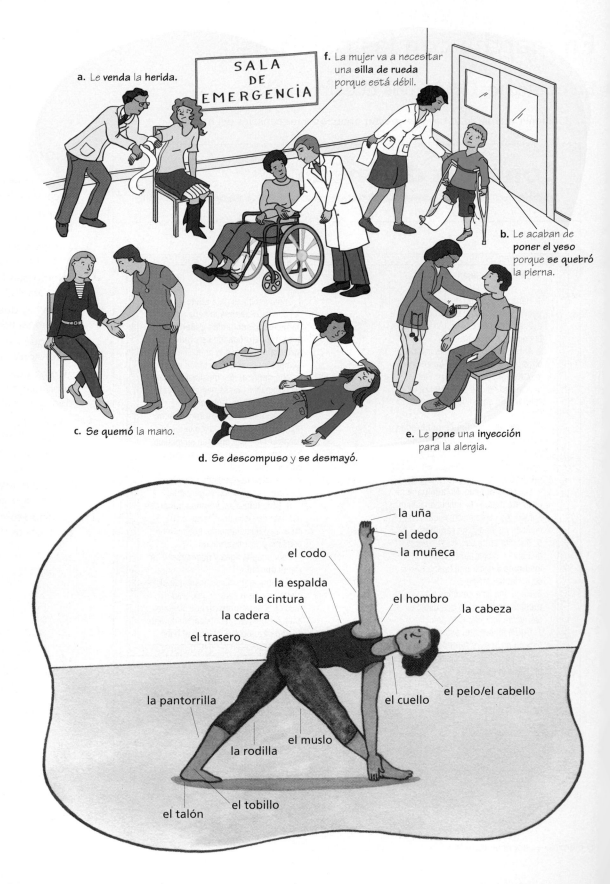

a. Le **venda** la **herida**.

SALA DE EMERGENCIA

f. La mujer va a necesitar una **silla de rueda** porque está débil.

b. Le acaban de **poner el yeso** porque **se quebró** la pierna.

c. **Se quemó** la mano.

d. **Se descompuso** y **se desmayó**.

e. Le **pone** una **inyección** para la alergia.

la uña

el dedo

la muñeca

el codo

la espalda

la cintura

la cadera

el trasero

el hombro

la cabeza

el pelo/el cabello

el cuello

la pantorrilla

la rodilla

el muslo

el tobillo

el talón

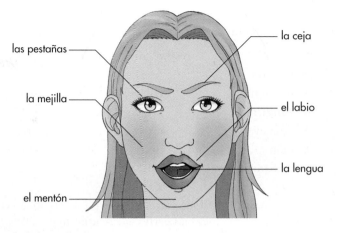

las pestañas — la ceja
la mejilla — el labio
la lengua
el mentón

Palabras conocidas

El cuerpo humano

Estas palabras deben ser parte de tu vocabulario.

La cara	Face		El cuerpo	Body
la boca	*mouth*		el brazo	*arm*
el diente	*tooth*		el estómago	*stomach*
la frente	*forehead*		la mano	*hand*
la muela	*molar*		el pecho	*chest, breast*
la nariz	*nose*		el pie	*foot*
el ojo	*eye*		la pierna	*leg*
la oreja	*ear*			

Expresiones útiles

caer mal	*to not agree with (said of food)*	El pescado que comí anoche me **cayó mal**.	*The fish that I ate last night did not agree with me.*
doler (ue)	*to hurt*	Me **duele** el oído.	*I have an earache.*
hacer régimen/dieta	*to be on a diet*	Quiero bajar diez libras; esta semana voy a **hacer régimen**.	*I want to lose ten pounds; this week I'm going to go on a diet.*
sentar (ie) mal	*not to agree with (said of food)*	La carne de vaca **me sienta** mal al estómago.	*Beef doesn't agree with me/ doesn't sit well on my stomach.*
tener dolor de. . .	*to have a/an. . . ache*	**Tengo dolor de** cabeza.	*I have a headache.*
		A Teresa, le **duelen los huesos**.	*Teresa's bones ache.*
		A mí, **me duele** la espalda.	*My back aches.*
		A ti, no te duele la cabeza.	*You don't have a headache.*

Note: Remember to use the definite article with parts of the body.

Note: The verbs **doler, caer (as in caer mal)**, and **sentar (as in sentar mal)** follow the same pattern as **gustar**. (See page 385 for verbs like **gustar**.)

6-1 ¿Qué palabra no es del grupo? Identifica la palabra que no pertenece a cada grupo y explica por qué no pertenece.

1. mejilla	mentón	(cintura)
2. tobillo	(pestaña)	muñeca
3. pulmón	corazón	(hombro)
4. pantorrilla	rodilla	(espalda)
5. desmayarse	(doler)	marearse
6. oído	(muela)	oreja
7. embarazo	bebé	(gotas)

6-2 Asociaciones. ¿Qué partes del cuerpo se relacionan con las siguientes actividades? En parejas, nombren todas las partes que se utilizan para llevar a cabo las siguientes actividades. Si no es obvia la relación que tienen algunas de las partes, expliquen por qué las mencionaron.

MODELO: jugar al fútbol

Se usan los pies, las piernas y la cabeza. También se usa el pecho para parar la pelota.

1. bailar salsa

2. tocar la guitarra y cantar

3. nadar

4. comer tacos

5. jugar al tenis

6. andar en bicicleta

7. conducir un coche

8. esquiar

6-3 ¿Qué te duele? Pregúntale a un/a compañero/a qué le duele en las siguientes situaciones. Responde a sus preguntas.

MODELO: E1: *¿Qué te duele cuando tienes gripe?*
         E2: *Me duele todo el cuerpo.*

¿Qué te duele cuando…

1. gritas mucho en un partido?

2. toses toda la noche?

3. corres 15 millas?

4. te caes de la bicicleta?

5. juegas al tenis por cinco horas?

6. te comes un pastel de chocolate tú solo/a?

6-4 Cuestionario médico. Imaginen que es su primera visita al centro de salud de la universidad y que tienen que llenar una ficha médica. Respondan a estas preguntas. Expliquen y agreguen información. Cada respuesta debe tener un mínimo de dos oraciones.

MODELO: Tiene buena salud.
         E1: *¿Tienes buena salud?*
         E2: *Sí, tengo buena salud porque nunca me enfermo. Me cuido, como comida sana y hago mucho ejercicio.*
         No, no tengo buena salud porque tengo mucho estrés y me falta energía. Tampoco practico deportes y duermo bastante mal.

Pregúntale a tu compañero/a si…

1. es alérgico/a a alguna comida.
2. se desmayó alguna vez.
3. hace un régimen.
4. se quebró algún hueso.
5. es alérgico/a a la penicilina o a otro medicamento.
6. sufre de insomnio.

6-5 Una cita médica. Imaginen que Uds. son un/a médico/a y un/a paciente. Interpreten los siguientes papeles, siguiendo las claves que se indican.

PACIENTE: *Escoge una de las siguientes posibilidades: tener gripe, quebrarse un brazo, estar embarazada, tener un resfriado con congestión de pecho…*
Explícale al/a la médico/a todos los síntomas que tienes.

MÉDICO/A: *Dale el diagnóstico al/a la paciente e indícale qué debe hacer para curarse o cuidarse.*

6-6 El/La hipocondríaco/a. Todos conocemos a alguna persona que siempre tiene o cree tener alguna enfermedad o está obsesionada con su salud. Imagina que esta persona eres tú.

Paso 1: ¿Qué le pasa don/doña Hipocondríaco/a? Estas preguntas te ayudarán a determinar los síntomas de tu amigo/a hipocondríaco/a. Tomen turnos para contestar las siguientes preguntas. Cada uno/a de Uds. debe guardar las respuestas de su compañero/a para presentarlas a la clase.

1. ¿Qué comidas te caen mal?
2. ¿Cuándo comiste o bebiste algo que te cayó mal? ¿Qué te sentó mal?
3. La última vez que estuviste enfermo/a, ¿qué parte del cuerpo te dolía?
4. ¿Tienes dolor de cabeza muchas veces durante el semestre?
5. ¿Tenías dolor de oído cuando eras niño/a?
6. ¿Tienes algún dolor crónico?
7. ¿Cuántas veces al año vas al médico?
8. ¿Te enfermas con mucha frecuencia?

Paso 2: Presentación. Ahora, presenta a la clase el estado de salud de tu compañero/a, explicado en un párrafo.

MODELO: *El estado de salud de X es desastroso. Le caen mal casi todas las comidas. Le sientan mal las grasas. Le duele la cabeza cada día. Cuando era niño tenía dolor de oído, de piernas, de estómago y de garganta cada día. Siempre cree que está enfermo. Va al médico una vez al mes y a la farmacia cada semana.*

6-7 ¿Qué haces tú? Escribe una lista de cinco cosas que haces para cuidar de tu salud física y mental. Luego, compara tu lista con la de tu compañero/a. ¿Son similares? ¿Qué aprendiste de la lista de tu compañero/a? ¿Hay algo que puedan añadir a sus listas?

Ventana al mundo
Los remedios caseros

Los remedios caseros son muy populares en el mundo entero. En América Latina es una tradición milenaria. Este tipo de recetas forma parte de la tradición oral y se pasa de una generación a otra. Aquí tienes algunas recetas.

Máscaras de belleza caseras.

* Para el pelo reseco y dañado: Mezclar un aguacate *(avocado)* maduro *(ripe)* con un huevo; aplicarlo en el cabello. Dejarlo una hora y enjuagar con agua tibia.

* Para las pequeñas quemaduras domésticas: Tomar una patata, rallarla *(grate it)* y, luego, ponerla sobre la zona afectada.

* Para los dolores de estómago: Poner bastante orégano en un vaso de agua, dejar descansar y tomar el agua.

* Para la piel: Lavarse la cara con leche por la mañana y por la noche. La leche es ideal para la piel.

* Para los resfriados y la bronquitis: Tomar jugo de limón con una cucharada de miel.

* Para la tos y las congestiones respiratorias: Lavar 200 gramos de cebollas, cortarlas en trozos pequeños y colocarlas en la licuadora *(blender)* con seis dientes de ajo. Agregar el jugo de seis limones y miel a gusto. Licuar. Tomar cada media hora, una cucharadita para los niños y una cucharada para los adultos. Disminuir la dosis cuando se está mejor.

¿Y tus remedios caseros? ¿Qué remedios caseros conoces? ¿Quién te los dio? ¿Te resultan eficaces?

— ¡Sin duda! —

sentir — sentirse

Although **sentir** and **sentirse** both translate into English as *to feel*, they have different uses in Spanish. Study the chart below to see how these verbs are used.

Palabra	Explicación	Ejemplo
sentir (ie, i)	*to feel, perceive with the senses; to express an opinion*	**Siento** un olor extraño. *I smell something strange.*
		Siento que no está bien lo que haces. *I feel that what you are doing is not right.*
sentirse (ie, i)	*to feel (well, bad, sad) [modified by an adjective]*	**Me siento** enfermo. *I feel sick.*

receta — recetar

The word **receta** has two meanings in English: **la receta del/de la médico/a** (*prescription*) y **la receta de cocina** (*recipe*).

Palabra	Explicación	Ejemplo
receta	*prescription* (**Prescripción** *is also used in Spanish, but much less frequently than* **receta**.)	La doctora me dio una **receta** para algunos remedios. *The doctor gave me a prescription for some remedies/medicine.*
	recipe	Tengo una **receta** muy buena de gazpacho. *I have a very good recipe for gazpacho.*
recetar	*to prescribe*	¿Te **recetaron** algo para esa tos? *Did they prescribe you something for that cough?*

6-8 ¿Cómo te sientes? Explica como reacciona tu organismo.

Paso 1: Un/a amigo/a consejero/a. Tu compañero/a siempre tiene algún buen consejo para darte. Dile a otro/a estudiante cómo te sientes o qué sientes en estas situaciones. Tu compañero/a debe reaccionar a lo que le dices. Usa la forma correcta de **sentirse bien, mal, fenomenal, agotado/a,** etc.

> MODELO: Siempre estás cansado/a y no tienes energía.
> E1:   *¿Cómo te sientes?*
> E2:   *No me siento bien porque estoy siempre cansado y no tengo energía.*
> E1:   *Debes escuchar a tu cuerpo. Duerme ocho horas al día y toma vitaminas.*

1. Tienes dolor de garganta y de cabeza.
2. Tienes mucho trabajo y estás durmiendo menos de cinco horas por noche.
3. Haces mucho ejercicio y adelgazas cinco libras.
4. Sigues una dieta equilibrada y estás en muy buen estado físico.
5. Tienes catarro.
6. No tienes más insomnio porque el médico te dio unas nuevas pastillas.

Paso 2: Mis malestares. Cuéntale a tu compañero/a un malestar o una enfermedad que tuviste o tienes este semestre. ¿Qué hiciste o estás haciendo para combatirlo/la? Tu compañero/a te puede dar otras sugerencias.

6-9 ¿Qué dirías en estas situaciones? Imagina que te encuentras con un/a amigo/a. Le cuentas tu reacción a estas situaciones, explicando por qué te sientes así. Usa **sentir** en la forma apropiada. Cuidado con el tiempo verbal.

> MODELO: Anoche viste una película de terror antes de irte a dormir.
> *Anoche sentí miedo porque vi una película de terror antes de irme a dormir.*

1. Saliste sin abrigo y hacía más frío de lo que esperabas.
2. La calefacción estaba muy alta en tu dormitorio durante la noche.
3. Tu compañero/a estaba enfermo y cuando entraste en el cuarto había olor a remedio.
4. Crees que tus padres tienen buenas razones cuando te aconsejan que no bebas alcohol.
5. Tu compañero/a va a muchas fiestas en vez de estudiar. No te parece bien lo que hace.

Farmacia antigua en el centro de Buenos Aires.

6-10 El botiquín *(medicine cabinet).* Aquí hay una lista de los remedios que encontramos en la mayoría de los botiquines. Indica para qué se usan y cuáles de estos productos necesitan receta y cuáles son de venta libre.

1. analgésicos
2. antiinflamatorios
3. antiácidos
4. antidiarreicos
5. antialérgicos
6. desinfectantes
7. antibióticos
8. tranquilizantes
9. cremas para quemaduras
10. antihemorrágicos
11. material para vendar heridas menores

6-11 La receta favorita. Pregúntale a un compañero/a cuál es su comida favorita y pídele la receta. Entre todos preparen el libro de recetas de la clase. ¿Puedes indicar el valor nutritivo que tiene?

Ventana al mundo

Los españoles y el cuidado del cuerpo y la salud

La mayoría de la gente (78%) afirma que sus hábitos alimenticios son saludables y siete de cada diez dicen que hacen lo posible por mantener un buen estado de salud, mientras que más de la mitad aseguran que para ellos es muy importante cuidar y mejorar su aspecto físico. Conseguir y mantener, mediante una correcta alimentación, una buena figura, es importante para la mitad de los encuestados, pero siguen siendo pocos los que consumen productos específicos para el cuidado del cuerpo, como anticelulíticos o antiarrugas, antienvejecimiento, etc. Por otra parte, el 19% de los mayores de 14 años reconoce abiertamente llevar una vida sedentaria y el 21% sufre mucho o bastante estrés (más las mujeres —26%— que los hombres, y más en el estatus alto —24%— que en los demás). Por último, las operaciones de cirugía estética siguen siendo muy minoritarias: únicamente el 2% de los españoles mayores de 14 años se han sometido a una de estas operaciones.

La importancia de la imagen física.

¿Y por casa?¿Puedes comparar y comentar lo que se dice de España con lo que pasa en tu comunidad estudiantil? ¿Qué hay similar y en qué difieren las costumbres? ¿Te parece que en tu comunidad es importante cuidar y mejorar el aspecto físico? ¿Cómo crees que se logra? ¿Se consumen en tu comunidad productos para el cuidado del cuerpo? ¿Piensas que la gente lleva una vida sedentaria? ¿Sufre de estrés? ¿Qué piensa la gente en relación a las cirugías estéticas?

— Así se dice

Cómo recomendar y hacer sugerencias

Para recomendar o sugerir algo en forma general, usa las siguientes expresiones seguidas del verbo en **infinitivo**.

(No) Es importante...	*It is (not) important ...*
(No) Es mejor...	*It is (not) better ...*
(No) Es bueno / malo...	*It is (not) good / bad ...*
(No) Es necesario...	*It is (not) necessary ...*
(No) Se debe...	*One / You should (not)...*
(No) Hay que...	*One / You should (not)...*
Es importante hacer ejercicio.	*It is important to exercise.*
Es mejor no comer grasas.	*It is better not to eat fatty foods.*
No es bueno comer demasiado.	*It is not good to eat too much.*
Es necesario aceptar la medicina alternativa.	*It is necessary to accept alternative medicine.*
No se debe comer alimentos fritos muy a menudo.	*You shouldn't eat fried food very often.*
Hay que beber mucha agua durante el día.	*One has to drink a lot of water during the day.*

Para recomendar o sugerirle algo a una persona en particular, usa estas expresiones seguidas del verbo en **infinitivo**.

Tienes que hacer ejercicio aeróbico tres veces por semana.	*You have to do aerobic exercise three times a week.*
Debes tomar vitaminas cuando estás estresado.	*You should take vitamins when you are under stress.*

Cómo pedir turno en el dentista, médico u hospital

Para pedir un turno con un médico, usa las siguientes expresiones. Generalmente, es necesario explicar el problema físico que requiere atención.

Quisiera un turno con el Dr. Blanco, por favor.	*I would like an appointment with Dr. Blanco, please.*
¿Puede darme un turno con la Dra. Ochoa para esta semana, por favor?	*Can you give me an appointment with Dr. Ochoa for this week, please?*
Necesito ver al Dr. Moreno urgentemente, por favor.	*I need to see Dr. Moreno, urgently, please.*
Necesito una cita de urgencia con el/la médico/a de guardia, por favor.	*I need an urgent appointment with the doctor on call, please.*
Tengo que pedir una cita con la Dra. García para el mes que viene.	*I have to make an appointment with Dr. García for next month.*
Quiero pedir hora con el Dr. Pérez.	*I want to ask for an appointment with Dr. Pérez.*

6-12 Para llevar una vida sana. A continuación, Uds. van a encontrar una lista de sugerencias para llevar una vida sana. ¿Están de acuerdo con ellas? Expliquen por qué. Usen las expresiones de la sección **Así se dice**.

MODELO: comer moderadamente
E1: *Es importante / Es mejor comer moderadamente.*
E2: *Creo que tienes razón. Si uno no come mucho y hace ejercicio, es seguro que se siente mejor.*

1. no consumir más del 30% de calorías diarias de grasa
2. comer mucho pescado
3. quitarle la grasa al pollo o a la carne roja
4. eliminar las salchichas, el salame y el jamón
5. comer frijoles porque tienen muchas proteínas
6. usar poco aceite en las ensaladas
7. no freír la comida sino asarla
8. ¿…?

6-13 Consejos contra la gripe A. Lee estos consejos y luego explica lo que hay que hacer para prevenir la gripe.

Diez consejos
para la prevención de la Gripe A

1. Lavarse las manos con agua y jabón, frecuentemente.

2. Ventilar y permitir el acceso de sol en la habitación y la casa.

3. Mantenerse, en lo posible, alejado de las personas con gripe.

4. Evitar saludar con besos y dar la mano.

5. Mantener limpios el baño, la cocina, los teléfonos y los juguetes.

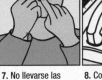

6. No compartir el mate, los vasos o los cubiertos.

7. No llevarse las manos a la boca o a la nariz.

8. Consultar a un profesional si aparece una fiebre de 38º o más.

9. Toser o estornudar en el ángulo interno del codo.

10. No automedicarse.

6-14 Un turno urgente, por favor. Imagina que, durante tu estadía en México, necesitas pedir una cita con un/a médico/a. Llama por teléfono para pedir una cita. Con tu compañero/a, interpreten los siguientes papeles, siguiendo las claves que se indican.

SECRETARIO/A: Contesta la llamada y haz los arreglos necesarios para que el/la paciente vea al/a la médico/a. Hazle algunas preguntas para identificar al/a la paciente y determinar cuál es el problema. Debes establecer la gravedad del problema, la hora, el día y el lugar adonde el/la paciente debe ir.

PACIENTE: Escoge una de las siguientes situaciones, explica tu problema y contesta las preguntas del/de la secretario/a.

1. Tienes un fuerte dolor en el pecho y no puedes respirar normalmente. Llama al hospital de urgencia.
2. Tu esposa está embarazada y el/la niño/a está por nacer. Llama al consultorio del/de la médico/a.
3. Tienes un fuerte dolor de muela y necesitas ver al/a la dentista lo más pronto posible. Llama a su consultorio y pide una cita urgente.
4. Te caíste de las escaleras y te quebraste una pierna. Llama al hospital de urgencia.
5. Hace una semana que no te sientes bien, estás muy cansado/a y tienes mucha tos con catarro. Llama al/a la médico/a.

Diario

¿Recuerdas cuando eras niño/a y te enfermabas? ¿Quién te curaba y te atendía? ¿Qué hacías tú? ¿Te gustaban los remedios que tenías que tomar? Cuenta algún recuerdo de tu infancia relacionado con una enfermedad.

Ventana al mundo

Los españoles y el ejercicio físico

El ejercicio que más practican los españoles es caminar, lo practica más del 75% de la población mayor de 14 años. Luego le siguen las actividades del gimnasio pero solo practicadas por 24% de la población, correr (20%) —en su mayoría hombres— y nadar (17%). También los hombres practican más deportes de equipo que las mujeres. En cuanto a las clases sociales, las clases altas y los más jóvenes practican más todos los deportes que las clases bajas y los mayores.

En relación a la frecuencia del ejercicio, caminar tiene el porcentaje más alto. Un 76% de la población camina todos los días y un 14% tres o cuatro veces por semana. Correr todos los días lo hace el 29% de la

Caminar es el ejercicio más practicado en España.

población y 37% dos o tres veces por semana. Los porcentajes son parecidos para los que hacen ejercicio en el gimnasio. Por tanto, se anda a diario, se acude al gimnasio o se hace gimnasia preferentemente entre dos y cuatro días por semana y los deportes de equipo se practican dos o menos veces por semana.

En Estados Unidos. En tu opinión, ¿cuál es la situación en tu país? ¿Puedes comparar estos datos con los de tu país? ¿Cuál es la actividad física más practicada en EE.UU.? ¿Con qué frecuencia se practica? ¿Los deportes de equipo son muy populares? ¿Las mujeres y los hombres practican deporte en la misma proporción?

🔊 Escuchemos

Laura va al médico. Escucha lo que pasa cuando Laura tiene una consulta con el médico. Luego contesta las siguientes preguntas.

1. ¿Qué síntomas menciona Laura? Enumera al menos cuatro síntomas.
2. ¿Cuál es el diagnóstico del doctor?
3. ¿Qué recomendaciones le da? Incluye al menos dos.
4. Y tú, ¿has ido a la enfermería de tu universidad alguna vez? ¿Cuándo vas a la enfermería de la universidad, y cuándo sueles pedir un turno con el médico? ¿Por qué?

Sigamos con las estructuras

☑ Complete the self-test in your *MySpanishLab* course. If you do not obtain a passing score, you need to review the **Cabos sueltos** Study Materials in *MySpanishLab* or at the back of the book. If you do, you can continue with the following activities.

Repasemos 1

Talking about generalities and giving information: Impersonal *se*

En España **se anda** a diario, **se acude** al gimnasio o **se hace** gimnasia preferentemente entre dos y cuatro días por semana.

6-15 Se come bien en España. Lee este párrafo sobre la comida española y luego contesta las preguntas.

El Ministerio de Sanidad y Consumo y la Universidad Complutense de Madrid hicieron una encuesta sobre la salud de los españoles. Según las conclusiones del estudio, la alimentación de los españoles es sana y variada. Siguen la dieta mediterránea, no excesiva en calorías ni en grasas saturadas, y hay un abundante consumo de pescado, frutas y verduras. Esta es una de las razones por la cual el nivel de colesterol de los españoles no es alto y España ocupa el tercer lugar entre los países con mayor esperanza de vida.

1. ¿Qué se concluye de este estudio?
2. ¿Qué dieta se sigue?
3. ¿Se comen muchas calorías y grasas saturadas?
4. ¿Qué se consume en abundancia?
5. ¿Qué beneficios se consiguen con esta dieta?

👥 **6-16 ¿Se come bien en los Estados Unidos?** En parejas, comparen la dieta española con la estadounidense. Describan lo que se come en los EE.UU. y saquen una conclusión sobre la dieta estadounidense. Usen estos y otros verbos y frases.

| beber | cocinar | comer | consumir | seguir una dieta | usar |

Ventana al mundo
Los frijoles y el arroz en la dieta hispana

Los frijoles y el arroz son los dos ingredientes básicos de la comida centroamericana y caribeña. Hay muchos tipos de frijoles —negros, colorados, pintos, rosas, entre otros— y todos son muy populares. Cualquier clase de frijol se come acompañado de arroz. Se dice que la mezcla del frijol con el arroz representa la unión de la cultura europea con la cultura indígena. La cultura europea trajo el arroz blanco a América y la cultura indígena nos dio el frijol.

Los frijoles aparecen también en muchas comidas mexicanas. Se sirven como acompañamiento en platos con carne, pollo o pescado y también como relleno de las tortillas en los burritos y enchiladas. Es más común acompañar un plato mexicano con frijoles y arroz que con patatas fritas.

Comidas. ¿Conoces alguna comida indígena de EE.UU.? ¿Conoces alguna historia relacionada con esa u otra comida?

Un delicioso plato cubano, acompañado de arroz y frijoles.

Repasemos 2

Telling people what to do: Formal commands

Si es una cena mexicana, **sirvan** enchiladas de pollo.

6-17 A vuelta de correo. Uds. tienen una empresa que resuelve los problemas cotidianos de la gente. La gente les manda mensajes electrónicos y Uds. tienen que darle cinco soluciones simples lo más rápido posible.

Paso 1: El problema. Cada uno/una de Uds. escribe un problema que necesita solución y lo coloca en el buzón.

MODELO: Me resulta imposible levantarme los lunes.

Paso 2: Nuestra respuesta. Abran el buzón, tomen tres o cuatro problemas y en grupos den la respuesta. Usen los mandatos siempre que puedan.

MODELO: Empiece el fin de semana el viernes. Programe su computadora para que la semana empiece el martes. Diseñe un calendario sin lunes. Déle otro nombre al día lunes.

Complete the self-test in your *MySpanishLab* course. If you do not obtain a passing score, you need to review the **Cabos sueltos** Study Materials in *MySpanishLab* or at the back of the book. If you do, you can continue with the following activities.

6-18 Gurb. *Sin noticias de Gurb* es un libro de Eduardo Mendoza. Gurb es un extraterrestre que se pierde en Barcelona al llegar a la Tierra y su compañero de viaje lo busca por toda la ciudad enfrentándose a todo tipo de problemas. Denle cinco consejos de cómo vivir en la tierra. Usen los mandatos formales.

> *Estimado Extraterrestre,*
> *Le deseamos la más cálida bienvenida a nuestro planeta. Estos son nuestros consejos para*
> *vivir en la Tierra.*

☑ Complete the self-test in your *MySpanishLab* course. If you do not obtain a passing score, you need to review the **Cabos sueltos** Study Materials in *MySpanishLab* or at the back of the book. If you do, you can continue with the following activities.

Repasemos 3

Telling people what to do: Informal commands

No conduzcas tu coche, **usa** tu bicicleta para hacer más ejercicio durante el día.

6-19 La bici en la ciudad. Imagin que tú y dos compañeros/as quieren elaborar un lista de consejos para fomentar el uso de la bici en la ciudad y se plantearon las siguientes preguntas. En grupos contesten las preguntas usando los mandatos y por lo menos dos frases en cada respuesta. Presenten sus sugerencias a la clase.

1. ¿Qué hago si no tengo lugar en casa para mi bici?
2. ¿Qué bici elijo para la ciudad?
3. ¿Cómo me visto para ir en bici?
4. ¿Qué hago para que no me roben la bicicleta?
5. ¿Qué precauciones debo tomar cuando ando de noche?
6. ¿Qué no debo hacer mientras voy en bici?
7. ¿Cómo hago para llegar al trabajo en bici y fresco?

6-20 Preguntas insólitas. En un foro de Internet la gente pide ayuda para resolver las siguientes situaciones. Den una respuesta a estas situaciones. Pueden ser tan insólitas como la pregunta. Usen por lo menos un mandato afirmativo y uno negativo para cada situación.

1. Necesito urgente pilas y no tengo ganas de ir a comprarlas.
2. El control remoto de la tele no funciona porque no tengo pilas.
3. Se me cayó el celular en el agua.
4. Me encantaría encargar unas pizzas pero no tengo teléfono porque se me cayó al agua.
5. Está nevando y yo quiero estar en la playa.
6. El gato de mi vecino se mete en casa cada vez que abro la puerta, mi vecino también.

Ventana al mundo

Las tapas

La tapa es una pequeña porción de algún alimento que se come entre las comidas principales. También se puede servir antes de las comidas. Es típico de España y forma parte de la vida social. La gente se encuentra para ir de tapas. Sobre todo los jóvenes van a diferentes bares a tomar una copa y unas tapas, según la especialidad de cada bar.

En general, en los bares donde sirven tapas, existe la opción de pedir diferentes tamaños de porciones —desde media ración a ración entera. Otras veces, las diferentes tapas están en el mostrador (*counter*) y el cliente se sirve y guarda los palillos (*toothpicks*) que, luego, entrega al camarero para pagar las porciones que ha comido. Los montaditos son una variedad de tapas que consisten en pequeños bocadillos (*sandwiches*) con diferentes ingredientes (jamón serrano, queso manchego, salami, pescado, etc.).

Menú turístico. Lee el menú turístico y escoge lo que te gustaría probar. ¿Cuánto vas a gastar? ¿Qué vas a beber?

Café Jaragua

MENÚ de TAPAS

Aceitunas	1.00 €	Marinated Olives
Patatas alioli	1.75 €	Potato Salad with Garlic Mayonnaise
Tortilla tradicional	1.95 €	Spanish Potato and Onion Omelet
Pulpo a la gallega	2.95 €	Baby Octopus
Jamón serrano	3.25 €	Spanish Cured Ham
Boquerones	2.50 €	Marinated Fresh Anchovies
Plato de quesos (cabrales, manchego, etc.)	4.75 €	Spanish Cheeses
Gambas al ajillo	2.75 €	Sizzling Shrimp in Garlic
Croquetas de pollo	2.75 €	Chicken Croquettes
Patatas bravas	1.50 €	Cubed Fried Potatoes in a Piquant Tomato Sauce
Chorizos y garbanzos a la cazuela	2.75 €	Chorizos Simmered in Tomato Sauce with Chick Peas
Calamares fritos	2.25 €	Fried Calamari
Albóndigas	2.75 €	Homemade Tenderloin Meatballs
Morcilla	2.75 €	Traditional Spanish Black Sausage

Aprendamos 1

Telling people what to do: Placement of pronouns with commands

Object pronouns are attached to the affirmative commands, but precede the negative commands. Here we are going to work with the affirmative commands. Study these examples.

1. **Commands with reflexive verbs**

   Informal: Suéna**te** la nariz con pañuelos desechables.   *Blow your nose with paper hankies.*

   Formal: Sáquen**se** los zapatos antes de entrar.   *Take off your shoes before coming inside.*

2. **Commands with direct objects**

   Informal: Si no encuentras la información, búsca**la** aquí.   *If you don't find the information, look for it here.*

   Formal: Cóman**los** ahora que están frescos.   *Eat them now while they are fresh.*

3. **Commands with indirect objects**

   Informal: Da**le** mucha agua de beber.   *Give him a lot of water to drink.*

   Formal: Tápe**le** la boca al niño cuando tose.   *Cover the child's mouth when he coughs.*

4. **Commands with double object pronouns**

   Informal: —Creo que Juan tiene fiebre.   *—I think Juan has a temperature.*
   —Aquí tienes el termómetro. Dá**selo**.   *—Here is the thermometer. Give it to him.*

   Formal: —¿Tomó ella las pastillas para bajar la presión arterial?   *—Did she take the pill to lower her blood pressure?*
   —No, por favor dé**selas**   *—No, please give them to her.*

6-21 Así cocino yo. Todos tenemos algunas manías, costumbres y preferencias con la comida y la manera de cocinar. Dale consejos a un compañero/a usando los mandatos.

MODELO: *Compra los productos en el mercado. Piensa el menú para varios días. Haz una lista. . .*

6-22 Una compañera muy comprensiva. Cuando Ester llega a su cuarto, le cuenta a su compañera lo mal que se siente. Completen el diálogo, usando las órdenes afirmativas.

1. ESTER: No me siento bien. Estoy muy cansada.
   JIMENA: acostarse / en la cama por una hora

2. ESTER: Me siento mareada.
   JIMENA: sentarse / en esta silla.
   Aquí te traigo un té.

3. ESTER: Este té está muy caliente.
   JIMENA: tener cuidado / beberlo despacio

4. ESTER: Estoy muy resfriada y no quiero contagiarte.
   JIMENA: sonarse la nariz / con estos pañuelos desechables

5. ESTER: Tengo mucha tos.
   JIMENA: taparse la boca al toser y tomar este jarabe / tomarlo dos veces por día

6. ESTER: Me siento muy caliente. Creo que tengo fiebre.
   JIMENA: Aquí tienes el termómetro. / usarlo y tomarse la temperatura cada cuatro horas.
   Creo que tienes un fuerte resfriado, con una aspirina y el té, te vas a sentir mejor.

6-23 ¿Qué debo hacer?   Seleccionen uno de los siguientes temas y preparen cinco sugerencias para lograrlo usando los mandatos. Pueden inventar otra pregunta.

¿Qué debo hacer para…

1. tener buenos amigos?
2. conseguir un buen trabajo?
3. sacar buenas notas?
4. ganar mucho dinero?
5. vivir cien años?

Ventana al mundo

Las frutas tropicales

Las frutas que aparecen en la lista son todas originarias de América Latina. Algunas de ellas las podemos encontrar en los supermercados prácticamente todo el año, pues las zonas tropicales tienen pocos cambios de estación.

Estas frutas son especialmente ricas en vitaminas, minerales y fibras, por lo que son ideales para una buena dieta. Fortalecen el sistema inmunitario, ayudan a combatir el estrés y constituyen un poderoso agente contra el envejecimiento.

Algunas frutas y sus beneficios

- **Piña** (ananá): Ideal después de una comida abundante porque ayuda a disolver las grasas.
- **Aguacate** (avocado o palta): Contiene grasa vegetal sin colesterol. Es ideal para consumir en ensaladas o como entrada.
- **Papaya:** Se puede preparar rellena de carne o mariscos, o en ensalada. Hervida sirve para calmar el dolor de estómago.
- **Fruta de la pasión** (maracuyá): Su mayor virtud es combatir el estrés.
- **Guayaba:** Es ideal para la elaboración de tartas y mermeladas. Ayuda con la digestión.

Frutas tropicales. ¿Alguna vez probaste alguna de estas frutas? ¿Te gustó? En tu próxima visita al supermercado, mira cuántas de estas frutas puedes comprar. ¿Son más caras que las otras frutas?

Frutas tropicales en un mercado.

Aprendamos 2

Telling people what not to do: Placement of pronouns with negative commands

You have practiced the affirmative commands; now pay attention to the placement of the object pronouns in the negative commands. They are placed before the verb; in other words, they precede the negative commands. Study these examples.

1. **Commands with reflexive verbs**

   Informal: No **te** quemes en el sol. Usa protector solar.
   Don't burn yourself in the sun. / Don't get a sunburn. Use sunscreen.

   Formal: ¡Cuidado! No **se** tuerza el tobillo.
   Careful! Don't twist your ankle.

2. **Commands with direct objects**

   Informal: No **lo** comas de prisa.
   Don't eat it in a hurry.

   Formal: No **la** contagie.
   Don't infect her.

3. **Commands with indirect objects**

   Informal: No **les** permitas beber cerveza aquí.
   Don't let them drink beer here.

   Formal: No **le** ponga una inyección al enfermo.
   Don't give the sick person a shot.

4. **Commands with double object pronouns**

   Informal: No **se lo** digas.
   Don't tell it to her.

   Formal: No **me los** dé ahora.
   Don't give them to me now.

6-24 La ensalada de frutas. Hemos visto que las frutas son muy buenas para la salud. Imagina que tú y tu compañero/a están haciendo una deliciosa ensalada de frutas. Piensa en sus ingredientes. Cada vez que menciones un ingrediente, tu compañero/a debe decidir si lo deben poner en la ensalada o no. Si no usan un ingrediente, deben explicar la razón por la cual no lo usan. Usen los mandatos familiares y túrnense para mencionar las frutas.

> **MODELO:** E1: *el aguacate*
> E2: *Sí, ponlo en la ensalada. / No, no lo pongas en la ensalada. No me gusta porque no es dulce. Déjalo para hacer el guacamole.*

6-25 De mal humor. Hoy esta persona se ha despertado con el pie izquierdo y nada le viene bien. A todo responde que no. Contesta las preguntas de forma negativa. Utiliza los mandatos y los pronombres cuando sea necesario. Añade dos preguntas y contéstalas.

> **MODELO:** ¿Apago el despertador?
> *No, no lo apagues.*

1. ¿Traigo medialunas para el desayuno?
2. ¿Llamo a Pedro para ir a correr?
3. ¿Te preparo el desayuno?
4. ¿Pongo la ropa a lavar?
5. ¿Cocino algo bueno para el almuerzo?
6. ¿Voy a comprar leche?
7. ¿…?

6-26 Consejos de un nutricionista. Sigamos prestándole atención a la nutrición. Elige uno de los alimentos de la lista **A** y tu compañero/a te dará una orden y un consejo, usando las frases de la lista **B**. Luego, alternen sus papeles.

MODELO: E1: *¿el aceite de oliva? / ser bueno para la salud*
          E2: *Úsalo. Es bueno para la salud.*
          E1: *¿las papas fritas? / no ser saludables*
          E2: *No las comas. No son saludables.*

A	B
1. ¿los huevos?	aumentar el colesterol
2. ¿las frutas?	tener vitaminas
3. ¿la leche?	ayudar al crecimiento
4. ¿el azúcar?	engordar
5. ¿la sacarina?	no ser natural
6. ¿el agua mineral?	mantener la piel sana
7. ¿las verduras?	proveer fibras
8. ¿la sal?	afectar la presión arterial
9. ¿el pan?	contener carbohidratos
10. ¿la carne?	tener proteínas

6-27 La motivación y el entrenamiento. Consejos útiles. Contesta las siguientes preguntas utilizando los mandatos informales y los pronombres cuando puedas. Sigue el modelo. Añade dos preguntas y hazlas a un compañero/a.

MODELO: ¿Debo hacer deportes con otra gente?
          Sí / no perder la posibilidad de hacer nuevos amigos y conservarlos.
          Sí, hazlos con otra gente. No pierdas la posibilidad de hacer nuevos amigos y conservarlos.

1. ¿Debo hacer un diagnóstico antes de empezar el entrenamiento?
   Sí / no empezar un programa de entrenamiento sin hacer un diagnóstico

2. ¿Debo establecer objetivos?
   Sí / no establecer objetivos imposibles / no ignorar tus límites y capacidades

3. ¿Debo variar la actividad?
   Sí / no realizar siempre la misma actividad / alternar la actividad preferida con otras rutinas

4. ¿Debo entrenarme cada día más?
   No / respetar la rutina y consultar un/a entrenador/a profesional para planificar la rutina

5. ¿Debo registrar los progresos?
   Sí / no olvidar los avances y mejorías

6. ¿Debo divertirme en los entrenamientos?
   Sí / elegir la actividad que más te guste y te motive

7. ¿...?

Aprendamos 3

Suggesting group activities: *Nosotros* commands

When you want to get one or more persons to do things with you, use the **nosotros** command. The English equivalent is *Let's (do something together)*.

¡**Vivamos** la vida! Esta noche, **vayamos** de tapas.
Let's live a little! Tonight let's go have some tapas.
Me gusta el vino español. **Tomémoslo.**
I like Spanish wine. Let's drink it.

1. **Form**

   The **nosotros** command is formed by dropping the **-o** in the first-person singular of the present indicative tense, and adding **-emos** for **-ar** verbs or **-amos** for **-er** and **-ir** verbs. It is the same form as the first-person plural of the present subjunctive.

Infinitive	cocinar	aprender	servir	hacer
First-person singular, present indicative tense	cocin**o**	aprend**o**	sirv**o**	hag**o**
Nosotros command	cocin**emos**	aprend**amos**	sirv**amos**	hag**amos**

   Note: The irregularities of the first-person present indicative tense carry over to the **nosotros** command form, as indicated by the two examples, **servir** and **hacer**, in the chart above.

¡**Prestemos** atención a la dieta!	*Let's pay attention to our diet!*
¡**Bebamos** a tu salud!	*Let's drink to your health!*
¡**Hagamos** una fiesta!	*Let's have a party!*

2. **Position of the pronouns**

   Object pronouns are attached to the affirmative command but precede the negative command as you have seen in Aprendamos 1 and 2.

—Necesito pastillas para la garganta.	—*I need throat lozenges.*
—Pues, **comprémoslas.**	—*Then, let's buy them.*

Teresa no sabe lo que pasa.	*Teresa doesn't know what is happening.*
No **se lo digamos.** Es una sorpresa.	*Let's not tell it to her. It's a surprise.*

   Note: When adding the pronoun at the end of the **nosotros** command, an accent mark needs to be placed on the word. Place the accent mark on the letter **a** or **e** of the **-amos, -emos** ending.

3. **Verbs with spelling changes and commands**

   Verbs that end in **-car / -gar** change to **-que / -gue** to preserve the hard sound of the **c** and **g** in the command form.

¡**Practiquemos** yoga!	*Let's practice yoga!*
¡**Juguemos** a las cartas!	*Let's play cards!*

   Verbs that end in **-zar** change the **z** to **c** in the command form.

¡**Gocemos** de la vida!	*Let's enjoy life!*
¡**Empecemos** una dieta sana!	*Let's start a healthy diet!*

6-28 Cocinemos. Estas son las instrucciones para hacer un pastel de chocolate. Haz oraciones completas con los elementos dados, usando los mandatos con **nosotros**.

MODELO: *Preparemos un pastel.*

1. primero / romper / dos huevos en un bol

2. luego / batir / los huevos con un poco de azúcar

3. después / cortar / la manteca

4. inmediatamente / agregar / el cacao

5. luego / mezclar / la harina

6. por último / poner / la mezcla en una asadera

7. finalmente / cocinar / el pastel en el horno

6-29 La feria de la salud. Imaginen que Uds. asisten a la feria de la salud y encuentran los siguientes quioscos. Reaccionen a cada situación usando los mandatos con **nosotros**.

MODELO: ¡Qué libros tan interesantes sobre la medicina china! (comprar)
Comprémoslos.

1. Aquí venden jugos naturales. (probar)

2. Este médico presenta técnicas de relajación. (aprender)

3. Esta mujer vende remedios homeopáticos. (mirar)

4. El Dr. Chun va a hablar de acupuntura. (escuchar)

5. Estos maestros enseñan ejercicios para estirarse. (hacer)

6. Aquí hay una máquina que hace masajes con agua. (no usar)

7. Este sillón es para masajes. (no sentarse)

8. Aquí hay unas frutas exóticas. (no comer)

6-30 Planes. Uds. planean hacer una dieta pero no siempre están de acuerdo. Realicen un diálogo siguiendo el modelo. Usen los verbos en la forma imperativa.

MODELO: buscar / una dieta saludable
sí / sacarla / de este libro

E1: Busquemos una dieta saludable.
E2: Sí, saquémosla de este libro.

E1	E2
1. adelgazar / diez libras	sí, pero antes / buscar / una nueva dieta
2. comenzar / la dieta el lunes	no, mejor / empezarla / el primer día del mes
3. practicar / un deporte	sí, como no / jugar / al tenis
4. ahora / almorzar algo liviano	por hoy / comer / bien
5. por ahora / gozar / de la vida	pagar / las consecuencias luego

6-31 Preparemos la comida. Uds. son parte del Club Hispano. Entre los/las dos, están preparando una fiesta donde van a servir tapas. Contesten las preguntas con los pronombres correspondientes. Alternen los roles para preguntar y responder.

> **MODELO:** E1: ¿Hacemos las tapas?
> E2: Sí, hagámoslas.

1. ¿Preparamos la tortilla española? Sí, _____
2. ¿Les ponemos aceite de oliva a los sándwiches? Sí, _____
3. ¿Servimos las aceitunas verdes? Sí, _____
4. ¿Hacemos las croquetas de pollo? No, _____
5. ¿Freímos los calamares ahora? No, _____
6. ¿Cortamos el jamón serrano? No, _____
7. ¿Probamos el queso manchego? No, _____
8. ¿Preparamos las patatas bravas? Sí, _____

6-32 ¿Para quién son los regalos? Los regalos son fuente de bienestar y alegría para los que los dan y para los que los reciben. A continuación Uds. tienen una lista de objetos que pueden regalarles a los/las distintos/as compañeros/as de clase. Indiquen para quién y por qué les dan ese regalo y a quién no se lo quieren dar. Puedes agregar otros regalos.

> **MODELO:** E1: ¿Un libro?
> E2: *Démoselo (Regalémoselo) a Pepito porque le encanta leer. No se lo regalemos a John, ya le regalamos un libro el año pasado.*

un podómetro
una cena para dos
unos patines
una bicicleta de interior
un libro de recetas mexicanas
dos camisetas de deporte

unas zapatillas para correr
una sesión de masajes
un fin de semana en un spa
un abono al gimnasio
una clase de cocina con Ferrán Adriá
¿...?

Ventana al mundo

Las empanadas

Si quieren crear un conflicto entre los latinoamericanos, no es necesario hablar del petróleo ni de las fronteras. Pregúntenles por las empanadas. Cada país reclama su origen y defiende la originalidad de su variedad. La empanada es un pequeño pastel que se hace doblando la masa sobre sí misma para cubrir el relleno (*filling*). Aunque la empanada podría ser motivo de discusiones sobre cuál es la mejor, la más original, la más antigua o la más sabrosa, también este mismo plato demuestra que Latinoamérica es una sola. La empanada representa de alguna manera la historia de la región por sus ingredientes. El trigo y el maíz, la carne y la papa, el tomate, el cordero y las especies picantes unen a todos los países. Puede recibir diferentes nombres como: molote (Colombia), empanada de pino (Chile), llaucha (Bolivia), pastel frito (Brasil), pucacapa (Bolivia), salteña y tucumana

Un rico plato de empanadas.

(Argentina). Hay diferentes rellenos y formas de preparar las empanadas, pero son un alimento básico en toda la región. Existen, en las grandes ciudades, tiendas que preparan diferentes variedades de empanadas, incluso dulces, y que las entregan a domicilio (*deliver them to homes*).

Plato tradicional. ¿Has comido alguna vez empanadas? Cuéntanos. ¿Hay algún plato tradicional que identifique tu región o país? ¿Pides mucha comida a domicilio? ¿Es muy cara?

Conversemos sobre las lecturas

Antes de leer

Estrategia de lectura: *Getting the gist*

Getting the gist means getting the general idea of a passage without paying undue attention to details. When you want to get the gist of the passage, you quickly skim over it to get a sense of the topic presented in the text. Skimming is the actual action of moving your eyes down the page. The end result of skimming is getting the gist of the passage. While not a substitute for careful in-depth reading, this strategy is helpful when you approach a new text. This method can also be applied to listening. In both cases, you do not need to comprehend every word; instead, you try to get a general idea of what's been written or said.

6-33 Las crisis. Lee rápidamente el siguiente párrafo para encontrar la idea general. Luego, decide cuál de las siguientes oraciones sintetiza mejor el párrafo.

1. Es importante pasar por crisis en la vida.
2. Las crisis son malas para la salud.
3. Las crisis nos ayudan a crecer.
4. No hay nada que se pueda hacer ante una crisis.

Las crisis nos ayudan a crecer.

> **La importancia de las crisis**
>
> Una crisis tiene numerosos aspectos positivos. Según los psicólogos, debemos dar gracias a las crisis, porque sin ellas no existiría la posibilidad de mejorar ni de crecer. Las crisis siempre traen consigo un gran poder de transformación. Hay que tener la seguridad de que, cuando todo pase, nacerá algo hermoso.

6-34 ¿Te gusta quejarte? Lean el texto a continuación. Comenten la idea principal, contestando estas preguntas. Luego, presenten a la clase sus conclusiones.

1. ¿Están de acuerdo con lo que dicen los psicólogos?
2. ¿Creen que quejarse ayuda a clarificar los problemas?
3. ¿Cuál es su actitud frente a las situaciones difíciles?

> **Huir de la compasión**
>
> La primera tentación que tenemos cuando llegan los malos tiempos es compadecernos (*to pity ourselves*) y quejarnos de lo mal que nos va. Sin embargo, los psicólogos dicen que este recurso es como una droga dulce que sólo sirve para mentirnos a nosotros mismos, para disminuir nuestras energías y para evitar que reaccionemos con eficacia ante las situaciones difíciles.

Diario

¿Tuviste una crisis alguna vez? ¿Cómo reaccionaste a ella? ¿Qué vas a hacer la próxima vez que tengas una crisis? ¿Hay algo que quieres cambiar?

—Vocabulario de las lecturas

Estudia estas palabras para comprender mejor los textos.

Vocablo	Explicación	Palabras en uso
la angustia	anguish	Tengo una **angustia** que me deprime mucho.
la aurora	dawn	Es difícil que los estudiantes se levanten con la **aurora**.
la ciruela	plum	Me encanta comer **ciruelas** amarillas.
el cuidado	care	El médico la examinó con **cuidado**.
dañar	to hurt, damage	El estrés **daña** las defensas del sistema inmunológico.
empeorar	to get worse	Si no tomas el remedio, vas a **empeorar**.
el higo	fig	Me encanta el dulce de **higo** que hace mi madre.
huesudo/a	bony	Ella tiene manos **huesudas**.
influir*	to influence	Tu actitud puede **influir** en la cura de tu enfermedad.
llenar	to fill up	Se **llenó** de alegría cuando le dieron la buena noticia.
el malestar	discomfort; malaise	Tiene un problema: un pequeño **malestar** en el estómago.
la mente	mind	Este niño tiene una **mente** muy aguda.
morder (ue)	to bite	Quiero **morder** esa manzana deliciosa.
la muerte	death	La **muerte** es siempre triste.
el nervio	nerve	Ella está enferma de los **nervios**.
prevenir*	to prevent	Para **prevenir** la gripe, debes tomar vitamina C.
recién	recently	**Recién** vi a Ana en el hospital.
redondo/a	round	La naranja es una fruta **redonda**.
la sangre	blood	Yo vi que le salía **sangre** de la herida.
el SIDA	AIDS	Ana cuida a los pacientes con **SIDA**[1].
el sueño	dream	Su **sueño** es entrar en la facultad de medicina.
la uva	grape	Ana me dio estas **uvas**.

Note: * **influir** is conjugada like **construir**.

    * **prevenir** is conjugada like **venir**.

[1] **SIDA:** Síndrome de Inmuno Deficiencia Adquirido (*AIDS*)

6-35 ¿Cuáles se relacionan? Escoge la palabra de la lista **B** que se relaciona con cada palabra de la lista **A** y explica por qué.

A	B
1. _____ aurora	a. ocupar por completo un espacio
2. _____ hacer mal	b. líquido rojo que corre por las venas
3. _____ prevenir	c. las primeras luces del día antes de la salida del sol
4. _____ llenar	d. bienestar
5. _____ empeorar	e. evitar
6. _____ malestar	f. dañar
7. _____ sangre	g. mejorar

6-36 Las causas del estrés. Aquí tienes algunas situaciones que causan estrés, e información para combatirlo. Completa las oraciones con la palabra correspondiente. Haz los cambios necesarios. Después, cuéntale a otro/a estudiante qué situaciones son estresantes para ti y cómo las combates.

angustia	dañar	influir	malestar
ayudar	empeorar	luchar	muerte

Situaciones estresantes

1. La _____ de un familiar cercano es una de las causas de mayor estrés.

2. Las personas pesimistas, que sienten mucha _____ en situaciones difíciles, viven estresadas.

3. Cuando trabajo mucho y no hago ejercicio, siento un _____ general en el cuerpo que me causa estrés.

4. La falta de sueño _____ la salud.

Información para combatir el estrés

5. Hablar del problema _____ a clarificar la situación y disminuye el estrés.

6. La actitud mental _____ en la cura del estrés.

7. Para fortalecer el sistema inmunológico, es importante _____ contra las enfermedades.

8. Si una situación _____, hay que tratar de encontrar soluciones diferentes.

6-37 El depresivo y el optimista. ¿Hay alguna manera de ser que ayude a tener un sistema inmunológico saludable? Contesten estas preguntas imaginando una persona sumamente pesimista o una persona sumamente optimista.

1. ¿Estás contento/a con tu trabajo, tu familia y tus relaciones sociales?

2. ¿Sabes expresar tu enojo en defensa de ti mismo/a?

3. ¿Pides ayuda a amigos o familiares cuando estás preocupado/a?

4. ¿Pides favores a amigos o familiares cuando los necesitas?

5. ¿Te niegas a hacer un favor si no te sientes con ganas?

6. ¿Tienes un estilo de vida que incluye una dieta saludable y ejercicio?

7. ¿Hay suficiente espacio para la diversión en tu vida?

8. ¿Te sientes deprimido/a frecuentemente?

Resultados: Si contestas *no* a las primeras siete preguntas y *sí* a la última, necesitas cambiar estas áreas para mantener un sistema inmunológico saludable.

LECTURA

El artículo que vas a leer sostiene que las defensas mentales pueden ayudar a mejorar a las personas enfermas.

La actitud mental: un arma contra la enfermedad

Una buena actitud mental es esencial para combatir las enfermedades. El desarrollo de varias enfermedades puede cambiar según el estado psicológico que la persona exhiba
5 frente a tal estrés. Enfermedades que afectan al sistema inmunológico como las alergias, y el SIDA y aun las infecciones o el cáncer, tienen una posibilidad de mejoría si la persona las enfrenta° con un cuadro
10 psicológico positivo. Una actitud pesimista no aporta° ningún beneficio en cuanto a la curación de enfermedades, mientras que el optimismo puede ser muy efectivo tanto previniendo como combatiendo muchas de
15 ellas.

to face

contribute

La actitud mental puede conquistar muchos obstáculos.

   Se sabe que la mente tiene cierta influencia sobre el cuerpo. Sabemos por ejemplo que los dolores físicos pueden causar depresión y que, por su lado, el malestar psíquico puede también empeorar las enfermedades orgánicas. El estudio de la influencia
20 del estrés en el sistema inmunológico ha creado, recientemente, una nueva disciplina conocida como la psiconeuroinmunología. Dentro de esta disciplina, se han hecho importantes investigaciones sobre la relación entre el cuerpo y la mente en las cuales se ha estudiado cómo la personalidad y el estado psicológico de cada persona afectan la capacidad defensiva del sistema inmunológico.
25   La revista *The New England Journal of Medicine* afirma que "la influencia del sistema nervioso central sobre el sistema inmunológico está bien documentada" y admite que el estado emocional puede influir en las enfermedades en las que está implicada la inmunidad. Otro estudio hecho en la Unión Europea mostró que en el 50% de las enfermedades físicas existe un factor mental, psicológico y emocional.
30   Otras investigaciones presentan evidencia de que el estrés daña las defensas naturales del organismo, como ocurre en el caso de los parientes de los enfermos de Alzheimer, en el de los estudiantes en la época de exámenes o en el de las personas afectadas por la muerte de un ser querido. En estas investigaciones, se puede observar que el sistema inmunológico de las personas estudiadas funcionaba peor a consecuencia tanto del estrés
35 como de la angustia.

En el Hospital Real Marsden de Londres o el Instituto de Inmunología de Colonia, Alemania, mantienen programas de tratamiento psicológico y de acondicionamiento físico para pacientes con cáncer de mama°, con la intención de estimular sus defensas orgánicas. *breast cancer*
Según parece, la psicoterapia, el consejo y el trabajo de grupo han demostrado que mejoran los resultados terapéuticos en pacientes con cáncer. Estos tratamientos han prolongado la vida de pacientes que sufren cáncer de mama metastatizado y melanoma maligno.

Los resultados son prometedores ya que las pacientes que prestan atención a su bienestar psíquico y físico promueven° la esperanza y el espíritu de lucha en su propio organismo y *promote*
tienden a disfrutar de una vida más larga.

Aún así, no se puede afirmar con certeza que las personas con síntomas depresivos tengan una tasa de mortalidad° superior a la de otros grupos, ni tampoco que un tipo *mortality rate*
específico de personalidad propicie° el cáncer. Pero por otro lado, existe la esperanza de que *may foster*
las defensas mentales pueden ayudar a combatir las alergias, el cáncer y las enfermedades infecciosas e inmunitarias.

6-38 ¿Qué piensas? Decide si las siguientes oraciones son ciertas o falsas. Fundamenta tus respuestas, apoyándote en oraciones del texto. Corrige las oraciones falsas, según la información del texto.

1. La mente influye sobre el cuerpo.
2. El cuerpo influye sobre la mente.
3. La depresión nunca contribuye a empeorar las enfermedades orgánicas.
4. El optimismo previene las enfermedades.
5. Las defensas inmunológicas se ven afectadas por la personalidad y el estado psicológico.
6. El estrés no contribuye a que la gente se enferme.
7. Una actitud positiva puede contribuir a curar a un enfermo de cáncer.
8. La psicoterapia y el trabajo de grupo ayudan a prolongar la vida en pacientes con cáncer.
9. El cáncer es más frecuente en personas pesimistas.
10. No hay esperanza de combatir las enfermedades con una actitud mental positiva.

6-39 El poder de la mente. Busquen en la lectura ejemplos que demuestren que la actitud mental influye en las enfermedades. Luego, presenten ejemplos que Uds. conozcan que confirmen esa idea. Compártanlos con la clase.

6-40 Consejos para tener una actitud positiva. En grupos hagan una lluvia de ideas para determinar lo que se puede hacer para combatir la depresión y ser optimista frente a una enfermedad. Luego, compartan sus resultados con el resto de la clase.

POEMA

Pablo Neruda (1904–1973)

Pablo Neruda es uno de los poetas modernos más famosos de Latinoamérica. Nació y se crió en Chile, donde comenzó su carrera de escritor publicando sus primeros poemas en la revista estudiantil *Claridad*. Poco tiempo más tarde, el libro *Veinte poemas de amor y una canción desesperada* (1924) lo hizo conocido en todo el continente. Además de ser un escritor prolífico, Neruda representó a Chile como diplomático en Asia, España y Francia. En 1971 recibió el Premio Nobel de Literatura. Su preocupación fue hacer llegar la poesía a personas de todos los niveles sociales y culturales. Por esa razón, gran parte de su poesía tiene un lenguaje claro y directo, como vemos en este poema de su libro *Odas elementales*.

A ti, manzana.

Oda a la manzana

A ti, manzana
quiero
celebrarte
llenándome
5   con tu nombre
la boca,
comiéndote.
Siempre
eres nueva como nada
10   o nadie,
siempre
recién caída°   *fallen*
del Paraíso:
plena°   *full*
15   y pura
mejilla arrebolada°   *tinged red by the sun*
de la aurora.
Qué difíciles
son
20   comparados
contigo
los frutos de la tierra,
las celulares uvas,
los mangos
25   tenebrosos°,   *dreary*
las huesudas
ciruelas, los higos
submarinos:
tú eres pomada° pura,   *scented cream*

30   pan fragante,
queso
de la vegetación.
Cuando mordemos
Tu redonda inocencia
35   volvemos
por un instante
a ser
también recién creadas criaturas:
aún tenemos algo de manzana.
40   Yo quiero
una abundancia
total, la multiplicación
de tu familia,
quiero
45   una ciudad,
una república,
un río Misisipi
de manzanas,
y en sus orillas°   *banks of the river*
50   quiero ver
a toda
la población
del mundo
unida, reunida,
55   en el acto más simple de la tierra:
mordiendo una manzana.

6-41 ¿Qué dice el poema? Con un/a compañero/a contesten las siguientes preguntas refiriéndose a los versos del poema.

1. ¿Cómo celebra el poeta a la manzana?
2. ¿Cómo describe el poeta a la manzana?
3. ¿Con qué compara a la manzana?
4. ¿Por qué se nombra al queso y al pan?
5. ¿Qué pasa cuando mordemos la manzana?
6. ¿Qué imagen nos dan las palabras "recién creadas criaturas"?
7. ¿Qué imágenes usa para expresar la abundancia de manzanas que él quiere?
8. ¿Qué quiere ver a la orilla del Misisipi?
9. ¿Qué quiere que haga la población del mundo reunida?
10. ¿Cuál es la idea principal del poema?

6-42 ¿Qué me dice a mí este poema? Explica tu reacción al poema. No hay respuestas correctas o incorrectas. Esta actividad es una asociación libre de ideas. Cada cual debe decir cómo reacciona al leer o escuchar este poema. ¿Qué pensamientos, imágenes, ideas, sentimientos o emociones les evoca y por qué?

6-43 Crea tu propia oda. Escoge un objeto familiar y escribe cinco líneas para celebrarlo. Comparte tu oda con tu compañero/a.

Avancemos con la escritura

Antes de escribir

Estrategia de escritura: *Giving instructions*

We often find it necessary to write instructions that tell others how to do something. For instance, we might write recipes for cooking a particular food, instructions on how to use a computer, or lists of chores for each member of the family.

The tone of the instructions may be formal or informal. A note to your roommate will have a more informal tone than a note to your professor. When giving instructions, it is common to use the command form as well as the infinitive.

Study the following examples. For other examples, refer to the instructions of the **En contexto: consejos del médico** on page 157.

Instrucciones usando el infinitivo

Receta para hacer *Dulce de leche rápido:*

- Usar una lata de leche condensada.
- Primero poner la lata sin abrir en una olla con agua hirviendo.
- Hervirla durante una hora.
- Agregar más agua hirviendo a medida que se evapora.
- Luego sacar la lata de la olla y dejar enfriar.
- Por último abrir la lata y servir sobre pedazos de queso, fruta o pan.

Instrucciones usando los mandatos

> Sr. Cartero:
> Si no hay nadie en casa, no deje el paquete en la puerta del frente. Por favor póngalo en la puerta de atrás de la casa.
>
> Muchas gracias,
>
> Irene

Palabras de enlace: Generalidad

Estas son algunas palabras usadas para expresar generalidad.

básicamente	*basically*
generalmente	*generally*
normalmente	*normally*
por lo general	*generally*
principalmente	*principally*
teóricamente	*theoretically*

6-44 La dieta de un ciclista. Uds. son entrenadores/as de un grupo de ciclistas que necesita tener un óptimo nivel de salud para sus carreras. Díganles a estos ciclistas lo que deben comer antes, durante y después de la carrera, según la siguiente información.

MODELO: E1: *Para ganar, tienen que comer huevos en el desayuno.*

E2: *Beban mucho líquido antes de empezar y durante la carrera.*

La dieta de un ciclista

Desayuno: Tres horas antes de la salida se come la comida más fuerte del día.
En ruta: Alimentos que pueden comer mientras están en la bicicleta o durante una breve parada.
Inmediatamente después de la carrera: Una ligera comida a base de cereales.
Cena: La última comida del día, con carbohidratos y proteínas.

A escribir

6-45 ¿Eres una persona sana? Recolecta información sobre el estado de salud de tu compañero/a. Alternen los roles y contesten *sí* o *no* a cada una de las preguntas. Luego lean los resultados a la clase.

1. _____ ¿Manejas positivamente las situaciones estresantes de tu vida?

2. _____ ¿Te haces un examen médico anual?

3. _____ ¿Tienes tiempo libre para ti y para tus amigos?

4. _____ ¿Terminas tu día sin estar demasiado cansado/a?

5. _____ ¿Haces ejercicio durante 20 minutos tres veces por semana o más?

6. _____ ¿Mantienes un peso estable, sin bajar y subir constantemente?

7. _____ ¿Consumes pocos helados, bebidas gaseosas y dulces?

8. _____ ¿Tomas por lo menos ocho vasos de agua por día?

9. _____ ¿Lees las etiquetas de los alimentos para seleccionar los que tienen poca grasa, sodio, etc.?

10. _____ ¿Comes alimentos con poca sal?

11. _____ ¿Evitas el cigarrillo, el alcohol y otros hábitos poco saludables?

12. _____ ¿Tomas una sola copa de alcohol por día, o menos?

Resultados: Si contestas *sí* a la mayoría de las preguntas, te felicitamos. Tienes muy buena salud mental y física. Si contestas *no* a la mayoría de las preguntas, **¡OJO!** puede ser que no estés en muy buen estado, ni físico ni mental. Haz algo para cambiar las respuestas negativas a afirmativas. Pide ayuda.

6-46 Una campaña para la buena salud. Los resultados de la encuesta anterior demuestran que algunos necesitan una guía para mejorar los hábitos que promuevan buena salud. En parejas, preparen un informe con consejos para tener una buena salud física o mental. Usen algunas de las formas del imperativo al escribir su informe.

Antes de entregar tu composición, asegúrate de haber incluido y revisado lo siguiente:

- El uso correcto de los **mandatos**
- El uso correcto del *se* **impersonal**
- Las **Expresiones útiles**
- Las **Palabras de enlace**

🔊 Vocabulario

El cuerpo humano / *The human body*

el cabello	*hair*
la cabeza	*head*
la cadera	*hip*
la ceja	*eyebrow*
la cintura	*waist*
el codo	*elbow*
el corazón	*heart*
el cuello	*neck*
el dedo	*finger*
la espalda	*back*
la garganta	*throat*
el hombro	*shoulder*
el hueso	*bone*
el labio	*lip*
la lengua	*tongue*
la mejilla	*cheek*
la mente	*mind*
el mentón	*chin*
la muñeca	*wrist*
el muslo	*thigh*
el oído	*inner ear*
la pantorrilla	*calf*
el pelo	*hair*
la pestaña	*eyelash*
el pulmón	*lung*
la rodilla	*knee*
el talón	*heel*
el tobillo	*ankle*
el trasero	*buttocks*
la uña	*fingernail, toenail*

Enfermedades y síntomas / *Illnesses and symptoms*

el catarro	*chest congestion, head cold*
el desmayo	*fainting spell*
el dolor de oído	*earache*
la gripe	*flu*
el mareo	*dizziness; seasickness*
el resfriado	*cold*
el SIDA	*AIDS*
la tos	*cough*
el vómito	*vomiting*

Remedios / *Medicines, remedies*

las gotas	*drops*
el jarabe (para la tos)	*(cough) syrup*
el medicamento	*medicine*
la pastilla	*pill*
la receta	*prescription (for medicine); recipe (for cooking)*

Sustantivos

el alimento	*food*
la angustia	*anguish*
el arroz integral	*brown rice*
el botiquín	*medicine cabinet*
la cita	*appointment*
la dieta equilibrada	*balanced diet*
el dolor	*pain*
la estatura	*height*
la grasa	*fat*
la herida	*wound*
el insomnio	*insomnia*
el malestar	*malaise; discomfort*
el/la médico/a de guardia	*doctor on call*
la muerte	*death*
el pan integral	*whole wheat bread*
el pañuelo	*handkerchief*
el peso	*weight*
el régimen	*diet*
la sala de emergencia	*emergency room*
la tensión arterial	*blood pressure*
el turno	*doctor's appointment*
la verdura	*vegetable*
la vez / las veces	*(number of) time/s*

Verbos

adelgazar	*to lose weight*
aliviar	*to alleviate*
contagiar	*to be contagious; to infect*
cuidar	*to take care of*
dañar	*to harm, damage*
descansar	*to rest*
descomponerse	*to be indisposed*
desmayarse	*to faint*

doler (ue)	to hurt
empeorar	to get worse
engordar	to gain weight
estar embarazada	to be pregnant
estornudar	to sneeze
evitar	to avoid
gozar de buena salud	to enjoy good health
influir	to influence
marearse	to become dizzy, seasick
poner el yeso	to put the cast on
poner una inyección	to give an injection/a shot
prevenir	to prevent
quebrarse (ie)	to break
(una pierna, un brazo)	(a leg, an arm)
quedar embarazada	to get pregnant
quemarse	to burn oneself
recetar	to prescribe
respirar	to breathe
sentir (ie, i)	to feel
sentirse (ie, i)	to feel good / bad
bien / mal	
sonarse (ue) la nariz	to blow one's nose
taparse la boca	to cover one's mouth
tener fiebre	to have a fever
tener náusea	to be nauseous
tomarse la presión arterial	to take one's blood pressure
tomarse la temperatura	to take one's temperature
torcerse (ue) (el tobillo /	to twist (one's ankle / wrist)
la muñeca)	
vendar	to bandage

Adjetivos

agotado/a	exhausted
desechable	disposable
equilibrado/a	balanced
saludable	healthy
sano/a	healthy

Expresiones útiles

caer mal	to not agree with (said for food)
hacer régimen/dieta	to be on a diet
prestar atención	to pay attention
sentar (ie) mal	to not agree with (said for food)
tener dolor de. . .	to have a/an. . . ache

Palabras útiles

combatir	to combat
el consultorio	doctor's office
freír	to fry
el frijol	bean
el hígado	liver
la muela	molar
pesar	to weigh
ser alérgico/a	to be allergic
toser	to cough
vomitar	to vomit

> "Trabajo de prisa para vivir despacio."
> —Montserrat Caballé

Hablemos del trabajo

7

Tema cultural
- El trabajo en el mundo hispánico

Objetivos comunicativos
- Hablar de la búsqueda de trabajo
- Motivar y valorar el trabajo de otros
- Describir características generales
- Explicar lo que queremos que otros hagan
- Negar y contradecir
- Describir personas y cosas desconocidas o inexistentes

Gramática para la comunicación
- *Lo* + adjetivo
- Mandatos indirectos
- Palabras indefinidas y palabras negativas
- Subjuntivo en cláusulas adjetivales
- Pronombres relativos

En marcha con las palabras

En contexto: El equilibrio entre el trabajo y la familia

Encontrar el **equilibrio** entre el trabajo y la familia puede ser muy difícil en el ambiente **empresarial** del **momento**, pero no es imposible. Si se **cuenta con** el apoyo de la **empresa**, se puede conseguir un balance entre la vida personal y la actividad **laboral**. No **se trata sólo de** implementar ciertas **políticas** que ayuden a mejorar este conflicto, sino de promover el **desarrollo** de una nueva cultura dentro de las empresas. Para **resolver** este problema, los **directivos** tienen que **capacitarse** para encontrar soluciones creativas y diferentes que consideren a la familia.

Reunión de ejecutivos.

Profesoras del departamento de **Administración** y **Recursos Humanos** de la Universidad Argentina de la Empresa (UADE) explican que las políticas familiares se deben **tener en cuenta** en la **forma** de pensar y de **actuar** de cada organización.

Una de las causas del problema trabajo-familia está en la modalidad del trabajo por **horario** y no por objetivos, lo que va totalmente en contra de la familia. Lo importante no es la cantidad de tiempo que se pasa en la oficina sino los **resultados** que se consiguen. Una alternativa es que cada empleado acuerde con el **gerente** una agenda de trabajo personalizada. **De este modo**, las personas se organizan de la manera que mejor les **convenga** para alcanzar estas metas.

El conflicto trabajo-familia no es problema sólo de la mujer sino del hombre también, porque, en definitiva, afecta a toda la familia. Por tal motivo, no hay que **enfocar** el problema **únicamente** como femenino, sino que hay que buscar soluciones para el **éxito** de todas las personas, sin importar si se trata de hombres o mujeres.

Algunas de las políticas familiares que pueden implementarse en el **ámbito del trabajo** para ayudar a los empleados a **hallar** el equilibrio deseado son las **siguientes**:

- establecer lugares para el cuidado de niños pequeños dentro de la empresa
- ofrecer horarios **amplios** de entrada y salida
- ofrecer la posibilidad de trabajar **tiempo parcial** o desde la casa
- otorgar días libres para compensar las horas extras trabajadas
- tener horarios flexibles
- establecer la posibilidad de **licencia sin goce de sueldo**

Las **ventajas** de estas políticas serán un mejor **ambiente de trabajo**, un **aumento** de la productividad, un mayor **compromiso** con la empresa por parte del empleado y una forma de **atraer** y **retener aspirantes** de talento.

Fuente: Daniela Dborkin, Adaptación.

¿Comprendes?

1. ¿Qué se necesita para conseguir un equilibrio entre la vida personal y la actividad laboral?
2. ¿Qué tienen que desarrollar las empresas?
3. ¿Qué tienen que hacer los directivos?
4. ¿Qué deben tener en cuenta las empresas?
5. ¿Cuáles son algunas de las causas del problema?
6. Si la cantidad de tiempo que se pasa en la oficina no es lo importante, ¿qué es lo importante?
7. ¿Es un conflicto que sólo tienen las mujeres?
8. ¿Cuáles son algunas de las soluciones que se proponen?
9. ¿Cuáles son las ventajas para la empresa?

CANDIDATA: Soy una buena **candidata** para un trabajo en **ventas** porque tengo un **título** de **Licenciada** en **Administración de Empresas**. En mi último trabajo era la **encargada** de **atender al público**. Tengo mucha iniciativa y **afán de superación**. **Domino otros idiomas** y **tengo facilidad de palabra**. No me **cuesta tomar decisiones** y siempre **alcanzo las metas** que me **propongo**. Además, sé algo de **informática** y **trabajo** bien en **equipo**. Tengo muy buenos **antecedentes laborales**.

La jefa de recursos humanos entrevista a una candidata.

EJECUTIVO: Esta es una nueva empresa de **programación de computadoras**. Hay muchas posibilidades de **ascender** dentro de la compañía. Además, ofrecemos muy buenos **beneficios**, como **seguro de desempleo** y **jubilación**. Para **solicitar** el trabajo, **mande** su **solicitud de empleo**, junto con la **hoja de vida**, a la oficina. Si tiene la **capacitación** necesaria para el **puesto**, lo llamaremos para una **entrevista**.

¿Comprendes?

1. ¿Qué está pasando en la primera foto?
2. ¿Cómo se describe la muchacha a sí misma?
3. ¿Cómo describe el ejecutivo su empresa?
4. ¿Tuviste una entrevista de trabajo alguna vez?
5. ¿Con qué compañía?
6. ¿Quién te entrevistó?
7. ¿Cómo ibas vestido/a?
8. ¿Cómo te sentías?
9. ¿Conseguiste el trabajo?

El gerente general toma las decisiones importantes.

Palabras conocidas

Las profesiones y el trabajo

Estas palabras deben ser parte de tu vocabulario.

Profesiones

el/la abogado/a	*lawyer*
el/la arquitecto/a	*architect*
el/la científico/a	*scientist*
el/la contador/a	*accountant*
el/la economista	*economist*
el/la hombre/mujer	*businessman/woman*
de negocios	
el/la ingeniero/a	*engineer*
el/la vendedor/a	*salesman/woman*

El trabajo

la buena presencia	*poise, appearance*
el/la empleado/a	*employee*
el/la empleador/a	*employer*
el empleo	*employment, job*
la fábrica	*factory*
el/la jefe/a	*boss*
el mercado de trabajo	*job market*
los negocios	*business*

Cognados

el balance
la camaradería
compensar
el contrato
creativo/a
desorganizado/a
eficiente
la exportación
la imagen
la importación
el interés
negociar
organizado/a
preciso/a
la productividad
productivo/a
el producto
responsable
el salario

Expresiones útiles

alcanzar una meta	*to reach a goal*	Siempre **alcanzo las metas** que me propongo.
		I always reach the goals I set for myself.
antecedente laboral	*work history*	Tengo muy buenos **antecedentes laborales**.
		I have a very good work history.
proponer una meta	*to set a goal*	Cumplí las **metas** que me **propuse** esta semana.
		I reached the goals that I set for myself this week.
solicitar un trabajo	*to apply for a job*	Voy a **solicitar este trabajo** que apareció en el diario de hoy.
		I'm going to apply for this job that appeared in today's paper.
tener afán de superación	*to expect a lot of oneself*	Margarita va a llegar lejos en su trabajo porque **tiene mucho afán de superación**.
		Margarita will go far in her job because she expects a lot of herself.
tener dominio de otros idiomas	*to be fluent in other languages*	En la entrevista me preguntaron si **tenía dominio de otros idiomas**.
		At the interview, they asked me if I was fluent in other languages.

tener facilidad de palabra	*to be articulate*	Por **tener gran facilidad de palabra** pudo convencer a todos que votaran por ella.
		Because she is very articulate, she was able to convince everyone to vote for her.
tener iniciativa	*to show initiative*	El nuevo empleado **tiene mucha iniciativa**; propuso dos cambios muy productivos para la empresa.
		The new employee shows great initiative; he proposed two very productive changes for the company.
tomar decisiones	*to make decisions*	Para mí es difícil **tomar decisiones**.
		It is difficult for me to make decisions.
trabajar en equipo	*to work as a team*	En este departamento se **trabaja en equipo**.
		In this department, we work as a team.

 7-1 ¿Qué es . . .? Define las siguientes palabras en español usando la circunlocución. Tu compañero/a debe deducir qué palabra es. Luego, él/ella va a definir las palabras de su lista y tú debes adivinar cuáles son.

> **MODELO:** capacitación
>
> E1: *Es la preparación que necesitas para un empleo.*
> E2: *¿Es la capacitación?*

E1	E2
el puesto	la entrevista
la administración	alcanzar metas
la hoja de vida	el resultado
la licencia sin goce de sueldo	la fábrica
los recursos humanos	los directivos

7-2 ¿Cuál es el sinónimo? Empareja cada palabra de la columna **A** con su sinónimo en la columna **B**. Explícale lo que quiere decir a tu compañero/a.

A	B
1. _____ resolver	a. salario
2. _____ ascender	b. trabajo
3. _____ puesto	c. contratar
4. _____ emplear	d. subir
5. _____ capacitación	e. pedir
6. _____ sueldo	f. solucionar
7. _____ solicitar	g. retirarse
8. _____ jubilarse	h. estudios

7-3 Para solicitar un trabajo. Uds. se preparan para solicitar un trabajo en una compañía internacional. Háganse las siguientes preguntas. Contesten cada una y digan qué aspectos les gustaría cambiar o mejorar, y por qué.

MODELO: E1:   *¿Alcanzas todas las metas en el tiempo que te propones?*
E2:   *Sí, soy muy meticuloso/a y siempre alcanzo mis metas en el tiempo que me propongo.*

No, no siempre alcanzo mis metas en el tiempo que me propongo porque me demoro en ponerme a trabajar. Es algo que debo cambiar para ser más eficiente.

1. ¿Tienes dominio de otros idiomas? ¿Qué otros idiomas se necesitan en tu campo de trabajo?
2. ¿Tienes facilidad de palabra? ¿Puedes pensar claramente durante una discusión o necesitas tiempo para pensar tranquilamente?
3. ¿Es fácil para ti tomar decisiones o sientes que siempre necesitas más información antes de decidir?
4. ¿Tienes iniciativa propia o es más fácil para ti seguir instrucciones de otros?
5. ¿Trabajas bien en equipo o prefieres trabajar solo/a?

7-4 Asesoría profesional. Pronto vas a graduarte y quieres tener una cita en el centro de trabajo de la universidad. Para prepararte, haz una lista con algunos datos importantes sobre tu vida y tus expectativas laborales. Después, comparte la lista con tu compañero/a. Ten en cuenta los siguientes aspectos:

1. tu experiencia laboral
2. tus estudios
3. tus habilidades
4. el tipo de trabajo que prefieres
5. el lugar donde quieres trabajar
6. el sueldo que deseas

7-5 Consejos para una entrevista. La universidad organiza una feria de trabajo. Vas a entrevistarte con los representantes de las compañías y quieres practicar con tu compañero/a para estar bien preparado/a. Lean el siguiente folleto (página 196) y dense consejos sobre lo que deben hacer según las recomendaciones en el folleto.

E1:   Pregúntale a tu compañero/a lo que debes hacer en la entrevista usando las preguntas en el título de cada dibujo del folleto.
E2:   Aconséjale lo que debe hacer en la entrevista según las recomendaciones en cada figura. Para dar consejos, usa estas expresiones.

Es bueno que…	**Te aconsejo que…**
Es importante que…	**Te recomiendo que… etc.**
Es necesario que…	

MODELO: *Vestimenta*
E1:   *¿Cómo debo vestirme?*
E2:   *Te aconsejo que lleves ropa formal.*

Consejos para una entrevista

Aquí tienes algunos consejos para que tu entrevista sea todo un éxito.

1 Vestimenta: ¿Cómo debo vestirme?

Ir bien vestido/a, pero no como para una fiesta. No ponerse mucho perfume ni mucho maquillaje.

2 Preparación: ¿Cómo debo prepararme?

Pensar de antemano qué le van a preguntar y tener algunas respuestas preparadas. Siempre dar la mano con firmeza, mirar a los ojos del/de la entrevistador/a y nunca bajar la mirada ni mirar a la pared. El primer contacto es crucial.

3 Comportamiento: ¿Cómo debo actuar?

Sentarse con naturalidad; estar alerta pero relajado/a.

4 En la entrevista: ¿Qué debo hacer en la entrevista?

Dejar que el/la entrevistador/a comience la conversación. Pensar las respuestas antes de contestar. Hablar con naturalidad.

5 Mis preguntas: ¿Debo hacer preguntas?

Hacer las preguntas que tengas. Prepararse bien antes de la entrevista, investigar sobre la empresa y demostrar de alguna manera que la conoces.

6 El salario: ¿Debo preguntar por el salario?

Preguntar por el salario y no pedir más en ese momento. Preguntar sobre las posibilidades de ascenso dentro de la empresa.

7 La despedida: ¿Debo preguntarles cuándo tomarán la decisión?

Antes de despedirse, preguntar cuándo te darán una respuesta. Dejar la puerta abierta para un nuevo contacto.

8 Después de la entrevista: ¿Qué debo hacer después de la entrevista?

Escribir una carta para agradecer la entrevista y hacer las preguntas que se olvidó durante la entrevista.

7-6 La entrevista. Con un/a compañero/a, representen una entrevista entre el/la gerente de los recursos humanos de una compañía y un/a aspirante para un puesto. Uno/a hace de entrevistador/a y otro/a hace el papel del aspirante. Primero establezcan qué puesto solicita el/la aspirante.

ENTREVISTADOR/A: Pregúntale al candidato/a sobre sus habilidades y experiencia, en relación al puesto que quiere obtener. Luego, dile al resto de la clase si vas a contratar o no a esta persona y explica por qué.

ASPIRANTE: Trata de convencer a tu entrevistador/a de que tú eres la persona indicada para el puesto. Puedes usar la lista que preparaste en la **actividad 7-4**.

— ¡Sin duda!

forma — formulario

Palabra	Explicación	Ejemplo
forma	shape (of an object); manner, way	¿Existe alguna **forma** de bajar el **formulario** de solicitud directamente de Internet? *Is there a way of downloading the application form from the Internet?*
formulario	form, document to be completed	Si quieres solicitar el trabajo, debes completar estos **formularios**. *If you want to apply for the job, you must fill out these forms.*

aplicar — solicitar

Palabra	Explicación	Ejemplo
solicitar	to request, to apply (for a job)	Puedes **solicitar** los formularios en el ayuntamiento. *You can ask for the forms at city hall.*
aplicar	to apply (something, like paint, sunscreen, etc.), to put on; to enforce a theory or law	La ley se **aplica** rigurosamente y no se puede fumar en la oficina. *The law is strictly enforced and one cannot smoke in the office.*

7-7 ¿Cuáles corresponden? Empareja cada palabra de la columna **A** con su equivalente en la columna **B**.

A	B
1. _____ aplicar	a. Es la manera de hacer algo.
2. _____ forma	b. Es la acción de pedir algo.
3. _____ formulario	c. Es la acción de poner algo sobre un objeto o de poner en práctica una ley, teoría, etc.
4. _____ solicitar	d. Es un papel impreso que tiene espacios en blanco para rellenar con datos.

7-8 De la vida diaria. A continuación tienes algunas frases típicas que aparecen en formularios o en programas de computadoras. Complétalas con las palabras correctas de **Sin duda**. Haz los cambios necesarios.

1. Sus empleadores deben completar el _____ de _____ correcta.

2. Los ciudadanos _____ información acerca de cuándo y cómo se empezarán a _____ las nuevas disposiciones.

3. Para recibir una cuenta Demo de _____ gratuita, complete el siguiente _____ .

4. Escoja la _____ de pago. Llene el _____ de crédito del banco.

5. Los ciudadanos pueden _____ al gobierno que _____ las sanciones de la ley de defensa de la competencia para las industrias.

6. Antes de _____ este servicio, tiene que tener instalado el programa MIRA. Todos los usuarios de MIRA deben _____ una nueva licencia. Para _____ una nueva licencia, deben completar y enviar el siguiente _____.

7-9 ¿Qué debes hacer? Explícale a tu compañero/a en cuatro o cinco frases los pasos que debes tomar para ingresar en un programa de maestría o doctorado, o para conseguir un buen trabajo.

Ventana al mundo

Un buen jefe

Un buen ambiente de trabajo es fundamental para el éxito de la compañía. El/La jefe/a del grupo es la persona que determina que los empleados estén contentos en su trabajo.

Para lograr buenos resultados y trabajar en armonía, el/la jefe/a debe...

Festejando un éxito laboral.

1. comunicarse claramente con los empleados
2. ser claro en cuanto a lo que espera de los empleados
3. proponer metas claras y realistas
4. saber motivar e incentivar a los empleados
5. entrenar bien a los empleados para el trabajo que deben realizar
6. apreciar el trabajo bien hecho
7. criticar de manera constructiva cuando el trabajo no es satisfactorio
8. escuchar abiertamente sin juzgar
9. apoyar la creatividad y la iniciativa individual
10. reconocer y agradecer el esfuerzo de los empleados

Mi código. Piensa en tu última experiencia trabajando en equipo; ¿cumpliste todas las indicaciones del código? ¿Te parece que serías un/a buen/a jefe/a?

━ Así se dice ━

Cómo motivar y valorar el trabajo de otros

En el ámbito del trabajo, crear un ambiente donde los trabajadores se sientan apreciados, es esencial para una mejor productividad.

¡Adelante!	*Keep up the good work!*
Vas por buen camino. Sigue así.	*You are in the right track. Continue in this way.*
¡Felicitaciones! Hiciste un trabajo excelente.	*Congratulations! You did a great job.*
¡Es una idea fantástica / magnífica!	*It's a fantastic / magnificent idea!*
¡Estupenda obra!	*Great work!*
¡Qué bien lo has hecho!	*How nicely you've done it! / Nicely done!*
¡Te felicito!	*Congratulations!*
Me gusta lo que haces.	*I like what you're doing.*
Nos gusta tu trabajo.	*We like your work.*
Es muy acertado lo que propones.	*You are right in what you propose.*
Tienes razón.	*You are right.*

7-10 Ideas para un mejor rendimiento laboral. Tu equipo de trabajo ha producido estas ideas para mejorar la producción de una fábrica. Preséntaselas a tu jefe y él/ella debe reaccionar con las frases de **Así se dice**.

1. Para que los obreros se sientan con más energía, necesitamos poner mejor iluminación en la planta.
2. Se les debe dar responsabilidades a las personas que encuentran estímulo en la superación de obstáculos.
3. Los jefes de sección deben conocer claramente las metas de nuestra empresa.
4. Si conocemos cuál es la motivación individual de cada trabajador, podemos usar este conocimiento en beneficio de la empresa.
5. Se le debe dar responsabilidad al trabajador para que no necesite consultar con su jefe constantemente y así tenga un compromiso mayor con el proyecto.
6. Si todos los trabajos que se realizan son de mucha calidad, los trabajadores se sentirán orgullosos de su trabajo y rendirán más.

7-11 Tuve mucho éxito. Cuéntale a tu compañero/a tres ejemplos en los que estuviste particularmente contento/a con lo que conseguiste. Tu compañero/a debe reaccionar con una de las frases de **Así se dice**.

MODELO: E1: *El semestre pasado estudié mucho para sacarme una A en la clase de informática y lo conseguí. Estaba muy contento/a cuando vi mi nota en la lista de clase.*

E2: *¡Sigue así! Estás haciendo un buen trabajo.*

Ventana al mundo
La motivación en el trabajo

Para tener un equipo de trabajo más productivo, a las empresas les interesa saber qué es lo que motiva a sus trabajadores para ir a trabajar cada día. Estas fueron algunas de las respuestas que recibieron.

1. Quiero hacer algo que marque la diferencia.
2. Soy muy extrovertido, en realidad, y me encanta venderle ideas al cliente.
3. Me gusta venir a trabajar porque me llevo muy bien con mi equipo.
4. Me gusta este trabajo porque siempre estoy aprendiendo cosas nuevas.
5. Lo que me motiva es poder brindar un servicio. Nunca decepciono a las personas.
6. Lo que más me gusta es que mi jefe confíe en mí y me brinde nuevos desafíos.
7. Me motiva hacer un aporte a la comunidad, y este trabajo me lo facilita.
8. Lo que me impulsa es el logro. Siempre estoy deseoso de alcanzar metas y objetivos.

Me gusta venir a trabajar porque me llevo bien con mi equipo.

Mi motivación. Explica lo que te motiva a ti para hacer un buen trabajo.

Escuchemos

Preparación para una entrevista de trabajo. Laura le da consejos a Rosario sobre cómo conducirse en una entrevista de trabajo. Responde a las siguientes preguntas.

1. ¿Qué puesto solicita Rosario?
2. ¿Qué ropa le recomienda Laura a Rosario que use para su entrevista, y por qué?
3. ¿Qué ventajas tiene el puesto que solicita Rosario?
4. ¿Qué consejos le da Laura a Rosario? Escribe al menos tres.
5. ¿Qué cualificaciones tiene Rosario?

Sigamos con las estructuras

Repasemos 1

Describing general qualities: *Lo* + adjective

Lo mejor de esta universidad es que te prepara para la vida.

7-12 Lo mejor de esta universidad. Seguramente en la universidad no se obtiene todo lo que se necesita para conseguir un buen trabajo, pero hay que distinguir lo importante de lo superfluo. Completa este cuadro según tu perspectiva. Luego, compara tus opiniones con las de otros estudiantes de la clase.

MODELO: Lo mejor *de esta universidad es que contrata profesores muy bien preparados.*

Lo peor	
Lo bueno	
Lo malo	
Lo cómico	
Lo interesante	
Lo importante	
Lo mejor	
Lo. . .	
Lo. . .	
Lo. . .	

7-13 Entrevista. Ya sabes qué es lo importante, lo bueno y lo malo de la universidad. Ahora, tienes que decidir qué es lo que te gusta, lo que te molesta, lo que te encanta, etc. Entrevista a tu compañero/a para saber lo que piensa. Luego, informa a la clase.

MODELO: E1: *¿Qué es lo que te gusta de la preparación que te da la universidad?*
E2: *Lo que me gusta es que vamos a estar listos para competir en el mercado laboral.*

Complete the self-test in your *MySpanishLab* course. If you do not obtain a passing score, you need to review the ***Cabos sueltos* Study Materials** in *MySpanishLab* or at the back of the book. If you do, you can continue with the following activities.

Ventana al mundo

Las profesiones más solicitadas en España

A pesar de que el paro es un gran problema en España, hay campos laborales que siguen teniendo bastante demanda. La tasa de desempleo de la población menor de 25 años es el 33,6%. Pero España sigue necesitando trabajadores. Los expertos indican que la demanda va a orientarse hacia un perfil de trabajador más cualificado. Veamos por sectores.

1. SECTOR MARKETING Y VENTAS:

- **Especialista en ventas:** Son muy valorados los títulos de Administración y Dirección de Empresas (ADE) y Marketing, y haber realizado un programa de postgrado.
- **Director de exportación:** Es importante demostrar liderazgo, gestión de equipos y capacidad de negociación.

2. SECTOR DE NUEVAS TECNOLOGÍAS:

- **Programador JAVA:** Los requisitos para profesionales de JAVA son estudios medios de formación profesional o carrera universitaria de informática y un buen nivel de inglés.
- **Consultor SAP:** Se necesita título de Informática o de Telecomunicaciones y la certificación en SAP y alto nivel de inglés.

3. SECTOR INGENIERÍA Y TÉCNICO:

- **Ingeniero industrial / ingeniero aeronáutico:** Se necesita título de ingeniería, buen nivel de inglés, buena capacidad para el cambio y ritmo de trabajo.

4. SECTOR SANITARIO:

- **Médico Pediatra:** Se buscan personas con Licenciatura en Medicina especializados en pediatría, y experiencia mínima de un año.

5. SECTOR FINANCIERO y LEGAL:

- **Controller:** Los requisitos son la Licenciatura en Administración y Dirección de Empresas y un MBA o Máster en Finanzas. Buen nivel de inglés.
- **Abogado/a en el área financiera:** Se necesita Licenciatura en Derecho y experiencia.

Profesiones más solicitadas. ¿Sabes cuáles son las profesiones con mayor demanda en tu región? Compara las ofertas de empleo de esta **Ventana** con las de un periódico de tu región.

La ingeniería es una profesión con futuro.

Repasemos 2

Explaining what you want others to do: Indirect commands

Que complete la solicitud el secretario.

Complete the self-test in your *MySpanishLab* course. If you do not obtain a passing score, you need to review the *Cabos sueltos* **Study Materials** in *MySpanishLab* or at the back of the book. If you do, you can continue with the following activities.

7-14 Hoy no voy al trabajo. Te sientes mal y no puedes ir a trabajar. Hay algunas tareas en la oficina que hay que terminar hoy. Llama por teléfono a tu colega y sugiérele quién puede ayudar a hacer cada tarea.

> MODELO: leer las hojas de vida de los aspirantes nuevos / Susana
> E1: *¿Quién puede leer las hojas de vida de los aspirantes nuevos?*
> E2: *Que las lea Susana.*

1. escribir el anuncio para el nuevo puesto / Alba
2. bajar de Internet el formulario del seguro de desempleo / Carlos
3. mandarles a todos un mensaje electrónico sobre la fiesta del departamento / Elisa
4. llevar las cartas de recomendación al departamento de recursos humanos / Alfredo
5. terminar el informe sobre la productividad del departamento / Luis y Enrique
6. entrar en la computadora los dos presupuestos que dejé en mi escritorio / Anita y Ricardo

7-15 ¡Que tengas mucha suerte! Tu amigo debe presentarse a una entrevista de trabajo. Deséale lo mejor.

> MODELO: E1: ir bien
> E2: *¡Que te vaya bien!*

1. tener suerte
2. conseguir el trabajo
3. impresionar bien a los gerentes
4. ofrecerte un buen sueldo
5. darte buenos beneficios
6. tener muchos días de vacaciones

7-16 Merecidas vacaciones. Tú tuviste un año de mucho trabajo y, por fin, estás por salir de vacaciones. Desgraciadamente no tienes tiempo de organizarte ya que trabajas todo el día. Esta es la lista de todo lo que tienes que hacer. Da las instrucciones sobre quién de tu familia debe hacer cada tarea.

> MODELO: confirmar el vuelo
> *Que mi hermano confirme el vuelo.*

1. reservar el asiento en el avión
2. comprar un bolso de mano
3. pedir un taxi
4. conseguir un buen protector solar
5. imprimir el pasaje electrónico
6. dejarle las llaves a Luis para que riegue las plantas

Ventana al mundo

¿Cómo preparar un CV?

En Internet, en la biblioteca, en las bolsas de trabajo encontrarás miles de respuestas a cómo preparar un CV (Currículum Vitae). Esto permite pensar que no hay una sola respuesta sino más bien un tipo de CV para cada tipo de trabajo y para cada persona. Por otro lado es cierto que de país en país los datos que se pueden y se deben incluir en un CV son diferentes. En los EE.UU. es raro, e incluso mal visto, enviar una foto, indicar la edad o el estado civil; en cambio en la gran mayoría de los países de Europa y del resto de América es muchas veces obligatorio incluir estos datos personales. Incluso puedes encontrar avisos que exijan "buena presencia", estatura mínima, edad específica o una religión en particular.

La información requerida en el CV cambia de un país a otro.

Como regla general es mejor no poner datos como estado civil, número de hijos, carnet de conducir, DNI (Documento Nacional de Identidad), nacionalidad y otros de carácter estrictamente personal, si no te los piden específicamente en el anuncio. Otro buen criterio es si son relevantes para el puesto que deseas, o no. En cada caso, hay que usar el sentido común. Por ejemplo, si solicitas un puesto de viajante es importante indicar que tienes permiso de conducir y probablemente no sea buena idea indicar ni el estado civil, ni el número de hijos. Aunque no sea obligatorio, es cada vez más común incluir la URL de tu perfil publicado en las redes sociales virtuales como Facebook, etc. Incluir este tipo de información puede indicar que eres una persona al día con las nuevas tecnologías y las últimas tendencias. Sin embargo, no lo menciones si utilizas este tipo de servicio para publicar información y / o escenas de tu vida privada que no te favorecen para un puesto de trabajo.

¿**Tienes un CV?** ¿Lo tienes en español? ¿De los datos que se mencionan aquí cuáles tienes? Pon la palabra **Ofertas de empleo** en tu buscador de Internet, navega algunos de los sitios propuestos y trae a la clase avisos que te llamen la atención.

✓ Complete the self-test in your *MySpanishLab* course. If you do not obtain a passing score, you need to review the *Cabos sueltos* Study Materials in *MySpanishLab* or at the back of the book. If you do, you can continue with the following activities.

Aprendamos 1

Denying and contradicting: Indefinite and negative words

These are the indefinite and negative words in Spanish.

Palabras indefinidas		Palabras negativas	
algo	*something*	**nada**	*nothing*
alguien	*someone*	**nadie**	*no one, nobody*
alguno/a/os/as	*any, some, someone*	**ninguno/a/os/as**	*no, none, no one*
siempre	*always*	**nunca, jamás**	*never*
o	*or*	**ni**	*nor*
o... o	*either ... or*	**ni... ni**	*neither ... nor*
también	*also, too*	**tampoco**	*neither, not ... either*

1. In Spanish, negative words, such as *never, nothing, no one,* or *neither,* are used in a double negative construction in which the negative word appears after the verb phrase and **no** appears before the verb phrase.

$$\boxed{\textbf{no} + \text{verb phrase} + \text{negative word}}$$

No se hizo nada de publicidad para
este producto.

*They didn't do anything for publicity for
this product.*

2. However, Spanish does not use the double negative construction all the time. If the negative word appears before the verb phrase, it follows the regular pattern. The following example shows the negative word followed by a verb phrase.

$$\boxed{\textbf{negative word} + \textbf{verb phrase}}$$

Los gerentes **nunca están** contentos
con el presupuesto que les da la
administración.

*The managers are never happy with
the budget that the administration
gives them.*

3. **Ninguno** and **alguno** become **ningún** and **algún** before masculine singular nouns.

Ningún aspirante supo contestar las
preguntas correctamente.

*No applicant knew how to answer the
questions correctly.*

¿Tiene Ud. **algún** conocimiento de
informática?

*Do you have any knowledge of computer
science?*

Note: Ninguno/a is seldom used in the plural.

4. **Ninguno/a** may be followed by **de** + a noun phrase.

Ninguno de estos empleados tiene
seguro médico.

*None of these employees has health
insurance.*

5. The personal **a** is used before **nadie, alguien, alguno,** and **ninguno** when they function as direct objects of a sentence.

¿Conoce **a alguien** en esta empresa?
No, no conozco **a nadie** aquí.

Do you know anyone in this company?
No, I don't know anyone here.

7-17 No, no y no. Hoy todo el mundo está de pésimo humor y nadie quiere hacer nada. Con un compañero/a, contesta las preguntas en forma negativa.

MODELO: E1: *¿Leíste todos los anuncios del periódico?*
E2: *No, no leí ninguno.*

1. ¿Contestaste alguno de los mensajes que te mandé ayer?
2. ¿Alguien llamó a la candidata?
3. ¿Escribieron Uds. algo sobre la descripción del puesto?
4. ¿Tu jefa te dio un aumento o te redujo las horas de trabajo?
5. ¿Escribiste algo del informe?
6. ¿El jefe está en la oficina o en su casa hoy?

7-18 Preparación para solicitar empleo. Tu compañero/a te pidió que lo ayudaras con los preparativos de su solicitud. Hazle las siguientes preguntas para que él/ella se asegure que tiene lo que necesita.

1. ¿Te falta algo en tu CV? (no)
2. ¿Tienes algunas cartas de recomendación? (sí)
3. ¿Conoces a alguien en la empresa? (no)
4. ¿Te falta algún formulario? (no)
5. ¿Quieres que te dé algunos consejos para la entrevista? (no)
6. ¿Tienes algunos datos sobre la empresa? (sí)
7. ¿Conoces algunos detalles sobre el trabajo? (no)
8. ¿Necesitas algo más? (no)

7-19 Puestos de trabajo. Lee otra vez la **Ventana al mundo** *Las profesiones más solicitadas en España* (página 202) y comenta lo que dice usando algunas de estas palabras.

algo	alguien	alguno	nada	nadie	ni… ni
ninguno	nunca	o… o	siempre	también	tampoco

1. Alguien necesita…
2. También piden…
3. No hay nadie que necesite…
4. Ninguna propuesta de trabajo pide…
5. Tampoco quieren que…
6. ¿…?

Ventana al mundo
Otras fuentes de trabajo

Estas fuentes de trabajo son relativamente nuevas en la sociedad. Aunque no solucionan el problema del desempleo, ayudan a disminuirlo. Podemos clasificar las nuevas fuentes de trabajo en cuatro grupos.

1. **Servicios para la vida diaria:** servicios a domicilio, cuidado de los niños, nuevas tecnologías de información y comunicación, ayuda a los jóvenes en dificultad e inserción de los jóvenes en el mercado de trabajo.

2. **Servicios para mejorar la calidad de vida:** mejora de la vivienda, seguridad, transportes colectivos locales y revalorización de espacios públicos urbanos.

3. **Servicios culturales y de ocio:** turismo, sector audiovisual, revalorización del patrimonio cultural y desarrollo cultural local.

4. **Temas medioambientales:** gestión de residuos, gestión de aguas, protección y mantenimiento de zonas naturales y control de la contaminación.

Nuevas fuentes de trabajo.

Nuevas fuentes de trabajo. ¿Puedes agregar otras nuevas fuentes de trabajo a esta lista?

Aprendamos 2

Describing unknown and nonexistent people and things: Adjective clauses

1. An adjective clause describes a noun or pronoun, just as an adjective does. Consider this sentence:

   We need an accountant who knows about taxes.

   The clause, *who knows about taxes,* is the adjective clause that describes the noun *accountant.* The noun or pronoun described is called the *antecedent.*

2. In Spanish, when the antecedent is unknown (unidentified) or nonexistent, the verb of the dependent clause is in the subjunctive.

Necesitamos a **alguien** que **sepa** de derecho familiar. *(unidentified)*	*We need someone who knows about family law.*
No hay **ninguna persona** que **quiera** invertir en este producto. *(nonexistent)*	*There is no one who wants to invest in this product.*

3. If the antecedent is a person or thing that exists or has already been identified, then the verb of the dependent clause is in the indicative. Compare these examples.

Solicité **el trabajo** que **ofrecen** en la universidad. *(specific)*	*I applied for the job that is offered at the university.*
Busco **un trabajo** que **sea** interesante. *(unidentified)*	*I am looking for a job that is interesting.*
Les daremos **el aumento** que los empleados **quieren**. *(specific)*	*We'll give the employees the raise that they want.*
Les daremos **el aumento** que los empleados **quieran**. *(unknown)*	*We'll give the employees whatever raise they want.*

BOLETÍN

Nuevos puestos de trabajo

El sector medioambiental será, durante las primeras décadas del siglo XXI, uno de los sectores económicos que más crecerá en cuanto a la generación de puestos de trabajo. Estos empleos buscarán candidatos que tengan títulos especializados en las diferentes áreas del medio ambiente.

7-20 ¿Qué buscas tú en un trabajo? Lee la siguiente lista y escoge todas las condiciones que tú buscas en un trabajo. Luego, pregúntale a otra persona lo que busca. Toma notas y prepárate para informar a la clase de las preferencias de la otra persona.

MODELO: estar cerca de la casa de tus padres
   E1: *¿Buscas un trabajo que esté cerca de la casa de tus padres?*
   E2: *Sí, busco un trabajo que esté cerca de la casa de mis padres.*
   E1: *Yo entrevisté a E2 y él/ella me dijo que busca un trabajo que esté cerca de la casa de sus padres.*

1. estar en una ciudad interesante

2. poder hacerse desde casa

3. permitir viajar mucho

4. no exigir quedarse horas extras

5. ofrecer buenos beneficios

6. dar becas para tomar cursos de formación

7. pagar sueldos altos

8. tener muchas vacaciones

7-21 ¿Qué buscan? Lee una de las ofertas de trabajo y escribe qué es lo que se busca en ese aviso. Luego, explícale a tu compañero/a lo que se busca en el aviso. Sigue el modelo.

MODELO: *Buscan una persona que pueda viajar.*

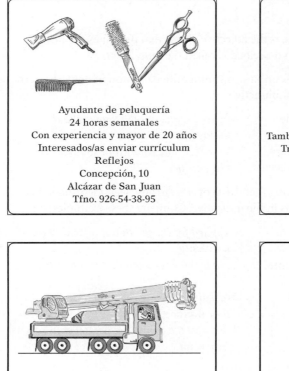

Ayudante de peluquería
24 horas semanales
Con experiencia y mayor de 20 años
Interesados/as enviar currículum
Reflejos
Concepción, 10
Alcázar de San Juan
Tfno. 926-54-38-95

Recepcionista
También funciones de limpieza y comedor
Trabajo nocturno y fines de semana
Graduado escolar
Contrato indefinido
Tfno: Oficina de empleo
954-34-67-42

Conductor de camión con grúa
Experiencia con grúa
Carnet de conducir C
Montaleo (Cuenca)
Tfno. 616-90-73-18

Fisioterapeuta
Jornada completa
Contrato hasta fin de año
Tfno: Oficina de empleo
969-24-67-43

7-22 Se busca compañero/a de cuarto. Tu compañero/a y tú decidieron alquilar un apartamento juntos/as para el próximo año pero necesitan encontrar dos personas más para compartir los gastos. Completen el siguiente formulario para encontrar a la persona adecuada.

Se busca una persona que:

1. _____

2. _____

3. _____

4. _____

Ofrecemos:

1. _____

2. _____

3. _____

Interesados llamar al teléfono: _____

✏ Diario /////////////////////////

¿Recuerdas tu primer trabajo? ¿Cómo era? ¿Qué tenías que hacer? ¿Qué responsabilidades tenías? ¿Cómo eran tus compañeros/as de trabajo? ¿Cómo era tu jefe/a? Escribe un párrafo sobre esa experiencia, incluyendo toda la información que te parezca interesante para dar una descripción lo más detallada posible.

Aprendamos 3

Linking ideas: Relative pronouns

In order to make your speech more fluent in Spanish, you need to learn to connect simple sentences. Relative pronouns will help you do this. Look at these sentences.

Choppy speech

Ana entrevistó a varios candidatos. El jefe de recursos humanos recomendaba estos candidatos.

Ana interviewed several candidates. The director of human resources recommended those candidates.

Fluent speech

Ana entrevistó a varios candidatos que recomendaba el jefe de recursos humanos.

Ana interviewed several candidates that the director of human resources recommended.

Que is the relative pronoun that joins these two sentences together. It replaces the word **candidatos**, which was already mentioned in the first sentence. This word to which the relative pronoun refers is called the *antecedent*.

The most common relative pronouns in Spanish are **que, quien, lo que, lo cual, el/la/los/las cual/es, el/la/los/las que**.

1. **Que** and **quien**

   These relative pronouns are commonly used in everyday speech.

   Que (*that, which, who, whom*)
   a. Refers to people and things.
      Esperanza es la ministra de trabajo **que** intenta promover el empleo. (*who — person*)
      El trabajo **que** me ofrecieron no paga muy bien. (*that/which — thing*)
   b. Used after prepositions for things. (**a, con, de** or **en**)
      Esta es la cámara **con que** saqué las fotos del proyecto. (*with which*)
   c. It cannot be omitted, as it often is in English.

   Quien (*who, whom*), **quienes**
   a. Refers to people when it appears between commas.
      La secretaria, **quien** (que) sólo tiene seis meses en el puesto, recibió muy buenas evaluaciones.*
      (*Not commonly used in spoken language.*)
   b. Used after prepositions for people.
      Los empleados **de quienes** te hablé tienen conocimientos de informática y de diseño Web.
   c. May be used at the beginning of a sentence as a substitute for *he/she who...*
      Quien tiene talento, perseverancia y mucha suerte, triunfa profesionalmente.

---

*Note that although **quien** is used in this sentence to refer to a person, **que** is also possible.

The information that appears between commas is often nonessential to the sentence and can be omitted. In Spanish, this information can be introduced by **quien** or **que** (for people) and **que** (for things).

Las cartas, **que ella recibió ayer**, fueron escritas por la presidenta de la empresa.	*The letters, which she received yesterday, were written by the president of the company.*
A este candidato, **quien sabe hablar español**, le vamos a ofrecer el puesto.	*We are going to offer the job to this candidate, who knows how to speak Spanish.*

2. **Lo que** and **lo cual** (what, that which)
   These relative pronouns refer to a previously mentioned idea, situation, or event. **Lo cual** may not be used at the beginning of the sentence.

Lo que la tecnología nos facilita es la comunicación con partes remotas de la Tierra.	*What technology allows us to enjoy is communication with remote parts of the Earth.*
La conexión ya está hecha, **lo cual** es un gran adelanto.	*The connection is already in place, which is big progress.*

3. **El/la/los/las cual/es** (*that, which, who, whom*)
   These relative pronouns are used to clarify the antecedent when there is more than one possibility mentioned in the sentence.
   It is used after short prepositions: **a, con, de, en, por, para,** and **sin**.

Este es el hijo de mi amiga **a la cual** le dieron el premio de cinematografía.	*This is the son of my friend, (the one) to whom they gave the cinematography award.*

4. **El/la//los/las que** (*the one/s who, the one/s that*)
   These are used after long prepositions: **al lado de, cerca de, lejos de**.

La tecnología de las primeras computadoras estaba muy **lejos de la que** existe hoy.	*The technology of the first computers was far from what is available today.*

7-23 Lenguaje fluido. Normalmente las personas no hablan con frases sueltas o repitiéndose. Une las oraciones de las columnas **A** y **B**. Sustituye las palabras que se repiten por los pronombres relativos.

MODELO: Este es el artículo. Mi primo escribió el artículo.
          Este es el artículo que mi primo escribió.

Lista A	Lista B
1. Esta es la computadora.	a. Laura compró esta computadora ayer.
2. Estos son los primeros empleos.	b. La empresa ofrecía estos empleos en los años ochenta.
3. Estos son los programas nuevos para la computadora.	c. Estela sabe usar los programas nuevos muy bien.
4. Este es el documento del secretario.	d. El secretario tenía este documento en su escritorio.
5. Este es Antonio.	e. Antonio presentó un nuevo plan de empleo.
6. Esta es Marilú.	f. Marilú recibió el premio a la mejor secretaria del mes.

7-24 Los aficionados al trabajo. Estas personas son todas aficionadas al trabajo. Completa las oraciones con los pronombres relativos.

1. Clarita, _____ es muy aficionada a la computación, nos muestra los elementos internos _____ forman este disco duro.

2. Esta es la propuesta _____ me presentaron ayer.

3. Este es el libro de negociación del _____ saco la información.

4. _____ este muchacho hace, no lo puede hacer cualquiera.

5. Tengo un sobrino _____ vive en Valencia y _____ trabaja acá.

7-25 Horacio y la informática. Desde niño, Horacio demostró interés por la informática. Para conocerlo mejor, completa el párrafo con los pronombres relativos correspondientes.

Horacio es el hijo mayor de mi hermana (1) _____ vive en Argentina. A él le encanta la informática. De niño mostró interés armando y desarmando las computadoras viejas con (2) _____ su abuelo se divertía coleccionando. Cuando sus padres vieron esto, hablaron con Dalia, (3) _____ era estudiante de ingeniería, para que le diera clases de programación. Ese fue el comienzo. Ahora él también sabe diseñar páginas de Internet y crear sus propios programas y animaciones, (4) _____ hace que todos los familiares siempre le pidamos ayuda. Horacio tiene ahora 21 años y ha formado su propia empresa con cinco amigos, (5) _____ diseñan sitios y páginas de Internet para empresas.

7-26 ¿Es el hombre que...? Mira la foto y descríbele a tu compañero/a un objeto, una persona o una situación para que él/ella pueda identificar lo que describes. Utiliza los pronombres relativos. Si es una persona, da el nombre de su profesión. Usa las siguientes circunlocuciones.

Es el hombre/la mujer que…   Es una cosa (con la) que…   Es una situación en la que…

MODELO: E1:   *Es el hombre que arregla el lavabo que está en el baño.*
          E2:   *¿Es el hombre que aparece en el primer dibujo? [o] ¿Es el hombre que tiene un suéter rojo y pantalones azules?*
          E1:   *Sí.*
          E2:   *Pues, es el plomero.*

7-27 Las ofertas de trabajo. Imagina que estás con un/a amigo/a mirando las ofertas de trabajo en un banco de trabajo de Internet. Comenta a quién le puede interesar cada trabajo. Une las frases de las listas A y B utilizando los pronombres relativos necesarios.

MODELO: Lista A: *Este es un trabajo con una empresa multinacional.*
Lista B: *A Estela le gusta trabajar para las empresas grandes.*
Este es un trabajo que le va a gustar a Estela porque (a ella) le gusta trabajar para las empresas grandes.

Lista A

1. Este es un trabajo para programadores de computadoras.
2. Este es un trabajo para detectives.
3. Esta es una oferta para vender el producto en todo el país.
4. Este es un aviso para ingenieros de caminos.
5. Este es un aviso para ayudante en una farmacia.

Lista B

a. A Ernesto le gusta programar computadoras.
b. A Marta le gusta resolver misterios.
c. A Teresita le encanta viajar.
d. Hilda se acaba de graduar de ingeniera civil.
e. Silvia está buscando un trabajo en el área de la salud.

Conversemos sobre las lecturas

Antes de leer

Estrategia de lectura: *Making inferences*

The message of a passage often goes beyond the written words. The author will subtly lead you to form ideas or draw some conclusions, without fully spelling them out. In order to develop an objective understanding of the passage, you need to infer the ideas that the author is suggesting.

7-28 ¿Cuál es la idea? Lee estas oraciones. Contesta las preguntas y explícale a tu compañero/a la idea que se puede inferir de cada una.

> **MODELO:**   Buscar trabajo es un trabajo en sí.
> ¿Es fácil o difícil encontrar trabajo?
> Inferencia: *Es difícil encontrar trabajo.*

1. Para encontrar trabajo, no puedes esperar a que la suerte llame a tu puerta.

   ¿Debes esperar pasivamente o tener un plan de acción para encontrar trabajo?

   Inferencia: _____

2. De nada sirve tener una sólida formación profesional o académica si no aprendes a buscarte la vida en el mercado laboral.

   ¿Es suficiente tener un título para encontrar trabajo?

   Inferencia: _____

3. En España sólo el 23% de los menores de 25 años permanece desempleado un año o más, mientras que, en los mayores de 55 años, el porcentaje es del 64%.

   ¿Para quién es más fácil encontrar trabajo?

   Inferencia: _____

4. Hay personas que están muy cualificadas pero no consiguen trabajo porque no saben dar una buena impresión durante la entrevista.

   Además de estar cualificado, ¿qué es necesario para conseguir un trabajo?

   Inferencia: _____

— Vocabulario de las lecturas

Estudia estas palabras para comprender mejor los textos.

Vocablo	Explicación	Palabra en uso
el ámbito	sphere, field	Tuve éxito en el **ámbito** del trabajo.
tarde o temprano	sooner or later	**Tarde o temprano**, todos nos preguntamos si el trabajo nos
la autoestima	self-esteem	Es importante tener una buena **autoestima**.
cumplir con	to fulfill, execute	Los trabajadores **cumplieron** con el contrato.
dedicarse a	to devote oneself to	El médico **se dedica a** sus pacientes.
desarrollarse	to develop (oneself)	Esta oportunidad le permitirá **desarrollarse** dentro de su carrera.
desmotivado/a	unmotivated	Lola está **desmotivada** para seguir estudiando ingeniería.
el entorno	environment, setting	Estoy muy contenta con el **entorno** en el que trabajo.
el equilibrio	balance	Es esencial para la salud tener un buen **equilibrio** entre el trabajo y la diversión.
la felicidad	happiness	Su familia es su **felicidad**.
infeliz	unhappy	Está **infeliz** con su trabajo.
insatisfecho/a	unsatisfied	¿Estás **insatisfecha** con lo que haces?
el mercado laboral	job market	El **mercado laboral** está muy difícil porque hay mucho desempleo.
satisfecho/a	satisfied	La jefa me dijo que estaba muy **satisfecha** con mi trabajo.
el sentido	sense	A esta propuesta no le encuentro **sentido**.
someter	to subdue	El trabajo en esta compañía me **somete** a mucho estrés.

7-29 Mis metas para este semestre. ¿Cuáles son tus metas de trabajo o estudio para este semestre? Usa estas palabras para describir cinco objetivos que te propones lograr. Luego, compártelas con tu compañero/a.

autoestima	cumplir con	dedicarse	equilibrio	satisfecho/a	sentido

MODELO   *Este semestre voy a cumplir con todas mis responsabilidades.*

7-30 La evaluación anual. Tú eres el/la jefe/a de la sección de ventas de la compañía y tienes que evaluar a las personas que trabajan bajo tu supervisión.

Los empleados. ¿Qué comentario de la sección **A** escoges para cada empleado de la sección **B**?

A. Comentarios

1. Esta persona hizo un trabajo excelente todo el año.
2. Esta persona siempre logra sus objetivos.
3. Tarde o temprano esta persona tiene que ser despedida porque no tiene un buen hábito de trabajo.
4. Siento decirle que no estoy satisfecho con el trabajo de Sonia.
5. El muchacho recién graduado alcanzó el nivel de ventas que se había puesto como meta.
6. En tres ocasiones, este vendedor presentó excusas por no entregar su informe a tiempo.
7. El secretario está siempre listo para ayudar a quien lo necesite.

B. Empleados

a. Raquel siempre cumple con sus metas. Es una empleada muy valiosa.

b. Tomás se dedica totalmente a su trabajo y tiene muy buenos resultados.

c. La nueva arquitecta no trabajó con la dedicación que se esperaba.

d. Ramón creó un entorno muy satisfactorio en la oficina.

e. Catalina pierde mucho tiempo tomando café y charlando con otros empleados.

f. Álvaro cumplió con su meta de ventas.

g. Santiago siempre tiene excusas para no cumplir con las fechas de entrega.

7-31 El trabajo de mis sueños. Clara acaba de graduarse de la universidad y necesita buscar trabajo. Aquí hay una lista de lo que ella quisiera encontrar. Por supuesto que esto es un sueño y tendrá que conformarse con lo que encuentre. Completa los espacios en blanco con las siguientes palabras para saber cuál es su trabajo ideal. Cambia las palabras según corresponda.

ámbito	cumplir con	desarrollarse	equilibrio	satisfacción	sentido	someter

1. Quiero un trabajo que me dé mucha _____.

2. En mi trabajo ideal no necesito _____ un horario estricto.

3. Idealmente, el _____ de trabajo va a ser muy estimulante para _____ como profesional.

4. Quiero encontrarle _____ a mi trabajo. Por eso tiene que ser un trabajo que ayude a la gente.

5. Por supuesto que yo quiero un trabajo que me permita tener un buen _____ entre mi vida profesional y mi vida familiar.

6. Quiero un trabajo donde mi jefe/a siempre aprecie mi trabajo y acepte las ideas que yo _____ a la empresa.

7-32 Ser feliz en el trabajo. Con otro/a estudiante elaboren una lista de cinco condiciones que deberían darse para ser feliz en el trabajo. Comparen su lista con la de otra pareja de la clase y hagan una lista común para todo el grupo.

LECTURA

¿Cuál es el secreto de las personas felices en su trabajo?

Ser feliz en el trabajo

Los trabajadores pueden encontrar satisfacción en lo que hacen no sólo en lo profesional, sino en lo personal y en lo social

Existen trabajadores motivados con su tarea pero insatisfechos con las condiciones laborales y su entorno, y trabajadores desmotivados con la tarea, aunque satisfechos con las condiciones. También se encuentran los que no están ni motivados ni satisfechos. Tarde o temprano, todos acaban siendo lo mismo: individuos infelices en su trabajo.

5   Para los estudiosos del tema, parece claro que cuanto mayor es el grado de felicidad de los trabajadores, más inteligente es una compañía. Nadie conoce el secreto universal de la felicidad, pero los estudiosos están convencidos de que en el trabajo todos necesitamos un equilibrio físico (que tiene que ver con las condiciones en las que se realiza) y un equilibrio mental (que está en relación con hacer el trabajo con interés, encontrándole un sentido). "Los
10   más felices son quienes lo hacen por vocación, quienes se identifican con lo que hacen y son capaces de cambiar la realidad", señala Santiago González. Pero la vocación es un privilegio al alcance de pocos.

En general, la felicidad en el trabajo, como en la vida, es cuestión de expectativas. Hay quien busca un sueldo, una seguridad y no se complica más la vida. Las satisfacciones las
15   busca y las encuentra fuera del trabajo, mientras que otros esperan mucho más de su trabajo. Uno de los desafíos de las organizaciones es precisamente aprender a integrar a individuos con diferentes niveles de expectativas en la empresa.

Lo cierto es que no todo el mundo hace las mismas reflexiones. Carlos Monserrate cree que las personas buscan satisfacción en el trabajo generalmente en tres ámbitos: profesional,
20   personal y social, pero que unos ámbitos interesan más que otros según cada cual. Ángel López, de la consultora Deloitte, sugiere que cada uno debería hacer un examen de sí mismo para encontrar la ecuación más equilibrada para ser feliz con lo que hace y de no encontrarla quizá sea el momento de pensar en cambiar.

No obstante, los expertos coinciden en que es habitual que una de las primeras cuestiones que se considere tenga que ver con la remuneración: ¿me pagan lo suficiente? A partir de ahí, entran en juego otras preocupaciones que para muchos empiezan, simplemente, por sentirse a gusto con el clima laboral y la relación con sus compañeros y superiores. Otros se plantean más cuestiones profesionales como: ¿Voy hacia donde quiero ir? ¿Recibo apoyo en mi empresa para desarrollarme? ¿Aumenta el trabajo que hago en esta compañía mi valor en el mercado laboral? Y otros tienen consideraciones de tipo más personal: ¿Soporto el estrés al que me somete esta compañía? ¿Soporto a mi jefe? ¿Coincido con los valores de mi empresa y de mis compañeros? ¿Trabajando en esta empresa puedo tener el estilo de vida que quiero? "Además", afirma Monserrate, "para muchos individuos empieza a ser importante a qué se dedica la compañía, que la empresa cumpla una función social respetable y que su actividad tenga un determinado impacto social".

"Lo importante", asegura Santiago González, es "tener autoestima laboral" que implica aceptarse (alguien no acepta su puesto si quiere ser alguien que no es), comprenderse (estar en sintonía con uno mismo y sus valores) y quererse (no ver el trabajo como sacrificio sino como una oportunidad).

Fuente: Patricia Colino, Adaptación

7-33 **¿Verdadero o falso?** Indica si las siguientes afirmaciones son ciertas o falsas según la lectura. Justifica tu respuesta con referencias en la lectura. Luego, indica tu acuerdo o desacuerdo.

1. El entorno es muy importante porque se puede encontrar personas motivadas con la tarea pero infelices con las condiciones de trabajo y viceversa.
2. Si los trabajadores están contentos con la tarea que hacen, la empresa se beneficia.
3. Lo más importante para ser feliz en el trabajo es el equilibrio mental.
4. Los que han encontrado su vocación en el trabajo que realizan son los más felices.
5. Las expectativas de cada uno y la felicidad están muy relacionadas entre sí.
6. Las expectativas en el trabajo no varían mucho de un trabajador a otro.
7. El trabajo puede dar satisfacciones en el ámbito profesional, personal y social.
8. Una de las primeras preguntas para estar satisfecho es tener un buen sueldo.
9. La única cuestión que existe para sentirse bien es la remuneración.
10. No es importante tener autoestima laboral.

7-34 **Para ser feliz en el trabajo.** En este artículo se plantea una serie de cuestiones que determinan si una persona es feliz en el trabajo. Haz una lista de esas cuestiones y luego elabora un cuestionario basado en estas ideas para preguntarles a otros/as compañeros/as. Tú quieres saber si ellos/ellas son felices en su trabajo.

7-35 **Encuesta.** Entrevista a una persona que tenga un trabajo a tiempo completo, usando las preguntas de la **actividad 7-34**. Luego decide si la persona es feliz en su trabajo o no y prepara un pequeño informe para la clase fundamentando tus conclusiones.

BOLETÍN

El día del trabajador

El día del trabajador se celebra en América Latina y en la mayor parte del mundo, el 1° de mayo. Conmemora el movimiento obrero internacional y los derechos de los trabajadores.

POEMA

El trabajo

El trabajo es una obra,
el trabajador su creador,
el trabajo dignifica,
y nos da satisfacción.

Anónimo

El trabajo dignifica.

7-36 Ejemplos de la vida real. Con un compañero/a den ejemplos de situaciones laborales para cada uno de los versos del poema y también piensen en un ejemplo que lo contradiga.

1. El trabajo es una obra,
2. el trabajador su creador
3. el trabajo dignifica
4. nos da satisfacción

7-37 El día del trabajo. Busca información en Internet sobre la celebración del *Día del trabajo*. ¿Cuándo se inició? ¿Dónde y qué día del año se celebra? ¿Qué hecho en Chicago fue el comienzo de esta celebración? ¿Qué se celebra ahora? Informa a la clase.

7-38 ¿Qué se considera trabajo para Uds.? Decidan si Uds. consideran trabajo las actividades de la lista. Expliquen por qué sí o no son parte del trabajo de cada individuo.

1. Un profesor de educación física participa en un torneo de tenis.
2. Después de una ceremonia religiosa, el oficiante merienda con las personas de su iglesia.
3. Sales a correr o caminar para hacer ejercicio y llevas al perro del vecino.
4. Un hombre acompaña a su mujer a la cena de fin del año de su trabajo.
5. Unas niñas construyen una casa con cubos de madera.

Diario

¿Cuál sería tu trabajo ideal? ¿Cuántas horas trabajarías? ¿Qué harías en este trabajo? ¿Dónde trabajarías? ¿En tu casa, en una oficina, al aire libre, en otro lugar... ?

Avancemos con la escritura

Antes de escribir

Estrategia de escritura: *The cover letter*

As you well know, when applying for a job, you need to send your curriculum vitae, or résumé, together with a cover letter. Here, you are going to learn how to write a cover letter to apply for a job in a Spanish-speaking country.

Just as in English, the Spanish cover letter should express ideas in a clear and dynamic manner. It has to explain who you are and why you are interested in a particular job. Here are some set phrases that are used in this type of letter.

Palabras de enlace: Partes de una carta

Encabezamiento: Empieza la carta con tus datos personales: tu nombre, dirección, correo electrónico y número de teléfono. Luego, escribe el lugar de origen y la fecha, seguido del nombre y la dirección de la compañía a quien se dirige la carta.

Saludo: El saludo va siempre seguido de dos puntos (:).

Distinguidos señores:
Estimado/a señor/a:

Introducción: Se empieza el texto de la carta con una de estas frases introductorias.

Me dirijo a usted con el fin de. . .
Me dirijo a ustedes en relación al puesto. . .
Tengo el gusto de dirigirme a ustedes para. . .

Descripción personal: En pocas palabras, destaca tus conocimientos más importantes para el trabajo.

Pedido de entrevista: Indica tu interés en tener una entrevista.
Estoy disponible para una entrevista cuando. . .

Cierre o despedida: Se termina la carta con una de estas frases.
Quedo a la espera de sus noticias. . .
Sin más, lo/la saluda atentamente/cordialmente. . .

Firma: Debajo de tu firma, es opcional escribir tu nombre completo.

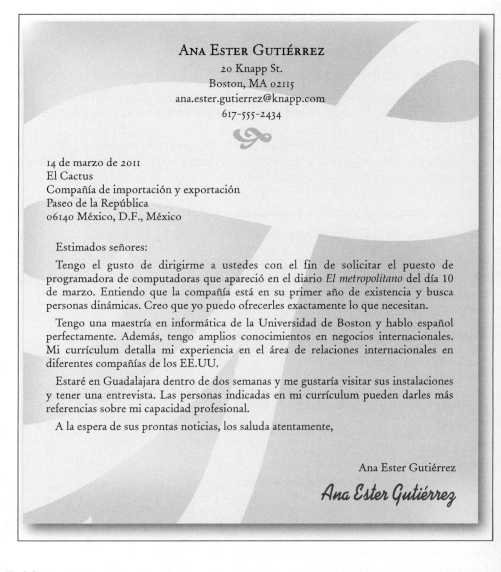

ANA ESTER GUTIÉRREZ
20 Knapp St.
Boston, MA 02115
ana.ester.gutierrez@knapp.com
617-555-2434

14 de marzo de 2011
El Cactus
Compañía de importación y exportación
Paseo de la República
06140 México, D.F., México

Estimados señores:

Tengo el gusto de dirigirme a ustedes con el fin de solicitar el puesto de programadora de computadoras que apareció en el diario *El metropolitano* del día 10 de marzo. Entiendo que la compañía está en su primer año de existencia y busca personas dinámicas. Creo que yo puedo ofrecerles exactamente lo que necesitan.

Tengo una maestría en informática de la Universidad de Boston y hablo español perfectamente. Además, tengo amplios conocimientos en negocios internacionales. Mi currículum detalla mi experiencia en el área de relaciones internacionales en diferentes compañías de los EE.UU.

Estaré en Guadalajara dentro de dos semanas y me gustaría visitar sus instalaciones y tener una entrevista. Las personas indicadas en mi currículum pueden darles más referencias sobre mi capacidad profesional.

A la espera de sus prontas noticias, los saluda atentamente,

Ana Ester Gutiérrez

Ana Ester Gutiérrez

7-39 Feria de trabajo. Después de asistir a una feria de trabajo organizada por la universidad, conseguiste las direcciones de varias empresas internacionales interesadas en personas que hablen español. Escoge una de las siguientes empresas para mandarle tu currículum y una carta de presentación. Haz una lista de las características de la persona ideal para el trabajo escogido.

1. Empresa líder en comidas rápidas necesita personas bilingües para trabajar en sus oficinas centrales en la Ciudad de México. El trabajo es para entrenar a personas mexicanas interesadas en ser gerentes del negocio.

2. Empresa internacional de microcomputadoras va a abrir una nueva sucursal de ventas en Córdoba, Argentina. Busca personas bilingües preparadas en el uso de computadoras y en ventas.

3. Escuela internacional en Quito, Ecuador, busca profesores de la historia de Estados Unidos y de inglés.

7-40 La presentación. Tú quieres dar una buena impresión con tu carta cuando solicites el trabajo. Decide las frases que vas a utilizar para estas partes de la carta de presentación. Luego intercambien las cartas con un/a campañero/a y den sus comentarios.

* Saludo
* Introducción
* Pedido de entrevista
* Despedida

7-41 Detalles personales. Escribe una lista de tus habilidades y compárala con la lista de la **actividad 7-39**. Haz los cambios necesarios en tu nueva lista para demostrar que eres capaz de hacer el trabajo que requiere la empresa. Compártela con tu compañero/a para que te dé consejos sobre cómo mejorarla.

A escribir

7-42 Mi carta de solicitud. Junta las frases de la **actividad 7-40** con tus características personales para escribir la carta de solicitud. Ten presente a quién le escribes. Luego, muéstrale la carta a tu compañero/a para que te dé sus comentarios.

Antes de entregar tu carta de presentación, asegúrate de haber incluido y revisado lo siguiente:

* El subjuntivo en cláusulas adjetivas
* Los adjetivos con **lo**
* El vocabulario del capítulo
* Las **Expresiones útiles**
* Sigue el formato de la carta de la página 219.

🔊 Vocabulario

Para buscar trabajo *To look for a job*

el/la aspirante	applicant
el/la candidato/a	candidate
la entrevista de trabajo	job interview
la hoja de vida	résumé
el mercado laboral	job market
el puesto	position, job
la solicitud de empleo	job application
el tiempo parcial	part-time
el trabajo	job, work

Sustantivos

la administración	management
la Administración de Empresas	business administration
el ambiente de trabajo	workplace atmosphere
el ambiente empresarial	business climate
el ámbito	sphere, field
el aumento	increase, raise (in salary)
la autoestima	self-esteem
el beneficio	benefit
la capacitación	training
el compromiso	commitment
el desarrollo	development
el desempleo	unemployment
los directivos	directors, members of the board
el/la ejecutivo/a	executive
la empresa	business, company
el entorno	environment, setting
el equilibrio	balance
el éxito	success
la felicidad	happiness
la forma	way, form, manner
el formulario	form (to fill out)
el/la gerente/a	manager
el horario	(hourly) schedule
la informática	computer science
la jubilación	retirement
la licencia (sin goce de sueldo)	leave (unpaid)
el/la licenciado/a	university graduate
el momento	(present) moment
la política	policy
la programación de computadoras	computer programming
los recursos humanos	human resources
el resultado	result
el seguro de desempleo	unemployment insurance
el sentido	sense, meaning, connotation
el título	degree
la venta	sale
la ventaja	advantage

Verbos

actuar	to act
alcanzar una meta	to reach a goal
aplicar	to apply something (e.g., paint), to put on; to enforce a theory or law
ascender (ie)	to advance, be promoted
atender (ie) al público	to deal with the public
atraer	to attract
capacitarse	to train
contar (ue) con	to count on
convenir (ie)	to be convenient; to suit one's interests
costarle (ue) a uno	to be difficult for someone
cumplir con	to fulfill, execute
dedicarse a	to devote oneself to
desarrollarse	to develop (oneself)
enfocar (un problema)	to focus on; to approach (a problem)
entrenar	to train
hallar	to find
mandar	to send
proponer metas	to set goals
resolver (ue)	to solve; to resolve, clear up
retener (ie)	to retain, to keep
solicitar	to apply for; to solicit
someter	to subdue
tener (ie) en cuenta	to take into account
tratarse de	to be a question of

Adjetivos

amplio/a	ample, wide
desmotivado/a	unmotivated
encargado/a	in charge
infeliz	unhappy
insatisfecho/a	unsatisfied
laboral	work-related
motivado/a	motivated
satisfecho/a	satisfied
siguiente	following, next

Adverbios

tarde o temprano	*sooner or later*
de este modo	*in this way*
solo[1]	*only*
únicamente	*solely*

Expresiones útiles

antecedente laboral	*job/work record*
proponer metas	*to set goals*
solicitar un trabajo	*to apply for a job*
tener afán de superación	*to expect a lot of oneself*
tener dominio de otros idiomas	*to be fluent in other languages*
tener facilidad de palabra	*to be articulate*
tener iniciativa	*to show initiative*
tomar decisiones	*to make decisions*
trabajar en equipo	*to work as a team*

Palabras útiles

contratar	*to hire*
el currículum vítae	*résumé*
el/la empleado/a	*employee*
el/la empleador/a	*employer*
la experiencia laboral	*work experience*
firmar	*to sign*
la oferta de trabajo	*job offer*
la reunión	*meeting*
el sueldo	*salary*

[1] *Solo no lleva acento a no ser que haya ambigüedad. (RAE)*

"Sobre gustos y colores no han escrito los autores."

Hablemos del arte

8

En marcha con las palabras

En contexto: Rivera, un maestro de la pintura

Diego Rivera, el famoso muralista mexicano, es considerado uno de los **pintores** más importantes del siglo XX. Nació en Guanajuato, México, en 1886 y empezó a **pintar** cuando era muy joven. A los veinte años, viajó a Europa para continuar sus estudios de arte. Allí conoció los diferentes "ismos" de la época: el **expresionismo**, el **impresionismo**, el **surrealismo** y el **cubismo**; sin embargo, lo que más **influyó** en él fue la **estética** de Pablo Picasso.

En 1921, Rivera regresó a México y comenzó a trabajar para **fomentar** las **bellas artes** en su país. **Se alejó del arte abstracto** y se dedicó especialmente a hacer murales en importantes **edificios** públicos, **patrocinado** por el gobierno mexicano. En los murales, representó con realismo la vida de su pueblo. La historia mexicana y la importancia de la cultura indígena fueron dos de sus grandes **fuentes** de inspiración.

Sus **pinturas** muestran diferentes aspectos del pueblo mexicano. Además, como Rivera fue un activista político, sus **cuadros** y murales **reflejan a menudo** una fuerte preocupación por la situación social, económica y política de su país.

Diego Rivera, *Autorretrato*, 1907.

¿Comprendes?

1. ¿Dónde nació Diego Rivera y cuándo?
2. ¿Dónde estudió?
3. ¿Qué otro pintor influyó mucho en su arte?
4. ¿A qué se dedicó cuando volvió a México en 1921?
5. ¿Cuáles son los temas reflejados en sus murales?
6. ¿Qué pasó con su casa?
7. En la obra "Sueño de una tarde dominical en la Alameda Central", ¿que está representado?
8. ¿Qué aparece en primer plano? ¿en el fondo?
9. ¿Cuál es la característica de la obra?
10. ¿A quiénes pintó en sus retratos?

Diego Rivera, *Juchiteca*, 1954.

Diego Rivera, *Retrato de Ramón Gómez de la Serna*, 1915. Aquí puede verse la incursión de Rivera en el cubismo.

Diego Rivera, *Sueño de una tarde dominical en la Alameda Central*, detalle, 1947–1948.

Esta es una de las obras maestras de Rivera. En ella, el artista hace un **esquema** o **bosquejo** de la historia y de la sociedad mexicana. La obra tiene **líneas** bien **definidas**, un gran **colorido** y un **cuidadoso manejo** de los **detalles**, como puede verse en la ropa de los personajes y en las expresiones de sus caras. Al **fondo** del cuadro, se ven los árboles de la Alameda, que sirven como **marco** del mural. En un **primer plano**, **aparecen** las imágenes de varios personajes famosos, tales como Frida Kahlo, pintora y esposa del artista, José Martí, escritor cubano, y el propio Diego Rivera a los nueve años. En esta obra, la **luz** se concentra en el centro dejando en los **bordes** una pequeña zona de **sombra**.

Aunque Diego Rivera es más conocido por sus **pinturas al fresco**, también experimentó con diferentes **técnicas**, como **óleo** sobre **lienzo**, **pastel** y **acuarela**. También hizo algunos **dibujos** a lápiz. Pintó varios **retratos**, tanto de gente famosa de México, como de gente común. Su obra se **convierte** así en un **auténtico** reflejo de la nación mexicana.

Diego Rivera murió en México en 1957. Después de su muerte, su casa, que también era utilizada como **taller** de pintura, se **inauguró** como museo. Hoy, miles de personas pueden **apreciar** allí las maravillosas **obras de arte** de este pintor. Con su **pincel** y su **paleta**, Rivera creó **obras maestras** que **retrataron** aspectos **claves** de su país.

Diego Rivera, *Naturaleza muerta española*, 1918.

Diego Rivera (1886–1957) Mexican "Naturaleza Muerta Española", 54 x 65 cm. Col. Museo Casa Diego Rivera, Gta. Archivo CENIDIAP/INBA. Centro Nacional de las Artes, Biblioteca de las Artes (México). © 2000 Banco de México Diego Rivera & Frida Kahlo Museums Trust. Av. Cinco de Mayo No. 2, Col. Centro, Del. Cuauhtemoc 06059, México, D.F. Reproduction authorized by the Instituto Nacional de Bellas Artes y Literatura.

Palabras conocidas

Para hablar de arte

Estas palabras deben ser parte de tu vocabulario.

El arte	Art	Cognados	
crear	*to create*	la colección	la forma
la galería de arte	*art gallery*	el collage	la imagen
la madera	*wood*	el color	la influencia
la pared	*wall*	la creación	la interpretación
		dinámico/a	maravilloso/a
		exhibir	la miniatura
		la exposición	la originalidad
		la fama	la reproducción
		fantástico/a	la serie
		la figura	el símbolo
		figurativo/a	

Expresiones útiles

a lo largo de	*during, throughout*	**A lo largo** de su vida, Rivera experimentó con diferentes corrientes artísticas.
		Throughout his life, Rivera experimented with different artistic movements.
a menudo	*often*	**A menudo** Rivera recibía visitas de personajes políticos importantes.
		Rivera often received visits from important political personalities.
aparte de	*aside from*	**Aparte de** sus famosos murales, Rivera pintó otras obras igualmente importantes.
		Aside from his famous murals, Rivera painted other works of equal importance.
sin embargo	*nevertheless, however*	De su estadía en Europa, lo que más influyó en él fue el arte de Pablo Picasso. **Sin embargo**, de regreso a su país, se alejó del arte abstracto y se dedicó a hacer murales.
		During his stay in Europe, what influenced him the most was Pablo Picasso's art. However, once back in his own country, he distanced himself from abstract art and devoted himself to making murals.
tan pronto como	*as soon as, just as*	Trabajaba rápidamente. **Tan pronto como** terminaba una obra, empezaba otra.
		He worked quickly. As soon as he finished one project, he would start another one.

8-1 ¿Qué es? Definiciones.

Paso 1: Palabras. Completa las siguientes definiciones con la palabra apropiada del vocabulario. Agrega los artículos que correspondan.

1. Lo opuesto de la luz es…
2. Un cuadro que representa la cara de una persona es…
3. El lugar en el que el pintor trabaja es…
4. Un sinónimo de exhibir es…
5. El pintor que se retrata a sí mismo en un cuadro pinta…
6. Lo opuesto del primer plano es…

Paso 2: Definiciones. Ahora, escoge tres palabras nuevas de la lectura y escribe una definición para cada una. Luego, pregúntale a otro/a estudiante cuál es la palabra que corresponde a cada definición.

1. _____
2. _____
3. _____

8-2 ¿A qué grupo pertenece? En parejas, completen el siguiente cuadro con las palabras adecuadas de **En contexto**.

Técnicas	Corrientes artísticas	Materiales e instrumentos
óleo sobre lienzo	cubismo	pincel
pastel	impresionismo	lápiz
acuarela	expresionismo	paleta
frescos	realismo, arte abstracto	papel
	muralismo, surrealismo	lienzo

8-3 El arte y tú. Para saber el lugar que tiene el arte en tu vida, contesta estas preguntas. Trabaja con un/a compañero/a.

1. ¿Cuáles fueron las corrientes artísticas que Rivera exploró a lo largo de su vida? ¿Las conoces?
2. Aparte de Rivera, ¿conoces a otros muralistas?
3. ¿Visitas museos de arte a menudo? ¿Cuántas veces al año?
4. ¿Qué manifestaciones artísticas has visto a lo largo del semestre? ¿Alguna exposición de escultura o pintura? ¿Algún concierto de música clásica o moderna? ¿Alguna representación de arte dramático? ¿Cine?
5. ¿Sabes qué grupos artísticos hay en el campus, aparte del grupo de teatro? ¿Cuáles son? ¿Qué hacen?

8-4 Rivera y los muralistas. Escoge las **Expresiones útiles** correspondientes según el contexto.

(1. A lo largo de / A menudo) su estadía en París, Diego Rivera fue influido por el impresionismo de Renoir y luego por el postimpresionismo de Cézanne. (2. Sin embargo / Aparte de) las pinturas que produjo entre 1913 y 1917 fueron representaciones del cubismo. En 1921 Rivera volvió a vivir en México; (3. sin embargo / tan pronto como) llegó, empezó su primer mural en el Anfiteatro de la Universidad de México: *La creación*. (4. Aparte de / A lo largo de) ser una obra de arte importante, es el primer mural importante del siglo XX. En los murales que siguieron, desarrolló temas históricos y sociales de su país, en ellos la vida de los mexicanos y su historia aparecen (5. sin embargo / a menudo) como ejemplos de ideas universales.

8-5 Crítica de arte. Imaginen que Uds. son críticos de arte y están en una exposición de Diego Rivera. Cada estudiante escoge uno de sus cuadros, lo analiza y se lo presenta a su compañero/a. Tengan en cuenta los siguientes elementos.

1. ¿Cómo es el cuadro? (Describan los detalles, la luz, la sombra, el colorido, las líneas.)
2. ¿Cuál es el tema (o cuáles son los temas) que se representa(n) en la obra?
3. ¿Qué emociones despierta el cuadro?
4. ¿Cuál crees que es el mensaje que quiere expresar el pintor?
5. ¿Qué opinan Uds. de esta obra?

8-6 Para saber más. Busca información sobre otro/a pintor/a hispano/a. Escribe una pequeña biografía del/de la artista y analiza una de sus obras. En la próxima clase, vas a compartir tu información con otro/a estudiante. Trae una copia de una de sus obras a la clase.

Ventana al mundo
Frida Kahlo (1907–1954)

Frida Kahlo nació en Coyoacán, cerca de la ciudad de México. Su casa es ahora el museo que lleva su nombre. En 1925, Frida sufrió un accidente de autobús que la tuvo en cama por muchos meses. Mientras se recuperaba, Kahlo comenzó a pintar y, con el tiempo, la pintura se volvió su profesión. Sus obras son generalmente autorretratos con elementos fantásticos que relatan sus experiencias personales, su cuerpo fracturado y su relación con Diego Rivera.

Frida fue una mujer increíblemente fuerte, independiente y luchadora. Para muchos hoy en día, el nombre de Frida Kahlo es sinónimo de talento artístico, feminismo y de la lucha por la igualdad de la mujer.

Frida Kahlo. Busca información sobre Frida Kahlo y tráela a clase para compartir.

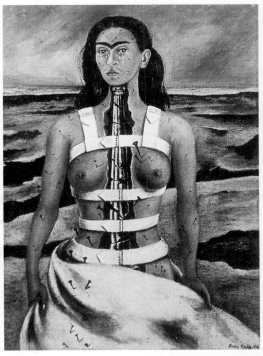

Frida Kahlo, *La columna rota*, 1944, óleo sobre madera.

— ¡Sin duda! —

hacerse — llegar a ser — ponerse — volverse

The words **hacerse**, **llegar a ser**, **ponerse**, and **volverse** can be translated as *to become* in English in the following contexts.

Palabra	Explicación	Ejemplo
hacerse	with **rico**, **famoso**, *religions, and political affiliations*	Frida Kahlo **se hizo** famosa con sus autorretratos. *Frida Kahlo became famous with her self-portraits.*
llegar a ser	*to refer to a change that took a long time or is the product of a series of events (usually with a positive connotation)*	Frida Kahlo **llegó a ser** una de las pintoras más famosas del siglo XX. *Frida Kahlo became one of the most famous painters of the 20th century.*
ponerse	*with most adjectives*	Frida Kahlo **se puso** muy triste cuando supo que no podía tener hijos. *Frida Kahlo became very sad when she learned that she couldn't have children.*
volverse	*followed by an adjective indicates a sudden or profound change.* *with* **loco** *in most cases, equivalent to* **hacerse**	Con tantos problemas físicos **se volvía loca** de dolor. *So many physical problems were driving her crazy with pain. / She became crazy with pain because of many physical problems.*

 8-7 Encuesta. Pregúntales a varias personas de la clase si están o no de acuerdo con las siguientes afirmaciones. Luego, informa a tus compañeros/as de clase los resultados de tu encuesta.

> MODELO: *Tres de las personas que entrevisté están de acuerdo con la afirmación que sostiene que todos los artistas se hacen famosos después de morir.*

Declaraciones	Sí	No
Todos los artistas se hacen famosos después de morir.		
Para ser un buen artista hay que volverse un poco loco.		
Para llegar a ser un artista famoso hay que tener muchos contactos.		
Los artistas siempre se ponen contentos cuando venden sus obras.		

 8-8 ¿Cómo eres tú? Háganse estas preguntas para conocerse mejor.

1. ¿Qué quieres llegar a ser?
2. ¿Qué cosas te ponen triste?
3. ¿Qué cosas te vuelven loco/a porque te molestan mucho? Explica.
4. ¿Es importante para ti hacerte rico/a y/o famoso/a? ¿Por qué?
5. Cuando estás triste o deprimido/a, ¿qué haces para ponerte contento/a o de buen humor?

Diario //////////////////////

¿Qué te gustaría llegar a ser? ¿Por qué? Describe cómo sería tu vida.

Ventana al mundo
David Alfaro Siqueiros (1896–1974)

Siqueiros fue uno de los tres grandes muralistas mexicanos, junto con Diego Rivera y José Clemente Orozco. Además de pintor, fue un activista político comprometido en la lucha por los derechos de la clase obrera y de todos los que sufrían injusticias dentro de la sociedad mexicana. Su tratamiento del espacio y el volumen produce un efecto tal que parece que las imágenes de sus obras salieran de la pared y cobraran vida propia como se ve en este mural.

¿Quién era? Busca más información sobre David Alfaro Siqueiros. Trae a clase dos o tres datos sobre su vida y una copia de alguna de sus obras para compartir con tus compañeros.

David Alfaro Siqueiros (1896–1974), *El pueblo para la universidad y la universidad para el pueblo*, 1951. Mural de la Universidad Nacional de México, México, D.F.

—Así se dice—

Elogiar y alabar (*praise*)

Estas son algunas de las expresiones que se usan para elogiar (*to praise*) una obra de arte.

¡Qué bonito/a, bello/a!	*How beautiful!*
¡Qué lindo/a!	*How nice, pretty!*
¡Me encanta!	*I love it!*
¡Es maravilloso/a, fabuloso/a!	*It is marvelous, fabulous!*
¡Este/a pintor/a es genial!	*This painter is a genius!*
¡Es verdaderamente una obra de arte!	*It is truly a work of art!*
¡Me deja sin palabras!	*I am speechless!*
¡No tengo palabras para describirlo/a!	*There are no words to describe it!*

Cómo describir una obra de arte

Estos son algunos criterios para describir una obra de arte:

Color: monocromático, colorido, brillante, claroscuro, luz, sombra
Tema: individualista, universal, doméstico, religioso, natural, social, político, histórico
Técnica: óleo, témpera, fresco, acuarela, dibujo, lápiz, tinta (*ink*)
Tema representado: paisaje, retrato, autorretrato, abstracto, figurativo, naturaleza muerta, escenas domésticas, escenas de guerra, escenas mitológicas
Corriente estética: Ver lista en el **Boletín**
Materiales: papel, lienzo, lápiz, pincel, paleta, tinta, pinturas

Además, piensa en el mensaje que la obra transmite y en los sentimientos que inspira en el observador. ¿Son sensaciones de paz, felicidad, armonía, belleza, redención, violencia, agresividad, dolor, desesperación?

 8-9 Un cuadro. Busca e imprime la reproducción de un cuadro que represente alguna de las corrientes estéticas que se mencionan en el **Boletín**.

Paso 1: ¿Cuáles son? Haz una pequeña descripción que incluya el color, la técnica, el tema representado y la corriente artística. Entrega la reproducción al profesor. Luego, lee tu descripción a la clase. Tus compañeros/as van a identificar el cuadro que describes.

Paso 2: ¿Qué te parecen? Expresen su reacción y hagan comentarios sobre los cuadros de sus compañeros/as, usando las expresiones de **Así se dice** como guía. ¿Qué te sugieren los cuadros?

Ventana al mundo

José Clemente Orozco (1883–1949)

José Clemente Orozco es considerado por muchos críticos como el mejor muralista desde la época de los primeros muralistas italianos. Su arte representa los ideales de justicia social de la revolución mexicana, pero al mismo tiempo Orozco tiene una visión más universal de hermandad entre las naciones y de un mundo libre de explotación y violencia. Sus murales decoran muchos edificios, tanto en México como en los EE.UU. Podemos ver algunas de sus obras en el edificio de la Corte Suprema en México, D.F. en el Hospicio Cabañas en Guadalajara, en la Escuela Nacional Preparatoria en México y en varias universidades de los EE.UU., tales como Dartmouth College en New Hampshire, Pomona College en California y New School University en Nueva York.

Cada cual tiene su gusto. Comenta con tu compañero/a este mural de Orozco. Describe los colores, el tema y la impresión que deja en ti.

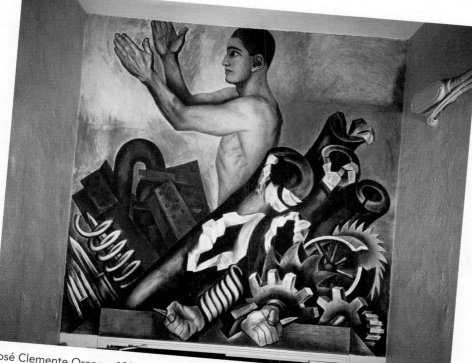

José Clemente Orozco, 1883–1949. *Man Released from the Mechanistic to the Creative Life,* 1932, Mural en Dartmouth College.
José Clemente Orozco, Mexican (1883–1949). "Man Released by the Mechanistic to the Creative Life," 1932, Fresco. P.932.12. Hood Museum of Art; Dartmouth College, Hanover, New Hampshire; Commissioned by the Trustees of Dartmouth College. © Clemente V. Orozco. Reproduction authorized by the Instituto Nacional de Bellas Artes y Literatura.

◀)) *Escuchemos*

Una ida al museo. Laura y Mario están visitando un museo. Escucha su conversación y luego responde a las siguientes preguntas.

1. ¿Cuándo empezó Laura a ir a museos, y quién la llevaba allí?

2. De pequeña, ¿qué miraban ella y su padre en estas visitas?

3. ¿Qué tipo de arte y qué artistas le gustaban?

4. ¿Qué piensa Mario de Frida Kahlo y su obra? Incluye al menos tres opiniones.

5. Y tú, ¿tienes un/a artista favorito/a? ¿Quién es, y por qué te gusta?

6. Imagina que tienes una invitación para ir a un museo y otra para asistir a un evento deportivo. Explica en qué circunstancias escogerías una u otra opción.

Sigamos con las estructuras

☑ Complete the self-test in your *MySpanishLab* course. If you do not obtain a passing score, you need to review the *Cabos sueltos* Study Materials in *MySpanishLab* or at the back of the book. If you do, you can continue with the following activities.

Repasemos 1

Talking about people and things: Uses of the indefinite article

Yo pinto cuadros pero quiero pintar **un** cuadro bueno, no cualquier cuadro.

8-10 ¿Adivinas? Un/a estudiante escribe el nombre de una persona famosa y el otro miembro de la pareja tiene que hacer preguntas, hasta adivinar de quién se trata. Las respuestas sólo pueden ser **sí**, **no** o **no sé**.

> **MODELO:**   E1:   (Piensa en Frida Kahlo.)
> E2:   *¿Es (género / nacionalidad / religión / ocupación o profesión / afiliación política / características físicas / etc.)?*
> E1:   *No/Sí. No sé.*

8-11 Un cuadro famoso. Trae una o dos reproducciones de cuadros que te gustan, en lo posible uno abstracto y otro no. Explica a tu grupo por qué te gustan. Exponlos en la clase. Luego cada estudiante selecciona uno y los miembros del grupo tienen que hacer preguntas, hasta adivinar de qué cuadro se trata. Las respuestas sólo pueden ser **sí**, **no** o **no sé**.

> **MODELO:**   E1:   (Selecciona las Meninas de Velázquez.)
> E2:   *¿Es una naturaleza muerta? ¿Es un retrato?*
> E1:   *No/Sí. No sé.*

☑ Complete the self-test in your *MySpanishLab* course. If you do not obtain a passing score, you need to review the *Cabos sueltos* Study Materials in *MySpanishLab* or at the back of the book. If you do, you can continue with the following activities

Repasemos 2

Contrasting and contradicting: Uses of *pero*, *sino*, and *sino que* to express *but*

Ellos quieren vivir del arte pero no pueden.

8-12 Problemas de fechas. Acabas de recibir un mensaje de un/a amigo/a. Completa los espacios con **pero**, **sino** y **sino que** y luego responde con algunas sugerencias. Comenta si alguna vez tuviste que pedirle a alguien que cambie una fecha y qué hiciste para lograrlo.

Hola, chicos:

¿Qué onda? Todo bien con los preparativos para la exposición de mis cuadros

(1) _____ tengo un problema con la fecha. Por el momento no quiero que hablen de

esto con nadie (2) _____ me ayuden a buscar una solución. Lupe me habló de tener

la exposición de arte el primer fin de semana de diciembre (3) _____ me parece que

no es la mejor fecha. No me molestan los días (4) _____ el mes. No necesito más

días (5) _____ creo que sería mejor tener un mes más activo culturalmente. Yo hablé

con Lupe para cambiar la fecha (6) _____ todavía no encontramos otra alternativa.

Las primeras semanas de enero la galería no está abierta (7) _____ está cerrada para

reparaciones. Estoy segura que llegaremos a una solución; por eso los necesito a Uds. ¿Alguna

sugerencia?

8-13 Respuesta. Contesta el mensaje del ejercicio anterior. Usa por lo menos una vez cada una de las siguientes conjunciones: **pero**, **sino** y **sino que**.

Ventana al mundo

Muralismo

En el México de los años veinte, un grupo de artistas, que había estado en contra del dictador Porfirio Díaz y que apoyaba al nuevo gobierno revolucionario, se unió para formar un sindicato de artistas. Entre los miembros de este sindicato se encontraban David Alfaro Siqueiros, José Clemente Orozco y Diego Rivera. El gobierno, por medio de su ministro de educación, José Vasconcelos, les ofreció la oportunidad de pintar las paredes de varios edificios públicos. La idea era que el arte saliera fuera de los museos, estuviera al alcance de todos y se expresara políticamente. De esta manera, nació un nuevo movimiento artístico, que hoy conocemos como muralismo.

Rivera, Orozco y Siqueiros. Estos son los nombres de los muralistas mexicanos más famosos. Memorízalos. ¿Conoces a otros muralistas contemporáneos o de otros siglos?

José Clemente Orozco, *Trinidad revolucionaria* (1923–1926). Mural del Antiguo Colegio de San Alfonso, México, D.F.

Aprendamos 1

Expressing time in the future: Subjunctive in adverbial clauses

The present subjunctive is used in adverbial clauses of time when an event has not yet taken place. The main clause indicates that the event will take place at some point in the future.

Voy a colgar este cuadro en la sala cuando **tenga** tiempo.	*I'm going to hang this picture in the living room when I have time.*

The following expressions introduce the subjunctive in the dependent clause when the action in the main clause refers to the future.

Expresiones de tiempo	
cuando	*when*
después (de) que	*after*
en cuanto	*as soon as*
hasta que	*until*
mientras (que)	*as long as, while*
tan pronto como	*as soon as*

In cases when the event has already happened or the event is a habitual action, the indicative is used. Compare these examples.

Ana vivía en México **cuando se graduó**. (*past event* → *indicative*)	*Ana was living in Mexico when she graduated.*
Ana va a vivir en México **cuando se gradúe**. (*future event* → *subjunctive*)	*Ana is going to live in Mexico when she graduates.*
Todos los días pinto en el taller **hasta que** los niños **vuelven** de la escuela. (*habitual action* → *indicative*)	*Every day I paint in the workshop until the children come home from school.*
Trabajaré en el taller **hasta que** los niños **vuelvan** de la escuela. (*future event* → *subjunctive*)	*I'll work in the workshop until the children come home from school.*

The use of the subjunctive and indicative is summarized in the following charts.

> **Main clause + Expression of time + Subjunctive**
> **(refers to future event)**

Terminaré este cuadro **tan pronto como** **haya** mejor luz en el taller. (*future event*)	*I will finish this painting as soon as there is better light in the workshop.*

> **Main clause + Expression of time + Indicative**
> **(refers to past or habitual event)**

Antonio me **pintó** de cuerpo entero mientras yo **miraba** por la ventana. (*past event*)	*Antonio painted a portrait of my entire body while I was looking out the window.*
Estela **practica** la flauta todos los días cuando **vuelve** de la universidad. (*habitual event*)	*Estela practices the flute every day when she gets back from the university.*

8-14 La exposición. Un grupo de artistas prepara una exposición. Completa las frases con el subjuntivo o el indicativo, según corresponda.

MODELO: Los pintores van a colgar las obras cuando la sala (estar) _____ libre.
Los pintores van a colgar las obras cuando la sala esté libre.

1. Ellos se alegraron cuando (recibir) _____ la aceptación de la galería.

2. No pondrán las obras hasta que (tener) _____ el nombre de los artistas.

3. Mandaron la propuesta para exponer mientras (pintar) _____ los cuadros.

4. Trabajaron mucho hasta que la exposición (quedar) _____ organizada.

5. Llamarán a los periodistas en cuanto (terminar) _____ de colgar las obras.

6. Venderán los cuadros cuando (haber) _____ clientes.

7. Todos estarán muy contentos mientras (venderse) _____ muchos cuadros.

8. Habrá una recepción cuando se (inaugurar) _____ la exposición.

8-15 La vida de una artista. Las personas creativas a veces nos dan más trabajo. En este caso tenemos la biografía de una artista pero está toda desordenada. Une las columnas de forma lógica y conjuga el verbo correspondiente. Luego, con un/a compañero/a ordenen la biografía cronológicamente.

1. Algunos de sus amigos pintores no pintan hasta que…

2. Cubría las paredes de pintura mientras que…

3. De mayor pudo comprender las diferentes técnicas en cuanto…

4. Empezó a pintar cuando…

5. Espera convertirse en una pintora muy conocida en cuanto…

6. Está empezando a vender algunos cuadros, después de que…

7. Iba a los museos con sus hermanos cuando…

8. Pero ella pinta en cuanto…

9. Pero va a tener una exhibición en el museo central cuando…

10. Yo creo que sus obras serán famosas tan pronto como…

a. la familia (tener) dinero para las entradas.

b. la profesora le (explicar) cómo hacerlas.

c. su madre (pintar) en el taller.

d. alguien les (encargar) un cuadro.

e. (terminar) una serie de acuarelas.

f. (ser) niña.

g. sus obras (exponerse) en el museo central.

h. a los críticos les (gustar) sus obras.

i. (exponerlos) en la galería del barrio.

j. (encontrar) un momento libre.

8-16 La fama. Hacerse famoso/a no es fácil. Aquí tienes algunas ideas. Imagínate que eres artista. Combina de forma lógica los elementos de las dos columnas para obtener una guía de cómo hacerte famoso/a. Luego, compárala con la de otro/a estudiante de la clase.

MODELO: cuando exponer mis cuadros en Barcelona
Voy a ser famoso/a cuando exponga mis cuadros en Barcelona.
(No) Voy a ser famoso/a…

mientras (que)	vender muchos cuadros
tan pronto como	exponer en Latinoamérica
en cuanto	tener cuadros en museos
hasta que	recibir buenas críticas en los periódicos
después (de) que	conectarme con artistas famosos
cuando	poner las obras en Internet

 8-17 Ayudar a un amigo. Todos nos encontramos alguna vez en dificultades y recurrimos a parientes y amigos para pedir consejos. Utilicen las siguientes expresiones para elaborar una guía de ayuda a los amigos en problemas. Luego, compárenla con las de otros/as estudiantes de la clase y entre todos/as elaboren una guía común para toda la clase.

MODELO: cuando tengas problemas, busca soluciones.

cuando   después (de) que   en cuanto   hasta que   mientras (que)   tan pronto como

 8-18 El futuro. Soñar no cuesta mucho. Imaginen qué harán sus compañeros/as en el futuro y escriban sus ideas utilizando las siguientes expresiones. Luego, lean las frases y escuchen la reacción de sus compañeros/as.

MODELO: Scott va a enamorarse de Nancy tan pronto como salga con ella.

cuando   después (de) que   en cuanto   hasta que   mientras (que)   tan pronto como

Aprendamos 2

Expressing purpose: Subjunctive in adverbial clauses

With expressions of purpose, use the subjunctive if there is uncertainty in the dependent clause. If there is certainty, use the indicative.

Expresiones de propósito	
a pesar (de) que	*in spite of*
aun cuando	*even when (even though)*
aunque	*although (even if)*
de manera que / de modo que	*so that*

Pepe pinta sus murales **aunque** nadie los **aprecie**.	*Pepe paints his murals although no one may appreciate them. (It is unknown if they will be appreciated.)*
Pepe pinta sus murales **aunque** nadie los **aprecia**.	*Pepe paints his murals although no one appreciates them. (It is known that no one appreciates them.)*

8-19 El club latinoamericano. Están preparando una exposición importante del arte de Frida Kahlo. Completa las frases con el subjuntivo o el indicativo, según corresponda.

MODELO: Vamos a colgar las obras aunque la sala no (tener) _____ buena iluminación.
   Vamos a colgar las obras aunque la sala no __tenga__ buena iluminación.

1. Nosotros pondremos las obras de modo que todos los cuadros (tener) _____ el mismo espacio.

2. Los estudiantes mandaron la propuesta para exponer los cuadros de Frida aquí a pesar de que ellos (saber) _____ que la competencia era grande.

3. Ellos se organizan de manera que cada uno (hacer) _____ un poco de trabajo y todo (salir) _____ bien.

4. Para recaudar fondos, los estudiantes de arte pondrán algunas de sus obras en venta aunque no (ganar) _____ mucho dinero.

5. Todos estarán muy contentos aunque no (vender) _____ muchos cuadros.

6. Habrá una recepción a pesar de que lamentablemente (haber) _____ poco dinero para la exposición.

8-20 A pesar de todo. Vivir del arte no es fácil y no todos nos hacemos famosos. Piensen qué pueden aconsejarles a los artistas que recién empiezan su carrera, para que no se desanimen. Combinen las expresiones de las dos columnas y formen frases lógicas para expresar sus consejos. Luego, compárenlas con las de otras parejas de la clase y entre todos, elijan las cinco mejores sugerencias.

MODELO: *Sigue dedicándote al arte, aun cuando no llegues a ser tan famoso/a como Orozco.*
   Sigue dedicándote al arte…

a pesar de que	(no) hacerse famoso/a
de modo que	(no) llegar a vender tus obras
aun cuando	(no) llegar a ser tan famoso/a como Siqueiros
aunque	(no) ponerse nervioso/a antes de una exposición
de manera que	(no) tener que trabajar duro
	(no) surgirte dudas

Ventana al mundo
Los murales en los Estados Unidos

La tradición de pintar murales ha cruzado las fronteras de México y ha entrado a los EE.UU. En Los Ángeles hay murales que representan la forma de vida y las aspiraciones de los habitantes de ascendencia mexicana. Yreina Cervántez, Judith Baca y Willie Herrón son algunos de los pintores que usan la técnica muralista en los EE.UU.

Los artistas hispanos. Busca información sobre uno de estos artistas y trae una copia de alguna de sus obras para presentar a la clase.

Mural en Robertson Boulevard, Los Ángeles, California.

Aprendamos 3

Expressing uncertainty and condition: Subjunctive in adverbial clauses

<table>
<tr><td colspan="4" align="center">Expresiones de condición</td></tr>
<tr><td>**a fin de que**</td><td>*in order that*</td><td>**en caso (de) que**</td><td>*in case*</td></tr>
<tr><td>**a menos que**</td><td>*unless*</td><td>**para que**</td><td>*so that, in order that*</td></tr>
<tr><td>**a no ser que**</td><td>*unless*</td><td>**siempre y cuando**</td><td>*as long as*</td></tr>
<tr><td>**antes (de) que**</td><td>*before*</td><td>**sin que**</td><td>*without*</td></tr>
<tr><td>**con tal (de) que**</td><td>*provided that*</td><td></td><td></td></tr>
</table>

1. These expressions introduce the subjunctive in the dependent clause. They introduce an action that has not yet happened. A particular condition has to be fulfilled before the action is completed. Because the conditions have to be fulfilled before the actions are completed, there is still uncertainty about the event. The subjunctive is always used after these expressions.

   Te haré el bosquejo **para que** tú lo pintes.   *I will do the outline so that you will paint it.*
   No uses ese marco, **a no ser que** el   *Don't use that frame, unless the picture*
      cuadro sea una miniatura.   *is a miniature.*

2. The subjunctive is used with **sin que**, **para que** and **antes de que** when there is a change of subject. If there is no change of subject, the expressions **sin**, **para**, **antes de** are used instead. In this case, the verb appears in the infinitive. Also, **con tal de (que)** and **en caso de (que)** may be used with or without **que**; in such cases, the infinitive is used.

   Él pinta día y noche **para** terminar pronto.   *He paints day and night in order to finish soon.*
   Él pinta día y noche **para que** los frescos   *He paints day and night so that the frescos*
      estén listos pronto.   *will be ready soon.*
   Traigo dinero suficiente **en caso de que** tú   *I'll bring enough money in case you want to*
      quieras comprar uno de sus cuadros.   *buy one of his paintings.*
   Traigo dinero suficiente **en caso de** querer   *I'll bring enough money in case I want to*
      comprar uno de sus cuadros.   *buy one of his paintings.*

8-21 Frustraciones y soluciones. El arte es una de las maneras de protestar y de expresar sentimientos, pero hay muchas otras maneras de hacerlo. Completa las frases, según el modelo.

> MODELO: Me enfadaré mucho a menos que (tú / encontrar) _____ una solución.
> *Me enfadaré mucho a menos que encuentres una solución.*

1. Escribiré una disculpa, con tal que (ellos / dejarme) _____ tranquila.

2. No voy a hablar con ellas, a no ser que (usted / confirmarme) _____ que ellas actuaron de buena fe.

3. Consultaremos a un abogado en caso de que (tú / insistir) _____.

4. Pensemos en soluciones para que (todos / quedarse) _____ contentos.

5. Voy a buscar una solución antes de que (el asunto / llegar) _____ más lejos.

6. No aceptaré sus condiciones a menos que (tú / querer) _____.

7. Olvidaremos el problema con tal que (la obra / salir) _____ a la venta.

8. Aceptaremos las condiciones siempre y cuando (tú / estar) _____ de acuerdo.

8-22 Inauguración. La semana próxima se inaugura una exposición importante en tu ciudad. Completa las frases con el subjuntivo o el infinitivo, según corresponda. Añade la conjunción **que** cuando sea necesaria.

MODELO: Ana y Elisa verán la exposición antes de (la exposición / estar)
_____ abierta al público.
Ana y Elisa verán la exposición antes de que esté abierta al público.

1. Sacaremos las fotos para (tú / tenerlas) _____ antes de la inauguración.

2. Uds. preparen las invitaciones antes de (Uds. / colgar) _____ los cuadros.

3. La clase de diseño visitará la exposición antes de (el artista / inaugurarla) _____.

4. Te llevaré a la exposición para (tú / aprender) _____ a apreciar el arte.

5. Ellos sacarán los cuadros de esa sala en caso de (ellos / necesitar) _____ más espacio.

6. Nosotros vamos a ir a la exposición con tal de (ellos / terminar) _____ su trabajo a tiempo.

8-23 Visita a un/a artista. Imagina que puedes visitar a cinco artistas de la historia. Pueden ser músicos, escultores, pintores, etc. Dile a tu compañero/a a quiénes quisieras visitar y explica para qué.

MODELO: *Quiero visitar a Salvador Dalí para que me explique sus cuadros.*

8-24 Aventura pictórica. Imagina que puedes entrar en este lienzo y relacionarte con sus personajes. Escribe oraciones usando las siguientes expresiones y luego comparte tus oraciones con las de otro/a estudiante.

MODELO: *No entraré al cuadro, a menos que me aseguren que podré volver a salir.*
(No) Entraré en el cuadro…

…a menos que   …con tal que
…a no ser que   …en caso de que
…antes que   …para que

Gildardo Rengifo (b. 1951),
El matrimonio del pueblo.
Óleo sobre tela.
Gildardo Rengifo "El Matrimonio del
Pueblo," oil on canvas, 100 x 170 cm.

8-25 El futuro del arte. Escribe cinco oraciones, indicando cómo (no) quieres que sea el arte de este siglo y presenta alguna manera de lograr tu propuesta. Luego, pregúntale a otro/a estudiante si comparte tus deseos.

MODELO   E1:   *Yo quiero que el arte ocupe una parte más importante en los programas de estudio, por ejemplo, que haya cursos de arte obligatorios. ¿Estás de acuerdo?*

                E2:   *No, para mí es suficiente que haya museos de arte y que la gente escoja si quiere visitarlos o no…*

Ventana al mundo

El surrealismo

Fue un movimiento artístico, literario y filosófico, nacido en 1924 y basado en la expresión del pensamiento y de los sentimientos subconscientes. Los surrealistas no querían limitar la capacidad de creación artística con ninguna norma moral, estética o social. El escritor francés André Breton, padre del surrealismo, lo define como "automatismo psíquico puro", "ausencia de todo control ejercido por la razón, fuera de cualquier preocupación estética o moral". Las imágenes eran dictadas por el subconsciente y por la investigación de los sueños. Uno de los representantes más importantes de este movimiento es Salvador Dalí.

Salvador Dalí (1904–1989), *Naturaleza muerta viviente*, 1956. Óleo sobre lienzo.

Salvador Dalí (1904–1989), *Naturaleza muerta viviente*, 1956. Óleo sobre lienzo Salvador Dali "Nature Morte Vivante" (Still Life–Fast Moving). (1956) Oil on canvas 49 1/4 x 63 inches. Collection of The Salvador Dali Museum. St. Petersburg, Florida. © 2006 Salvador Dali Museum, Inc. © 2006 Kingdom of Spain, © 2006 Salvador Dali, Gala-Salvador Dali Foundation, Figueres/Artists Rights Society (ARS), New York.

Frida y los surrealistas. Busca cuadros de Frida. ¿En qué cuadros de Frida Kahlo encuentras elementos surrealistas? Compara tu respuesta con las de tus compañeros/as.

Diario

¿Te acuerdas de tus sueños? Cuenta un sueño que te sorprendió por lo extraño.

¿Qué pasaba en el sueño? ¿Dónde estabas? ¿Qué hacías? ¿Qué otras cosas o personas aparecían? Si no recuerdas tus sueños, imagínate una situación irreal en la que tú eres el protagonista principal.

Conversemos sobre las lecturas

Antes de leer

Estrategia de lectura: *Prefixes and suffixes*

Below are some prefixes and suffixes that you will frequently find in Spanish. Knowing them will make you a better reader, because you will be able to identify the meaning of a word without having to stop and find it in the dictionary. They will also enlarge your vocabulary.

Prefijos

ante- + [noun]	*before*	antesala, anteayer
anti- + [noun]	*to oppose, be against*	antirrevolucionario
auto- + [noun]	*self*	autoestima
des- + [adjective, noun, or verb]	*without*	deshabitado
em- + [noun or verb]	*to become*	empeorar
en- + [adjective]	*to take on / acquire (a certain quality)*	endulzar
in- + [adjective]	*in-, un-* (suggesting "less")	inútil
pre- + [noun or adjective]	*before*	prehistoria
re- + [verb]	*to repeat, to do again*	recrear
sub- + [noun]	*under*	subterráneo

Sufijos

-ado, -ido	*-ed, -en*	admirado
-bilidad	*-bility*	sensibilidad
-cia	*-cy*	democracia
-dad	*-ty*	realidad
-ismo	*-ism*	impresionismo
-ista	*-ist*	muralista
-mente	*-ly*	cuidadosamente

8-26 ¿Qué significan estas palabras? Marca el sufijo o prefijo que aparece en estas palabras y defínele las palabras a un/a compañero/a sin consultar el diccionario.

antecámara	antesala	empeorar	engordar	inconsciente
infeliz	periodista	predecir	presentado	sensibilidad
subacuático	subtropical	tranquilamente		

8-27 Palabras nuevas. Lee los dos primeros párrafos de la lectura "La obra de Frida Kahlo" y busca las palabras que ejemplifiquen sufijos o prefijos. Con un/a compañero/a explica el significado de cada una con una circunlocución.

—Vocabulario de las lecturas

Estudia estas palabras para comprender mejor los textos.

Vocablo	Explicación	Palabra en uso
el ala	*wing*	**Las alas** del pájaro tenían plumas verdes.
el arco iris	*rainbow*	Después de la lluvia apareció un hermoso **arco iris**.
el cartel	*poster*	¡Qué lindo **cartel** de los muralistas tienes en la pared!
el/la ciego/a	*blind person*	El niño ayudó al **ciego** a cruzar la calle.
la coyuntura	*turning point*	El accidente marcó una **coyuntura** en su vida.
de modo	*in a way, in a manner*	Los muralistas pintan **de modo** especial.
desafiar	*to challenge*	El arte a veces **desafía** y cuestiona la realidad.
descarnado/a	*bare*	Algunos cuadros muestran de forma **descarnada** el sufrimiento físico de Frida.
desprovisto/a	*lacking*	El retrato está **desprovisto** de expresividad.
el encanto	*charm*	La niña consigue todo lo que quiere con su **encanto**.
encasillar	*to classify*	No se puede **encasillar** a los artistas dentro de una sola corriente.
el escalón	*step*	Subimos los 150 **escalones** de la pirámide.
la franqueza	*frankness, candor*	El crítico habló con **franqueza** sobre la obra del pintor.
el gallo	*rooster*	El **gallo** cantó antes de que saliera el sol.
el gavilán	*sparrow hawk*	Los **gavilanes** volaron inmediatamente cuando nosotros salimos al jardín.
gestar	*to create*	El muralismo se **gestó** durante la revolución mexicana.
el grito	*scream*	Me despertó un **grito** en la noche serena.
herido/a	*wounded*	Cuando se despertó en el hospital, vio que tenía el brazo gravemente **herido**.
inquietante	*disturbing*	Algunos personajes de los cuadros de Rivera son **inquietantes**.
mudo/a	*mute*	Cuando se asusta mucho, se queda **mudo**.
el paraguas	*umbrella*	Necesitamos un **paraguas** porque va a llover hoy.
el patrón	*pattern*	Los artistas suelen rebelarse contra los **patrones** preestablecidos.
sordo/a	*deaf, hearing impaired*	Esta muchacha es **sorda**.
surgir	*to come forth, emerge*	Sus escritos **surgieron** de sus charlas con los muralistas.
el vidrio	*glass (in a window)*	Los niños rompieron el **vidrio** de la ventana con la pelota.

8-28 ¿Cómo se dice? Busca en la columna **B** un sinónimo o una expresión equivalente a cada palabra de la lista **A**.

A		B
1. _____ la coyuntura		a. extraño
2. _____ de modo		b. clasificar
3. _____ desafiar		c. crear
4. _____ desprovisto/a		d. la voz muy alta
5. _____ encasillar		e. de manera
6. _____ gestar		f. que no escucha bien
7. _____ inquietante		g. momento de cambio
8. _____ el patrón		h. sin
9. _____ el grito		i. cuestionar
10. _____ sordo/a		j. el modelo

8-29 Definiciones. Escoge una palabra fuera de orden y usa circunlocuciones para definirla. Tu compañero/a debe decir qué palabra defines.

MODELO: E1:   *Es algo que aparece en el cielo cuando llueve y hay sol.*
              E2:   *¿Es el arco iris?*

el arco iris	el cartel	el ciego/a	descarnado/a	el encanto	el escalón
la franqueza	el gallo	herido	mudo/a	el paraguas	surgir

8-30 ¿Cuánto sabes? Marca las afirmaciones de la lista que sabes que son ciertas sobre Frida Kahlo. Escribe un signo de interrogación junto a las que no sepas. Vas a encontrar las respuestas a tus dudas en la siguiente lectura.

1. Algunas obras de Kahlo se venden por muy poco dinero.
2. La figura de Frida no sólo aparece en obras de arte sino también en camisetas.
3. Kahlo siguió siempre los patrones tradicionales y patriarcales de su época.
4. Los cuadros de Frida Kahlo nos hablan de su vida, de su angustia y de su dolor.
5. Frida nunca logró salir de la sombra de su esposo, Diego Rivera, quien la eclipsó por muchos años.
6. Frida Kahlo comenzó su obra creativa en los años postrevolucionarios de México.
7. En su obra, Kahlo exploró aspectos tabúes de la sociedad, como la sexualidad, la violencia y el erotismo.
8. Frida Kahlo le dio una visión particular a su herencia mexicana.

LECTURA

Francisco Soto

Francisco Soto es profesor de literatura latinoamericana en el College of Staten Island (CSI, CUNY). Este texto presenta fragmentos de un artículo publicado con el título de "Vida y obra de Frida Kahlo: retrato de un desafío" en el cual Soto presenta un análisis de lo que representa la figura de Frida Kahlo en el mundo actual.

La obra de Frida Kahlo

Hoy en día Frida Kahlo se ha convertido en una figura de culto internacional. Su imagen se reproduce en carteles, tarjetas postales e incluso en camisetas. En 1990, uno de sus autorretratos se vendió por un millón y medio de dólares en Sotheby's, estableciendo un récord en el arte latinoamericano.

   Nos preguntamos, ¿cuál es la causa del exagerado encanto de Frida Kahlo y el interés en su vida y obra? Quizás la franqueza con la que los cuadros de Frida Kahlo nos hablan de su vida, de su angustia y dolor. Quizás el interés en Frida Kahlo—mujer que no se dejó encasillar por los patrones tradicionales y patriarcales de su época—sea el resultado del movimiento feminista que ha apreciado la forma absolutamente directa en que la pintora habla en su obra de sus experiencias como mujer. Lo que sí es cierto es que en la última década Frida Kahlo ha surgido desafiante y de modo triunfal de la sombra de su esposo Diego Rivera, quien la eclipsó por tantos años.

Frida Kahlo (1907–1954), *Autorretrato con mono,* 1940. Óleo sobre tela.

Considerada hoy día como la pintora más importante de la historia del arte latinoamericano moderno, Frida Kahlo comenzó su obra creativa en los tumultuosos años
15 posrevolucionarios, cuando se gestaba el movimiento muralista. Sin embargo, en vez de seguir los objetivos de la escuela muralista de pintura, Frida Kahlo creó su propio universo artístico, un espacio catártico, rebelde, íntimo y solitario, en el cual exploró varios aspectos de la sociedad hispana que se consideraban—y hasta cierta medida todavía se siguen considerando—temas tabúes para la mujer: entre otros, la sexualidad, la violencia y el erotismo.

20 De los doscientos y pico de cuadros que Frida Kahlo pintó durante su vida, fueron relativamente pocos los retratos que ella hizo de otras personas. Son sus famosos autorretratos, enigmáticos e inquietantes los que fascinan más al público y en los cuales se basa su fama como pintora. En estos, la pintora mexicana se desdobla para explorar su mundo íntimo, su propia pasión, su identidad de mujer. Estos son cuadros sumamente
25 personales y subjetivos que a la vez, paradójicamente, logran una proyección universal. Aunque en los autorretratos el rostro de Frida Kahlo permanece desprovisto de toda expresividad, como si la pintora estuviera en espera de la muerte, el espectador percibe *(oye)* el grito de rebeldía tras este rostro mudo. Los autorretratos le permitieron entablar un diálogo consigo misma en diferentes coyunturas críticas de su vida.

30 La inspiración o fuente de las fascinantes imágenes y figuraciones en la obra de Frida Kahlo va más allá de lo personal. Su obra se nutre de las imágenes del folclore y de la vida popular del pueblo mexicano. Frida Kahlo no abandonó su herencia mexicana sino que la abrazó y la utilizó para darle voz a su visión singular.

En sus autorretratos Frida Kahlo se representa a sí misma directamente frente al mundo
35 exterior con extraordinaria franqueza. Frida Kahlo recurre a la imagen de su propio cuerpo, enfermo y herido, pero a la vez sensual y erótico, para transmitirle al espectador sus deseos y obsesiones. Así, la artista refleja su íntimo estado de alma, auténtico y descarnado, el cual trasciende lo personal y se hace universal.

8-31 ¿Y ahora sabes más? Considera lo que has aprendido marcando cierta o falsa las oraciones de la **actividad 8-30** y marca todo lo que aprendiste después de leer este fragmento. Confírmalo con citas del texto.

8-32 La obra de Frida Kahlo. Comenta estas oraciones que describen la obra de Frida Kahlo y busca en la lectura la frase exacta para confirmarlas o refutarlas.

1. Su obra es una representación fiel del muralismo mexicano.
2. En sus cuadros se ven temas sexuales y eróticos.
3. Algunos de los temas que pintó eran temas tabúes.
4. Pintó doscientos retratos de diferentes personas.
5. Sus autorretratos la hicieron famosa.
6. Aunque sus cuadros son muy personales, consiguen una proyección universal.
7. No hay imágenes folclóricas en sus cuadros.
8. Su propio cuerpo es el modelo de sus pinturas.

8-33 Reseña de arte. Escojan una obra de Kahlo y hagan una reseña utilizando la información de la lectura y el vocabulario que han aprendido en **Así se dice**. Describan la obra y expresen su opinión.

POEMA

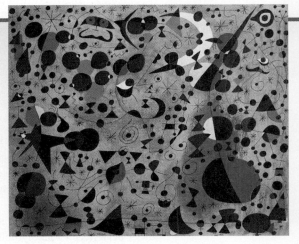

Interior holandés, Joan Miró, estilo surrealista, 1928.

Octavio Paz (1914–1998)

Octavio Paz fue uno de los escritores, poetas y diplomáticos mexicanos más importantes del siglo XX. Su obra tiene un reconocimiento mundial y ha sido traducida a varias lenguas. En 1990 recibió el Premio Nobel de Literatura. Aunque Paz se considera a sí mismo sobre todo como un poeta, también fue novelista y ensayista. En sus ensayos escribió sobre la política de México, la economía, la antropología, la sexualidad y el arte azteca. Como parte del cuerpo diplomático, vivió en Japón, París, Suiza, y fue embajador en la India. En los años 70 fue profesor de la universidad de Harvard, que le otorgó un doctorado *Honoris Causa* en 1982. En su extensa obra literaria refleja su pensamiento liberal con influencias tanto marxistas, surrealistas y existencialistas como la filosofía budista y la religión hindú.

Este es un fragmento de la poesía *Fábula de Joan Miró* donde Paz, inspirado por un cuadro de Miró, juega con las palabras de una manera impresionista, para crear imágenes y sensaciones que nos transportan a un mundo de ensueño.

Fábula de Joan Miró

…

El sol no era sino el presentimiento del color amarillo,
una insinuación de plumas, el grito futuro del gallo.
La nieve se había extraviado, el mar había perdido el habla,
era un rumor errante, unas vocales en busca de una palabra.

El azul estaba inmovilizado, nadie lo miraba, nadie lo oía:
El rojo era un ciego, el negro un sordomudo.
El viento iba y venía preguntando ¿por dónde anda Joan Miró?
Estaba ahí desde el principio pero el viento no lo veía
Inmovilizado entre el azul y el rojo, el negro y el amarillo,
Miró era una mirada transparente, una mirada de siete manos.
Siete manos en forma de orejas para oír a los siete colores,
Siete manos en forma de pies para subir los siete escalones del arco iris,
Siete manos en forma de raíces para estar en todas partes y a la vez en Barcelona.
…
El rojo abrió los ojos, el negro dijo algo incomprensible y el azul se levantó.
Ninguno de los tres podía creer lo que veía:
¿eran ocho gavilanes o eran ocho paraguas?
Los ocho abrieron las alas, se echaron a volar y desaparecieron por un vidrio roto.
…

8-34 Mi inspiración Dibuja un cuadro abstracto con los elementos que se mencionan en este poema y explícaselo a tu compañero/a.

1. el presentimiento del color amarillo
2. el grito futuro del gallo
3. El azul estaba inmovilizado.
4. El rojo era un ciego.
5. el negro un sordomudo
6. gavilanes
7. plumas

8-35 ¿Qué sientes? Los poemas son para leerlos en voz alta porque evocan diferentes imágenes en distintas personas. Cierra los ojos y escucha el poema de Octavio Paz que tu compañero/a va a leerte. Luego escribe unas pocas oraciones sobre las imágenes que evocaban estas palabras para ti. Después cambien de papel y compartan lo que escribieron.

8-36 Imágenes y sonidos. Hagan una lista de los versos o las palabras del poema que pertenecen a las siguientes categorías.

Sonidos:

Silencio:

Imágenes:

Acciones:

8-37 Exposición de cuadros. Busca información sobre Joan Miró. Selecciona una pintura para exponer en clase. Explica por qué seleccionaste esa obra y qué te dice.

Ventana al mundo
Joan Miró (1893–1983)

Nació en Barcelona en 1893 y murió en Palma de Mallorca en 1983. Miró tiene un estilo muy propio como de pintura de niños, de colores brillantes y primarios. Sus pinturas son inconfundibles y presentan características del movimiento surrealista. Se lo considera uno de los representantes más importantes del surrealismo. En el año 1975 creó la Fundación Miró en Barcelona con el objetivo de difundir el arte contemporáneo. Actualmente esta fundación tiene la colección más importante de sus obras; no sólo de pintura sino también de escultura, grabados y cerámica.

Miro a Miró. ¿Te gusta el cuadro de Miró? ¿Puedes describirlo? ¿Cuántos colores ves?

Joan Miro. "Dutch Interior I". 1928. Oil on Canvas. 36 1/8" x 28 3/4". Mrs. Simon Guggenheim Fund. (163.1945). © 2004

La poétesse, "La noche, la música y las estrellas empezaban a tener un papel importante en la concepción de mis cuadros". Joan Miró. 1940.

Avancemos con la escritura

Antes de escribir

Estrategia de escritura: *Critiquing a work of art*

When writing a critique of a work of art, you have to describe the work and explain the effect that it has on you, in other words, explain the feelings or thoughts that it evokes in you. Support your opinion by describing details of the work. You may make your point stronger by comparing the work to another by the same artist, to a work by some other artist, or to something else all together such as a musical production, or a personal experience. Finally, you must leave readers intrigued enough about the work that they will want to see it for themselves.

Palabras de enlace: Para expresar lo obvio

Aparentemente...	*Apparently...*
Es obvio que...	*It's obvious that...*
Obviamente...	*Obviously...*
Por lo visto...	*Apparently...*

8-38 El mejor mural. Escoge la pintura que más te gustó en este capítulo. Escribe un párrafo para convencer a tus compañeros de que es la mejor de todas. Usa palabras y expresiones de la sección **Así se dice** de este capítulo para explicar por qué la escogiste. Puedes compararla con alguna otra obra que conozcas. Usa algunas de estas expresiones para ayudarte en tu explicación.

A mi parecer,...	Además,...	Es importante reconocer que...
Lo mejor de la obra es...	Lo que más llama la atención es...	
La razón por la cual...	Obviamente,...	

A escribir

8-39 Reseña de arte. Escoge uno de todos los artistas que has visto en este capítulo y busca más información sobre su vida y obra. Escribe una reseña de tres párrafos.

Antes de entregar tu reseña, asegúrate de haber incluido y revisado lo siguiente:

- El vocabulario del capítulo
- Las **Expresiones útiles**
- **Así se dice**
- El subjuntivo en cláusulas adverbiales

🔊 Vocabulario

Materiales y técnicas artísticas	Artists' materials and techniques
la acuarela	watercolor
el cuadro	painting
el dibujo	drawing
el lienzo	canvas
la línea definida	well-defined line
el óleo	oil painting
la paleta	palette
el pastel	pastel (a crayon for drawing in pastel)
el pincel	brush
la pintura	painting

Corrientes artísticas	Artistic trends
el arte abstracto	abstract art
el cubismo	cubism
el expresionismo	expressionism
el impresionismo	impressionism
el muralismo	muralism
el realismo	realism
el romanticismo	romanticism
el surrealismo	surrealism

Sustantivos	
el ala (*fem.*)	wing
el arco iris	rainbow
el autorretrato	self-portrait
las bellas artes	fine arts
el borde	edge
el bosquejo	sketch
el cartel	poster
el ciego	blind or visually impaired person
el colorido	colors (referring to the palette of colors of a painting)
la coyuntura	turning point
el detalle	detail
el edificio	building
el encanto	charm
el escalón	step
el esquema	outline
la estética	aesthetics
el fondo	background
la franqueza	frankness, candor

la fuente	source
el gallo	rooster
el gavilán	sparrow hawk (type of bird)
el grito	scream
la luz	light
el/la maestro/a	master, teacher
el manejo	handling
el marco	frame
la naturaleza muerta	still-life
la obra de arte	the work of art
la obra maestra	masterpiece
el paraguas	umbrella
el patrón	pattern
el/la pintor/a	painter
la pintura al fresco	fresco
la pluma	feather
el primer plano	foreground
el retrato	portrait
la sombra	shadow
el taller	studio, workshop
la técnica	technique
el vidrio	glass (referring to a pane of glass)

Verbos	
alejarse de	to distance oneself, withdraw
aparecer (zc)	to appear, to seem
apreciar	to appreciate
colgar (ue)	to hang up (picture, telephone)
convertirse (ie)	to become, turn into
desafiar	to challenge
encasillar	to classify
fomentar	to promote, encourage
gestar	to create
hacerse	to become
inaugurar	to open (referring to an exhibit)
influir	to influence
llegar a ser	to become
patrocinar	to sponsor
pintar	to paint
ponerse (+ adjetivo)	to become, get (as in "to become sick, nervous, etc.)
reflejar	to reflect
retratar	to portray
surgir	to come forth, emerge
volverse (ue)	to become, turn

Adjetivos

auténtico/a	*authentic*
clave	*key*
cuidadoso/a	*careful*
descarnado/a	*bare*
desprovisto/a	*lacking*
extraviado/a	*lost*
herido/a	*wounded*
inquietante	*disturbing*
mudo/a	*mute*
sordo/a	*deaf, hearing impaired*

Expresiones útiles

a lo largo de	*during, throughout*
a menudo	*often*
aparte de	*aside from*
de modo	*in a way, in a manner*
de modo que	*so that*
no bien	*as soon as, just as*
sin embargo	*nevertheless, however*

Palabras útiles

la fuente de inspiración	*source of inspiration*
el presentimiento	*inkling (of things to come)*
la tela	*canvas*
la témpera	*tempera*

"¡Juventud, divino tesoro, ya te vas para no volver!"

—Rubén Darío

9

Hablemos de la juventud

En marcha con las palabras

En contexto: Entrevista a la socióloga Mercedes Salas

La licenciada Mercedes Salas acaba de publicar su libro sobre lo que caracteriza a los jóvenes de la sociedad española de hoy en día. Un periodista del diario *La voz* le hace la siguiente entrevista.

Los valores de los jóvenes de hoy en día son la lealtad, la solidaridad, la espontaneidad y la tolerancia.

PERIODISTA: ¿Cuáles son los principales **valores** de los jóvenes españoles de hoy en día?

LIC. SALAS: Sus valores fundamentales son: la **lealtad**, la solidaridad, la **espontaneidad** y la tolerancia. Esto último se refleja en la aceptación de todo tipo de diferencias, ya sea en cuanto a diferencias de raza, religión, preferencia sexual o cualquier otro motivo.

PERIODISTA: ¿Cuáles son los puntos débiles de los mismos?

LIC. SALAS: En términos generales, hay una **falla** en cuanto a valores que **promueven** el éxito en la vida, **tales como** la **constancia**, el **esfuerzo**, la **abnegación** y el sacrificio, además del gusto por el trabajo bien **realizado**.

PERIODISTA: ¿Qué explicación encuentra Ud. para estas fallas en la personalidad de los jóvenes?

LIC. SALAS: Para empezar, hay que tener en cuenta la crianza de estos jóvenes. Son, generalmente, hijos únicos o puede ser que tengan otro hermano o hermana. Crecieron dentro de un contexto económico **próspero**, en comparación a generaciones **anteriores**, lo cual los hace muy **cómodos** y **centrados en sí mismos**. Tienen a su disposición muchos recursos materiales que no estaban al alcance de sus padres o abuelos.

PERIODISTA: ¿Cómo **afectan** la economía?

LIC. SALAS: La cultura **juvenil** inventa formas para **diferenciarse** de los demás, **a través de** la ropa y la música, por ejemplo, o los lugares que frecuentan, como las discotecas, el cine y, también, el uso de productos electrónicos. De esta manera, crean un **mercado de consumo** propio.

PERIODISTA: ¿Cuáles son algunas de las diferencias notables con otras generaciones?

LIC. SALAS: La forma de **ocio** es distinta y se demuestra, por ejemplo, en la existencia de las discotecas. Estas presentan un mundo siempre **novedoso** y **alejado** de las convenciones sociales típicas. Además, el uso de nuevas tecnologías, tales como el correo electrónico, el "chateo," el teléfono móvil, las redes sociales y el **navegar por Internet**, les dan acceso al mundo desde el microcosmo de su **propia** habitación. Por otra parte, en el campo de las drogas, hay que decir que, hace diez años, la mayoría de los jóvenes les tenía miedo. Ahora, el peligro que **implican** se trivializa.

PERIODISTA: ¿Encuentra Ud. diferencias de **conducta** entre la juventud española y la de otros países europeos?

¿Comprendes?

1. ¿Cuáles son los valores positivos de los adolescentes españoles?
2. ¿Cuáles son los valores que les faltan?
3. ¿En qué contexto creció la nueva generación y cómo los afecta?
4. ¿Cómo influyen los jóvenes en la economía en general?
5. ¿Qué formas de ocio tienen?
6. ¿Cuáles son las diferencias de la juventud española comparada con la de otros países?
7. Explica la conciencia social que tiene, ¿qué defiende la juventud y qué no?

LIC. SALAS: No, y cada vez son mayores las **similitudes**. Al mismo tiempo, debemos **darnos cuenta** que existen algunos elementos específicos. Es común que el joven español viva en la casa de sus padres hasta los treinta años, mucho más tiempo que en otros países. Estos son llamados *adultecentes*. Otra diferencia esencial es la de los **horarios** de salida los fines de semana. La vida nocturna comienza cerca de la medianoche y se **alarga** hasta la **madrugada**, o sea las cinco o seis de la mañana.

PERIODISTA: ¿Qué les mueve a los jóvenes de hoy? ¿Por qué luchan?

LIC. SALAS: Defienden lo natural y lo ecológico. Aunque viven en una **aldea global**, tienden a estar en contra de la **globalización económica**. Pero como la mayoría no es activista, no se rebela ante la **pobreza** y la **marginación** de los llamados tercer mundo y cuarto mundo.

PERIODISTA: Muy interesante. Gracias por la entrevista.

Palabras conocidas

La juventud

Estas palabras deben ser parte de tu vocabulario.

La adolescencia

la disciplina	*discipline*
la diversión	*enjoyable activity, fun*
la edad	*age*
el/la joven	*young person, youth*
el ordenador	*computer* (only in Spain)
el respeto	*respect*

Los jóvenes y la tecnología

agregar amigos a su lista de Facebook	*add friends to your Facebook list*
bajar / descargar música	*to download music*
colgar / subir un archivo en un sitio de Internet	*to upload a file to a web site*
crear una cuenta en Facebook	*to open an account on Facebook*
descargar algo en el pen	*to download something onto the flash drive*
descagar / bajar una canción / película / archivo	*to download a song / movie / file*
entrar en una página de YouTube	*to go to YouTube*
mandar un SMS (un mensaje)	*to send a text message*
solicitar amistad	*to ask to "friend" someone*
unirse a un grupo	*to join a group*

Cognados

el/la activista
la adolescencia
el/la adolescente
"chatear"
el "chateo"
el ciber (cibercafé)
el ciberespacio
la computadora
defender
electrónico
la generación
la globalización económica
el Internet
el MP3
el límite
el motivo
rebelarse
la solidaridad
la tolerancia

Expresiones útiles

darse cuenta (de)	*to realize*	Ellos no **se dan cuenta** del peligro de conducir tan rápido. *They don't realize the danger of driving so fast.*
en sí mismo/a/os/as	*on himself/ herself/themselves*	Por ser hijo único, está demasiado centrado **en sí mismo**. *Because he is an only child, he is too focused on himself.*
estar al alcance de	*to be within reach of*	Este ordenador **no está al alcance de** mi presupuesto. *This computer is not within reach of my budget.*
navegar por Internet	*to surf the Web*	**Navego por Internet** para encontrar mercadería barata. *I surf the Web to find inexpensive merchandise.*
realizar	*to fulfill, accomplish*	La asistente social **realizó** un trabajo increíble con los jóvenes rebeldes. *The social worker accomplished an incredible task with the rebellious youth.*

9-1 ¿Qué es. . .? Define las siguientes palabras en español sin usar la palabra. Tu compañero/a debe adivinar qué palabra es. Usa circunlocuciones para expresar el significado. Cada uno/a define las palabras en su lista.

MODELO: E1:   *Es el respeto hacia las ideas o prácticas de los demás.*
                E2:   *¿Es la tolerancia?*

E1	E2
lealtad	esfuerzo
constancia	aldea global
juvenil	alejado
pobreza	madrugada
ocio	diferenciarse

9-2 ¿Qué relación tienen? Escoge las palabras que se relacionan y explica su relación. ¿Son sinónimos o antónimos?

1. _____ próspero   a. original, nuevo
2. _____ falla   b. incómodo
3. _____ anterior   c. egoísmo, indiferencia
4. _____ alargar   d. riesgo
5. _____ novedoso   e. rico
6. _____ peligro   f. forma de actuar
7. _____ cómodo   g. acortar
8. _____ abnegación   h. posterior
9. _____ conducta   i. defecto

9-3 Los jóvenes de hoy. ¿Qué piensan Uds.? Formen grupos de tres o cuatro estudiantes y lean las siguientes afirmaciones. Expliquen si están de acuerdo o no con lo que dice la Licenciada Salas. Den ejemplos concretos donde sea posible. Luego, presenten a la clase sus conclusiones.

1. Los jóvenes de hoy son leales, solidarios, espontáneos y tolerantes.
2. Cuando tienen que trabajar, les falta constancia y no ponen el esfuerzo necesario para hacer un trabajo bien hecho.
3. Esta generación es cómoda y centrada en sí misma.
4. La cultura juvenil necesita diferenciarse de los demás a través de actos rebeldes.
5. Las discotecas presentan a los jóvenes con un mundo siempre novedoso y alejado de las convenciones sociales típicas.
6. El uso de las drogas está trivializado. Los jóvenes no ven el peligro que implica usarlas.

9-4 Los prejuicios sociales. Tratamos de educar a los niños para que sean tolerantes y acepten diferentes puntos de vista. Con otro/a estudiante contesten las siguientes preguntas e indiquen si creen que estamos realizando bien esa tarea.

1. ¿Crees que vivimos en una sociedad tolerante?
2. ¿Cuándo te diste cuenta de que existen prejuicios sociales?
3. ¿Qué actividades se pueden realizar para terminar con ellos?
4. ¿Está a tu alcance trabajar para erradicar algunos prejuicios sociales?

Ventana al mundo
Los jóvenes de hoy en día

Navegando por Internet se encuentran muchos blogs, foros y sitios de discusión por y para jóvenes. Acá presentamos un fragmento de una entrada del blog.

Los jóvenes viven en una sociedad donde todo cambia continuamente.

"Son muchas las veces en las que somos tratados como inmaduros e irresponsables, mientras nosotros nos consideramos más bien incomprendidos.

. . . por suerte o por desgracia, nosotros, los jóvenes de hoy en día, vivimos en una sociedad, donde las cosas cambian continuamente y todo se renueva antes de que te puedas dar cuenta. Las puertas se nos abren cada día a nuevos mundos donde nos tocará decidir qué papel queremos tomar en ese juego y ahí es donde cada uno elegirá qué camino seguir. . .

Entre los jóvenes hay de todo, pero como en todo lo demás, no se puede generalizar y hablar de 'los jóvenes de hoy en día' como un todo. Hay que saber distinguir y diferenciar.

Nosotros también trabajamos y luchamos por nuestro futuro, no somos solamente una 'cuadrilla de gamberros' que sólo piensan en salir de fiesta y hacer 'botellón' para manchar las calles. Seguro que habrá cosas que hacemos mal, pero no es justo que seamos criticados por todo."

Lorea Pérez

Un paso más. En el buscador de tu navegador de Internet escribe "los jóvenes de hoy" y analiza las respuestas de la búsqueda. Selecciona uno o dos blogs o foros que te parezcan interesantes, deja algún mensaje y prepara una presentación para compartir con los otros/las otras estudiantes de tu clase.

— ¡Sin duda! —

apoyar — mantener — soportar — sostener

In the following contexts, the verbs **apoyar, mantener, soportar,** and **sostener** can be translated into English as *to support*.

Palabra	Explicación	Ejemplo
apoyar	*to advocate; to support; and, with the preposition* **en** *or* **sobre**, *to be based on; rest on*	El comité escolar **apoyó** el uso de ordenadores en las clases. *The school committee supported the use of computers in the classes.* Nos **apoyamos** en el principio de igualdad. *We base ourselves (our ideas) on the principle of equality.*
mantener	*to provide for; to defend or support an opinion*	Es muy difícil **mantener** a la familia con un solo salario. *It's very difficult to support a family with a single salary.* Ella se **mantuvo** firme en su opinión. *She supported (defended) her opinion firmly.*
soportar	*to bear, put up with, stand*	No **soporto** a las personas jóvenes con prejuicios. *I can't stand prejudiced young people.*
sostener	*to maintain; to support, hold up*	El muchacho **sostuvo** sus opiniones hasta el final de la discusión. *The young man maintained his opinions until the end of the discussion.*

9-5 ¿Qué piensas? Marca las afirmaciones que apoyas y las personas o actitudes que no soportas y explica por qué. Luego, defiende tu postura frente a los otros miembros del grupo. Usa el vocabulario que se presenta en **En contexto**, siempre que sea posible.

Ideas	los/las apoyo por que...	no los/las soporto
a los jóvenes que son indiferentes		
a las personas que critican todo el tiempo a los jóvenes		
a las personas que están permanentemente obsesionadas con el teléfono		
a los jóvenes que participan en política		
a los padres que mantienen a sus hijos toda su vida		
a las personas que no pueden mantener o defender sus opiniones en público		
a las personas que compran casas, autos, etc., que luego no pueden mantener		

Diario

Describe el tipo de educación que recibiste en tu casa y en la escuela. ¿Consideras que tu educación fue igualitaria o discriminatoria? ¿Conservadora o liberal? ¿Tradicional o de vanguardia? Incluye algunos ejemplos.

—Así se dice—

Cómo hacer, aceptar y rechazar invitaciones

Cuando quieras invitar a alguien a hacer algo, usa estas expresiones.

Te invito a + *infinitive*. . .
   Te invito a pasar el día en la playa.   *I invite you to spend the day at the beach.*
¿Quieres / Querrías + *infinitive*. . .?
   ¿Quieres salir conmigo esta noche?   *Do you want to go out with me tonight?*
¿Te gustaría + *infinitive*. . .?
   ¿Te gustaría ir de compras esta   *Would you like to go shopping this*
     tarde?   *afternoon?*

Al aceptar una invitación, sé cortés y, si la ocasión lo indica, propón algo más.

Gracias. Me encantaría.	*Thank you. I would be delighted.*
Me gustaría mucho.	*I would like that very much.*
Sí, cómo no.	*Yes, of course.*
Encantado/a.	*Delighted.*
(Lo acepto) con mucho gusto.	*(I accept) with pleasure.*

Cuando rechazas una invitación, es cortés dar una excusa para explicar por qué no puedes aceptar. Usa las siguientes expresiones:

Lo siento, pero es imposible porque. . .	*I'm sorry, but it is impossible because. . .*
Me encantaría, pero no puedo porque. . .	*I would be delighted, but I can't because. . .*
Lo siento, pero tengo que decir que no porque. . .	*I'm sorry, but I have to decline because. . .*
¡Cuánto lo siento! No puedo aceptar porque. . .	*I am so sorry. I can't accept because. . .*
Perdóname, pero esta vez no puede ser porque. . .	*Forgive me, but it is not possible this time because. . .*
No, gracias.	*No, thank you.*

9-6 Concursos. Hay algunos concursos que son arriesgados. Por ejemplo, las competiciones que organizan algunas fraternidades durante la semana de admisión. ¿Qué harían si a Uds. los/las invitaran a participar en los siguientes concursos? Hagan el papel de uno/a de estos/estas estudiantes y alternen los papeles con el/la compañero/a para proponer la invitación y para aceptarla o rechazarla.

MODELO: participar en un concurso de trajes de baño
  E1: *Te invitamos a participar en un concurso de trajes de baño.*
  E2: *No, gracias. Me parece algo muy sexista.*
    Gracias. Me encantaría. Tengo un traje de baño nuevo.

1. bañarse desnudo/a en un lago helado
2. participar en un concurso de belleza para hombres y mujeres
3. cocinar para todos los miembros de la fraternidad en un concurso de comida
4. contestar preguntas de cultura general en un concurso
5. conducir en una carrera cronometrada *(timed)* de coches
6. ¿…?

9-7 Te invito a salir. Con un/a compañero/a hagan planes para salir juntos. Preparen un pequeño diálogo utilizando las expresiones de **Así se dice**. Luego, preséntenlo al resto de la clase.

Ventana al mundo

Los jóvenes argentinos

En Argentina un 17% de la población tiene entre 15 y 24 años. El número de jóvenes es el mayor de toda su historia y se prevé que crezca aún más en el futuro. Sin embargo el porcentaje es uno de los más bajos de América Latina pero es mayor que el de España con solo 11,6% de población joven o los EE.UU. con 14%. Un estudio del Banco Mundial pone en evidencia el gran valor de los jóvenes en Argentina como recursos para el desarrollo del país. Los resultados del trabajo indican que si se les da un buen nivel de educación y salud, los jóvenes generalmente toman buenas decisiones en cuanto a sus vidas, manifiestan un bajo grado de violencia, se dan entre ellos un nivel moderado o bajo de consumo de drogas y se suelen comprometer políticamente. También, según este estudio, si los jóvenes reciben una educación y un desarrollo técnico que les dé las herramientas para trabajar y crecer; y si se toman las medidas políticas adecuadas, la juventud argentina podría permitir que el país se desarrollara más rápidamente.

Fuente: Banco Mundial

Los jóvenes de hoy: un recurso latente para el desarrollo

País	Población (millones)	Población joven (%)	Parte de la población joven en ALC (%)
Argentina	39,5	17,0	6,5
Bolivia	8,9	21,4	1,8
Brasil	186,1	18,8	33,7
Chile	16,0	17,0	2,6
Colombia	43,0	17,7	7,3
Ecuador	13,4	19,8	2,5
México	106,2	19,0	19,5
Paraguay	6,3	18,6	1,1
Perú	27,9	18,6	5,0
Uruguay	3,4	15,2	0,5
Venezuela	25,4	19,1	4,7
España	40,3	11,6	
EE.UU.	295,7	14,2	

Nota: ALC es América Latina y el Caribe
Fuente: Los cálculos se basan en el Banco Mundial (2005)

¿Y por casa? Averigua cuál es la proporción de población joven de tu ciudad, estado o país y compárala con la información que te presentamos aquí.

🔊 Escuchemos

¿Qué dicen? Mario, Rigoberto y Laura discuten sus carreras. Responde a las siguientes preguntas.

1. ¿Dónde se conocieron Mario y Rigoberto?
2. ¿A qué se dedica Rigoberto? ¿Y Mario?
3. ¿De qué habla Rigoberto en su programa?
4. ¿Qué carrera querían los padres de Rigoberto que estudiara?
5. ¿Qué carrera estudia Laura?
6. Si no estudiaras tu carrera, ¿qué te gustaría hacer?
7. ¿Qué necesitas hacer para alcanzar esta meta?

Sigamos con las estructuras

☑️ Complete the self-test in your *MySpanishLab* course. If you do not obtain a passing score, you need to review the *Cabos sueltos* Study Materials in *MySpanishLab* or at the back of the book. If you do, you can continue with the following activities.

Repasemos 1

Talking about future activities: Future tense

Pronto, **lograremos** nuestros objetivos.

9-8 Las vacaciones de primavera. Uds. están planeando las vacaciones de primavera en México. Hagan una lista de lo que necesitan hacer para el viaje.

MODELO: trabajar / más horas / para conseguir más dinero
Trabajaremos más horas para conseguir más dinero

1. ahorrar / dinero / para ir de vacaciones
2. sacar / pasaporte nuevo
3. renovar / el pasaporte
4. comprar / pasajes baratos por Internet
5. hacer / valijas / sin mucha ropa
6. ¿…?

9-9 Becas para jóvenes. Imaginen que Uds. son los/las encargados/as de decidir cuáles son los requisitos que deberá cumplir un/a joven para obtener una beca de estudios en el extranjero. Expliquen por qué escogieron esos requisitos y luego, compartan sus ideas con otras parejas de la clase.

MODELO: tener menos de 25 años.
E1: *En nuestros requisitos, el/la joven tendrá menos de 25 años para obtener la beca porque después de los 25 una persona debe trabajar.*
E2: *En nuestros requisitos, el/la joven no tendrá menos de 25 años porque los estudios pueden alargarse más allá de los 25 años.*

El/La joven …

1. tener menos de 25 años
2. haber trabajado durante los estudios
3. tener notas superiores a …
4. recibir dinero de otra institución
5. ser soltero/a
6. vivir en una residencia

9-10 La casa de mis sueños. Descríbele a tu compañero/a cómo es la casa de tus sueños.

MODELO: *Tendrá dos pisos de alto. Será de estilo ultra moderno con muchas ventanas por donde entrará el sol. La decoraré con muebles muy simples porque quiero tener espacio. Estará en el centro de una ciudad pequeña, cerca de las tiendas y de mi trabajo. Tendrá un jardín pequeño de estilo japonés…*

9-11 ¿Qué estarán haciendo? En parejas, hagan conjeturas sobre lo que pueden estar haciendo estas personas en este momento.

MODELO: mi hermano/a
E1: *¿Qué piensas que hará tu hermano/a en este momento?*
E2: *Son las once. Estará en la clase de historia. Quizás dormirá porque no tiene clases por la mañana.*

1. tu compañero/a de cuarto
2. tu mejor amigo/a
3. el/ la presidente/a de los EE.UU.
4. el/la presidente/a de la universidad
5. tus padres
6. tus amigos de la escuela secundaria
7. la gente en España / Chile, etc.
8. ¿…?

Repasemos 2

Talking about conditions: Conditional tense

Tendríamos que pensar en el modo de implementar estos cambios.

9-12 El botellón. Las autoridades de muchas ciudades de España intentan prohibir la costumbre del botellón. Piensen en cinco medidas que Uds. propondrían para disminuir los aspectos negativos del botellón.

MODELO: *Establecería un precio máximo para las bebidas en los conciertos.*

9-13 Yo que tú. . . Esta muchacha tiene demasiadas responsabilidades. ¿Qué harías tú en su lugar? Empieza cada oración según el modelo. Alternen con tu compañero/a para dar las respuestas.

MODELO: Tengo demasiado trabajo y no puedo concentrarme en mis estudios.
Yo que tú reduciría las horas de trabajo.

1. Mi madre está enferma y no puedo cuidarla yo sola.
2. Tengo que terminar una monografía de diez páginas para la clase de historia dentro de dos días y me necesitan en la oficina donde trabajo también.
3. Hoy no puedo asistir a la clase de español porque tengo que trabajar horas extras.
4. Yo no tengo tiempo de ir al supermercado esta semana y no tengo comida.
5. Mi mejor amiga viene a visitarme el fin de semana y mi cuarto está sucio.
6. No tengo ropa limpia para la semana porque no tuve tiempo de lavar la ropa este fin de semana.

✅ Complete the self-test in your *MySpanishLab* course. If you do not obtain a passing score, you need to review the *Cabos sueltos* Study Materials in *MySpanishLab* or at the back of the book. If you do, you can continue with the following activities.

┊ BOLETÍN ┊

Consumo de alcohol en la vía pública

El botellón, la botellona o el botelleo, es una costumbre de los jóvenes españoles que empezó hace unos 20 años. Consiste en consumir alcohol y otras bebidas en lugares públicos antes de ir a discotecas o conciertos, donde el precio de las bebidas suele ser mucho más caro.

9-14 Seamos creativos. Los/Las estudiantes universitarios/as tienen demasiadas responsabilidades y están estresados/as. Contesta la pregunta, proponiendo por lo menos tres soluciones posibles. Luego, compara tus respuestas con las de otros/as estudiantes de la clase.

¿Cómo se podría solucionar el problema del estrés entre los/las estudiantes?

9-15 ¿Qué pasaría anoche? Anoche, tú y una amiga iban a ir a la fiesta de una fraternidad. La esperaste durante una hora en tu cuarto y no vino ni llamó por teléfono. Con otro/a estudiante usen estos verbos para formar preguntas haciendo conjeturas en el pasado sobre por qué no habría venido.

| estar | llamar | no encontrar | tener | ¿...? |

MODELO: *¿No le funcionaría el coche?*

Diario

Muchos jóvenes se sienten incomprendidos por la generación de sus padres o abuelos.

Piensa en una situación en la que te sentiste incomprendido/a y frustrado/a por un malentendido en el que no interpretaron bien lo que tú pensabas o hacías. ¿Qué pasó? ¿Pudiste aclarar el malentendido? ¿Tuvo solución la situación o quedó sin aclarar?

Ventana al mundo

Los jóvenes y la política

Una encuesta reciente realizada en España por varias instituciones (*Injuve*, FAD, Obra social, Caja de Madrid) parece indicar que a la gran mayoría de los jóvenes españoles no le interesa la política (60,8%). Dentro de este grupo, el informe destaca que el 28,6% está desinteresado por simple indiferencia y el 21,2% por desengaño o desconfianza. El 11% muestra desinterés mezclado con desprecio y rechazo del sistema.

Según el estudio, las razones que "movilizan" a los jóvenes son las que afectan directamente su vida personal, como el empleo o la vivienda. Los problemas que más

Jóvenes en una manifestación en España.

preocupan a la juventud española pasan por la violencia de género (79,2%), el terrorismo (63,3%), la revisión de la legislación sobre drogas (56,7%), la política medioambiental (48,2%) y las políticas de inmigración (38,8%).

En cuanto al compromiso social, a través de asociaciones y ONG (Organización No Gubernamental), tan sólo participa un 26,4% en este tipo de asociaciones. En general, los jóvenes perciben como "raros" y "especiales" a los chicos y chicas que se comprometen activamente con una causa.

La política y tú. ¿Podrías comparar estos datos con los de tu país? ¿Qué similitudes y qué diferencias puedes mencionar?

Aprendamos 1

Describing past desires, giving advice, and expressing doubts: Imperfect subjunctive

When the main clause states desires, advice, and doubts in the past, the imperfect subjunctive is used in the dependent clause.

Yo les recomendé a mis amigos que **descargaran** la última canción de Juanes.	*I recommended that my friends download Juanes's latest song.*

A. Imperfect subjunctive forms

1. To form the imperfect subjunctive, add the endings **-ra, -ras, -ra, -ramos, -rais, -ran** to the stem. Find the stem by dropping the **-ron** ending of the third-person plural of the preterite: **apreciar → apreciaron → aprecia-; ver → vieron → vie-; salir → salieron → salie-**. Note that the irregularities of the preterite will also appear when you conjugate the imperfect subjunctive.

   Note: Review the preterite tense forms on pages 374–376.

buscar → buscaron	querer → quisieron	exhibir → exhibieron
busca**ra**	quisie**ra**	exhibie**ra**
busca**ras**	quisie**ras**	exhibie**ras**
busca**ra**	quisie**ra**	exhibie**ra**
buscá**ramos**	quisié**ramos**	exhibié**ramos**
busca**rais**	quisie**rais**	exhibie**rais**
busca**ran**	quisie**ran**	exhibie**ran**

   Note: The first-person plural has a written accent.

2. In some parts of the Spanish-speaking world, the **-se** ending is used instead of **-ra**: **pudiese, pudieses, pudiese, pudiésemos, pudieseis, pudiesen.** This form is also commonly found in literary passages.

B. Uses of the imperfect subjunctive

1. When the verb of the main clause is in the past tense, the imperfect subjunctive is used in the dependent clause. The verb appears in the subjunctive in the same instances that you learned for the present subjunctive—that is, to express emotion, expectation, desire, uncertainty or doubt, judgment, advice, denial, etc., and in adjectival and adverbial clauses. Consider the following examples.

Fue sorprendente que Ana **colgara** esa foto en su blog. *(emotions)*	*It was surprising that Ana uploaded that photo in her blog.*
Esperaba que la propuesta de trabajo **fuera** espectacular. *(expectation)*	*She hoped that the job proposal would be spectacular.*
No creía que ella **dibujara** tan bien. *(doubt)*	*I didn't think she could draw so well.*
El maestro **nos aconsejó** que **dibujáramos** cuidadosamente. *(advice)*	*The teacher advised us to draw carefully.*
No **había** nadie que **supiera** cómo funcionaba la máquina vieja. *(non-existent antecedent)*	*There was no one who knew how the old machine worked.*

2. The expression **como si** *(as if)* is always followed by the imperfect subjunctive.

Habla **como si fuera** un hablante nativo.	*He speaks as if he were a native speaker.*

9-16 Un genio mal comprendido. Fernando es muy bueno con la tecnología. Combina lógicamente la información de las dos columnas para saber qué pensaban Fernando y su familia sobre eso cuando era pequeño. Conjuga los verbos de la columna de la derecha en el imperfecto del subjuntivo.

1. A los nueve años Fernando ya manejaba la computadora como si…

…ser / ingeniero electrónico

2. Nadie creía que…

…Fernando / tener un talento extraordinario

3. Su maestro de quinto grado le aconsejó que…

… ir / a una clase de electrónica

4. Su padre quería que…

…estudiar / pintura y dibujo como los otros niños de su edad

5. Fernando hizo dibujos en la computadora para que…

…su padre / estar contento

6. Los padres de sus amigos le pidieron que…

… ilustrar / sus páginas de Internet

7. La madre no creía que…

… ser / un verdadero profesional

8. Finalmente, su padre le permitió que…

…tomar / clases especiales de diseño de página de Internet

9-17 Los genios. Estos estudiantes tienen talentos especiales. Completa las oraciones con los verbos dados y un poco de imaginación.

MODELO: Inés dibuja como si (ser) *fuera Picasso.*

1. Juana pinta como si (ser) _____.

2. Ofelia y Ramona colgaron vídeos en YouTube como si (ser) _____.

3. Néstor canta ópera como si (ser) _____.

4. De pequeño tú tocabas el violín como si (saber) _____.

5. Ángela y yo bailamos como si (estar) _____.

6. Elena apoya a los grupos ecologistas con dinero como si (no costarle) _____.

7. Los jóvenes de hoy usan Internet como si (entender) _____.

9-18 El aprendizaje en mi infancia. Háganse preguntas sobre su infancia usando las palabras dadas. Cuando tu compañero/a te responda afirmativamente, trata de hacer otras preguntas para averiguar más cosas sobre su infancia.

MODELO: tus amigos / te pedían que / dibujar
E1: *¿Tus amigos te pedían que dibujaras?*
E2: *Sí, mis amigos me pedían que dibujara.*
E1: *¿Por qué?*
E2: *Porque mis dibujos eran muy buenos.*
E1: *¿Sigues dibujando ahora?*

1. tus abuelos / te pedían que / cantar

2. tus padres / querían que / leer

3. tus maestros / te exigían que / estudiar

4. tus profesores / te aconsejaban que / aprender las matemáticas

5. tus amigos / esperaban que / jugar con ellos todo el tiempo

6. tu madre / deseaba que / tocar un instrumento

9-19 Las expectativas de mi infancia. ¿Qué les gustaba a tus maestros, a tus padres y a tus amigos que tú hicieras? ¿Qué te aconsejaban? ¿Qué querían? Haz una lista de cinco recuerdos y, luego, conversa con otro/a estudiante para saber si a ambos/as les aconsejaban lo mismo.

MODELO: *Cuando era pequeño/a, mis padres me aconsejaban que fuera educado/a con los mayores...*

Sugerencias:

A mis amigos les gustaba que yo...   Mis padres me aconsejaban que yo...

Mis maestros querían que yo...   Mis hermanos me pedían que yo...

Ventana al mundo

Jugar en red

Las nuevas fiestas para jugar en red, *Lan parties* en inglés, es una actividad muy popular entre los jóvenes del mundo hispano. En general los jóvenes se reúnen en casas particulares con sus computadoras, algo para comer y para beber. Estas Lan pueden durar toda la noche e incluso varios días. Los

Las fiestas Lan a través de Internet.

juegos más populares son los de acción. En general son reuniones de amigos o compañeros de estudio pero a veces también se invita a jóvenes que se conocen en la red. Una variante de estas fiestas es la de formar equipos para enfrentarse con un equipo que está en otra parte del mundo. El enfrentamiento, en este caso, es por Internet.

Otra opción son las fiestas "masivas", que consisten en reuniones en inmensos locales preparados para conectar las computadoras en red, y en las que se reúnen cientos de jóvenes de una ciudad o provincia con sus PC y listos para jugar durante todo un día. Suelen ser más los chicos que las chicas los que participan en estas fiestas.

¿Y tú? ¿Existen las Lan entre los jóvenes de tu universidad, de tu familia o de tus amigos? ¿Son similares a las descritas aquí? ¿En qué se parecen y en qué no?

Aprendamos 2

Talking about hypothetical situations in the future: Conditional clauses

To express a hypothetical situation that may occur in the present or the future, use the following structures:

si	+	*present*	+	*future*
				or
				ir a + infinitive
				or
				command

Si quieres proteger el medioambiente, **tendrás** que trabajar con un grupo ecológico.

If you want to protect the environment, you will have to work with an ecology group.

Si mi novia se **dedica** a su trabajo más de 40 horas por semana, yo no **voy a estar** contento.

If my girlfriend devotes more than 40 hours a week to her work, I am not going to be happy.

Si las tareas domésticas te **toman** mucho tiempo, **haz** una lista de prioridades.

If the household chores take a lot of your time, make a list of priorities.

9-20 Grandes metas. Aunque a veces resulte una utopía, es bueno proponerse grandes metas. Completa las frases con la forma verbal apropiada.

MODELO: Si quieres igualdad, (promover) la educación.
Si quieres igualdad, promueve la educación.

1. Si quieres que el sexismo desaparezca, no (practicarlo).
2. Si quieres que nos traten a todos como iguales, (pelear) por eso.
3. Si amas la justicia, (luchar) por la libertad.
4. Si estás harto/a de ser maltratado/a, (expresar) tu opinión.
5. Si quieres que te quieran, (comenzar) por amar.
6. Si quieres cambiar la sociedad, (trabajar) a nivel local.

9-21 No a la discriminación. ¿Quieres un mundo en el que no haya ningún tipo de discriminación por raza, sexo, religión, nacionalidad, etc.? Piensen Uds. en soluciones. Completen las frases con tres soluciones posibles.

MODELO: Si quieres terminar con el sexismo, …
Si quieres terminar con el sexismo, lucha contra él.
Si quieres terminar con el sexismo, habla con todos.
Si quieres terminar con el sexismo, no seas machista.

1. Si quieres terminar con la xenofobia, …
2. Si quieres la igualdad entre los sexos, …
3. Si quieres acabar con la discriminación por religión, …
4. Si quieres terminar con el antiamericanismo, …
5. Si quieres combatir la homofobia, …

9-22 Libertad y justicia. Cerca de nosotros, los jóvenes también enfrentan problemas. En parejas, elijan una de las siguientes situaciones, coméntenla y decidan qué harán para resolverla. Luego, informen a la clase.

MODELO: En la universidad, les pagan menos a las mujeres que a los hombres.
Si en la universidad les pagan menos a las mujeres que a los hombres, haremos una protesta, les escribiremos cartas a las autoridades, llamaremos a los periodistas…

1. Todo es tan PC (políticamente correcto) que no hay libertad de expresión.
2. A una pareja homosexual no le alquilan el apartamento que desea.
3. En una entrevista de trabajo, te preguntan si piensas tener niños.
4. En tu ciudad, el número de jóvenes que participa en política es muy bajo.
5. Los jóvenes son tratados siempre como vagos, cómodos, e irresponsables.

9-23 ¿Qué haré? Tú eres muy creativo/a y sueles dar buenos consejos. Escribe en un papel una situación hipotética problemática que quieras resolver. Luego, intercambia tu papel con el de otro/a estudiante. Lee la situación de tu compañero/a y da dos o tres soluciones. Presenta las soluciones a la clase para que ellos puedan indicar cuál es la situación problemática a partir de las soluciones que das.

MODELO: Situación problemática: ¿Que haré? … *Si me pagan menos que a mi compañero/a de trabajo.*
Solución: *Hablaré con mi jefe. Buscaré otro trabajo. Pediré un aumento.*

Aprendamos 3

Discussing contrary-to-fact situations: Conditional clauses

To express hypothetical situations that are contrary-to-fact—that is, situations that are possible but unlikely to happen—use the following structure:

si	+	imperfect subjunctive	+	conditional

Si tuviera más ambición, **estudiaría** una maestría.

If I had more ambition, I would study for a Master's degree.

In all conditional sentences, the **si** clause may be at the beginning of the sentence or come after the result clause.

Si no estuviera en la universidad, no conocería a tanta gente diferente.

If I were not at the university, I would not know so many different people.

No conocería a tanta gente diferente **si** no estuviera en la universidad.

I would not know so many different people if I were not at the university.

9-24 Tolerancia. Muchas veces surgen conflictos entre los jóvenes en situaciones simples de la vida por falta de tolerancia y por la incapacidad de ponerse en el lugar del otro. Utiliza alguno de los siguientes verbos en el imperfecto del subjuntivo para completar las frases. Luego, hazle las preguntas a otro/a estudiante y comenta sus respuestas.

decir	hacer	ocuparse	pagar
estar	insistir	olvidarse	tener

1. ¿Qué harías si tu compañero de casa _____ que no limpia la cocina porque es cosa de mujeres?

2. ¿Qué harías si tus profesores/as _____ a menudo comentarios negativos sobre la juventud?

3. ¿Qué harías si _____ harto/a de tener siempre que limpiar la casa?

4. ¿Qué harías si ninguno/a de tus compañeros/as de casa _____ el alquiler a tiempo?

5. ¿Qué harías si tu compañero/a de casa _____ siempre invitados hasta tarde?

6. ¿Qué harías si nadie _____ de regar y cuidar las plantas?

7. ¿Qué harías si tu compañero/a _____ de darte los mensajes importantes?

8. ¿Qué harías si tu compañero/a _____ en dar una fiesta hasta tarde, la noche antes de una entrevista de trabajo importante para ti?

9-25 ¿Qué harías? Piensa en cinco situaciones en las que se discrimina a los jóvenes en la vida diaria. Luego, formula preguntas como las del ejercicio anterior para averiguar qué haría en esa situación otro/a estudiante de la clase. Prepara un informe con las respuestas de tu compañero/a para presentar oralmente.

9-26 ¿Qué les gustaría hacer? Entrevista a dos personas y pregúntales qué harían en las siguientes situaciones. Luego, informa a la clase sobre tu entrevista.

    a. Si no tuviera que estudiar ni trabajar.

    b. Si pudiera solucionar sólo un problema de todos los que afectan a los jóvenes de hoy.

Ventana al mundo

Generación X versus Generación @ (*arroba*)

A la última generación del siglo XX se le dio el nombre de "Generación X" y se la caracterizó como una generación indefinida e ideológicamente ambigua. ¿Cómo llamaríamos a los jóvenes de la primera generación del siglo XXI? Algunos sociólogos proponen el término "Generación @" porque representa las tres tendencias de cambio que afectan a esta generación. Estas son, en primer lugar, el acceso a las nuevas tecnologías de la información y de la comunicación; en segundo lugar, la desaparición de las fronteras tradicionales entre los sexos; y, en tercer lugar, el proceso de globalización. De hecho, el símbolo @ (la arroba) es utilizado por muchos jóvenes en su escritura cotidiana para identificarse en el correo electrónico personal y para entrar a un espacio global a través de Internet.

Mi uso de Internet. Cuéntale a tu compañero/a para qué usas Internet y con qué frecuencia lo haces.

La generación @.

Conversemos sobre las lecturas

Antes de leer

Estrategia de lectura: SMS rules in Spanish

The SMS (Short Message System) rules in Spanish are similar to those in English. That is, the words are shortened by dropping vowels, the names of the consonants are used as syllables, and emotions are expressed frequently. Here is a glossary of basic words used in texting in Spanish.

By looking at this example, you can discover some common rules in use when texting in Spanish:

1. The vowels are omitted in common words: bn = bien, grcs = gracias

2. In some common words the number of letters is greatly reduced: tb = también, b = beso

3. Numbers and symbols are mixed with letters: Salu2 = Saludos, xq = porque

4. The exclamation and question marks are used only at the end: srt! = ¡Suerte! , xq? = ¿Por qué?

5. Some consonants are used as a syllable: t = te, m = me

6. The ll changes to y and que-qui to k: ymam pls! = ¡Llámame, por favor!

7. English abbreviations are used, for example OK and pls = please.

Glosario básico del chat y el sms

beso	**b**	mucho	**mcho**
bien	**bn**	noche	**nche**
casa	**ksa**	no sé	**nc**
celular	**cel**	perdón	**xdon**
chat	**xat**	poco	**pco**
con	**c**	porque	**xq**
cuándo	**qndo**	que	**q**
de	**d**	¿qué te pasa?	**q tpsa?**
decir	**dcir**	suerte	**srt**
dirección	**dir**	te quiero	**tqero**
ejemplo	**ej**	saludos	**salu2**
gracias	**gcias**	también	**tb**
hora	**hr**	teléfono	**fono**
llamar	**llmar**	texto	**txt**
mañana	**mñna**	venir	**vnir**
mensaje	**msj**		

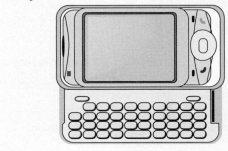

¿Cómo lo dirías en SMS?

9-27 ¿Qué dice? ¿Pueden entender estos mensajes? Escriban la frase completa en español. Ayúdense con el glosario en el cuadro y las reglas explicadas arriba.

1. qndo vms?
2. nc
3. xq?
4. stoy n l trbjo :-(
5. OK. t spero n ksa
6. tqero mcho
7. salu2

9-28 SMS en español. Planeen hacer algo juntos/as escribiendo un mensaje con abreviaturas como si estuvieran mandando un mensaje por celular. En una misma hoja de papel, una persona escribe una frase y la otra contesta debajo. Escriban un mínimo de seis líneas.

— Vocabulario de las lecturas —

Estudia estas palabras para comprender mejor los textos.

Vocablo	Explicación	Palabra en uso
el ámbito	*field (of expertise)*	Teresa es experta en el **ámbito** de la informática.
burlarse de	*to mock, make fun of*	Los muchachos **se burlan de** mi acento.
el código	*code*	Los adolescentes tienen su propio **código**.
el desamor	*lack of love, indifference*	Elsa sufre el intenso dolor del **desamor**.
desanimado/a	*discouraged, disheartened*	Está **desanimado** porque sacó una mala nota.
descubrir	*to discover*	No pude **descubrir** la verdad de la cuestión.
desganado/a	*lethargic*	No me siento bien; estoy **desganada**.
elaborar	*to develop*	Necesitamos tiempo para **elaborar** un plan de acción.
empujar	*to push*	Su ambición lo **empuja** a actuar así.
la envidia	*envy*	Él tiene **envidia** del coche de su amigo.
florecer	*to flower, bloom*	Esta planta es una de las primeras en **florecer** en la primavera.
humillar	*to humiliate*	La reprimenda del padre **humilló** al hijo delante de su amigo.
el infeliz	*"poor devil," unfortunate person*	Este **infeliz** continúa haciendo preguntas.
la jerga	*jargon, slang*	Algunos adultos usan la **jerga** adolescente.
luchar	*to fight*	Los jóvenes **luchan** por la igualdad.
el orgullo	*pride*	El padre siente **orgullo** por su hijo.
el par	*peer*	La aprobación de los **pares** es importante para el joven.
pegarse	*to pick up (an accent, a way of speaking)*	**Se le pegó** el acento del sur.
la recorrida	*trip around (a place)*	Ella hizo una **recorrida** por el norte del país.
someterse	*to subdue (oneself)*	**Se sometió** a la voluntad de sus padres.
el/la sordo/a	*hearing-impaired person, deaf person*	El **sordo** te lee los labios cuando hablas para entender lo que dices.
vencer	*to defeat, overcome*	Ella **venció** su miedo a la oscuridad.
el vínculo	*link, connection, bond*	Estas muchachas tienen un **vínculo** muy fuerte.

9-29 Definiciones. Usando circunlocuciones, explícale a tu compañero/a el significado de estas palabras. Luego, presenta algunas a la clase.

1. sordo
2. la recorrida
3. burlarse
4. la envidia
5. desganada
6. descubrir
7. el par
8. el desamor

9-30 Necesito consejos. Un/a amigo/a de Uds. tiene muchos problemas y le van a dar consejos para que se sienta mejor. Lean las oraciones y complétenlas con la palabra correcta. Luego, respondan a su problema con un consejo, usando la misma palabra.

MODELO: AMIGO/A: Estoy muy _____ porque tengo que luchar contra mis padres constantemente para que me den más independencia. [Palabra: *desanimada/o*]

CONSEJO: *No te desanimes. Diles a tus padres que quieres que respeten tus decisiones y explícales tus razones por escoger una cosa u otra. Si estableces un diálogo abierto con ellos, tendrán más confianza en ti.*

el ámbito	el código	elaborar	empujar	florecer
humillar	infeliz	someterse	vencer	

1. Yo siento una gran presión de mi familia para que tome las clases de ciencias más avanzadas. Ellos me _____ demasiado para que yo sobresalga.

2. Eso no me gusta nada porque no me deja lugar para _____ mis propias ideas y explorar qué es lo que yo verdaderamente quiero hacer.

3. Todos en mi familia están en el _____ de la medicina y a mí me gustan más la literatura y las artes.

4. Tengo miedo que mis hermanos me _____ delante de mis padres si les digo que no voy a tomar cursos de ciencias el próximo semestre.

5. Yo sé que debo _____ ese miedo y presentarles mis intereses claramente.

6. Todos mis sueños nunca van a poder _____ y tomar forma en mi vida.

9-31 Los años de la adolescencia. Piensa en las vivencias de tus años de adolescente y contesta las siguientes preguntas.

1. Explícale a tu compañero/a si existía una jerga propia entre tus amigos de la secundaria. ¿Cuáles eran algunas de las palabras más comunes en tu vocabulario?

2. ¿Tenías vínculos muy fuertes con algunos/as de tus amigos/as? Explica con quién y cómo se manifestaba ese vínculo.

3. ¿Se te pegan fácilmente los acentos? ¿Puedes imitar la forma de hablar de otras personas o actores de algún programa de TV?

4. ¿De qué cosas o sucesos en tu vida estás orgulloso/a?

5. ¿Por qué cosas luchabas en la adolescencia?

LECTURA

Este artículo del diario *La Nación* de Buenos Aires, Argentina, habla de los cambios que aparecen en el lenguaje de los jóvenes adolescentes.

Cómo entender el lenguaje de los adolescentes

Por momentos parece que hablan en otro idioma. Pero no. Es castellano*, aunque bastante modificado y adaptado a los interlocutores, que suelen no superar la edad adolescente. Sin embargo, a pesar de que está claro que es español, para cualquier persona que tenga más de tres décadas eso que escucha es… chino básico.

5   Los chicos manejan sus propios códigos en el momento de comunicarse. Y los padres—adultos que, vale recordar, también tuvieron su jerga en la etapa estudiantil—miran la escena horrorizados porque no entienden qué están diciendo sus hijos cuando usan expresiones como "alta onda", "estás rechu" o "no limes", por mencionar sólo unos pocos ejemplos.

La Nación elaboró, sobre la base de una recorrida por colegios, una lista con las palabras
10 y expresiones más usadas por los jóvenes para entender de qué hablan cuando hablan su propio lenguaje.

"No es para preocuparse que haya un lenguaje adolescente, que es algo que existió y existirá siempre porque tiene que ver con un deseo de diferenciarse. Lo que puede ser un problema es que esto causa una incomunicación entre generaciones, que hace que cada vez las personas se
15 relacionen sólo con gente de su misma edad", explica Karina Weisman, abogada que realiza investigaciones sobre el lenguaje, especialmente el que se deriva de las nuevas tecnologías.

Morbo y Mambo es un grupo de rock de jóvenes argentinos.

***Castellano:** Lengua española. Dialecto románico nacido en Castilla la Vieja, del que tuvo su origen la lengua española.

Lo que ahora diferencia a las jergas adolescentes de las de otras generaciones es que trascienden el círculo íntimo donde se generan. "Antes sólo se quedaban en el grupo de amigos, pero a nadie se le ocurría hablar así frente a un padre o maestro. Hoy, esa jerga es adoptada por los medios audiovisuales y los chicos la toman y se dirigen de la misma manera a un adulto que a un par", cuenta Weisman.

Según la psicóloga Beatriz Goldberg, "[L]os adolescentes quieren un lugar en el mundo. El lenguaje es su identidad. Esto fue siempre así, pero en otras épocas los adultos estaban excluidos. Hoy se oye a los mayores hablando como jóvenes. Hay menos formalidad, la jerga adolescente se usa en distintos ámbitos y en todas las edades."

Además de ser un elemento diferenciador de edades, la jerga adolescente se usa para distinguirse entre pares. Las expresiones cambian de un barrio a otro. Un chico de Palermo[1] no habla igual que uno de Flores.

Rápido, cortado y escrito

Según los propios interlocutores, lo importante del código que manejan no es lo que dicen, sino cómo lo dicen, el tono elegido para pronunciar las palabras. Alan Soria Guadalupe, un chico de 14 años que cursa 3er año del polimodal[2], lo resume así: "En general, no pronunciamos bien, cortamos las palabras y cada dos segundos decimos 'tipo que', 'obvio' o 'na', que es 'nada' abreviado. Además, hay palabras que directamente sacamos", describe. Semejante operación de sustracción tiene un por qué: "Lo que queremos es hablar más en menos tiempo. Es algo que tiene que ver con el *chat*, donde para comunicarte rápido tenés[3] que cortar palabras", explica Alan.

Con sus 15 años, Antonella Spoto reconoce que a su mamá muchas veces le cuesta entenderla: "Siempre me pide que module más, que hable más despacio. A veces me pregunta las cosas dos veces porque no me entiende. Y me burla porque siempre digo 'tipo que'".

Goldberg describe otras características de la jerga juvenil: "A los adolescentes les cuesta encontrar sinónimos, usan menos palabras y un lenguaje directo y conciso. Para ellos los mensajes de texto, el mail y el *chat* son la solución porque evitan el debate, el diálogo, y pueden contarle algo a mucha gente al mismo tiempo. Es un lenguaje mediado por la tecnología, menos comprometido."

La influencia del *chat* en el momento de comunicarse cara a cara también es algo comprobado por Weisman.

"Entre los chicos hablan poco y se escriben mucho. Esto no está mal, pero el problema que plantea esta forma de comunicación, más escrita que hablada, es que no es buena desde el punto de vista de los vínculos."

Otra característica de ahora es que el lenguaje adolescente se ha extendido a todas las edades. "Desde preadolescentes hasta adultos, todos incorporan esos términos y maneras de hablar", sostiene Weisman. Y no exagera.

---

[1]Palermo y Flores son barrios de Buenos Aires.
[2]**polimodal**: escuela secundaria argentina.
[3]**tenés** es la segunda persona (tú) del verbo "tener" usado en el voseo argentino.

Lucas Castro, un niño de 12 años que todavía juega a ser grande, habla como lo hace su hermano Esteban, de 18. "Él y sus amigos dicen todo el tiempo 'tipo que', 'cool', 'freak' o
55 'groso', y a mí también se me pegó", dice.

Cambio de significado

Además de este lenguaje abreviado, también hay cambios de significado. "Lo interesante es observar que por lo general, los chicos no inventan palabras, sino que cambian el significado de las existentes", dice Weisman.

Por ejemplo, cuando un adolescente dice que algo es "alto", no se refiere al hombre de
60 dos metros que pasa delante, sino a algo que está "buenísimo". Natalia Braceras, una estudiante de 15 años, lo explica mejor.

"Alta onda, alta tu remera es algo muy bueno", dice, y sigue dando unos constructivos ejemplos. "'No limes' quiere decir 'dejá de hablar estupideces'", aclara Natalia. Otra: "Sos un caño" se les dice a los chicos que son lindos, que están 'refuertes'".
65 Siguiendo con los calificativos que aluden a la belleza física, Milagros Sifón, de 14 años, pronuncia algunos términos que se usan ahora para decir si alguien es o no es lindo. "Estás 'redable' significa que estás 'rebuena'. En cambio alguien feo es un 'escrache', así, con e."

En otros casos, de la inventiva adolescente surgen expresiones como "estás 'rechu'", que según explican chicas del Colegio Armenio de Palermo significa "estás 'recolgado'". Pero
70 también "chu", monosílabo que en el Diccionario de la Real Academia Española no figura, sirve para describir un estado de ánimo.

"Estoy 'chu-chu' significa que estoy con pocas ganas de salir", explica Laura, un tanto desganada.

—¿Se puede decir que hoy estás "chu-chu"?, pregunta la cronista.

—Sí, hoy no tengo ganas de hacer "na".

Por Laura Reina, de la redacción de *La Nación*
(*La Nación*, Argentina, 2006)
http://www.lanacion.com.ar/nota.asp?nota_id=801003

9-32 **¿Qué dices?** Algunos adultos piensan que el lenguaje de los adolescentes es incomprensible. ¿Por qué? Contesta estas preguntas confirmando la respuesta con las líneas en el texto.

1. ¿Por qué dicen que para una persona de más de treinta años, el idioma de los adolescentes es *chino básico*? ¿Hay alguna expresión similar en inglés?
2. ¿Sólo los adolescentes de este tiempo tienen su propia jerga?
3. ¿Cómo reaccionan los padres?
4. ¿Por qué existe entre los adolescentes un lenguaje propio?
5. ¿Qué puede causar el uso de esta nueva jerga?
6. ¿Cuál es la diferencia en el uso de la jerga de esta generación y las anteriores?
7. ¿La jerga adolescente es usada sólo por los jóvenes? Explica.
8. ¿Es la jerga un elemento diferenciador de edades solamente? Explica.
9. ¿Por qué acortan las palabras y dónde se generó esta modalidad?
10. ¿Cuáles son las características del *chat* en la comunicación?

9-33 El lenguaje de los adolescentes. Hagan una lista de las características del idioma de los adolescentes, según este texto.

1. Características generales:
2. Vocablos agregados al lenguaje:
3. Vocablos que cambian de significado:

9-34 ¿Cuál es tu jerga? Piensa en la jerga que usan tus amigos y tú. También piensa en la jerga que aparece en las canciones populares. Haz una lista y da la traducción aproximada en español. Compara tu lista con la de otro/a estudiante.

1. Vocablos inventados:
2. Vocablos que cambian de significado:
3. Expresiones:

POEMA

Los jóvenes son nuestro futuro.

Amado Storni (Jaime Fernández)

Nació en Madrid, donde se licenció en Ciencias de la Información en la Universidad Complutense. Sus poemas han sido publicados en revistas y foros literarios bajo el seudónimo de Amado Storni, el cual adoptó en reconocimiento a la poeta argentina Alfonsina Storni. También es músico y cantautor.

Juventud

A lo estéril se vence floreciendo,
a la envidia se vence prosperando,
a la Muerte se vence conquistando
la Vida cada vez que estés muriendo.
A los sueños se vence despertando,
al orgullo se vence sometiendo,
al desamor se vence descubriendo
que es Amor lo que siempre estás buscando.
Luchar lo imposible ahora que podéis
porque ser joven empuja a la lucha
y la lucha siempre empuja a vivir.
Y aunque os humillen no os desaniméis.
Es mucho más sordo aquél que no escucha
que el infeliz que nunca pudo oír.

9-35 ¿Qué debemos hacer? Completa las oraciones, según la información en el poema.

1. Si te encuentras con algo estéril, transfórmalo en algo que _____.

2. Trabaja duro para prosperar si te encuentras con _____.

3. Si te encuentras con el orgullo, debes _____.

4. Cada vez que encuentres _____, debes darte cuenta que el Amor es lo que siempre se está buscando.

5. Si te humillan, no debes _____.

9-36 La Muerte, la Vida y los sueños. Expliquen estas dos ideas presentadas en el poema. ¿Cómo las interpretan Uds.? ¿Qué significan para Uds.? Compartan su interpretación con la clase.

1. A la Muerte se vence conquistando la Vida cada vez que estés muriendo.

2. A los sueños se vence despertando.

9-37 Consejos para la vida. Esta poesía presenta una serie de consejos para navegar los años de la juventud. ¿Qué consejos agregarías tú? Compártelos con otro/a estudiante.

✦ Diario ////////////////////////

Hay personas dentro de la familia con las que nos llevamos mejor que con otras. Cuenta con quién te llevas muy bien en tu familia y por qué. Describe una o dos situaciones que reflejen la relación especial que tienes con esa persona.

Avancemos con la escritura

Antes de escribir

Estrategia de escritura: *Hypothesizing and making conjectures*

When writing about a situation or an idea that depends on something else in order to become reality, you are presented with a hypothetical situation. Certain conditions have to be fulfilled before something else can happen. The outcome may be imagined or suggested, but it is not necessarily real or true, nor is it a certainty. To express this concept, in Spanish, it is common to use the conditional sentence structure called an "if clause." Note the following example.

Querida Inés

No podré estar en tu casa a las cinco porque si salgo de la oficina temprano, voy a pasar por el gimnasio. Todo depende de cuántas personas vengan a mi oficina esta tarde. Si no hay muchas que necesiten consultarme sobre el nuevo proyecto, terminaré el informe y luego estaré libre para salir. Así que espérame esta noche a eso de las 9:00 hrs.

Nos vemos

Tonia

9-38 Para pensar y discutir. En grupos de tres o cuatro personas, contesten y comenten las siguientes preguntas.

1. ¿En qué se diferencian las actitudes de los jóvenes de ahora de las actitudes de sus padres? Explica.
2. ¿Qué esperan los jóvenes de los adultos?
3. ¿Qué creen Uds. que esperan los adultos de los jóvenes?
4. ¿Cómo encaran los jóvenes las relaciones amorosas?
5. ¿Hay una diferencia entre los muchachos y las muchachas en cuanto a las expectativas en las relaciones con el sexo opuesto?

9-39 La situación de los jóvenes en el siglo XXI. Hagan una lista de los cinco problemas más importantes que piensan que los jóvenes deberán afrontar en este siglo. Luego, propongan tres posibles soluciones para resolver cada problema.

MODELO: Problema: En algunos lugares todavía no hay un sistema efectivo contra la violencia entre las pandillas.
Solución: *Educaría a los legisladores y a la policía para que pudieran actuar de manera más eficiente, y de un modo más seguro para facilitar la comunicación y el diálogo entre las diferentes pandillas.*

A escribir

Palabras de enlace

Estas palabras son útiles cuando escribes un ensayo para presentar una hipótesis o el resultado de una acción o idea.

Para expresar concesión:

a pesar de (que)	*in spite of*
aun así	*even so*
aunque	*even though*
con todo	*everything considered*
no obstante	*nevertheless*

Para expresar resultado:

a causa de	*because of*
así que	*therefore, consequently*
como resultado	*as a result*
luego	*then, therefore*
por lo tanto	*therefore*
pues por eso	*for that reason, therefore*

9-40 Tu informe. Busca más información sobre uno de los temas que surgieron en la actividad anterior y escribe un informe. Busca también la opinión de expertos y de personas que viven actualmente el problema que vas a presentar. En tu composición, incluye conjeturas e hipótesis sobre las posibles soluciones al problema.

Este es un ejemplo de posibles problemas:

1. El impacto que las pandillas urbanas tienen en la sociedad a la que pertenecen: familia, escuela, barrio, pueblo o ciudad.

2. La situación de los miembros de una pandilla. ¿Qué los mueve a formar parte de una pandilla y a actuar violentamente? ¿Cómo se podría prevenir la conducta violenta y agresiva?

Antes de entregar tu informe, asegúrate de haber incluido y revisado lo siguiente:

- El vocabulario del capítulo
- Las **Expresiones útiles**
- Las oraciones condicionales
- Palabras de enlace

🔊 Vocabulario

Los jóvenes — *Young people*

la espontaneidad	*spontaneity*
la lealtad	*loyalty*
el valor	*value*

Sustantivos

la abnegación	*self-sacrifice*
la aldea global	*global village*
el ámbito	*field (of expertise)*
el archivo	*file*
el código	*code*
la conducta	*behavior*
la constancia	*perseverance*
el desamor	*lack of love, indifference*
la envidia	*envy*
el esfuerzo	*effort*
la falla	*failure*
la globalización económica	*economic globalization*
el horario	*schedule, timetable*
el infeliz	*"poor devil," unfortunate person*
la jerga	*jargon, slang*
la madrugada	*dawn*
la marginación	*marginalization*
el mercado de consumo	*consumer market*
el ocio	*leisure*
el orgullo	*pride*
los pares	*peers*
el peligro	*danger*
la pobreza	*poverty*
la recorrida	*route, trip, visit (to a place)*
la similitud	*resemblance, similarity*
el/la sordo/a	*hearing-impaired person, deaf person*
el valor	*value*
el vínculo	*link, connection, bond*

Verbos

afectar	*to affect*
agregar	*to add*
alargar	*to prolong; to extend*
apoyar	*to advocate for; to support*
burlarse (de)	*to mock, make fun of*
darse cuenta (de)	*to realize*
desanimar	*to discourage, dishearten*
descargar	*to download*
descubrir	*to discover*
diferenciarse	*to be different; to differ*
elaborar	*to develop*
empujar	*to push*
florecer (zc)	*to flourish, flower*
humillar	*to humiliate*
implicar	*to imply*
luchar	*to fight*
mantener (ie)	*to provide for; to defend or sustain an opinion*
pegarse	*to pick up (an accent, a way of speaking)*
promover (ue)	*to promote, develop*
realizar	*to fulfill, accomplish*
someter	*to subdue (oneself)*
soportar	*to bear, put up with, stand*
sostener (ie)	*to maintain, support*
vencer	*to defeat, overcome*

Adjetivos

alejado/a	*remote, removed from*
anterior	*previous, earlier*
centrado/a	*focused, centered*
cómodo/a	*comfortable*
desganado/a	*lethargic*
juvenil	*youthful, young*
novedoso/a	*new*
próspero/a	*prosperous, thriving*
realizado/a	*accomplished*
sordo/a	*hearing-impaired, deaf*

Expresiones útiles

a través	*by means of, through*
en sí mismo/a/s/as	*on himself / herself / themselves*
estar al alcance de	*to be within reach of*
navegar por Internet	*to surf the Web*
tales como	*such as*

"El comercio justo dignifica el trabajo de los campesinos, campesinas y artesanos."

10

Hablemos del comercio justo y el consumo responsable

Tema cultural
- Ccmercio justo
- El consumo responsable

Objetivos comunicativos
- Saber negociar para llegar a un acuerdo
- Expresar cualidades superlativas de objetos, situaciones y personas
- Hablar sobre situaciones pasadas que afectan el presente
- Hablar de acciones pasadas anteriores a otras acciones pasadas
- Expresar secuencia de sucesos en el presente y en el futuro

Gramática para la comunicación
- E superlativo
- El superlativo absoluto
- El pretérito perfecto
- El pluscuamperfecto
- La secuencia de tiempos en el subjuntivo

En marcha con las palabras

En contexto: Comercio justo

¿Qué es el **comercio justo**?
El Comercio justo es una nueva forma de comercio que paga **precios** adecuados por los productos que **elaboran** los trabajadores, campesinos y campesinas en los **países en vías de desarrollo**. En la transacción comercial se **tiene en cuenta** no sólo la **ganancia** económica sino también **valores** éticos que **abarcan** aspectos tanto sociales como ecológicos.

¿Qué busca el comercio justo?
Uno de sus principales **propósitos** es **disminuir** el número de **intermediarios** entre **consumidores** y **productores**. Esto beneficia al consumidor porque baja el **costo** del producto y beneficia a los productores porque reciben más **paga** por su trabajo.

¿Cuáles son los objetivos?
Uno de los objetivos **principales** es **garantizar** que los productores y trabajadores reciban una paga justa que les permita vivir con dignidad y progresar dentro de su **entorno**. El comercio justo **promueve** el respeto por los derechos humanos poniendo el comercio y la producción al servicio de la persona. Además **fomenta** el respeto por el medio ambiente al **cultivar** muchos de los productos de forma orgánica. Las metas del comercio justo se pueden **resumir** de la siguiente manera:

1. **Proporcionar** condiciones de trabajo dignas protegiendo los derechos de los trabajadores
2. Pagar un precio adecuado por los productos para que los productores puedan llevar una vida digna
3. Proteger a los pequeños productores, quienes se organizan en cooperativas que funcionan democráticamente
4. **Rechazar** el trabajo **infantil**
5. Fomentar la **paridad** entre los hombres y las mujeres

6. Promover el trabajo con dignidad
7. Cuidar del medio ambiente
8. **Valorar** la producción ecológica, orgánica
9. Informar a los consumidores sobre el origen de los productos y su elaboración
10. Disminuir **la cadena** de intermediarios entre los consumidores y productores

¿De dónde **provienen** los productos y dónde se venden?
Muchos de los productos provienen de países en vías de desarrollo localizados sobre todo en África, América Latina y Asia. La mayoría de estos productos se venden en Europa, Canadá, Japón, y los EE.UU. Los encontramos en mercados y supermercados con el sello de *Fair Trade*-Comercio justo o en las llamadas "Las tiendas del mundo." También podemos comprarlos por correo a través de sus catálogos.

¿Cómo afecta a los productores?
El comercio justo **favorece** a pequeños y medianos productores: campesinos, artesanos, **tejedores**, **costureras** y **operarios** asociados en cooperativas, talleres y pequeñas fábricas. Actualmente hay más de 800.000 familias, o sea más de 5 millones de personas en diferentes cooperativas en el mundo. Sus **ganancias** les permiten mejorar su infraestructura de producción, formar a sus miembros en el uso de técnicas para el cultivo orgánico, comprar o reformar viviendas para las familias, promocionar la educación a través de becas para estudios secundarios y universitarios y **proveer** asistencia para la salud.

El comercio justo es una alternativa al comercio tradicional que permite a los pequeños productores mejorar la situación económica personal, familiar y la de la comunidad a la que pertenece.

El comercio justo **fomenta** el desarrollo económico y **promueve** la **paridad** entre mujeres y hombres.

¿Comprendes?

1. ¿Quiénes elaboran los productos del comercio justo?
2. ¿En qué se diferencia la transacción comercial en el comercio justo y el comercio tradicional?
3. ¿Cuál es el beneficio de tener menos intermediarios entre el consumidor y el productor?
4. ¿Qué les garantiza a los productores y a los trabajadores el comercio justo?
5. ¿Cuáles son sus objetivos en relación con el medio ambiente?
6. ¿Cómo se organizan los pequeños productores?
7. ¿Cuál es su filosofía con respecto a los niños y a las mujeres?
8. ¿Dónde podemos encontrar los productos del comercio justo?
9. ¿A quiénes beneficia el comercio justo?
10. ¿En qué invierten sus ganancias?

Cafetal del sello Comercio Justo, en Antigua, Guatemala. Granos de café secándose al sol.

Palabras conocidas

Estas palabras deben ser parte de tu vocabulario.

		Cognados	
la caja	cash register	adecuado/a	la producción
el/la cajero/a	cashier	alternativa/o	el producto
cobrar un cheque	to cash a check	beneficiar	progresar
la compra	shopping	el comercio	promocionar
la cuenta corriente	checking account	la dignidad	el respeto
la cuenta de ahorro	savings account	ético/a	el servicio
la granja	farm	funcionar	la transacción
el mercado	market		
el mercado al aire libre	open-air market		
la venta	sale		

Expresiones útiles

no sólo . . . sino (que) también	not only. . . but also	El comercio justo **no sólo** evita los intermediarios **sino que también** les paga un precio justo a los productores.
tener en cuenta	to take into consideration / account	Se **debe tener en cuenta** que los pequeños productores necesitan una paga justa para vivir dignamente.
puesto que	since (to express causality)	Los consumidores se benefician **puesto que** los productos tienen un mejor precio.
ya que	since (to express causality)	El comercio justo ayuda a proteger el medio ambiente **ya que** los productores emplean métodos ecológicos para trabajar la tierra.

BOLETÍN

El comercio justo en Latinoamérica

Los países latinoamericanos que participan en el comercio justo son Colombia, Guatemala, Costa Rica y Perú con la producción de café; Ecuador y la República Dominicana con plátano; Bolivia y Costa Rica con cacao; Honduras con textiles; México (Chiapas) con miel y Bolivia y Perú con quinua.

10-1 ¿Qué es? Escoge cuatro de las siguientes palabras y escribe tu propia definición para cada una. Luego, léele a tu compañero/a la definición sin mencionarle la palabra. Él/Ella debe deducir cuál palabra defines.

cadena	consumidor	elaborar	favorecer	ganancia	infantil	principal	proveer

10-2 Ventajas del comercio justo. Hagan una lista de las ventajas que presenta el comercio justo para los productores y los consumidores. Usen algunas de las siguientes palabras y la información de **En contexto**.

costurera	cultivar	disminuir	operario	paga	precio
promover	proporcionar	rechazar	tejedor/a	valor	

Consumidor	Productor/a

10-3 Todos conectados. El comercio justo nos acerca a personas muy lejos de nuestra comunidad de una forma directa. Completa las siguientes oraciones de una manera lógica. Luego comparte tus oraciones con la clase. Usa la información de **En contexto** y tu imaginación.

1. El comercio justo tiene en cuenta…
2. La ganancia de la venta de los productos es mayor para los productores ya que…
3. Los productores tienen una vida más digna puesto que…
4. Algunos de los principales objetivos son no sólo rechazar el trabajo infantil sino también…
5. Los productos con el sello de *Fair Trade*-Comercio justo se encuentran no sólo en "Las tiendas del mundo" sino también…

10-4 ¿Qué valor tiene? En grupos de tres discutan las ideas a favor y en contra del comercio justo. Hagan un resumen para presentarlo a la clase. Usen la información de **En contexto** y otras ideas que Uds. conozcan.

Ventana al mundo

Producción agrícola y ambiente ecológico: Un ejemplo en Costa Rica

En la región de Talamanca, al sureste de Costa Rica, se encuentran nueve ecosistemas. Una asociación cooperativa de pequeños productores de cacao se ha comprometido a protegerlos a través de técnicas agrícolas apropiadas que producen un cultivo ecológico. Esto ha permitido que los 1.100 miembros continúen su producción de cacao en un medio ambiente sostenible y puedan vender un cacao de producción orgánica. Todo cultivo ecológico beneficia al productor porque *Fair Trade*-Comercio justo paga un incentivo monetario para favorecer el desarrollo de este tipo de cultivo sostenible. Es de notar también que 27% de los miembros de esta cooperativa son mujeres.

Para saber más. Busca más información sobre esta región de Costa Rica y tráela a la clase para compartir.

Talamanca en Costa Rica es un paraíso ecológico.

— ¡Sin duda! —————————————————

ser tarde — estar atrasado/a — llegar tarde — tardar

The expressions **ser tarde, llegar tarde, estar atrasado/a**, and **tardar** can be translated as *to be late* in English, in the following contexts.

Palabra	Explicación	Ejemplo
ser tarde	*to be late (impersonal)*	¡Uy! Son las once de la noche; **es tarde** para llamar por teléfono. *Wow! It's eleven at night; it's late to make a phone call.*
estar atrasado/a	*to be late (as in to be behind schedule for an appointment or deadline)*	**Estoy muy atrasada**; no voy a llegar a tiempo a la cita. *I'm very late. I'm not going to arrive on time for the appointment.*
llegar tarde	*to arrive late*	Tu mensaje **llegó tarde** y no pude leerlo a tiempo. *Your message arrived late, and I wasn't able to read it on time.*
tardar	*to take a long time*	**Tardaste** tanto en llegar que fui solo a comprar la computadora. *You were so late in arriving that I went alone to buy the computer.*

10-5 ¿Se puede llegar tarde? Menciona tres situaciones a las que se puede llegar tarde y tres a las que no se puede, de ningún modo, llegar tarde. Luego, compara tu lista con la de otro/a estudiante de la clase.

MODELO: *No se puede llegar tarde al aeropuerto para tomar un avión.*

10-6 Me falta el tiempo. Todo el mundo parece vivir a un paso acelerado. Nunca alcanza el tiempo para todo lo que hay que hacer. ¿Cómo manejas el tiempo tú? Con tu compañero/a, contesta estas preguntas con oraciones completas.

1. ¿Estás atrasado/a con la tarea que tienes que entregar esta semana?

2. ¿Qué haces para cumplir con la tarea cuando estás atrasado/a con un proyecto?

3. ¿Eres una persona que siempre llega tarde a las citas con sus amigos?

4. ¿Qué pasa cuando tardas en entregar una tarea?

5. ¿Te parece que es muy tarde si un/a amigo/a te llama por teléfono a las 10 de la noche?

6. ¿Crees que eres una persona que organiza bien su tiempo, o estás siempre atrasado/a?

— Así se dice

Para negociar y llegar a un acuerdo

En una reunión en la cual se negocia un contrato o un convenio, generalmente se discuten diversas ideas y propuestas antes de llegar a un acuerdo. Aquí tienes algunas expresiones usadas para las diferentes funciones presentes en una negociación.

Exponer razones a favor de una idea
Estoy de acuerdo con Uds. pero. . .
Estoy a favor pues. . .
Coincido plenamente.
Me parece una buena solución.
La razón principal para apoyar la propuesta es. . .
Yo pienso lo mismo.

Exponer razones en contra de una idea
Me opongo.
Voto en contra porque. . .
No estoy de acuerdo pues. . .
Yo no pienso lo mismo.
No comparto tu opinión porque. . .
Estoy en total desacuerdo porque. . .

Interrumpir
Siento / Lamento interrumpir.
Si me permiten quisiera decir. . .
Quisiera agregar / aclarar que. . .

Pedir o dar una opinión
Me gustaría que nos aclarara. . .
¿Cuál es su punto de vista sobre. . .
Personalmente, creo que. . .
Tal vez deberíamos someterlo a votación.

Ofrecer alternativas
En parte sí, pero. . .
En líneas generales, estoy de acuerdo aunque/ pero. . .
No obstante. . .
Pero por otro lado. . .
Sin embargo. . .

10-7 El arte de la argumentación. La agresividad y la intimidación no tienen lugar en una negociación donde se quiere llegar a un acuerdo en el que las dos partes puedan aceptar las condiciones propuestas. Señala las expresiones aceptables o no en una negociación y explica por qué son aceptables o no.

1. Uds. no saben nada sobre esta situación.

2. Tiene la palabra la señora García; por favor, escuchen.

3. Como Uds. saben, nosotros no estamos de acuerdo con el segundo punto de la propuesta y estamos aquí para negociarlo.

4. Creo que podemos llegar a un acuerdo si buscamos una solución aceptable para todos.

5. No queremos escuchar más alternativas.

6. Sus ideas son una mentira detrás de otra.

10-8 La venta del cacao. Imaginen que Uds. tienen que negociar un contrato con una cooperativa que vende cacao. ¿Cómo completarían este diálogo?

MIEMBRO DE LA COOPERATIVA: Este cacao es de producción orgánica y se puede vender en el mercado muy bien.

COMPRADOR/A: Por un lado… por otro…

¿Cuánto quiere Ud. por el kilo de cacao?

MIEMBRO DE LA COOPERATIVA: Tenemos una oferta de un/a comprador/a que paga al contado $20 el kilo pero es muy bajo para nosotros. Quisiéramos…

COMPRADOR/A: Hum… pienso que… Podría ofrecerle…

MIEMBRO DE LA COOPERATIVA: Tendría que consultarlo con los demás porque…

COMPRADOR/A: Disculpe. Tengo una llamada de mi jefe/a. Le preguntaré cuánto más puedo ofrecerle.

MIEMBRO DE LA COOPERATIVA: Bueno. Espero su respuesta…

COMPRADOR/A: …

MIEMBRO DE LA COOPERATIVA: …

10-9 Los planes del club de jóvenes de negocios. Uds. son miembros del club de negocios internacionales de la universidad y están planeando una actividad para recaudar fondos. Decidan cuál es el propósito de la actividad, lo que van a hacer y cómo se van a organizar. Usen por lo menos una expresión de cada categoría de **Así se dice**.

Ventana al mundo

Responsabilidad Social Empresarial

El Pacto Mundial es un acuerdo por el cual las empresas, en forma voluntaria, se comprometen a respetar diez principios básicos en cuatro áreas temáticas diferentes: Derechos humanos, Normas laborales, Medio ambiente y Lucha contra la corrupción.

Según Los Diez Principios del Pacto Mundial, las empresas deben cumplir con lo siguiente.

DERECHOS HUMANOS

Principio 1: Apoyar y respetar la protección de los derechos humanos proclamados en el ámbito internacional

Principio 2: Asegurarse de no ser cómplices en abusos a los derechos humanos

NORMAS LABORALES

Principio 3: Respetar la libertad de asociación y el reconocimiento efectivo del derecho a la negociación colectiva

Principio 4: Eliminar todas las formas de trabajo forzoso u obligatorio

Principio 5: Abolir de forma efectiva el trabajo infantil

Principio 6: Eliminar la discriminación con respecto al empleo y la ocupación

MEDIO AMBIENTE

Principio 7: Apoyar los métodos preventivos con respecto a problemas ambientales

Principio 8: Adoptar iniciativas para promover una mayor responsabilidad ambiental

Principio 9: Fomentar el desarrollo y la difusión de tecnologías inofensivas para el medio ambiente

LUCHA CONTRA LA CORRUPCIÓN

Principio 10: Trabajar contra la corrupción en todas sus formas, incluyendo la extorsión y el soborno

Si tuvieras una empresa. ¿Firmarías el Pacto Social Empresarial? ¿Hay alguna de las cuatro áreas que te parece más importante que las otras? Explica tu respuesta.

Muchas empresas apoyan el Pacto Mundial de Responsabilidad Social Empresarial (RSE).

Escuchemos

El seminario de ventas.   Rosario y Laura charlan sobre las ventas y el comercio justo. Después de escuchar su conversación, responde a las siguientes preguntas.

1. ¿Sobre qué tema es el seminario al que fue Rosario?

2. ¿Qué le enseñaron a Rosario en el seminario?

3. ¿Cómo describe Rosario el comercio justo?

4. Según lo que has escuchado, ¿aproximadamente a qué hora empieza la conversación entre Rosario y Laura?

5. ¿Piensas que hay un conflicto entre los objetivos del seminario al que mandaron a Rosario y los objetivos del comercio justo? ¿Por qué?

Sigamos con las estructuras

Repasemos 1

Expressing outstanding qualities: Superlative

Estos zapatos son **los más** lindos de la tienda y los **menos caros**.

Complete the self-test in your *MySpanishLab* course. If you do not obtain a passing score, you need to review the *Cabos sueltos* Study Materials in *MySpanishLab* or at the back of the book. If you do, you can continue with the following activities.

10-10 De compras.   Estás en un centro comercial. Responde a las preguntas de tu compañero/a de forma lógica. Usa las palabras dadas como guía, cambiándolas a la forma superlativa. Dile lo que debe hacer. Alternen los roles.

MODELO: E1: ¿Me compro estas botas? (caro / bonito / probarse)
E2: *Esas no son las más caras pero también son las más bonitas. Pruébatelas.*
E2: ¿Qué te parece este abrigo? (formal / alegre / no comprar)
E1: *Ese es el más formal pero es el menos alegre. No te lo compres.*

1. ¿Qué te parecen estos zapatos? (no mejor / barato / llevarse)
2. ¿Me compro ese teléfono? (moderno / complicado / no complicarse la vida)
3. ¿Qué te parecen estos pantalones? (chévere / cómodo / probarse)
4. ¿Qué te parecen estas flores para mi mamá? (bonito / caro / regalar)
5. ¿Qué te parece aquel vendedor? (feo / guapo / mirar)
6. ¿Nos ponemos en esta fila? (corto / eficaz / no hacerla)
7. ¿Nos tomamos algo en este café? (peor / tranquilo / entrar)

10-11 Direcciones de Internet.   Busca tres páginas en español con información sobre consumo y comercio y compáralas según estas categorías. Imprime una de las páginas y tráela a clase como ejemplo. Explica brevemente lo que ofrece la página.

1. la más / menos interesante
2. la mejor / peor
3. la que tiene más / menos información
4. la más / menos fácil de leer
5. la que tiene el mejor / peor diseño
6. la que tiene la mejor / peor presentación
7. la más / menos original

Diario ////////////////////////

Describe las siguientes experiencias de compras. ¿Cuál fue tu experiencia de compra más estresante y por qué? ¿Cuál fue el objeto más caro que compraste y por qué? ¿Cuál fue la compra que te dio más placer?

Repasemos 2

Expressing outstanding qualities: Absolute superlative

Internet tiene **muchísima** información.

10-12 ¡Bueno, buenísimo! Piensa en adjetivos que asocias con las compras y el consumo y escribe una lista de por lo menos ocho de ellos. Luego dile un adjetivo a tu compañero/a para que te dé el superlativo. Alternen los roles.

> **MODELO:** E1: *divertido*
> E2: *divertidísimo*

10-13 Asociaciones libres. Reacciona ante los siguientes superlativos de tu compañero/a con una asociación.

> **MODELO:** E1: *¿Algo carísimo?*
> E2: *Un anillo de brillantes. ¿Algo divertidísimo?*

10-14 El nuevo trabajo. Elisa acaba de conseguir un trabajo muy bueno. En parejas, completen el diálogo, usando el superlativo absoluto. Túrnense para hacer las preguntas y responder.

> **MODELO:** E1: *¿Cómo estás?* (contento)
> E2: *Estoy contentísima.*

1. ¿Por qué estás tan contento/a? (trabajo / interesante)
2. ¿Dónde es ese trabajo tan interesante? (cooperativa / moderno)
3. ¿Qué vende esa cooperativa tan moderna? (productos del comercio justo / rico)
4. ¿Son verdaderamente tan buenos esos productos? (sano)
5. ¿Por qué son tan sanos los productos? (cultivar / mucho / cuidado)
6. ¿Hay muchos intermediarios en la cadena de venta? (poco)
7. ¿Qué tal tu jefa? (simpático)
8. ¿Y los miembros de la cooperativa? (interesante)

Complete the self-test in your *MySpanishLab* course. If you do not obtain a passing score, you need to review the *Cabos sueltos* Study Materials in *MySpanishLab* or at the back of the book. If you do, you can continue with the following activities.

Ventana al mundo

El consumo compulsivo

¿Te encuentras con frecuencia ante alguna de estas situaciones? ¿Compras ropa u otros objetos que después no usas o que te parecen inútiles? Cuando estás triste, ¿el comprar te ayuda a sentirte mejor? ¿En el balance de la tarjeta de crédito te sorprenden gastos que no recuerdas? ¿Te parece que el dinero se te va sin darte cuenta? ¿Te enfadas contigo mismo por haber gastado dinero inútilmente? Cuando algo te gusta, ¿lo compras inmediatamente y sin pensarlo mucho? ¿Dedicas la mayor parte de tu tiempo libre preferentemente a visitar los centros comerciales o ir de tiendas? Si te encuentras en estas situaciones a menudo, ¡atención! Puede ser que para ti el consumo sea una adicción.

Según un estudio realizado en cuatro regiones diferentes de Europa, entre ellas una región de España, un tercio de los consumidores tiene problemas de descontrol en la compra o en el gasto. El hecho de gastar y comprar no es una adicción en sí misma y no hay razón para preocuparse. Pero hay que prestar atención a otros problemas. Las personas adictas al consumo gastan un dinero que no tienen, compran por impulso y suelen arrepentirse de haber gastado.

El primer paso para resolver este problema es que la persona sepa que lo tiene. Por otro lado sería interesante que la sociedad tome conciencia de este problema y que se realicen campañas de prevención y sensibilización.

El consumo compulsivo puede ser una adicción.

A tu alrededor. Utilizando las preguntas que aparecen en el primer párrafo, entrevista a una o varias personas sobre sus hábitos de consumo y luego informa a la clase tus conclusiones.

Aprendamos 1

Discussing past actions affecting the present: Present perfect tense

The present perfect tense is used to describe an action that happened in the recent past. The action may be completed in the past or may be still continuing in the present.

El desarrollo de Internet **ha revolucionado** las comunicaciones.

The development of the Internet has revolutionized communication.

Note: In Spain, the present perfect is used instead of the preterite when there is a temporal marker related to the present: **este año, esta mañana, hoy, esta semana,** etc. In Latin America, the preterite is preferred.

España: Nosotros **hemos sacado** un crédito bancario este año.

América Latina: Nosotros **sacamos** un crédito bancario este año.

The present perfect is formed with the present tense of **haber** and the past participle.

Note: Notice that the present perfect in Spanish is called **Pretérito perfecto**.

Present perfect (*Pretérito perfecto*)		
haber		Past participle
he		
has		comprado
ha	+	vendido
hemos		salido
habéis		
han		
hay	=	ha habido

A. Regular past participles

The regular past participle is formed by dropping the **-ar**, **-er**, or **-ir** ending of the infinitive and adding **-ado** or **-ido** to the verb stem.

-ar	→	-ado:	trabajar	→	trabaj-	→	trabajado
-er /-ir	→	-ido:	comprender	→	comprend-	→	comprendido
			compartir	→	compart-	→	compartido

Note: Some **-er** and **-ir** verbs add an accent mark on the **-i** of the past participle. The accent is used to signal that the weak vowel (**i**) is stressed in the word. The accent breaks the diphthong.

So when there is a combination of weak vowels (**i, u**) and strong vowels (**a, e, o**), the weak vowel is accented: **aí, eí, oí.**

creer	→	creído	oír	→	oído
leer	→	leído	traer	→	traído

B. Irregular past participles

Some verbs have irregular past participle forms.

abrir	→	abierto	morir	→	muerto
cubrir	→	cubierto	poner	→	puesto
decir	→	dicho	resolver	→	resuelto
escribir	→	escrito	romper	→	roto
hacer	→	hecho	ver	→	visto
imprimir	→	impreso	volver	→	vuelto

Note: A compound verb formed with any of the above verbs shows the same irregularities: **describir → descrito; descomponer → descompuesto; devolver → devuelto.**

The words **ya** (*already, yet*), **todavía** (*yet*), and **aún** (*still, yet*) are frequently used with the present perfect tense. **Todavía** and **aún** are interchangeable. (Note the accent on **aún.**) They are used in questions and negative statements. **Ya** is used in questions and affirmative statements. It is not used in a negative sentence.

¿**Ya** has hecho las compras?	*Have you **already** done the shopping?*
No, **todavía** no he ido al súper.	*No, I haven't gone to the supermarket **yet**.*
¿**Todavía** no han firmado los papeles?	*Haven't they signed the papers **yet**?*
Aún no tengo la respuesta.	*I **still** don't have the answer.*

10-15 Nuestra pequeña empresa. Descubre cómo estos estudiantes han conseguido ganar un dinero extra. Completa los espacios con la forma correcta del pretérito perfecto.

Mis amigos y yo (1. abrir) _____ un nuevo negocio para ayudar a personas a quienes se les (2. descomponer) _____ la computadora y no (3. poder) _____ resolver el problema ellas mismas. La pequeña empresa va muy bien. Al principio nosotros no (4. tener) _____ muchas llamadas pero ahora, en el segundo mes, nosotros (5. hacer) _____ progresos, (6. cubrir) _____ los gastos y (7. ganar) _____ un porcentaje pequeño cada uno. Yo (8. resolver) _____ algunos problemas técnicos que no eran muy complicados, estoy aprendiendo mucho y todavía no (9. romper) _____ ninguna computadora. Nosotros tres _____ (10. ver) que con un poco de ingenio, podemos tener un dinero extra para nuestros gastos. Este mes nosotros (11. poner) _____ más avisos en los periódicos de la universidad y del pueblo con la esperanza de conseguir más clientes.

10-16 Normalmente y hoy. Piensen en sus costumbres, sus hábitos y su rutina diaria. ¿Hacen más o menos lo mismo cada mañana, cada semana, cada verano? ¿Ha sido diferente hoy? Con otro/a estudiante alternen los roles preguntando y respondiendo. Combinen los elementos de las columnas para dar información personal. Añadan un tema.

> **MODELO:** E1: *¿Generalmente estudias de noche? ¿Dónde has estudiado hoy?*
> E2: *Generalmente estudio en la biblioteca pero hoy he estudiado en mi cuarto. Generalmente estudio en la biblioteca y hoy he estudiado en la biblioteca también.*

Normalmente, generalmente, casi siempre…

levantarse		esta mañana
estudiar		hoy
tomar clases	pero	este semestre
hacer las compras	y	esta semana
comprar		este mes
acostarse		esta noche
salir		este fin de semana
irse de vacaciones		este verano
¿…?		¿…?

10-17 Alguna vez en la vida. Con otro/a estudiante escriban una lista de cinco cosas que quisieran hacer alguna vez en la vida. Luego pregunten a otros/as estudiantes de la clase si ya han hecho esas cosas. Luego, informa a la clase de tus resultados.

> **MODELO:** E1: *¿Ya has viajado fuera de los EE.UU.?*
> E2: *No, yo todavía no he salido de EE.UU.*
> E3: *Sí, ya he estado en Europa, Asia y América Latina.*
> E1: *¡Qué chévere! ¿Qué lugares has visitado? ¿Con quién has ido?*

Algunos ejemplos:

1. ir de vacaciones a Cancún
2. participar en el carnaval de Río
3. viajar en auto de la costa Este a la Oeste o viceversa.
4. subir a la torre Eiffel y besar a alguien ahí
5. pintarse el pelo de algún color
6. probar el caviar
7. leer tu nombre en un periódico
8. ser extra en una película muy popular

10-18 En estos últimos años. Hagan una lista de cuatro o cinco cambios que han ocurrido en los últimos años tanto a nivel personal, como comunal y/o mundial. Piensen en aspectos relacionados con la economía, el consumo, la ecología u otros temas que les interesen. Luego, comparen su lista con las de otros/as estudiantes de la clase y conversen sobre lo que plantean sus compañeros/as. Intenten hablar lo más posible.

MODELO: E1: *En estos últimos años he aprendido a gastar menos.*
         E2: *Ah, ¿sí? ¡No me digas! ¿Puedes darme un ejemplo? ¿En qué has gastado menos? ¿Por qué? ¿Cómo lo has logrado? …*

Aprendamos 2

Talking about actions completed before other past actions: Pluperfect tense

The pluperfect tense is used to describe a past event that took place before another past event or past moment in time.

Yo ya **había vendido** mi coche cuando recibí una oferta mejor.

*I **had** already **sold** my car when I received a better offer.*

The pluperfect tense is formed with the imperfect form of **haber** and the past participle.

Pluperfect (Pluscuamperfecto)		
haber		**Past participle**
había		
habías		llamado
había	+	leído
habíamos		escrito
habíais		
habían		
hay	=	había habido

Yo ya **había comprado** tu regalo de cumpleaños cuando supe que necesitabas un nuevo abrigo.

*I **had** already **bought** your birthday present when I found out that you needed a new coat.*

10-19 Antes de este curso. Transforma las frases para explicar qué cosas ya habías hecho o todavía no habías hecho, antes de tomar este curso de español. Agrega experiencias propias. Luego, entrevista a otro/a estudiante para saber qué había hecho él/ella.

MODELO: *Antes de tomar esta clase, ya había utilizado el español en mis viajes a México. Todavía no había estudiado a los muralistas.*

1. oír hablar en español a hablantes nativos
2. leer varios textos en español
3. reflexionar sobre la globalización
4. hacer presentaciones en mi clase de historia sobre los países hispanoamericanos
5. analizar la situación de las mujeres en el mundo
6. escribir algunos mensajes electrónicos en español
7. discutir sobre la tolerancia con otros/as estudiantes
8. ¿…?

10-20 Un día fatal. Todo parece salir mal hoy. Explica qué había pasado cuando intentaste hacer las siguientes cosas. Sigue la estructura presentada en el modelo.

MODELO: ir a cobrar / el cheque / el banco / ya / cerrar
Cuando fui a cobrar el cheque, el banco ya había cerrado.

1. llegar / a la parada / el autobús / ya / pasar
2. llamarte / por teléfono / tú / ya / salir
3. ir a almorzar / el comedor / ya / cerrar
4. querer usar Internet / la línea / desconectarse
5. ir a la clase de informática / el profesor / todavía / no llegar
6. pasar a buscar la computadora / el técnico / todavía / no arreglarla

10-21 Cada vez más rápido. Para estar mejor informado/a, aquí tienen unos datos interesantes sobre las fechas de los inventos.

Paso 1: ¿Cuánto tiempo? A partir de la tabla averigüen cuánto tiempo había pasado entre un invento y su uso masivo y cuánto tiempo había pasado entre un invento y otro.

MODELO: a. *¿Cuánto tiempo había pasado entre el invento del teléfono y su uso masivo?*
b. *¿Cuánto tiempo había pasado entre el invento del PC y del Internet?*

CADA VEZ MÁS RÁPIDO

En esta tabla representamos los años transcurridos desde la aparición de un invento hasta que es utilizado por la cuarta parte de la población de los países desarrollados.

Invento	Fecha	Años para su uso masivo
Electricidad	1873	46
Teléfono	1876	35
Automóvil	1886	55
Radio	1906	22
Televisión	1926	26
Microondas	1953	30
PC	1975	16
Teléfono móvil	1983	13
Internet	1991	7

Paso 2: Más análisis de datos. Ahora, contesten estas preguntas.

1. ¿Cuál de estos inventos ha tardado más en usarse masivamente?
2. ¿Cuál es el que menos ha tardado?
3. ¿Ya se había inventado el microondas en el año 1960?
4. ¿Cuál de estos inventos había aparecido antes de que tú nacieras?
5. ¿Cuál de estos inventos crees tú que ha sido el más útil para la sociedad? ¿Por qué?

10-22 Antes y después. Lee el horario de este estudiante. Explica lo que hizo y cómo se sintió este día. Utiliza las expresiones **antes de, después de, ya** y **todavía no** en tus oraciones. Sigue el modelo.

MODELO: *Después de mirar su cuenta bancaria se había sentido pobre.*
          Había mirado su cuenta bancaria cuando se sintió pobre.
          Antes de ir al correo, ya había mirado su cuenta bancaria en Internet.

10:00hrs. Mira su cuenta bancaria en Internet y ve que sólo le quedan dos dólares. Se siente muy pobre.

10:30hrs. Va al correo para recoger su correspondencia. Está por llover.

10:35hrs. Entre la correspondencia encuentra una carta de su padre con el cheque mensual. Se alegra.

11:00hrs. Va al banco para depositar el cheque en el cajero automático. Se siente rico.

11:30hrs. Va a la zona céntrica de la ciudad para visitar tiendas. Cambio de tiempo: sale el sol un poco.

12:00hrs. Entra en una tienda de videojuegos y se pone a jugar en una computadora. Le gusta el videojuego y lo compra.

12:30hrs. Entra en una tienda deportiva y se prueba unas zapatillas de tenis. No está muy convencido pero las compra porque necesita un par para correr.

13:00hrs. Tiene hambre y decide comer pescado en un restaurante. Pide postre al final de la comida. Está contento pero se siente solo.

Ventana al mundo

Jóvenes y consumo

El consumo por los jóvenes de productos básicos como ropa, alimentos, calzado y artículos de tecnología moderna, videojuegos, celulares, *gadgets* electrónicos, es un gran negocio. Pero estudios de mercado recientes parecen desmentir el mito de que los jóvenes consumen compulsivamente y sin pensar. Sin embargo es cierto que hay una diferencia de actitud según la edad, el sexo y la clase social. El mayor consumo está entre los jóvenes de clases altas y por lo tanto con más poder adquisitivo. Las chicas de 12 a 19 años muestran una actitud hacia las compras más impulsiva que las de 20 a 24 años. Por otra

Los jóvenes son los mayores consumidores de productos electrónicos.

parte diferentes estudios de mercado parecen demostrar que la gente joven utiliza la comunicación a través de redes sociales, la mensajería instantánea e Internet, para informarse sobre productos que les interesaría comprar. Especialmente para la compra de productos electrónicos, la tendencia es esperar hasta que los nuevos productos sean evaluados por otros usuarios. Muchos jóvenes participan de los foros de discusión sobre productos nuevos en el mercado. Las nuevas generaciones tienen muy claro que los precios suelen bajar poco tiempo después del lanzamiento de un nuevo producto y en general esperan estas rebajas.

Las compras y tú. ¿Utilizas las redes sociales, la mensajería instantánea e Internet antes de comprar algo? ¿Participas de foros de discusión sobre marcas y productos? Cuando aparece un nuevo producto en el mercado que te interesa ¿lo compras inmediatamente?

Aprendamos 3

Expressing a sequence of events in the present and future: Sequence of tenses in the subjunctive

You have been studying the use of the subjunctive in different clauses: noun clauses, adjective clauses, and adverbial clauses. Also you know that the main clause determines the use of the subjunctive or indicative according to the elements present in it. Now, we will pay attention to the tense of the verbs in the main clause and the subordinate clause.

In sentences requiring the use of the subjunctive, the tense of the subjunctive verb is dictated by its relation to the main verb. If the main verb is in the present, present perfect, future, indicative, or command form, then the subordinate verb is in the present subjunctive. Study the following chart with the sequence of tenses.

Sequence of tenses in relation to present time:

Tense in the main clause	Tense in the subordinate clause
Present	
Present perfect	Present subjunctive
Future	
Command	

Use the present subjunctive when the event in the subordinate clause refers to an action that happens at the same time of the main verb or in the future.

Present indicative— Present subjunctive	No **encuentro** ningún videojuego que no **sea** violento. *I don't find any video game that is not violent.*
Present perfect indicative—Present subjunctive	Te **he comprado** este disco duro externo para que **hagas** una copia de los documentos en tu computadora. *I bought / have bought you this external hard drive in order for you to make a copy of the documents in your computer.*
Future—Present subjunctive	Me **sentiré** mejor cuando **termine** de escribir este proyecto para la clase de mercadeo. *I'll feel better when I finish writing this project for the marketing class.*
Command—Present subjunctive	**Ten** cuidado cuando **uses** este DVD. *Be careful when you use this DVD.*

10-23 Instrucciones. Tu compañero/a de cuarto está por salir y te deja una serie de instrucciones. Termina las frases con la forma correcta de los verbos.

1. Te dejo estos para que tú / escucharlos
2. Nos han dicho que nosotros / bajar la música
3. Vendré cuando ellos / terminar el concierto
4. Te han pedido que tú / preparar los videojuegos
5. Ten cuidado cuando tú / grabar el DVD
6. Guarda los CDs en sus cajas antes de que / llegar los otros

10-24 ¿Qué piensan Uds.?   Lean la siguiente **Ventana al mundo**. Luego, expresen su opinión usando estas expresiones.

Es interesante que…

Hay que entender que…

Me ha sorprendido que…

Es preferible que…

No he dudado nunca que…

Será importante que...

No piensen que…

No crean que…

Será posible que…

Ventana al mundo

El consumidor inteligente

En España se gasta menos y se piensa más. A raíz de la crisis de los últimos años, el comportamiento de los consumidores españoles ha cambiado. España tiene uno de los índices de paro (desempleo) más alto de Europa y el consumidor español ha decidido consumir con inteligencia. La gran mayoría (61%) de los españoles reconoce que gasta con mayor cuidado que antes. El llamado "smart shopper" quiere seguir comprando su marca favorita pero no a cualquier precio. Un 65% de los consultados dice que se fija mucho más ahora en los precios que antes y prefiere reducir la frecuencia de compra antes que renunciar a un producto.

Pero la compra no está basada sólo en el precio, sino que también tiene en cuenta la marca, la durabilidad y la funcionalidad de los productos. El nuevo consumidor piensa, navega, chatea, y compara antes de comprar. La AECEM (Asociación de Comercio Electrónico en España) piensa que habrá un crecimiento muy alto de las ventas de este tipo.

Otra característica del consumidor inteligente es que antes se guiaba más por la publicidad y el efecto "trendy" de las marcas; en cambio, ahora recurre más a la recomendación de los amigos y familiares.

En ese contexto descubrimos que uno de cada tres españoles, cuando necesita algo, tiende a pedirlo prestado y/o a compartirlo con la familia y los amigos. La gente está más abierta a compartir, alquilar o pedir prestado.

Fuente: Omnicom Media Group

Cambios de conducta. ¿Piensas que en los últimos años tu manera de consumir ha cambiado? ¿Puedes dar algunos ejemplos para justificar tu respuesta? ¿Te fijas más en los precios? ¿Prestas menos atención a la publicidad? ¿Consultas y pides consejos antes de comprar? Cuando necesitas alguna máquina, ¿sueles comprártela o recurres al alquiler y a los préstamos?

El nuevo consumidor piensa, navega, chatea y compara antes de comprar.

Conversemos sobre las lecturas

Antes de leer

Estrategia de lectura: *Functions of the text*

Every text has a purpose or main communicative function. The author writes with a specific aim in mind, which may be to persuade, inform, request information, criticize, analyze, report, etc. The writer expects the reader to react to the content of the text in a particular way, thus establishing the communicative link between the reader and the text, and between the reader and the author.

10-25 Guatemala: El precio humano del café. Lee la siguiente información y piensa cuál es la función de este texto. Discute el texto y su función con tu compañero/a.

El café es el segundo producto de mayor valor comercial después del petróleo, a nivel mundial. Sin embargo, los pequeños productores, muy raramente reciben ganancias que les permitan mejorar su nivel de vida. Un ejemplo concreto son los granjeros guatemaltecos que han sufrido muchas privaciones a causa de la mala distribución de los precios del café. Para obtener ganancias más justas que les permitan construir una vida mejor, están tratando de organizarse en grupos sindicales y cooperativas. Pero muchas personas que trabajan en la cosecha del café tienen miedo de tal organización, debido a la historia de persecución y muerte que han vivido en el pasado en este país. Es importante reconocer que detrás de cada bolsita de café hay vidas que luchan por salir adelante y conseguir un nivel de vida más digno.

El café es un producto de gran valor comercial.

10-26 Tu consumo del café. Explica tu consumo del café a tu compañero/a. ¿Bebes café? ¿Mucho, poco o nada? ¿Piensas que eres adicto al café? ¿Qué tipo de café te gusta beber, café con leche, capuchinos, café expreso, descafeinado, otros? ¿Cuándo bebes café? ¿Prestas atención a que sea café del comercio justo? ¿Dónde lo consumes?

—Vocabulario de las lecturas

Estudia estas palabras para comprender mejor los textos.

Vocablo	Explicación	Palabra en uso
amplio/a	*spacious*	El lugar es suficientemente **amplio** como para que entren todos los clientes.
asegurado/a	*assured (the success of a project)*	La venta de juguetes está **asegurada** para las fiestas de fin de año.
el autoservicio	*self-service*	El **autoservicio** es una manera conveniente de hacer la compra.
avergonzarse	*to be ashamed*	No **me avergüenzo** de haber gastado tanto dinero en un regalo para mí.
el capricho	*whim*	El color blanco del coche fue un **capricho** de Antonia.
el carro (del supermercado)	*supermarket cart*	La mujer salió del supermercado con el **carro** casi vacío.
el cebo	*bait, lure*	Los productos más populares se usan como **cebo** para atraer a los clientes.
colocar	*to place*	Se **colocan** los productos que se quieren vender a la altura de la mirada de los clientes.
diestro/a	*right-handed*	La mayoría de las personas son **diestras**.
emplear	*to employ; to make use of*	En los supermercados se **emplean** muchos trucos para que los clientes compren impulsivamente.
la entrada	*entrance (of a building)*	La **entrada** a la boutique está atractivamente decorada.
la estantería	*group of shelves*	Debes doblar y colocar estos suéteres en las **estanterías** cerca de la vidriera.
el flujo	*flow*	El **flujo** de los consumidores es de derecha a izquierda.
el fondo	*back (of an establishment)*	Pondremos en el **fondo** los productos de primera necesidad como la leche y los huevos.
hacer fila	*to stand in line*	No queremos que los clientes tengan que esperar mucho tiempo **haciendo fila**.
incitar	*to urge*	Debemos **incitar** a las personas para que compren más.
el juguete	*toy*	La niña recibió muchos **juguetes** para su cumpleaños.
el local	*place of business*	Esta tienda de ropa tiene un **local** pequeño en la calle principal.
la oferta	*sale, offer*	Después de la Navidad, las tiendas tienen muchas **ofertas** especiales.
el pedido	*order*	El **pedido** de mercadería a los distribuidores se hace con mucha anticipación.
preveer	*to foresee; to anticipate*	Se **ha previsto** un receso en la economía para este año.
retroceder	*to go back*	Una vez que entras en una línea es difícil **retroceder**.
rodear	*to be surrounded by*	La luz y la música **rodean** al cliente para crear un ambiente placentero e incitarlo a la compra.
la temporada	*season (as in holiday season, soccer season, etc.)*	Las fiestas de fin de año son la **temporada** de más ventas de cualquier comercio.
tentar (ie)	*to tempt*	Este chocolate lo compré porque me **tentó** cuando pagaba en la caja.
el truco	*trick, gimmick*	Los **trucos** de los vendedores son conocidos por muchos.

10-27 ¿Cuál es? Encuentra los sinónimos de las siguientes palabras.

1. grande
2. poner
3. parte de atrás
4. estimular

5. establecimiento
6. moverse para atrás
7. atracción
8. manipulación

10-28 Sé original. Escribe oraciones originales, usando las siguientes palabras. Luego compártelas con tu compañero/a para que te dé comentarios.

| asegurar | capricho | entrada | pedido | oferta | tentar |

10-29 Mis ideas. ¿Qué asocias tú con las siguientes palabras? Haz una lista de ideas o palabras y compártelas con tu compañero/a.

| autoservicio | avergonzarse | carro | hacer fila | juguete | rodear |

10-30 Los trucos del súper para vender más. Como su título indica, el artículo que van a leer presenta las estrategias de los supermercados para vender más. Con otros/as estudiantes elaboren una lista de cinco trucos que Uds. utilizarían para vender más. Compartan y comparen su lista con las de otros grupos de la clase.

LECTURA

Javier Garcés Prieto es licenciado en Psicología y en Derecho y es el presidente de la Asociación Nacional de Estudios Psicológicos y Sociales. Este artículo apareció en su libro *El comportamiento del consumidor en la sociedad actual*, publicado en el año 2008 por el Departamento de Psicología Social de la UNED, en Madrid.

Los trucos del súper para vender más

En la venta en autoservicio las estrategias comerciales más eficaces están basadas en la organización y distribución de sus espacios, elementos y productos, así como la preparación del entorno para incitar al consumidor a la compra dentro de cada establecimiento, y tratar además que esta
5 compra se dirija a determinados artículos que convienen al comerciante. Son lo que podemos denominar "trucos de los comercios", que se emplean especialmente en las grandes y medianas superficies. Las técnicas de venta más habituales en estos comercios son:

Las compras del supermercado.

1. Colocar los artículos de primera necesidad y de venta más frecuente (pan, leche, embutido, aceite, etc.) en lugares distantes entre sí, para que el consumidor recorra largos espacios en el establecimiento.

2. Dirigir el "flujo de la visita" hacia el fondo del establecimiento, de forma que los consumidores pasen por el mayor número posible de secciones y tengan mayores tentaciones de compra. Por ello se colocan preferentemente en el fondo del establecimiento los artículos de gran demanda o los que se utilizan como "cebo" (por ejemplo ofertas especiales).

3. Los artículos que se desean vender se colocan en los estantes intermedios, a la altura de los ojos, donde fácilmente atraen la atención del consumidor. En cambio los artículos colocados en los lugares altos y bajos de las estanterías difícilmente son vistos.

4. Colocar los productos que se desea vender junto a otros más caros, (para que parezcan relativamente baratos) o en una posición intermedia entre otros extremadamente caros o baratos.

5. Situar todas las entradas al local en el lado derecho y todas las cajas en el lado izquierdo para dirigir un "flujo de visita" amplio. Esto también se debe a que la mayoría de los consumidores son diestros, por lo que empujan el carro con la izquierda y van cogiendo los artículos con la derecha.

6. Los artículos que requieren una compra más reflexiva, y que difícilmente darán lugar a compra impulsiva (por ejemplo lavadoras), se colocan en los lugares menos atractivos del establecimiento, alejados del flujo normal de visitas.

7. Los establecimientos se distribuyen en pasillos largos, sin cortes y relativamente estrechos, en los que es difícil dar la vuelta con el carro, a menudo de grandes dimensiones, para estimular también de ese modo a la compra. El consumidor, una vez que entra en un pasillo con su carro, está obligado a recorrerlo hasta el final, sin poder retroceder o desviarse en ninguna dirección.

8. Las "cabeceras" de los lineales son lugares muy preferentes, y son vistos por la mayoría de los consumidores, ya que para dar la vuelta con el carro para salir de un pasillo y entrar en otro, debe disminuir la velocidad de su marcha y prestar atención a lo que le rodea. Por eso es allí donde se coloca la mayoría de las ofertas de los establecimientos.

9. Colocar atractivos carteles y anuncios de ofertas que hacen referencia al precio o las características del producto con grandes o llamativos caracteres. La simple visión de estos anuncios de "oferta" tienta a muchos consumidores, aunque desconozcan si realmente se trata o no de una buena compra.

45 **10.** Al lado de las cajas de pago se colocan artículos de capricho, puesto que es fácil que al acabar todas las compras previstas, y mientras está haciendo fila para pagar, el consumidor compre por "impulso" este tipo de productos.

11. Los comerciantes tratan de cuidar hasta los más mínimos detalles de su establecimiento para incitar al consumo: los colores, la iluminación e incluso la
50 música ambiental. Tratan así de atraer al consumidor y hacerle sentir en un ambiente agradable y apropiado para el consumo. También la ausencia de referencias exteriores de espacio y tiempo (no suele haber ni relojes visibles ni ventanas) contribuye a este efecto.

12. En la entrada de los grandes comercios se coloca un espacio abierto a la vista para que
55 el consumidor se pueda sentir atraído por las diversas secciones del establecimiento. También se colocan en la entrada artículos tentadores (CDs, pequeños electrodomésticos, artículos de fotografía e informática) para animar al consumidor a visitar otros departamentos en vez de dirigirse directamente a la zona de alimentación y artículos domésticos.

60 **13.** Los grandes comercios disponen de multitud de cajas de salida, mientras que reservan estrechos pasillos vigilados para los que salen sin comprar. Se trata de una distribución justificada para evitar sustracciones, pero tiene un efecto intimidatorio puesto que parece sugerir al no comprador que debe avergonzarse por salir sin haber realizado ninguna compra. Muchas personas hacen a veces pequeñas compras
65 inconscientemente influidas por esta intimidación.

La efectividad de todo este tipo de técnicas está ampliamente probada. Como prueba de su éxito se puede señalar que, por ejemplo:

- Entre el 40% y el 70% de las decisiones de compra se toman dentro de los centros comerciales y muchas de ellas se refieren a productos que el consumidor no tenía
70 previsto comprar cuando entró en el establecimiento. El 43% de todas las compras son impulsivas, y los motivos más importantes para hacerlas son el recuerdo al ver el producto (52%), el deseo de un producto (39%) y el precio (25%).

- A pesar de que el deseo de ahorro es una motivación de los consumidores para preferir las grandes y medianas superficies, y siendo que efectivamente los productos a la venta
75 en estos comercios son, en términos generales, más baratos que los que ofrecen las tiendas tradicionales, el consumidor acaba realizando un gasto que, por término medio, supera en más de un 20% la previsión que había realizado antes de entrar en el establecimiento. Este aumento de gasto se debe a que el consumidor compra más productos de los que había previsto.

80 - El 95% de los consumidores que entran en una gran superficie sin una idea definida de lo que quieren comprar o simplemente "para mirar" (es decir, con el propósito previo de no gastar), terminan realizando alguna compra.

10-31 Comparar y contrastar. ¿Cuáles de las estrategias que Uds. pensaron antes de leer el artículo aparecen en él y cuáles no?

10-32 ¿Qué entendiste? Indica si las siguientes oraciones son ciertas o falsas según la información en la lectura. Encuentra en la lectura la frase que apoya tu elección. Corrige las falsas.

1. Las estrategias comerciales tienen como fin incitar al consumidor a la compra.

2. Los artículos de primera necesidad se colocan todos juntos en el mismo lugar.

3. Los artículos de mucha demanda o de oferta se colocan delante de las cajas.

4. Los artículos colocados en las estanterías altas o bajas son difíciles de ver.

5. El flujo de entrar por la derecha y salir por la izquierda favorece a la mayoría de los consumidores que son diestros y empujan el carro con la izquierda mientras toman los productos con la derecha.

6. Los pasillos donde está la mercadería son muy anchos y cortos.

7. Los carteles con grandes caracteres llamativos tientan a muchos consumidores.

8. Los artículos de capricho se compran generalmente antes de los artículos previstos para la compra del día.

9. Los colores, la iluminación y la música ambiental no tienen ningún efecto sobre los consumidores.

10. En la entrada se colocan artículos que invitan al consumidor a visitar otros departamentos en vez de dirigirse directamente a la sección de alimentos.

10-33 ¿Éxito? Los últimos tres párrafos del artículo hablan de la efectividad de estos trucos. ¿Puedes explicárselos a tu compañero/a con tus propias palabras?

10-34 Re-trucos. Elaboren una lista de contrapropuestas para que los consumidores compren lo que necesitan y no más.

10-35 En el súper. Visita un supermercado y comprueba si lo que han dicho en el artículo se aplica. Prepara un pequeño informe para la clase.

POEMA

Los niños creen que los Reyes Magos vienen de Oriente.

Antonio Orihuela nació en Moguer, Huelva, en 1965. Es poeta, ensayista y articulista. Forma parte de un movimiento poético que se llama poesía de la conciencia. Orihuela también es profesor de historia de la universidad de Sevilla. El poema "Desarrollo sostenible" forma parte de una colección de poemas que se llama *La ciudad de las croquetas congeladas* del año 2006.

Desarrollo sostenible

En China, los niños juegan catorce horas diarias

a que trabajan
fabricando juguetes
para los niños de España.
Los pedidos para esta temporada
5 ya están en las tiendas

y la producción para el año que viene,
asegurada.
Mientras queramos,
los Reyes Magos
10 seguirán viviendo de Oriente.

 10-36 ¿Comprendieron? Contesten las preguntas apoyándose en lo que dice el poema y en su opinión personal.

1. ¿Qué hacen los niños chinos catorce horas al día?
2. ¿Dónde encontramos los productos de las fábricas chinas?
3. ¿Puedes explicar la diferencia entre vivir **en** Oriente y vivir **de** Oriente?

10-37 Investiga. En grupos de tres o cuatro estudiantes seleccionen alguno de los siguientes temas, hagan una investigación sobre el mismo y preparen una presentación para la clase.

- El problema de lo hecho en China.
- Las multinacionales miran con buenos ojos el "Hecho en China."
- El trabajo infantil
- ¿No hay que comprar *Made in China*?

10-38 Hecho en China. En tu próxima visita a un centro comercial entra en una juguetería y cuenta cuántos de los juguetes en venta son originarios de China. Comenta tus observaciones con otros/as estudiantes de la clase.

Diario /

Explica tus hábitos de compra. ¿Qué tipo de consumidor/a eres? ¿Te gusta ir de compras? ¿Pasas muchas horas en los centros comerciales durante los fines de semana? ¿Eres un/a comprador/a compulsivo/a? ¿Compras por Internet? Explica.

Avancemos con la escritura

Antes de escribir

Estrategia de escritura: *Establishing cause and effect*

Establishing or analyzing a cause-and-effect relationship between ideas or events may help you to clarify for your readers a situation or an event in your writing. The answer to the question, "Why is this situation the way it is?" often requires an analysis of the causes that led it to be that way. On the other hand, the answer to the question, "What are the consequences of this?" leads us to analyze its effects. You may choose to focus your analysis on the causes or on the effects separately, or you may want to analyze them together. An effect, or several of them, could be the direct or indirect consequence of a certain cause or causes. An obvious example is the power of advertising on the consumer. The more exposure the consumer has to a product, the more likely he or she is to buy it. The act of acquiring something is a direct cause of the ads' influence on the consumer.

Palabras conectoras: Para establecer razones o resultados de acciones

These words can help you to make a transition when explaining the reason for, or the result of, an action.

Razón: porque, pues, ya que
Resultado: por eso, pues, luego, así que, como resultado, por lo tanto, a causa de

---

10-39 Causa y efecto. El mundo en que vivimos.

Paso 1: ¿Cuál es el efecto? Hagan una lluvia de ideas sobre los efectos que surgen de las siguientes situaciones. Escriban por lo menos dos efectos para cada situación. Luego compártanlos con la clase.

El efecto de. . .

1. tener fácil acceso a tanta mercadería constantemente
2. los anuncios comerciales en la TV
3. la globalización en los jóvenes
4. tener acceso a cualquier producto por Internet
5. la mano de obra barata tanto en los EE.UU. como en otros países

Paso 2: ¿Cuáles son las causas? Ahora, piensen en las causas detrás de algunos de estos hechos. En otras palabras, pregúntense por qué suceden estas cosas. Escriban un mínimo de dos causas para cada ejemplo.

1. ¿Por qué existe la mano de obra barata?
2. ¿Por qué se han desarrollado organizaciones tales como el comercio justo?
3. ¿Por qué se ha desarrollado una economía global?
4. ¿Por qué creemos que necesitamos poseer muchas cosas para ser felices?

A escribir

10-40 ¿Quién se beneficia? Escoge uno de los temas de la **actividad 10-40** y escribe un ensayo que presente las causas y los efectos. Sigue estos pasos.

1. Presenta tu tesis en un párrafo introductorio.
2. Presenta las causas. Si es necesario, busca estadísticas u opiniones de expertos para apoyar tu posición.
3. Presenta los efectos. Busca estadísticas o cita la opinión de los expertos para apoyar tu presentación.
4. Conclusión. Haz una síntesis de lo presentado y ofrece algunas soluciones.

Antes de entregar tu ensayo, asegúrate de haber incluido y revisado lo siguiente:

- El vocabulario del capítulo
- Las **Expresiones útiles**
- Los superlativos y el superlativo absoluto
- La secuencia de tiempos
- Las palabras de enlace

🔊 Vocabulario

El comercio

el autoservicio	self-service
la caja	cash register
el carro	supermarket cart
el cebo	bait
el comercio justo	fair trade
el consumidor	consumer
el costo	cost
la ganancia	profit (as in monetary profit)
el intermediario/a	intermediary
la oferta	sale, offer
el operario	operator (of a machine in the workplace)
la paga	pay
el precio	price
el productor	producer

Sustantivos

la cadena	chain
el capricho	whim
la costurera	seamstress
el entorno	environment
la entrada	entry, entrance
el juguete	toy
el local	business location
la meta	goal
el país en vías de desarrollo	developing country
la paridad	parity
el pedido	order (an order placed with a provider)
el propósito	purpose
el/la tejedor/a	weaver
la temporada	season (as in holiday season, soccer season, etc.)
el truco	trick, gimmick
el valor	value

Verbos

abarcar	to cover
avergonzarse	to be ashamed
colocar	to place
cultivar	to cultivate
disminuir	to diminish
elaborar	to make
emplear	to employ; to make use of
favorecer	to favor
fomentar	to promote
garantizar	to guarantee
hacer fila	to stand in line
incitar	to urge
prever	to anticipate, predict
promover	to promote
proporcionar	to provide with, supply
proveer	to supply, provide
provenir	to come from something / someone
rechazar	to reject
resumir	to summarize
retroceder	to go back
rodear	to surround
tentar (ie)	to tempt

Adjetivos

amplio/a	spacious, large
asegurado/a	assured
diestro/a	right-handed
infantil	child (as in child labor)

Expresiones útiles

tener en cuenta	to take into consideration

> "Una película no te
> resuelve nada, pero te
> da un enorme placer."
> —Pedro Almodóvar

Hablemos del ocio y del tiempo libre

Tema cultural

- El ocio en el mundo hispánico

Objetivos comunicativos

- Hablar del ocio, los entretenimientos y el tiempo libre
- Indicar quién realiza una acción
- Expresar acciones impersonales
- Expresar deseo y esperanza en el pasado
- Describir una secuencia de situaciones con referencia al presente y al futuro

Gramática para la comunicación

- La voz pasiva con *ser*
- La voz pasiva con *se*
- El pretérito perfecto del subjuntivo
- El pluscuamperfecto del subjuntivo
- La secuencia de tiempos verbales con el subjuntivo

En marcha con las palabras

En contexto: En el teatro

Les encantó la obra. **Aplaudieron** muchísimo a los actores.

Dos amigos hablan sobre la **obra de teatro** durante el **intermedio**:

SOFÍA: ¿Te gusta la obra?

PABLO: Sí, es una **comedia** muy **amena**. Hay muchas **escenas** muy cómicas... Además, el **argumento** es muy **entretenido**.

SOFÍA: A mí me encantan todos los **personajes**, pero sobre todo me parece que la **protagonista** actúa muy bien. Vamos a ver cómo se resuelve la **trama al final**. Cuando termine la obra, quiero **acercarme** al **camerino** para pedirle un autógrafo y **entregarle** estas flores que le traje.

PABLO: Realmente, la **actriz** es muy buena. Se nota que **ha ensayado** mucho.

SOFÍA: ¡Qué bueno que hayamos venido al **estreno**! Las **entradas** eran un poco caras, pero **valió la pena**. Mira, están los **periodistas** de todos los **medios de difusión** más importantes.

PABLO: Claro, hoy **transmiten** la obra **en vivo** por el **canal** 2. ¿Viste que también la están **grabando**? Van a transmitir partes de la **función** por la **cadena** nacional de televisión y también habrá una **emisión de radio** con entrevistas a los actores.

SOFÍA: Es el mismo autor de *La verdad de Lucía*, que tuvo mucho **éxito**. Creo que fue la obra más **taquillera** de esa **temporada**. ¿Sabes que me dijeron que, en seis meses, la compañía sale de **gira** por toda Latinoamérica? El diario, *El arte hoy*, la ha

¿Comprendes?

1. ¿Dónde están los dos amigos?
2. ¿Cómo es la obra de teatro?
3. ¿Qué quiere pedirle Sofía a la actriz?
4. ¿Por qué están grabando la obra?
5. ¿Por dónde va a ser la gira?
6. ¿En dónde fue anunciada la obra?
7. ¿De qué trataba la obra que vio Pablo del mismo autor?
8. ¿Qué tienen que hacer los amigos cuando se encienden y apagan las luces?

presentado como **noticia** de **primera plana**. Además, esta semana la vi **anunciada** en los **titulares** de varios **periódicos** y en los **noticieros** de la tele. Se espera un gran número de **televidentes** esta noche.

PABLO: Y, ¿sabías que piensan filmar una **película** de la obra? Lo leí ayer. Todavía no se sabe quién va a **dirigirla** ni quién **interpretará** el **papel** principal.

SOFÍA: ¡Qué bueno! Realmente, el autor es excelente y merece **reconocimiento**. El año pasado vi un **documental** sobre su vida y su obra, y es verdaderamente un hombre fascinante.

PABLO: Es verdad. Hace poco vi otra obra suya, en la que **se trataba** el tema de la Guerra Civil española y **abarcaba** los tres años que duró la guerra. Era un poco triste, pero muy interesante por el **vínculo** que creaba entre la guerra y la esperanza…

SOFÍA: Mira, están **encendiendo** y **apagando** las luces. Debemos volver a nuestras **butacas**.

PABLO: ¡Sí, el **espectáculo** debe continuar!

el televisor
la mini-videocamera
el lector de CD/DVD
el lápiz USB
el disco compacto
las gafas 3D
el teléfono con pantalla táctil
el libro electrónico

Palabras conocidas

El mundo del espectáculo

Estas palabras deben ser parte de tu vocabulario.

Actuaciones	*Performances*	Cognados	
la danza moderna / clásica	*modern / classical dance*	el actor	innovador/a
el/la director/a de cine / teatro	*movie / theater director*	el ballet	el micrófono
el/la director/a de orquesta	*orchestra conductor*	componer	la ópera
el mimo	*mime*	el/la compositor/a	la orquesta
el títere / la marioneta	*puppet*	el concierto	el recital
		el estudio	el teatro
		filmar	triunfar

Expresiones útiles

al final	at the end	**Al final** de la obra, los enamorados se casan.
		At the end of the play, the lovers get married.
al principio	at the beginning	**Al principio**, persé que la obra iba a ser aburrida, pero me equivoqué.
		At the beginning, I thought that the play was going to be boring, but I was wrong.
de acuerdo con	according to; in accordance with; in agreement with	**De acuerdo con** esta reseña, la película que vamos a ver es la mejor del año.
		According to this review, the movie that we are going to see is this year's best.
valer la pena	to be worthwhile	Te recomiendo esta película. **Vale la pena** verla.
		I recommend this movie to you. It's worth seeing.

11-1 Asociaciones. ¿Con qué palabras de **En contexto** asocias lo siguiente? Escribe todas las palabras posibles para cada una. Luego, comparte tus asociaciones con un/a compañero/a. Explícale por qué relacionaste esas palabras y compara tus razones con las suyas.

> obra de teatro   película   periódico

11-2 ¿Cine, teatro, TV. . .? Con un/a compañero/a, túrnense para hacerse las siguientes preguntas.

1. ¿Prefieres ir al cine o ver un DVD en tu casa? ¿Por qué?
2. ¿Quién es tu actor o actriz favorito/a?
3. Si pudieras entrevistar a un/a director/a de cine, ¿a quién escogerías? Explica por qué.
4. Si tuvieras la oportunidad de cenar con un actor o actriz, ¿a quién escogerías? ¿Por qué?
5. ¿Te gusta el teatro? ¿Por qué?
6. ¿Has actuado en una obra de teatro alguna vez? ¿Te gustó o te gustaría hacerlo en el futuro?
7. Si pudieras ser un personaje de ficción, ¿cuál serías? Explica por qué.
8. ¿Escuchas la radio? ¿Cuál es tu estación de radio preferida?

11-3 Tu obra favorita. Cuéntale tu película u obra de teatro favorita a un/a compañero/a. Nárrale el argumento, dile quién la dirigió, dónde se filmó, quién era el/la protagonista, háblale de otros personajes, etc. Usa los términos de **Expresiones útiles**.

11-4 La mejor película del año. Según tu opinión, ¿cuál es la mejor o peor película que has visto este año? Descríbesela a tu compañero/a, usando estas preguntas como guía.

1. ¿Cuál es la mejor o peor película que has visto este año?
2. ¿Por qué crees que vale o no vale la pena verla?
3. ¿Cuál es la trama? ¿Quiénes actúan en la película?
4. ¿Qué pasa al principio?
5. ¿Qué pasa al final?
6. ¿Estás de acuerdo con el mensaje que presenta la película? Explica.

11-5 Publicidad. Imaginen que trabajan en una agencia de publicidad. Los/Las directores/as les han encargado que hagan un anuncio para el estreno de una obra de teatro (o de una película). Preparen el anuncio incluyendo los siguientes datos: director/a, actores/actrices, protagonistas, argumento, lugar de grabación, lugar de estreno, etc. Escriban el texto del anuncio y agreguen las ilustraciones apropiadas. ¡Sean creativos/as!

11-6 En la Wiki. Selecciona algún/alguna artista hispano/a famoso/a y busca su página en la Wikipedia española. Prepara una presentación para la clase en la que incluyas por lo menos diez de las palabras del vocabulario. Por ejemplo: papel, actor, actriz, filmar, película, protagonista, pantalla, taquilla…

Posibles nombres: Benicio del Toro, Javier Bardem, Ricardo Darín, Penélope Cruz, Pedro Almodóvar…

Diario

¿Qué película u obra de teatro te ha gustado mucho y siempre recuerdas? ¿Por qué?

¿Qué es lo que más te impresionó de ella?

— ¡Sin duda! —

actualidad — actualizar — actual — actualmente — de hecho — en realidad

Study the meaning of these terms, many of which are false cognates, to learn their use in Spanish.

Palabra	Explicación	Ejemplo
actual	*present, current*	La obra de teatro trata un tema muy **actual**. *The play deals with a very current topic.*
actualidad	*present time, nowadays*	En la **actualidad**, todas las películas salen en DVD. *Nowadays, all the movies are released in DVD.*
actualizar	*to bring up to date; to update*	La Guía de TV **actualiza** la lista de programas cada semana. *The TV Guide updates the list of programs every week.*
actualmente	*at the present time, currently*	**Actualmente**, trabajo en televisión, pero espero trabajar en cine algún día. *Currently, I work in TV, but I hope to do movies someday.*
de hecho	*in fact, actually, as a matter of fact*	No actúo en teatro; **de hecho**, no me gusta el teatro. *I don't act in the theater; as a matter of fact, I don't like the theater.*
en realidad	*in reality, actually*	**En realidad**, a mí no me gustó la obra. *Actually, I didn't like the play.*

11-7 En cartelera. ¿Qué películas están dando actualmente? Pregúntales a tres estudiantes de la clase cuáles vieron y en qué cine. Luego, informa a la clase sobre los resultados: ¿cuáles fueron las películas que más vieron?

11-8 Vamos al cine. Elige una película que quieras ver. Prepara argumentos para convencer a tu compañero/a de que vaya al cine contigo. Usa las expresiones **de hecho** y **en realidad** por lo menos una vez.

> MODELO: E1: *Me gustaría ver la película de Gustavo Postiglione,* El asadito. *La pasan en el cine Prado a las ocho y media.*
>
> E2: *Yo prefiero ir a ver otra cosa. Ya vi esa película. No es nueva. De hecho, es parte de una trilogía; podríamos ver la segunda de la serie,* El cumple, *o la tercera,* La peli.

11-9 El teatro, la música y tú. Cuéntale a un/a compañero/a tu experiencia con la música y el teatro. Usa estas preguntas como guía. Agrega tus propias ideas sobre el tema.

1. ¿Tocas o tocabas algún instrumento musical? ¿Cuál es tu instrumento preferido? ¿Quién es el/la artista que mejor toca este instrumento? ¿Qué tipo de música toca?
2. ¿Qué obras de teatro conoces? ¿Actuaste en alguna obra alguna vez? ¿Qué te gusta o no te gusta del teatro?

Ventana al mundo
El cine hispanoamericano

El cine de América Latina ha tenido un gran impulso en los últimos años. Una de las razones es la difusión que las películas latinoamericanas tienen en los festivales internacionales de cine como, por ejemplo, los festivales de cine de Mar del Plata en Argentina, el de Cannes en Francia, el de la Habana en Cuba o el de Huelva en España.

En estos festivales, las películas iberoamericanas suelen ganar premios que les permiten su difusión en el mundo entero. También suelen tener mucho éxito en los países desarrollados. Es el caso de *El Secreto de sus ojos* de Juan José Campanella, que ganó el premio del Festival del Nuevo Cine Latinoamericano de La Habana y el Óscar a mejor película extranjera. *La zona* de Rodrigo Plá, ganó premio de la crítica internacional en Toronto.

Festivales de cine. ¿Qué festivales de cine se realizan en tu país? ¿Has oído hablar del Festival de Cine Latino de Miami? Busca información sobre el mismo y compártela con la clase.

— Así se dice

Para hablar de una película

Es una obra maestra.	*It's a masterpiece.*
Es un clásico del cine.	*It's a movie classic.*
Es un poco lenta.	*It's a little slow.*
Está en cartelera desde hace dos meses.	*It's been in the (movie) theaters for two months.*
Ha tenido muy buena aceptación del público.	*It's been well received by the public.*
Bate récords de taquilla.	*It's breaking box office records.*
Es un éxito / fracaso de taquilla.	*It's a box office success / failure.*
Ha recibido buena / mala crítica.	*It's received good / bad reviews.*
Refleja muy bien la realidad.	*It depicts reality very well / It's very realistic.*
Tiene un final conmovedor / inesperado.	*It has a moving / unexpected ending.*

Comentarios negativos

¡Qué lata! (informal)	*What a bummer!*
Esta película es una lata. (informal)	*This movie is a box office bomb.*
Esta película es muy mala. (informal)	*This movie is very bad.*
Le falta más acción / más romance / más suspenso.	*It needs more action / romance / suspense.*
¡Qué rollo!	*What a drag!*

Comentarios generales

El argumento te cautiva / te engancha. (informal)	*The plot captivates you / engages you.*
La actuación es impecable.	*The acting is perfect.*

11-10 ¿Cómo la calificarías? Haz una lista de cinco películas famosas que tú hayas visto. (Escoge películas variadas). Luego, dale la lista a tu compañero/a. Usando las frases de **Así se dice**, él/ella debe escoger la expresión que mejor describa cada una de las películas de tu lista. Finalmente, comparen sus opiniones. ¿Utilizarías tú las mismas expresiones? ¿Por qué?

11-11 Periodista de artes y espectáculos. Tienes que escribir una reseña sobre la película del momento para el periódico universitario. Escoge una de las películas que estén en cartelera y pregúntales a tres compañeros/as su opinión sobre la misma. Usa las expresiones de la sección **Así se dice** de.

— Así se dice —

Para hablar de música

(No) Tiene mucho ritmo.	*It has (doesn't have) much rhythm.*
Es muy rápida / lenta.	*It's very fast / slow.*
Está entre las diez mejores.	*It's among the ten best.*
Es el *hit* del momento.	*It's a big hit. / It's a smash.*
Está de moda.	*It's in fashion.*
Es el éxito de la temporada.	*It's the hit of the season.*
Se oye en todas partes.	*You hear it / it's heard everywhere.*
La ponen en todas las discotecas.	*They play it / it's played in all the discotheques.*
Tiene un mensaje social / político.	*It has a social / political message.*
Es una canción de amor.	*It's a love song.*
Es un clásico del *rock*.	*It's a rock classic.*
La música es muy pegadiza.	*The music is very catchy.*
La letra (no) se entiende bien.	*The lyrics are (not) easy to understand.*
El cantante tiene muy buena / mala voz.	*The singer has a very good / bad voice.*
Es una canción de protesta.	*It's a protest song.*
Es música bailable.	*It's music for dancing.*
Es una versión instrumental.	*It's an instrumental version.*

11-12 Las diez mejores. Imagina que tú y tu compañero/a trabajan en una emisora de radio y deben escoger la mejor canción del año. Cada uno/a escogió una canción diferente. Traten de convencer a la otra persona de que su canción es la mejor.

11-13 Mi canción preferida. Trae tu canción preferida a la clase y preséntasela a tu compañero/a, utilizando las expresiones de **Así se dice**.

11-14 ¿Canciones en español? Busca una canción del momento que use palabras en español o busca una canción en español que te guste y tráela a la clase. ¿Quién la canta? ¿Qué grupo la toca? ¿De dónde es el grupo que la toca?

Diario

¿Qué música escuchas tú? ¿Por qué te gusta esa música? Descríbela brevemente. ¿Cómo te sientes cuando la escuchas?

Ventana al mundo

La influencia africana en la música de Latinoamérica

La influencia africana en toda la música popular latinoamericana fue determinante, principalmente debido al uso de instrumentos de percusión. Igual que sucedió en los Estados Unidos con el *funk* y el *jazz*, fue del contacto con la población de ascendencia africana que surgieron los ritmos latinoamericanos típicos de hoy, tales como la salsa en Nueva York, Cuba y Puerto Rico, el merengue en la República Dominicana, el *reggae* en el Caribe, la cumbia en Colombia, la samba en Brasil y el candombe en la región del Río de la Plata.

El contacto entre culturas favoreció, entre otras cosas, un interesante intercambio de ritmos, danzas e instrumentos musicales, disminuyendo así de algún modo la brecha entre nativos y extranjeros, entre grupos inmigratorios de distintas procedencias, y aun entre distintas clases sociales.

Al ritmo de los tambores.

La música latina. ¿Escuchas este tipo de música? ¿Tienes algún grupo preferido? ¿Conoces la historia del *jazz* o del *funk*?

 # Escuchemos

Invitación para una cita. Rigoberto le pide consejos a Mario para hacer una cita con Rosario. Escucha la conversación y responde a las siguientes preguntas.

1. ¿Cuál es el plan de Rigoberto para su cita con Rosario?
2. ¿Por qué Mario opina que una cena romántica es una mala idea?
3. ¿Qué le aconseja Mario a Rigoberto?
4. ¿Cómo sería tu cita perfecta con el chico o la chica que te gusta. (¿Adónde les gustaría ir? ¿Qué tipo de películas les gustaría ver? etc).
5. ¿Cuál ha sido tu cita preferida con el chico o la chica que te gusta? (¿Adónde fueron? ¿Qué hicieron?, etc).

Sigamos con las estructuras

☑ Complete the self-test in your *MySpanishLab* course. If you do not obtain a passing score, you need to review the *Cabos sueltos* Study Materials in *MySpanishLab* or at the back of the book. If you do, you can continue with the following activities.

Repasemos 1

Indicating who performs the actions: Passive voice with *ser*

Penélope Cruz **fue propuesta** como la mejor artista en muchas películas.

11-15 Películas. Lee la información sobre la película *Quinceañera* y completa las frases con los datos correctos.

Quinceañera

Título: Quinceañera, EE.UU., 2006

Género: Drama

Dirección: Richard Glatzer, Wash Westmoreland

Guión: Richard Glatzer, Wash Westmoreland

Reparto: Emily Ríos, Jesse García, Chalo González, David W. Ross, Ramiro Iniguez, Araceli Guzmán-Rico

Fotografía: Eric Stellberg

Música: Víctor Bock

Producción: Anne Clements

Premios: Gran premio del festival de Sundance, 2006

Sinopsis de *Quinceañera*. Magdalena cumple 15 años, pero su vida se complica ya que descubre que está embarazada. Tras ser expulsada de su casa, se pone en busca de un nuevo hogar donde pueda criar a su hijo.

La protagonista de la película *Quinceañera*.

La película *Quinceañera*

1. Fue hecha en…
2. Fue estrenada en el año…
3. Fue dirigida por…
4. Fue producida por…
5. La música fue realizada por…
6. La fotografía fue realizada por…
7. El guión fue escrito por…
8. Fue premiada en…

11-16 Cine latinoamericano. Busca información sobre dos películas hispanoamericanas y completa el cuadro con los datos de ambas. Luego, preséntaselas a tu compañero/a. En tu presentación, utiliza la voz pasiva.

MODELO: *La película* El Secreto de sus Ojos *fue hecha en…, fue dirigida por…, etc.*

Título: Origen:

Año: Producción:

Director/a: Actores principales:

11-17 Censura. Tú trabajas en la radio de la universidad. Ésta es la información para el boletín de noticias de la tarde. Usa las siguientes oraciones para escribir una nota en la voz pasiva según el modelo. Agrega otras ideas. Luego, preséntala en clase como si fuera una noticia de la radio.

MODELO: **Notas**
Las autoridades universitarias suspendieron la proyección de la película *Tesis*.
La decana dio la orden.
Las autoridades interrogaron a los estudiantes.

Informativo radial
Radio Atlántica informa: La proyección de la película Tesis, *programada para anoche por el cine club de la universidad, fue suspendida por las autoridades universitarias. La orden fue dada por la decana. Según el rectorado* (dean's office), *la película tenía escenas demasiado violentas, que podían herir la sensibilidad de algunas personas. Los/Las estudiantes responsables de la proyección fueron interrogados/as por las autoridades.*

Notas

1. ¿Qué pasó?
   Las autoridades cancelaron el concierto de un grupo de rock.
2. ¿Quién tomó la decisión?
   Los dueños de la sala de conciertos tomaron la decisión.
3. ¿Por qué tomaron esa decisión?
   El grupo roquero cantaba canciones con letras obscenas.
4. ¿Cómo lo tomó el público?
   El público de nuestra ciudad esperaba ansiosamente el concierto.
5. ¿…?

Complete the self-test in your *MySpanishLab* course. If you do not obtain a passing score, you need to review the *Cabos sueltos* Study Materials in *MySpanishLab* or at the back of the book. If you do, you can continue with the following activities.

Repasemos 2

Substitute for the passive voice: The passive *se*

Esa película **se hizo** con un presupuesto muy bajo.

11-18 Curiosidades cinematográficas. Es interesante ver dónde se filman, cuándo se estrenan y quiénes actúan en las películas españolas. Lean la información que aparece en el siguiente cuadro y preparen un informe oral usando la voz pasiva con **se**.

MODELO: *El 21,3% de las películas españolas se filma fuera de España.*

Rodaje de películas españolas

Localización de las películas	%
Madrid	30,5
Barcelona	7,0
Resto de España	41,0
Fuera de España	21,3

Fecha de estreno

Primavera	21
Verano	23
Otoño	38
Invierno	18

El equipo de rodaje emplea

Hombres	65
Mujeres	35
Niños en las películas	5
Adolescentes en las películas	8

11-19 ¿Cuánto cuesta? Tu compañero/a y tú quieren saber cuánto dinero les costaría hacer una película. Analicen el presupuesto de la película española *El amor perjudica seriamente la salud*. Sigan las siguientes instrucciones:

E1: Lee la información de los puntos 1 a 4 del presupuesto. Luego, hazle preguntas a tu compañero/a con los temas de la lista B.

E2: Lee la información de los puntos 5 a 8 del presupuesto. Tu compañero/a te va a pedir estos datos. Luego hazle preguntas a él/ella con los temas de la lista A.

MODELO: Música
E1: *¿Cuánto se pagó por la música?*
E2: *Por la música se pagaron más de cuarenta y cinco mil euros.*

Lista A

1. Guión y música
2. Personal artístico
3. Equipo técnico
4. Escenografía

Lista B

5. Transporte y comidas
6. Laboratorio
7. Seguros e impuestos
8. Gastos generales

EL AMOR PERJUDICA SERIAMENTE LA SALUD
(Presupuesto en euros)

1. Guión y música

Derechos de autor	60.101,21€
Derechos de música	45.676,91€

2. Personal artístico

Ana Belén	99.166,99€
Juanjo Puigcorbe	78.131,57€
Penélope Cruz	60.101,21€
Gabino Diego	60.101,21€
Actores secundarios	56.795,64€
Otros	84.832,85€

3. Equipo técnico

Director	120.202,42€
Ayudante Dirección	21.636,43€
Productor Ejecutivo	126.212,54€
Fotografía	32.166,16€
Maquillador	11.719,73€
Peluquero	11.419,22€
Efectos especiales	1.803,03€
Sonido	12.020.24€

4. Escenografía

Construcción exteriores	15.025,30€
Construcción interiores	48.080,96€
Mobiliario alquilado	15.025,30€
Vestuario alquilado	18.030,36€
Animales alquilados	180,30€
Pelucas y barbas	1.803,03€

5. Viajes, dietas y comidas

Dietas actores	19.232,38€
Hoteles	37.022,34€
Comidas	39.065,78€

6. Laboratorio

Revelado	18.048,39€
Trucajes	120.202,42€

7. Seguros e impuestos

Seguro de buen fin	9.616,19€
Impuestos	153.258,08€

8. Gastos generales 102.773,06 €

9. Máximo presupuesto disponible 26.112.136,26 €

Ventana al mundo

Dime qué haces en tu tiempo libre y te diré que tipo de consumidor eres

Un estudio de mercado reciente establece una clasificación de seis tipos de consumidores según sus actividades durante el tiempo libre.

Activos: La mayoría de las personas de este grupo tiene entre 14 y 19 años. A ellos les interesan las actividades al aire libre y estar con otras personas, les gusta salir de paseo, visitar a sus amigos o ir al cine. También les encantan los medios electrónicos, ir de compras o leer revistas.

Multimedia: Este público es predominantemente joven. Sus actividades más habituales son las de ver DVDs o jugar en

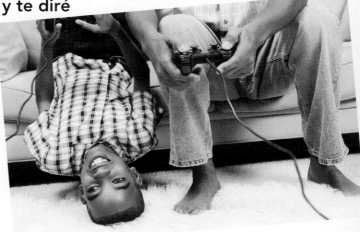

Jugar en el ordenador o en videocónsolas.

el ordenador o en videocónsolas. Las ocupaciones culturales, la lectura o la música no les interesan mucho. Eso sí, los éxitos de taquilla no se los pierden. Suelen ser personas menores de 30 años.

Cultos: A este grupo le gusta escuchar música clásica, ama la lectura y va a menudo al teatro y a conciertos. Les gusta salir a pasear, visitar a sus amigos o invitarlos a casa, leer revistas o ir de compras. No les gustan mucho ni los deportes, ni la jardinería, ni los arreglos en la casa. La mayoría de las personas de este grupo son gente de mediana edad.

Polifacéticos: A este grupo le gusta todo. Está formado, en su mayoría, por personas de entre 30 y 40 años. Les interesan las actividades en la casa y también el deporte y la música. Suelen leer prensa y escuchar la radio.

Sólidos: Les encantan los trabajos manuales, el bricolaje y la jardinería. Les gusta mucho pasear y hacer excursiones. Suelen escuchar mucho la radio. Les encanta la música popular. Son en su mayoría gente de entre 40 y 49 años.

Pragmáticos: Les gusta pasar su tiempo haciendo deporte, excursiones y paseos. Son los que menos tiempo pasan en las computadoras. Prefieren el aire libre y por eso también hacen jardinería. La mayoría son personas de entre 45 y 60 años.

¿Y tú? ¿Con cuál de los grupos te identificas más? Piensa en tus amigos y familiares e indica si la clasificación podría aplicarse a ellos también.

Aprendamos 1

Expressing what you hope or desire has happened: Present perfect subjunctive

The present perfect subjunctive refers to an action that happened before the event expressed in the main clause. The event in the main clause takes place at the present time; however the event in the subordinate clause happened in the recent past. In the following examples, notice the use of the present perfect in noun clauses as well as adjectival and adverbial clauses.

A. Noun clauses

When expressing doubt, denial, hope, feelings, or emotions about something that happened in the past, use the present perfect subjunctive. The events expressed by the subordinate clause happened before the actions expressed in the main clause, and those in the main clause are stated in the present tense.

Espero que Antonia **haya llegado** a tiempo para el concierto.	*I hope that Antonia arrived on time for the concert.*
Me alegro de que los dibujos animados **hayan sido** divertidos aún para los adultos.	*I'm glad that the cartoons were funny even for adults.*
Dudo que los músicos **hayan ensayado** antes del espectáculo.	*I doubt that the musicians rehearsed before the show.*

B. Adjectival and adverbial clauses

The same is true for adjectival and adverbial clauses of time and purpose.

No tengo **ningún amigo** que **haya triunfado** en Hollywood.	*I don't have any friends who have been successful in Hollywood.*
Ven **tan pronto como hayas terminado** de escuchar el concierto.	*Come as soon as you have finished listening to the concert.*

To form the present perfect subjunctive, use the present subjunctive of **haber** and the past participle of the main verb.

Present perfect subjunctive = Pretérito perfecto del subjuntivo		
Pres. Perf. subj. of *haber*		**Past participle**
haya		
hayas		apagado
haya	+	entretenido
hayamos		aplaudido
hayáis		
hayan		

Note: Remember that if the subordinate action happens in the present time or in the future, the present subjunctive is used.

Espero que el programa de mañana **sea** entretenido.	*I hope that tomorrow's program is entertaining.*

11-20 *"Cool"*. Las siguientes frases en negrilla son expresiones del habla cotidiana de distintas regiones del mundo hispanohablante. Todas se usan para expresar características positivas que equivalen a *cool* en inglés. Completa las frases con la forma correcta del verbo en el pretérito perfecto del subjuntivo. Luego, inventa tres frases nuevas utilizando algunas de las expresiones.

1. **¡Qué estupendo** que (tú / poder) _____ ir al cine con nosotros ayer! (España y otros países)

2. **¡Qué chido** que (ellos / conseguir) _____ entradas para el estreno! (México)

3. **¡Qué choro** que (tú / solucionar) _____ el problema del sonido! (Chile)

4. **¡Qué alucinante** que (él / resolver) _____ el juego tan rápido! (España y otros países)

5. **¡Qué guay** que (ellos / hacer) _____ tan buenos efectos especiales! (España)

6. **¡Qué genial** que (nosotros / encontrar) _____ la música en Internet! (Argentina y España)

7. **¡Qué chévere** que (ella / escribir) _____ una canción con una letra tan buena! (Caribe)

8. **¡Qué bárbaro** que (Uds. / ver) _____ otras películas de la misma directora! (Argentina y otros países)

11-21 Tú y tu tiempo libre. Todos tenemos diferentes maneras de divertirnos y de aprovechar nuestro tiempo libre. Contesta las preguntas con información personal. Averigua las respuestas de otro/a estudiante. Reacciona ante sus hábitos utilizando una de las expresiones de la **actividad 11-20** o expresiones como las siguientes: es increíble, es raro, es bueno, es una lástima, es una pena, etc.

MODELO: E1: ¿Viste la última película de Disney?
E2: *No, todavía no la he visto. / Sí, acabo de ver* La princesa y el sapo.
E1: *Es una pena que no la hayas visto. Es muy buena. / ¡Qué bárbaro que hayas visto esa película! A mí me encantó.*

1. ¿Te divertiste este fin de semana?
2. ¿Viste alguna película interesante?
3. ¿Encontraste canciones en Internet?
4. ¿Bailaste merengue, rumba o salsa alguna vez?
5. ¿Escuchaste la última canción de…?
6. ¿Viste la última película de…?

11-22 Búsqueda. Pregúntale a un/a compañero/a si conoce a alguien que haya hecho estas cosas.

MODELO: participar en un programa de radio.
E1: *¿Conoces a alguien que haya participado en un programa de radio?*
E2: *Sí, mi tío participó en un programa de radio una vez.*
No, no conozco a nadie que haya participado en un programa de radio.

1. participar en un programa de televisión
2. ver *Lo que el viento se llevó (Gone With the Wind)*
3. escribir una carta a un periódico
4. actuar en una película
5. no entretenerse con los dibujos animados
6. dormirse en una obra de teatro

11-23 Nuestra obra de teatro. El grupo de teatro universitario está finalizando los preparativos para la obra que han preparado durante el semestre. Esperan que todo salga bien el día del estreno. Completa las oraciones con la forma correcta del verbo en el pretérito perfecto del subjuntivo.

1. Espero que nosotros (ensayar) _____ lo necesario para que todo salga bien.

2. No creo que la obra se (anunciar) _____ en los periódicos de la región.

3. Es bueno que esta obra se (presentar) _____ en los teatros de Nueva York el año pasado.

4. Es importante que la directora la (dirigir) _____ en otra universidad antes de presentarla aquí.

5. No hay nadie que (grabar) _____ esta obra para la televisión.

6. La directora está buscando alguna universidad que la (estrenar) _____ antes que nosotros pero no encuentra ninguna.

11-24 Pasos para hacer una película. Imaginen que deciden hacer una película, pero primero deben organizarse. Combinen los elementos de las tres columnas para ver qué es lo que deben hacer. Hagan los cambios necesarios y utilicen el pretérito perfecto del subjuntivo en sus oraciones.

MODELO: *Contrataremos al equipo técnico después de que hayamos escrito el guión.*

contratar al equipo técnico	cuando	encontrar un productor
filmar las escenas	tan pronto como	hablar con el director
construir el decorado	después de que	contactar a los actores
pagar a los actores	que	escribir el guión
conseguir las cámaras	hasta que	seleccionar los lugares de filmación
revelar las películas	antes de que	decidir el vestuario
	en cuanto	filmar las escenas

11-25 Triunfar. Uds. tienen un/a amigo/a que trabaja en cine y se siente un poco frustrado/a porque no tiene mucho éxito. En parejas, expliquen las condiciones que deben darse para que su amigo/a triunfe. Comparen su lista con las de otras parejas.

MODELO: *Triunfarás cuando hayas trabajado con un director famoso.*

Ventana al mundo

Los premios Goya

La noche de los Goya es la gran noche del cine español. Cada año, la entrega de este premio se convierte en el equivalente a la de los Óscares en EE.UU. La estatuilla representa al gran pintor Francisco de Goya. Los Goya consideran las mismas categorías que los Óscares, pero además incluyen otras tres, destinadas a promover a jóvenes actores y realizadores. Estas tres categorías son: mejor director/a novel, mejor actriz revelación y mejor actor revelación.

Los Goya. ¿Quieres saber quiénes ganaron los premios Goya este año? Busca en Internet: Premios Goya, España. Luego, pregúntale a otro/a estudiante si ha visto o no alguna de las películas ganadoras o si conoce a algunos de los actores.

La actriz y cantante Bebe durante la ceremonia de los premios Goya.

Aprendamos 2

Expressing what you hoped or desired would have happened: Pluperfect subjunctive

The pluperfect subjunctive is used to describe an event that took place before another past action. When expressing doubt, denial, hope, feelings, or emotions in the past, use the pluperfect subjunctive in the subordinate clause if the events expressed by the subordinate clause happened before the actions expressed in the main clause.

Yo me alegré de que me **hubieran escogido** para el papel de Cleopatra. (Emotion)

I was happy that they had chosen me for the role of Cleopatra.

(The action of choosing took place before the action of being happy.)

Nosotras **buscábamos** a alguien que **hubiera cantado** ópera antes. (Unknown antecedent)

We were looking for someone who had sung opera before.

(The person had been singing opera for some time before the search started.)

Form the pluperfect subjunctive with the imperfect subjunctive form of **haber** and the past participle.

Pluperfect subjunctive = Pluscuamperfecto del subjuntivo		
Imperfect subj. of *haber*		**Past participle**
hubiera		
hubieras		estrenado
hubiera	+	entretenido
hubiéramos		dirigido
hubierais		
hubieran		

Note: The auxiliary verb **hubiera** has an alternative form, **hubiese**, which is used in Spain and in some parts of Latin America: **hubiese, hubieses, hubiese, hubiésemos, hubieseis, hubiesen**.

You have already learned that **como si** is often followed by the imperfect subjunctive. Here, you will see that it may also be followed by the pluperfect subjunctive to express something that happened in the past.

Hablaba de ella **como si la hubiera conocido** toda la vida.

(Past) *He spoke about her as if he had known her all his life.*

Hablas **como si la conocieras**.

(Present) *You speak as if you knew her.*

Breve repaso

Remember the instances when you use the subjunctive. Here is a brief summary to jog your memory.

1. Go back over chapters 5, 7, and 8, pages 138–144, 207, and 236–240, and **Cabos sueltos** page 393 for a complete explanation of the subjunctive. Review the verbs and expressions that require the subjunctive.

   - doubt: **dudar, no creer**, etc.
   - desire: **desear, querer**
   - hope: **esperar**

- preference: **preferir**
- denial: **negar**
- feelings and emotions: **alegrar(se) de, lamentar, sentir, estar contento/a, molestar(se), sorprenderse, temer,** etc.
- impersonal expressions: **es horrible, es sorprendente, es necesario, es bueno / malo, es imposible, es importante,** etc.
- after the words: **ojalá, tal vez, quizá(s)**
- after verbs of judgment: **aconsejar, recomendar, pedir, insistir,** etc.
- in clauses with an indefinite or unknown antecedent: **nadie que, alguien que** (adjectival clauses, page 207)
- in clauses with expressions of condition and purpose: **sin que, para que, a menos que, con tal (de) que,** etc. (page 240)
- in clauses with expressions of time: **cuando, en cuanto, antes de que, tan pronto como,** etc. page 236.

2. If the past event happened at the same time as the action expressed by the main verb, then the imperfect subjunctive is used in the dependent clause. Review the uses of the imperfect subjunctive on page 263, Chapter 9.

Ayer, cuando entrevistamos a los postulantes, no había nadie que **supiera** cantar ópera.
Yesterday, when we interviewed the candidates, there was no one who knew how to sing opera.

11-26 Chismes de la filmación. Tu amigo/a trabajó como ayudante en la producción de una nueva película y tú quieres saber algunos detalles sobre la filmación. Hazle las siguientes preguntas y él/ella debe contestar haciendo un comentario. Formen oraciones en el pluscuamperfecto del subjuntivo con las palabras dadas. Hagan los cambios necesarios.

MODELO: E1:   ¿Se filmó la película en tres semanas?
          sí / ser increíble /ellos / filmar la película en tan poco tiempo
          E2:   *Sí, fue increíble que hubieran filmado la película en tan poco tiempo.*

1. ¿Gastaron millones en anuncios?
   sí / ojalá / yo / ser el dueño de la agencia publicitaria
2. ¿El productor cenó con Penélope Cruz y Antonio Banderas?
   sí / sorprenderme / ellos / no invitarme a mí
3. ¿Le pagaron al autor 10.000 euros por el guión?
   sí / no haber nadie / escribir / un mejor guión
4. ¿Te regalaron entradas para el estreno de la película?
   sí / mi hermano y yo / estar muy contentos / ellos / regalarnos dos entradas para el estreno
5. ¿Pagaron mucho dinero por los derechos?
   sí / yo / estar sorprendido / ellos / pagar tanto
6. ¿Fue censurada una escena de amor?
   sí / ser una lástima / ellos / cortar una escena de amor

11-27 Una experiencia increíble. Seguramente en los últimos años tú, tus parientes o tus amigos han tenido alguna experiencia que los ha marcado mucho. ¿Puedes recordar alguna? Elige una experiencia extraordinaria y luego coméntasela a otro/a estudiante utilizando por lo menos cinco de las siguientes frases de opinión.

Nos alegró que…	Era importante que…	Fue muy triste que…
Nos encantó que…	Fue una lástima que…	Dudábamos que…
Fue increíble que…	Era necesario que…	No podíamos creer que…

MODELO: *Recuerdo la primera vez que fui a un concierto. Habíamos hecho cola una noche entera para conseguir entradas. Era un grupo que tocaba por primera vez en nuestro país. Estábamos todos supercontentos de que el grupo hubiera venido a nuestra ciudad. Fue increíble que hubiera tanta gente que supiera las letras de las canciones. Yo tenía 14 años y no podía creer que mis padres me hubieran permitido asistir.*

11-28 Asociación de periodistas. En grupos, seleccionen una de las noticias publicadas por la Asociación Nacional de Periodistas Hispanos de los Estados Unidos. Lean la información y reaccionen utilizando las siguientes frases de opinión.

MODELO: *Nos alegró que María Elena Salinas hubiera establecido una beca de $5,000 para estudiantes de periodismo.*

Nos alegró que…	Era importante que…	Fue muy triste que…
Nos encantó que…	Fue una lástima que…	Dudábamos que…
Fue increíble que…	Era necesario que…	No podíamos creer que…

La Asociación Nacional de Periodistas Hispanos realiza una búsqueda de estudiantes de periodismo

La Asociación Nacional de Periodistas Hispanos (NAHJ) busca periodistas estudiantes para servir como reporteros en directo para los próximos Premios Billboard International a la Música Latina en Miami. Los participantes seleccionados para el programa viajarán a Miami en abril y trabajarán cubriendo todos los aspectos de las noticias asociadas con el acontecimiento.

Desde Miami, los participantes enviarán noticias a estaciones de radio en sus mercados locales. Los participantes recibirán también instrucción especial de profesionales de la noticia pertenecientes a la Asociación Nacional de Periodistas Hispanos.

La Asociación Nacional de Periodistas Hispanos - Puerto Rico y Estados Unidos

La Asociación Nacional de Periodistas Hispanos (NAHJ) tiene abierta la convocatoria del Fondo de Becas Rubén Salazar. El programa está dirigido a estudiantes universitarios subgraduados y de posgrado quienes siguen carreras en los campos de prensa escrita, fotografía, periodismo de televisión o Internet.

La NAHJ ofrece las siguientes becas:

- Beca: María Elena Salinas (5.000 dólares)
- Beca: Geraldo Rivera (1.000-5.000 dólares)
- Beca: CNN 25 Scholars (3.000-5.000 dólares)
- Programa de becas general: (10.000 dólares)
- Programa de becas: The Washington Post (2.500 dólares)

Ventana al mundo

El director de cine Pedro Almodóvar

Pedro Almodóvar es probablemente el director más conocido del cine español. Sus películas casi siempre tocan el tema de la mujer. Generalmente trabaja con las mismas actrices: Cecilia Roth y Penélope Cruz, ambas con Premios Goya, y Marisa Paredes, Carmen Maura y Victoria Abril, entre otras. Aunque en los EE.UU. se han estrenado casi todas sus películas, la más conocida sigue siendo *Mujeres al borde de un ataque de nervios*.

Algunas de las películas dirigidas por Almodóvar aparecidas hasta el 2010 son:

Almodóvar recibiendo un premio por *Hable con ella*.

1980	*Pepi, Luci, Bom y otras chicas del montón*	(Eva Siva, Carmen Maura y Olvido Garra "Alaska")
1987	*Mujeres al borde de un ataque de nervios*	(Antonio Banderas y Carmen Maura)
1999	*Todo sobre mi madre*	(Cecilia Roth, Penélope Cruz y Marisa Paredes)
2004	*La mala educación*	(Gael García Bernal, Fele Martínez, Javier Cámara, Juan Fernández, Daniel Giménez Cacho)
2006	*Volver*	(Penélope Cruz, Yohana Cobo, Lola Dueñas, Carmen Maura, Chus Lampreave)
2009	*Los abrazos rotos*	(Penélope Cruz, Lluís Homar, Blanca Portillo)

Y tú, ¿qué opinas? ¿Has visto alguna de las películas de Almodóvar? ¿Te gustó? ¿Por qué? ¿Por qué piensas que este director ha tenido tanto éxito en los EE.UU.? ¿Conoces a las actrices que más han trabajado con él? ¿Has visto a alguna de ellas en películas dirigidas por otros directores?

Aprendamos 3

Expressing a sequence of events in the present and future: Sequence of tenses in the subjunctive

In the previous chapter you saw the sequence of tenses that are possible when the action in the subordinate clause happens at the same time as the main verb or else after the main verb. Here you will practice the sequence of tenses when the action of the subordinate clause happens before the main verb.

Sequence of tenses in relation to the present:

Tense in main clause	Time frame	Tense in subordinate clause
Present Present perfect	Action in subordinate clause happens at the **same time** as the main verb or in the **future**	Present subjunctive*
Future Command	Action in subordinate clause happened **before** the verb in the main clause	Present perfect subjunctive

*See chapter 5 to review the present subjunctive.

As you see in the chart, the main verb may be in the present, present perfect, future indicative, or command form. The subordinate verb may be in the present or present perfect subjunctive. The present perfect subjunctive is used when the event in the subordinate clause refers to an event that happened before the action in the main clause.

Present indicative— Present perfect subjunctive	Me **alegra** que **hayas conseguido** el papel principal en la obra. *I'm happy that you have gotten the leading role in the*
Present perfect indicative— Present perfect subjunctive	Para nosotros **ha sido muy importante** que ella **haya ganado** el premio a la mejor actriz. *It has been very important for us that she won the prize for best actress.*
Future— Present perfect subjunctive	Los padres **estarán** orgullosos de que su hijo **haya ganado** el Goya. *His parents must be proud that their son has won the Goya.*
Command— Present perfect subjunctive	**Esperemos** aquí hasta que **hayan terminado** de ensayar. *Let's wait here until they have finished rehearsing.*

11-29 Éxito teatral. María Elena ha conseguido su primer papel principal después de graduarse del conservatorio de teatro. Termina las frases con la forma correcta de los verbos.

1. Me alegro de que la compañía de teatro te / escoger para el papel principal
2. Dudo que eso / ser una decisión fácil de tomar
3. No creo que / haber muchos candidatos que supieran cantar en italiano
4. Ha sido muy importante para tu carrera que tú / conseguir este papel
5. Nosotros iremos a verte tan pronto como ellos / terminar los ensayos
6. No hay nadie en tu familia que / tener tanto éxito como tú
7. Ten paciencia hasta que tú / aprender todo el guión

11-30 Los jóvenes de antes y de ahora. ¿Cómo pasaban los jóvenes españoles su tiempo libre hace algunos años? Este sondeo se realizó en el año 2001. ¿Es sorprendente que muchas actividades de los jóvenes de ese tiempo hayan sido parecidas a, o las mismas que, las de los jóvenes de ahora? En parejas, lean la información sobre los jóvenes españoles de hace algunos años y hagan oraciones originales con las expresiones que siguen. ¿Les parece que las actividades son similares a las que Uds. hacen ahora?

MODELO: *Es de esperar que ellos hayan escuchado música igual que nosotros ahora.*

Ocio y tiempo libre entre los jóvenes españoles

Un sondeo realizado por el Instituto de la Juventud de España señala que los jóvenes parecen contentos con las actividades que realizan durante su tiempo libre. Las actividades principales son: escuchar música, reunirse con amigos, ver la tele, ir al cine y oír la radio. Hay algunas diferencias entre las preferencias de los chicos y las de las chicas. Ellos prefieren los videojuegos y las computadoras; y ellas, la lectura o el teatro. Hay algunas actividades que a los jóvenes les gustaría hacer y no pueden, como hacer viajes y excursiones, ir a conciertos u otros espectáculos, hacer deportes y asistir a eventos deportivos. Según el estudio, otra diferencia entre los pasatiempos de chicos y chicas es la cantidad de horas disponibles por semana que tiene cada grupo y el dinero del que dispone: las chicas disponen de 23 horas mientras que los chicos tienen 27 horas. En cuanto al dinero, los chicos disponen de más dinero que las chicas. Un 60% de los jóvenes piensa que los padres controlan poco sus salidas, mientras que un 40% siente que los controlan bastante e incluso demasiado. La mayoría de los jóvenes dice que consumen alcohol y el 37% de los encuestados afirma haber consumido alguna vez cannabis.

1. Es lamentable que…
2. Esperemos que…
3. No hay nadie que…
4. Nos ha sorprendido que…
5. Será conveniente que…
6. Es increíble que…
7. ¿…?

11-31 ¿Actual? En grupos analicen y comenten estas afirmaciones. Luego, digan si están de acuerdo con ellas y si, hace cinco años, eran válidas o no. Busquen ejemplos concretos para defender sus argumentos y tráiganlos a clase. Presten atención a los diferentes tiempos verbales.

1. Desgraciadamente, el consumo de drogas ilícitas ha aumentado en los últimos años.
2. Afortunadamente, los jóvenes disponen de suficiente tiempo libre.
3. Por suerte, los gobiernos se preocupan por las actividades de ocio.
4. La televisión y la radio son medios imprescindibles para el ocio.
5. Las mujeres están en desigualdad respecto de los hombres en relación al ocio y al tiempo libre.

Diario

¿Recuerdas algún programa de televisión de tu infancia? ¿Cuál? ¿Cómo era? ¿Con quién lo veías? Cuando eras pequeño/a, ¿había reglas para mirar la tele? ¿Cuáles? ¿Las respetabas? ¿Qué otras cosas de esa época recuerdas? ¿Fiestas, vacaciones, un cumpleaños especial, la escuela, los/las compañeros/as, algún/alguna maestro/a…?

Conversemos sobre las lecturas

Antes de leer

Estrategia de lectura: *Journalistic techniques*

Reading a newspaper in Spanish is different from reading one in English because writing styles are different in the two languages. In the United States the tendency is to use direct language, with short sentences and simple, familiar words whereas, in the main newspapers of the Spanish-speaking world, the opposite is true. The difference lies in the fact that, in written Spanish, the use of complex vocabulary, subordinate clauses, and embedded sentences is more accepted than in English.

Nonetheless, the following commonalities that the languages share will help you even when reading difficult articles. The title and the first few sentences are the most important part of the text. The title presents the topic of the article, while the first sentences present the main idea and establish the situation. The main idea in a journalistic text generally answers the basic questions: what? who? when? where? why? how? Generally, the body of the article presents the supporting details in order of importance. At the end, the author presents a conclusion and sums up the ideas put forth in the article.

11-32 El tango. Lee la información sobre el tango **en la Ventana al mundo** y busca la respuesta a las preguntas básicas: *¿Qué? ¿Quién? ¿Cuándo? ¿Dónde? ¿Por qué? ¿Cómo?* Expresa en tus propias palabras la idea principal.

Ventana al mundo

El tango hoy se baila hasta en zapatillas

"¿Tango? No, gracias", decían hace algunos años los jóvenes argentinos. Pero ahora el tango está presente en todos los ámbitos de la sociedad argentina. Los tangueros del nuevo milenio llevan el pelo largo, un aro en la nariz y tatuajes en los bíceps. La mayoría va a bailar el tango como quien va a la facultad: con la mochila cargada de apuntes, vestidos con pantalones cargo, ropa de cuero y remeras. Las chicas llevan minifaldas y remeritas.

"Lo único que cuenta es aprender a bailar bien" explica Pablo, un chico argentino. "En mi caso, esto me abrió las puertas a un ambiente social que no conocía. Cuando escucho un bandoneón (*large accordeon*), logro evadirme de todo: del trabajo, de la universidad, de la locura de la calle".

Las milongas o bares donde se baila tango son muy populares sobre todo en la región del Río de la Plata. El aumento de popularidad del tango entre los jóvenes podría deberse a dos razones. A fines del siglo XX probablemente se debió a la vuelta a la democracia y a la posibilidad de poder reunirse, bailar y cantar. Por otro lado, la globalización y el temor a la pérdida de la cultura propia lleva a muchos a acercarse al tango como fuente de memoria y de identidad colectiva. También hay algo de irracional, algo que seduce y que no se puede explicar con palabras.

Yo también bailo. Explícale a tu compañero/a qué tipo de música te gusta bailar a ti. ¿Dónde y cuándo bailas?

Tango o milonga, la música que atrae a los jóvenes de Buenos Aires.

Vocabulario de las lecturas

Estudia estas palabras para comprender mejor los textos.

Vocablo	Explicación	Palabra en uso
alzar la voz	*to raise one's voice, speak up*	**Alzamos las voces** en contra de la censura en el arte.
apretar (ie)	*to press, push*	No **aprietes** ese botón, porque perderás el documento.
el armatoste	*cumbersome piece of furniture*	Ese televisor es un **armatoste**.
asentir (ie, i)	*to assent, agree*	Los padres **asintieron** sin estar muy convencidos.
comprobar (ue)	*to verify, check*	El periodista **comprobó** que el rumor era cierto.
el corredor	*hallway*	El **corredor** unía los dos cuartos.
descalzo/a	*barefoot*	Caminaba **descalza** sobre la arena.
hurtar	*to steal*	Los niños **hurtaban** los dulces de la cocina.
la loza	*china (plates, cups, saucers)*	Después de lavarla, la muchacha puso **la loza** en el armario.
la migaja	*crumb*	Los pájaros comieron **las migajas** que quedaron en el jardín después del almuerzo.
mojado/a	*wet*	Acabo de lavar el piso del corredor y todavía está **mojado**.
otorgar	*to grant, give*	Le **otorgaron** el premio al mejor actor.
la paja	*straw*	Ella puso el sillón de **paja** en el corredor.
prescindir de	*to do without*	Necesitamos el entretenimiento. No podemos **prescindir de** él.
el recelo	*mistrust, misgiving*	A veces los padres sienten cierto **recelo** hacia algunos programas de televisión.
suceder	*to happen*	En un buen argumento tienen que **suceder** varias cosas.
suceder(se)	*to follow one another*	En el canal de la televisión pública, los programas **se suceden** unos detrás de otros sin interrupción comercial.
el suspiro	*sigh*	La película termina entre **suspiros** y penas.
tratar	*to deal with*	Él tiene un carácter difícil y hay que saber cómo **tratarlo**.
la verja	*railing*	La novia le dijo adiós al muchacho con la mano desde **la verja** de su casa.

11-33 Asociar. Escoge la palabra del vocabulario que mejor se relacione con cada oración. Luego, escribe otra oración que te permita usar la palabra. Haz todos los cambios necesarios.

MODELO: La jefa de sonido **verificó** que todo estuviera en orden antes de la función.
Comprobó
*Con el éxito del concierto los músicos **comprobaron** una vez más que a los espectadores les gustan mucho sus canciones.*

1. Encendí el televisor, pero **pasaban un programa tras otro** sobre el mismo tema.
2. A la niña le gusta caminar por el césped **sin zapatos.**
3. Los productores miraban a los actores con **mucha desconfianza**.
4. Este proyector es un **aparato** feo que ocupa mucho lugar.
5. El administrador del teatro les **dio** un aumento de sueldo a todos los que trabajaban con él.
6. No todos podemos **vivir sin** la televisión.

 11-34 ¿Qué película es? Escribe una breve reseña sobre alguna película de amor muy conocida. Luego, léesela a los/as otros/as estudiantes de tu grupo para que descubran de qué película se trata. Intenta usar algunas de las siguientes palabras.

alzar las voces	corredor	loza	mojado/a
prescindir	suspiros	suceder	recelo

11-35 La televisión. En la lectura de este capítulo, la autora, Soledad Puértolas, plantea la siguiente pregunta. ¿Cómo la contestarían Uds? Discutan sus ideas y luego preséntenlas a la clase.

¿Qué es lo que nos lleva a prender el televisor?

1. ¿Por qué miras televisión?
2. ¿Consideras que la TV es algo estimulante o algo nocivo para la mente?

LECTURA

La familia se entretiene mirando TV.

Soledad Puértolas (1947–)

Soledad Puértolas es una escritora española que ha publicado novelas, libros de ensayos y artículos de opinión como el texto que aparece a continuación. En este texto, Puértolas se pregunta qué papel ejerce la televisión en la vida cotidiana de hoy. Lee el título y la primera oración, y trata de imaginar qué se va a plantear en el texto.

El mundo en casa

Si es perfectamente concebible vivir sin televisión, ¿qué es lo que nos lleva a presionar el botón que enciende el televisor, a instalar, en fin, ese armatoste en nuestras casas? Si lo que queremos es recibir noticias del mundo, de todo lo que no es inmediatamente nuestro, podríamos contentarnos con la lectura de los periódicos. A pesar de lo cual, como todos comprobamos de vez en cuando, también se puede vivir sin periódicos. Admitamos que queremos una conexión con el mundo y que la imagen nos ofrece un vínculo inmediato y potentísimo e indudablemente calificaremos a la televisión como el medio más eficaz de establecer ese contacto.

Ahora bien, ¿qué clase de mundo ofrece la televisión y qué clase de vínculo establecemos con él? Si fuéramos capaces de contestar detalladamente a estas dos preguntas, nos haríamos con un manual de sociología bastante útil. Lo primero que podemos decir es que la hipotética oferta de la televisión es muy variada. La palabra clave es *programa*. Hay programas mejores y peores, necesarios y superfluos, recomendables o escandalosos. La idea es que se sucedan muchos programas, que haya diversidad, amenidad, como si se hubiera partido de la posibilidad de un espectador que estuviera contemplando la televisión, y la misma cadena, durante las veinticuatro horas. Hay que proporcionarle de todo, hay que darle un mundo. Y aquí está la pregunta, ¿qué mundo se da? Desde luego, y fundamentalmente, un mundo de imágenes. Por la pantalla, no sólo escuchamos sino que vemos las noticias. De alguna manera, son más reales y, sin embargo, el hecho de pertenecer a todo el mundo de la televisión, de compartir el tiempo con otros programas, las noticias, en principio reales, cobran un carácter de irrealidad. Con otros matices, todos los programas de televisión participan de esta ambigüedad, son terriblemente reales e irreales al tiempo, incluidos, por supuesto, los tan discutidos *reality shows*. Y enlazamos así con la segunda cuestión: el tipo de vínculo que establecemos con la televisión. Desde luego, mientras consigue captar nuestra atención, nuestra entrega es total, hasta el punto de que algunos psicólogos del arte comparan al público actual de la televisión con el tradicional y hoy ya casi desaparecido público del teatro. Sí, dicen, esta audiencia participa de aquella entrega entusiasta, sin recelos, acrítica. (Luego vendrán los críticos y pondrán las cosas en su sitio). La gran diferencia es que no necesitamos salir del teatro y volver a nuestra casa para escapar de la realidad de la pantalla. Basta apretar un botón. Convivimos con la realidad que ilumina la pantalla y convivimos con su oscuridad. La realidad se nos ha acercado más que nunca, pero podemos negarla. Nos entregamos, pero nos escapamos.

Cuando se alzan las voces en contra de este hoy casi inevitable artefacto, todos nos vemos obligados a asentir un poco, porque la ambivalencia del mundo que ofrece su pantalla, inmenso y abarcable a la vez, y nuestro vínculo de entrega incondicional, le otorgan demasiado poder. Sin embargo, a menudo olvidamos que para muchas personas constituye la única forma de saberse unidas al mundo. Podrá haber épocas en que podamos prescindir de la televisión, pero podrán suceder otras o una enfermedad, una clase de invalidez… — en que su intromisión en nuestras vidas nos sea más que necesaria, casi vital. Como hay momentos en que nos sobra y momentos en que nos hace compañía. Yo recuerdo algunas lejanas tardes en que la irrupción de Superagente 86 en la pantalla todavía gris del televisor era como la llamada telefónica de un amigo. La televisión supone, con todos su pros y todos sus contras, una clase especial de amistad y, como a las personas, hay que saberla tratar. O prescindimos de ella o tratamos de aprender cómo tratarla, y tal vez su trato no sea del todo desagradable, porque la vida es larga y desigual, el día largo y desigual, y el mundo, ya lo vemos por la televisión, queda muy lejos de nosotros.

11-36 El mundo en casa. Éstas son algunas de las ideas que se presentan en la lectura. Busquen en el texto las líneas donde aparecen y luego decidan si están de acuerdo o no.

1. Se puede vivir sin televisión.
2. Los periódicos nos mantienen tan bien informados como la televisión.
3. La imagen televisiva es un medio poderoso que nos absorbe mucho.
4. Hay mucha variedad de programas en los canales televisivos para entretener a un/a televidente 24 horas al día.
5. El mundo de imágenes que nos ofrece el televisor confunde la realidad de las noticias con la irrealidad que presenta la mayoría de los otros programas. No podemos distinguir entre las dos.
6. Cuando miramos la televisión, prestamos atención total al programa y no ejercemos las facultades críticas.
7. Se nos presenta el mundo exterior en nuestra casa, pero lo negamos.
8. Todos están de acuerdo en que el televisor esclaviza, tiene mucho poder en nuestras vidas y no es bueno.
9. Hay situaciones especiales porque para algunas personas, la televisión es el modo de estar conectadas con el mundo exterior.
10. La televisión es como un amigo. Hay que aprender a convivir con él de la mejor manera posible.

11-37 Oferta televisiva. Según la lectura, la oferta de la televisión es muy variada. Comprueba si es verdad. ¿Qué programa pertenece a cada categoría? Entrevista a otros/as dos estudiantes para completar el cuadro.

MODELO: E1: *¿Cuáles son los mejores programas que tú miras? ¿Por qué consideras que son los mejores?*

E2: *Para mí los mejores programas son… porque…*

Características	Ejemplo de programas y explicación
mejores	
peores	
necesarios	
superfluos	
recomendables	
escandalosos	
realistas	
poco realistas	

11-38 ¿Cómo usas tú la TV? Cuéntale a tu compañero/a tu relación con la TV. Considera estas preguntas.

1. ¿Qué te lleva a ti a encender el televisor?
2. ¿Cuándo enciendes la TV?
3. ¿Qué clase de mundo ofrece la televisión?
4. Si tuvieras el poder de cambiar la programación, ¿qué tipo de programas pasarías y por qué?

11-39 El tiempo libre y tú. Últimamente encontramos tests psicológicos sobre muchísimos temas. Acá tienes uno que permitirá saber cómo utilizan el tiempo libre. Alternen los roles haciéndose el test. Pueden contestar las preguntas libremente y luego elegir entre las opciones. Luego lean las soluciones y decidan cuál de las tres describe mejor a su compañero/a. Fundamenten su respuesta.

1. Vuelves a tu casa después de un largo día de trabajo. ¿Qué haces primero?
   a. Ponerte ropa cómoda y echarte en un sofá a descansar.
   b. Llamar a tus amigos/as o a tu chico/a para salir.
   c. Vestirte y prepararte para salir con tus amigos/as.

2. Quedaste con unos amigos y a último momento cancelan. ¿Qué haces?
   a. Te quedas en casa y te vas a dormir temprano.
   b. Te quedas en casa y aprovechas para arreglar unas cosas pendientes.
   c. Contactas enseguida a otros/as amigos/as y sales con ellos/ellas.

3. ¿Planificas mucho tiempo antes las actividades del fin de semana?
   a. No, normalmente haces el programa que te proponen.
   b. Depende; algunas veces sí, pero también sueles dejar tiempo libre por si surge algo nuevo.
   c. Generalmente sí, varios días e incluso semanas antes.

4. ¿Cuántas personas se necesitan para que una experiencia sea divertida?
   a. Ninguna. Lo pasas muy bien solo/a.
   b. Como mínimo dos. Tu chico/a o un/a amigo/a y tú.
   c. Muchas. Cuantas más, mejor.

5. Para que te rindan los días lo básico es…
   a. que cada día dure 26 horas.
   b. aprender a priorizar, para ocuparte de lo urgente.
   c. saber organizarte y aprovechar los momentos libres.

6. Estás trabajando y tu jefe/a te da libre el día siguiente. ¿Qué haces?
   a. Te quedas en casa sin hacer nada especial, duermes mucho y descansas.
   b. Te tomas el día tranquilo y aprovechas para resolver asuntos pendientes.
   c. Te levantas temprano y vas a la peluquería, sales de compras, haces planes con amigos…

7. ¿Cómo son tus sábados?
   a. Tranquilos y familiares.
   b. Depende; algunos sábados sales y otros te quedas en casa.
   c. No paras desde la mañana hasta la noche.

Soluciones

Mayoría de respuestas A. El casero. Dependes mucho de lo que deciden los demás. Debes aprovechar los ratos de ocio y encontrar una experiencia que te motive para salir de la monotonía.

Mayoría de respuestas B. El salidor. Eres experto/a en ocio. Sabes compensar los ratos de descanso con los momentos de diversión. El equilibrio ideal para el tiempo libre.

Mayoría de respuesta C. El rey/La reina del ocio. ¡Enhorabuena! No paras: Aprovechas tu tiempo libre con creatividad, incluso solo/a te diviertes. Lo único es que quieres hacer demasiadas cosas y ese no parar puede agotarte.

POEMA

Alfonsina Storni

Alfonsina Storni nació en Suiza en 1892 pero su familia se mudó a San Juan, Argentina en 1896. En 1911 se trasladó a Buenos Aires; al año siguiente tuvo un hijo sin padre conocido lo que la enfrentó radicalmente a la sociedad de la época. Su primer libro, *La inquietud del rosal,* se publicó en 1916. Alfonsina trabajó como cajera en una tienda y en la famosa revista intelectual *Caras y Caretas.* Durante su vida viajó mucho y fue amiga de otros grandes escritores. Storni participó en la creación de la Sociedad Argentina de Escritores. Su suicidio en 1938, inspiró la canción *Alfonsina y el mar* de Ariel Ramírez y Félix Luna, que es maravillosamente interpretada por Mercedes Sosa.

Sábado

Me levanté temprano y anduve descalza
Por los corredores: bajé a los jardines
Y besé las plantas
Absorbí los vahos limpios de la tierra,
5 Tirada en la grama°;   *lying on the grass*
Me bañé en la fuente que verdes achiras
Circundan. Más tarde, mojados de agua
Peiné mis cabellos. Perfumé las manos
Con zumo oloroso de diamelas°. Garzas   *jazmín de Arabia (flor)*
10 Quisquillosas°, finas,   *easily offended herons*
De mi falda hurtaron doradas migajas.
Luego puse traje de clarín° más leve   *tela de hilo muy delgada y clara*
Que la misma gasa.

De un salto ligero llevé hasta el vestíbulo
15 Mi sillón de paja.
Fijos en la verja mis ojos quedaron,
Fijos en la verja.
El reloj me dijo: diez de la mañana.
Adentro un sonido de loza y cristales:
20 Comedor en sombra; manos que aprestaban
Manteles.
Afuera, sol como no he visto
Sobre el mármol blanco de la escalinata.
Fijos en la verja siguieron mis ojos,
25 Fijos. Te esperaba.

👥 **11-40 Los versos.** Busca en el poema los versos en los que aparecen las siguientes palabras. Selecciona el verso que más te gusta y explícale por qué a otro/a estudiante.

bañarse	esperar	falda	levantarse	más tarde	peinarse
perfumarse	reloj	sábado	sillón	traje	verja

11-41 Sábado. Explica en tus propias palabras cómo es el sábado descrito en el poema y lo que hace la protagonista.

👥 **11-42 Una cita especial.** Seguramente que alguna vez tuviste una cita especial de la cual estuviste pendiente varios días y para la cual te preparaste con mucha antelación. Descríbele el día de la cita y tus preparativos a tu compañero/a. Compárala con el sábado de la actividad anterior **11-41**.

Avancemos con la escritura
Antes de escribir
Estrategia de escritura: *The report*

The purpose of expository writing is to inform the reader about a specific topic. The expository piece may use various techniques to convey its message. For example, it may choose to analyze or simply to describe a situation, or it may compare and contrast one situation with another.

Follow these four steps for presenting information clearly:

1. In the introductory paragraph, write a sentence that explains the problem or topic you want to discuss. This is the thesis.
2. Then present details about the situation to support your thesis. Collect specific data and present it clearly.
3. Conclude with possible solutions or perceived consequences, or re-state the problem in different terms.
4. Throughout the process, keep the audience in mind: other students? professors? experts on the topic? the general public?

Palabras de enlace: Reformulación y resumen

Para reformular una idea, usa estas palabras introductorias.

en otras palabras	*in other words*
es decir	*that is to say*
o sea	*that is to say*

Para resumir una idea, usa estas palabras introductorias.

en fin	*in short*
en resumen	*in summary*
para resumir	*to summarize*
resumiendo	*summing up*

11-43 Los videojuegos. Se escuchan diversas opiniones sobre los videojuegos. ¿Qué piensan Uds. sobre los mismos? En grupos discutan las siguientes afirmaciones y agreguen una opinión propia.

1. Los videojuegos violentos influyen en las personas provocando conductas violentas y agrevisas en su vida diaria.
2. Algunos videojuegos son educativos y requieren el uso de la lógica para resolver problemas.
3. Los videojuegos son parte de la vida de una sociedad altamente computarizada.
4. Los videojuegos sirven para que los niños adquieran de una manera informal los conocimientos básicos para manejar la tecnología.
5. Algunos videojuegos fomentan la interculturalidad, ya que permiten a los individuos comunicarse con otros/as jugadores/as en otras partes del mundo.
6. Los videojuegos crean una adicción que llega a excluir otras formas de entretenimiento como los deportes y el desarrollo de la imaginación.
7. ¿…?

A escribir

11-44 El informe. Busca información sobre lo que dicen los expertos en cuanto al uso de los videojuegos. Luego escribe un ensayo exponiendo las opiniones discutidas en clase y las de los expertos. Debes tener un mínimo de dos opiniones investigadas.

Antes de entregar tu informe, asegúrate de haber incluido y revisado lo siguiente:

- Las **palabras de enlace**
- El pretérito perfecto del subjuntivo
- La voz pasiva
- El pluscuamperfecto del subjuntivo
- La secuencia de tiempo

🔊 Vocabulario

El mundo del espectáculo — *Show Business*

la actriz	*actress*
la banda sonora	*sound track*
el camerino	*dressing room*
el/la camarógrafo/a	*camera operator*
el/la cantante	*singer*
la comedia	*comedy*
el dibujo animado	*cartoon*
el documental	*documentary*
la escena	*scene*
el escenario	*stage*
el espectáculo	*show*
el/la espectador/a	*spectator*
el estreno	*opening night, premiere*
la función	*performance*
la grabación	*recording*
el guión	*script*
la obra de teatro	*(theater) play*
el personaje	*character (in a play, movie, or book)*
el/la protagonista	*protagonist, main character*

Sustantivos

la actualidad	*(the) present time*
el anuncio comercial	*TV commercial*
el argumento	*plot*
el armatoste	*cumbersome piece of furniture*
el autógrafo	*autograph*
la butaca	*seat (in theater or movie theater)*
la cadena de televisión	*TV network*
el canal	*channel*
el control remoto	*remote control*
el corredor	*hallway*
la cuestión	*matter, topic*
el disco compacto (CD)	*CD*
el DVD	*DVD*
la emisión de radio	*radio broadcast*

la entrada	*ticket*
el entretenimiento	*entertainment*
el éxito	*success; hit (movie or play)*
las gafas 3D	*3D glasses*
la gira	*tour (of a theater troupe)*
el intermedio	*intermission*
el lápiz USB	*pen drive, flash drive*
el lector de CD / DVD	*CD / DVD player*
el libro electrónico	*e-book*
la loza	*china (plates, cups, saucers)*
los medios de comunicación	*means of communication, media*
los medios de difusión	*mass media*
la migaja	*crumb*
la mini-videocámara	*webcam*
la noticia	*news*
el noticiero	*newscast*
la paja	*straw*
el pasatiempo	*pastime, leisure time activity*
la película	*movie*
el periódico	*newspaper*
el/la periodista	*reporter*
la primera plana	*front page*
el público	*audience*
el recelo	*mistrust, misgiving*
el reconocimiento	*recognition*
el suspiro	*sigh*
el telediario	*news program*
el teléfono con pantalla táctil	*cell phone with touch screen*
la telenovela	*soap opera*
el/la televidente	*TV viewer, person watching TV*
la temporada	*season (for a specific activity or event)*
los titulares	*headlines*
la trama	*plot*
la verja	*railing*
el vínculo	*link*

Verbos

abarcar	to cover, include
actualizar	to bring up to date; to update
anunciar	to announce
apagar	to turn off (a machine or lights)
aplaudir	to clap, applaud
asentir (ie, i)	to assent, agree
comprobar (ue)	to verify, check
dirigir	to direct
encender (ie)	to turn on (a machine or lights)
ensayar	to rehearse
entregar	to deliver
entretener (ie)	to entertain
estrenar (una película, una obra de teatro)	to release (a movie); to perform for the first time (a play, a show)
grabar	to record
hurtar	to steal
interpretar el papel de	to play the part of
otorgar	to grant, give
prescindir de	to do without
suceder	to happen
suceder(se)	to follow one another
transmitir	to broadcast
tratar	to deal with
tratar(se) de	to be about

Adjetivos

actual	present, current
ameno/a	agreeable, pleasant
anunciado/a	announced
descalzo/a	barefoot
entretenido/a	entertaining
mojado/a	wet
taquillero/a	successful at the box office
televisivo/a	televised

Expresiones útiles

al final	at the end
al principio	at the beginning
alzar la voz	to raise one's voice
de acuerdo con	according to; in accordance with; in agreement with
de hecho	in fact
en realidad	in reality, actually
en vivo	live (program)
Es una pena.	It's a pity.
valer la pena	to be worthwhile

Otras palabras útiles

estar en cartelera	to be showing / playing at the moment
el éxito de taquilla	box office success

"Gracias a la vida que me ha dado tanto".
—Violeta Parra

Hablemos de las celebraciones

12

Tema cultural
- Las celebraciones hispánicas

Objetivos comunicativos
- Hablar de las diferentes maneras de celebrar
- Saludar en cumpleaños y fiestas
- Expresar una secuencia de eventos
- Describir cómo podrían ser las cosas en el futuro
- Describir situaciones hipotéticas en el pasado
- Describir situaciones que pudieran haber pasado pero no sucedieron

Gramática para la comunicación
- El uso del artículo definido
- El futuro anterior
- El condicional anterior
- El subjuntivo en oraciones con el condicional anterior

En marcha con las palabras

El baile del charro con máscaras.

En contexto: Los festejos

"El **solitario** mexicano ama las fiestas y las celebraciones públicas. Todo es ocasión para **reunirse**. Cualquier pretexto es bueno para interrumpir la marcha del tiempo y celebrar con festejos y ceremonias a hombres y **acontecimientos**". Con estas palabras, Octavio Paz comienza el tercer capítulo de su libro, *El laberinto de la soledad*.

Pero no es sólo "el solitario mexicano" el que **adora** las fiestas. Por el contrario, las celebraciones públicas y privadas son parte de la cultura de todos los pueblos. En España y Latinoamérica las celebraciones públicas reflejan una tradición de siglos. En los **días feriados**, se **festejan** las **fiestas patrias** y las **religiosas**, de las que **sobresalen** las **fiestas patronales** de cada pueblo. En algunas partes del mundo hispano como España, México y Puerto Rico, las personas **hacen fiestas** no sólo el día de su cumpleaños, sino también el **día de su santo**.

En los **festejos** públicos, la comunidad entera está **convidada** a participar y la **masa** de individuos se convierte en un solo **ser** por una noche, o a veces hasta por una semana. Las Fallas de Valencia, la Semana Santa de Sevilla, la celebración de la Noche de San Juan en Galicia o cualquier fiesta patronal en cualquier pueblo hispanoamericano son tan espectaculares como las más bellas fiestas de otras culturas.

En estas celebraciones, **asombra** el **derroche** de **alegría** y vida donde abundan las **guirnaldas** de colores vibrantes, las **banderas** de papel, los **globos**, los **fuegos artificiales** o los **ruidosos desfiles** que paralizan las calles del pueblo o de la ciudad. En medio de este **sentimiento de júbilo** general, la gente **se entusiasma**, **goza** y no se **avergüenza** de cantar, gritar, bailar, **rezar, contar chistes, emborracharse**, y hasta llegar a excesos que en la **vida diaria** no se permitiría. En estas **aglomeraciones** resalta el espíritu comunitario de las fiestas. La canción *Fiesta* de Joan Manuel Serrat lo ejemplifica claramente:

En la noche de San Juan,
todos comparten su pan,
su mujer y su gabán°   coat
gentes de cien mil raleas°   kind of people
                              (pejorative)

Hoy el noble y el villano,
el prohombre° y el gusano°   top man / worm
bailan y se dan la mano
sin importarles la facha°.   look, appearance

¿Comprendes?

1. ¿Qué dice Octavio Paz sobre la relación que tiene el mexicano con las fiestas?
2. ¿Es sólo el mexicano el que adora las fiestas? Explica.
3. ¿Qué tipo de fiestas se celebran?
4. ¿Quién está convidado a las fiestas públicas?
5. ¿Cómo se comporta la masa de gente en las fiestas públicas?
6. ¿Qué es lo que abunda en estas celebraciones?
7. ¿Qué hace la gente sin ninguna vergüenza?
8. Según la canción de Joan Manuel Serrat, ¿cómo se expresa el espíritu comunitario de las fiestas?
9. ¿De qué modo la euforia de las fiestas libera a las personas?
10. ¿Qué brindis hacen?

· Banda de mariachis, México.

La **euforia** de las fiestas libera a las personas, sin que **teman** mostrarse como son; las fiestas les dan la oportunidad de abrirse al exterior y sentirse parte de una comunidad. Por un momento, es posible salir de la soledad individual y los problemas cotidianos para hacer un **brindis** por la vida.

Palabras conocidas

Fiestas y celebraciones

Estas palabras deben ser parte de tu vocabulario.

Sentimientos y emociones

alegrarse	to be happy
amar	to love
divertirse	to have a good time, enjoy oneself
enfadarse	to get angry
enojarse	to get angry
la envidia	envy
envidiar	to envy
extrañar	to miss (someone)
la intimidad	intimacy
odiar	to hate
el odio	hate
sonreír	to smile

Cumpleaños

el pastel	cake
regalar	to give (a gift / present)
el regalo	gift, present
la vela	candle

Cognados

el aniversario
celebrar
las decoraciones
el romance
romántico/a

Expresiones útiles

las bodas de plata / oro / cristal . . .	silver / gold / crystal (wedding) anniversary	Mis abuelos tuvieron la suerte de celebrar sus **bodas de oro**. *My grandparents had the good fortune to celebrate their golden wedding anniversary.*
cumplir años	to have a birthday	Mi hermana y yo **cumplimos años** el mismo día, pero nacimos con dos años de diferencia. *My sister and I have our birthday on the same day, but we were born two years apart.*
la despedida de soltero/a	bachelor party / bachelorette party; bridal shower	Le hicimos una linda **despedida de soltera** a Elena en el club social. *We gave Elena a nice bridal shower at the club.*
enamorarse de	to fall in love with	Ella **se enamoró de** su entrenador de fútbol. *She fell in love with her soccer coach.*
tener celos de	to be jealous of	El niño **tiene celos de** su nueva hermanita. *The little boy is jealous of his new baby sister.*

12-1 ¿Cuál es el sinónimo? Busca el sinónimo más adecuado para cada una de las siguientes palabras de **En contexto**.

1. felicidad
2. invitada
3. beber mucho
4. celebración

5. tener miedo
6. celebrar
7. impresionar
8. día festivo

12-2 ¡Que vivan las fiestas! Las fiestas y las celebraciones reflejan la cultura en la que uno vive, pero también reflejan la idiosincrasia de cada familia. Hazle las siguientes preguntas a tu compañero/a para conocer su forma de celebrar las fiestas con su familia. Trata de usar las palabras de **En contexto**.

1. ¿Cuándo fue la última vez que fuiste a una fiesta familiar? ¿Dónde fue? ¿Qué hacían los invitados? Describe la fiesta con detalles.
2. ¿Has asistido a una fiesta de tu comunidad? ¿Cómo era? ¿En qué se parecía a las fiestas que se describen en la lectura?
3. ¿Alguna vez has ido a una celebración hispánica o de alguna cultura distinta de la tuya? ¿En qué se parecía a las celebraciones de tu comunidad?
4. ¿Has asistido a una despedida de soltero/a alguna vez? Describe lo que hicieron en la fiesta.
5. ¿Cómo se celebran los cumpleaños en tu familia? ¿Se les celebra a los niños y a los adultos del mismo modo? ¿Qué es igual? ¿Qué cambia? ¿Qué se hace en cada caso?
6. ¿Conoces a una pareja que haya celebrado las bodas de oro? ¿y las de plata? ¿Cómo las celebró? Explica.

12-3 ¿Cómo festejas tú? Con tu compañero/a, hablen sobre la forma en que cada familia (o comunidad cultural) celebra algunas fiestas importantes como el 4 de julio, el Día de Acción de Gracias, el Año Nuevo, etc. ¿Cómo las celebran? ¿Qué tipo de comidas se prepara? ¿Se hacen regalos? ¿Van a algún club social o centro religioso?

12-4 Debate. En grupos de cuatro, escojan una de las siguientes afirmaciones y coméntenla. Dos estudiantes van a estar de acuerdo y dos van a estar en contra.

1. En pocos lugares del mundo se puede vivir un espectáculo parecido al de las grandes fiestas religiosas de México.
2. En los países desarrollados la gente tiene otras cosas que hacer y, cuando se divierte, lo hace en grupos pequeños.
3. Las masas modernas son aglomeraciones de solitarios.
4. Los países ricos tienen pocas fiestas: no hay tiempo, ni humor.

12-5 ¿Cuál prefieren? Tus amigos y tú tienen la oportunidad de asistir a una celebración típica de un país hispanoamericano. Cada uno/a va a escoger una fiesta. Lee la información y mira las siguientes fotos. Luego presenta tu información al grupo. Debes convencer al grupo que la celebración que tú escogiste es la mejor. Sean convincentes, pero traten de llegar a un acuerdo.

Procesión de la Semana
Santa en Sevilla.

La Semana Santa en Sevilla

La Semana Santa de Sevilla es una de las celebraciones religiosas más importantes de toda España. La semana abarca desde el Domingo de Ramos hasta el siguiente domingo que es el Domingo de Resurrección. Durante este período son habituales las procesiones de las cofradías por las calles de la ciudad. Las cofradías son grupos de fieles católicos que desfilan con sus imágenes hasta llegar a la Catedral de Sevilla. Cada día desfilan distintas cofradías llevando diferentes imágenes de Cristo —la Virgen, un santo, una reliquia— o representando un momento de la Pasión de Cristo. También figuran en el grupo penitentes que llevan una vela y suelen vestir una túnica, gorros cónicos y una tela o antifaz que les oculta el rostro. Cada cofradía tiene un color de túnica distinto para diferenciarse de las demás. Además, algunos de estos cortejos llevan música. Esta celebración de la Semana Santa tiene muchas facetas, desde la más estricta ortodoxia hasta una visión meramente cultural.

El carnaval de la Quebrada de Humahuaca

En este pueblo argentino tiene lugar uno de los carnavales más particulares del continente, donde la celebración se combina con rituales de origen indígena.

La gran fiesta comienza el sábado con una misa en la calle y, luego, la gente se dirige a la ladera de las montañas cercanas, donde se realiza un asado comunitario y se le da de comer a la Pachamama, o Madre Tierra, a través de un hoyo cavado en el suelo. Allí dentro, la gente coloca alimentos, hojas de coca y cigarrillos, y vierte chicha (bebida alcohólica de maíz) y cerveza. De esta forma, los mismos que dos horas antes asistían a una misa católica, le agradecen ahora las buenas cosechas a la Madre Tierra. Por la noche hay muchos bailes. Las comidas, las bebidas, la música y los bailes continúan durante nueve días hasta que todo termina un domingo con el entierro del carnaval que es el fin de las celebraciones.

El carnaval en Humahuaca, en el noroeste argentino.

12-6 Para saber más. Investiga los detalles de alguna festividad que se celebre en Latinoamérica o en España. Haz un resumen para presentar a la clase. Puedes entrevistar a una persona hispana o buscar en Internet. Aquí hay algunas sugerencias.

- Las Fallas de Valencia, en España
- Las posadas mexicanas
- Los Sanfermines de Pamplona, en España
- El Cinco de Mayo de México y los EE.UU.
- El Carnaval de Oruro, en Bolivia
- El Día de Nuestra Señora de Guadalupe, en México
- ¿...?

Ventana al mundo

El Día de los Muertos

En México conviven celebraciones religiosas tanto cristianas como indígenas. La celebración del Día de los Muertos es un ejemplo de la unión de algunos ritos de procedencia indígena con elementos de la religión católica. El 1° y el 2 de noviembre se celebra en todo México el Día de los Muertos. Los parientes de las personas que han muerto se reúnen en el cementerio para acompañar al espíritu de los difuntos que, según la creencia, vienen a visitarlos una vez al año. No es una ocasión triste, sino alegre, en la cual se celebra la vida. Hay música y bailes, y se ofrece la comida y la bebida favorita de los muertos.

En mi cultura. Compara la fiesta de Halloween con la celebración del Día de los Muertos. ¿Qué diferencias y similitudes hay entre las dos?

Ofrendas para los difuntos en El Día de los Muertos, en México.

— ¡Sin duda! —

ir — venir; llevar — traer

Palabra	Explicación	Ejemplo
ir	to go—*indicates movement away from where the speaker is at the moment*	Si esperan que termine este CD, **voy** con Uds. *If you wait until this CD is over, I'll go with you.* ¡Ya **voy**! *I'm coming!*
venir	to come—*indicates movement toward the speaker or where he/she is at the moment*	En el periódico dice que el presidente **vendrá** al pueblo para las fiestas patronales. *In the newspaper it says that the president will come to town for the festivities in honor of the patron saint.* ¿Te molestaría **venir** a mi casa? Yo no puedo ir a la tuya. *Would you mind coming to my house? I can't go to yours.*
llevar	to take something to—*indicates movement away from the speaker or where the speaker is.*	**Llévales** estos regalos a los chicos. *Take these presents to the children.* Yo **llevo** bebidas para la fiesta. *I'm bringing drinks for the party.*
traer	to bring—*indicates the action of bringing something toward the speaker or where the speaker is.*	Te **traje** las entradas al concierto que te prometí. *I brought you the tickets to the concert that I promised you.*

12-7 Fiesta. Unas amigas hablan antes de ir a una fiesta. Completa las frases con los verbos **ir, venir, llevar** y **traer**. Presta atención al tiempo verbal.

EMA: ¿Les puedo (1) _____ estos discos de rap para la fiesta a los chicos?

RITA: Sí, cómo no. Se los puedes (2) _____. Devuélvemelos después de la fiesta.

EMA: No te preocupes, mañana sin falta te los (3) _____ y también tengo que (4) _____ los libros que me prestaste.

ELISA: Eh, chicas, yo también (5) _____ al cumpleaños. Si quieren, (6) _____ juntas desde aquí.

RITA: ¿Quieres que te pasemos a buscar?

ELISA   Me da lo mismo, o Uds. (7) _____ a buscarme, o yo (8) _____ para allá.

EMA: ¿Saben? No estoy muy segura de querer (9) _____. En realidad detesto las fiestas de cumpleaños.

RITA: Anímate, (10) _____ todas por una hora y después volvemos. Ya verás que si (11) _____ con nosotras, te vas a divertir mucho.

ELISA: Yo estuve el año pasado en el cumpleaños de Salomón y lo pasé muy bien. ¿Por qué no (12) _____ a mi casa, nos vestimos y (13) _____?

EMA: No, no. No tengo ganas de fiestas. Mejor, ¿por qué no (14) _____ Uds. conmigo al teatro?

12-8 ¿A donde vayas haz lo que veas. Cada cultura tiene diferentes hábitos y costumbres. Puedes pensar en situaciones en las que en tu propia cultura se llevan flores, bombones, regalos, licores, globos, etc. Trata de utilizar los verbos llevar, traer, ir, venir. Luego compara tu respuesta con la de otro/a estudiante.

Diario /

Describe una fiesta inolvidable. ¿Qué se celebró? ¿Quiénes estaban allí? ¿Qué hicieron para divertirse?

—Así se dice

Saludos de cumpleaños y fiestas

Estas expresiones se usan para felicitar a la persona que cumple años.

¡Feliz cumpleaños!	*Happy birthday!*
¡Que los cumplas feliz!	*Happy birthday!*
¡Felicidades!	*Much happiness! Congratulations!*
¡Feliz día del santo!	*Happy saint's day!*

Saludos para las fiestas de fin de año

En ocasiones festivas usa las siguientes expresiones para felicitar.

¡Feliz Navidad!	*Merry Christmas!*
¡Felices Fiestas!	*Happy Holidays!*
¡Feliz Año Nuevo!	*Happy New Year!*
¡Te deseo un próspero Año Nuevo!	*I wish you a prosperous New Year!*

Para felicitar en general

Es costumbre felicitar a una persona cuando le ocurre algo bueno. Éstas son algunas expresiones que se usan para felicitar.

¡Adelante!	*Keep up the good work!*
¡Enhorabuena!	*Congratulations!*
¡Felicidades!	*Congratulations!*
¡Felicitaciones!	*Congratulations!*
¡Fantástico!	*Fantastic!*
¡Me alegro mucho por ti!	*I am very happy for you!*
¡Qué bien!	*How nice!*
¡Te felicito!	*I congratulate you!*

12-9 Buenas noticias. Imagínate que te encuentras con una persona que hace mucho tiempo que no ves y que te cuenta sus éxitos. Responde a sus comentarios usando distintas expresiones para felicitar a alguien.

MODELO: E1: *Acabo de encontrar un trabajo fabuloso.*
E2: *¡Felicitaciones! ¡Me alegro mucho por ti!*

1. Me voy a casar en enero.
2. Encontré un trabajo en una empresa internacional.
3. Me gradúe de la universidad en mayo.
4. Mañana es mi cumpleaños.
5. Me ascendieron en el trabajo.
6. Hoy es mi santo.

12-10 Tuve mucho éxito. Cuéntale a tu compañero/a tres ejemplos en los que estuviste particularmente contento/a con lo que conseguiste. Tu compañero/a debe felicitarte.

MODELO: E1: *El semestre pasado estudié mucho para sacarme una A en la clase de informática y la conseguí. Estaba muy contento/a cuando vi mi nota en la lista de clase.*

E2: *¡Qué bien! ¡Te felicito!*

12-11 ¡Felicidades! Hoy pasa algo especial en la vida de estas personas. Escríbeles una tarjeta para felicitarlas.

1. Es el cumpleaños de tu mejor amigo/a.
2. Es el santo de un/a hermano/a.
3. Es el aniversario de casados de tus padres.
4. Es el 1° de enero y les escribes a tus amigos.
5. Es el 20 de diciembre y saludas a algún pariente.

Ventana al mundo

Las Fallas de Valencia

Las Fallas de Valencia es una fiesta popular que se celebra del 15 al 19 de marzo. Son cinco días de fiesta continua con muchos desfiles tanto históricos como cómicos, procesiones religiosas, fuegos artificiales y la exposición de los ninots. El foco principal de la fiesta es la creación y destrucción de alrededor de 350 ninots —enormes estatuas de cartón y madera, decoradas y expuestas en las calles hasta la medianoche del sábado, cuando se procede a quemarlas. Cada año se elige por voto popular un ninot que no se quema y es puesto en un museo junto con otros. Son días de gran algarabía y júbilo con miles de personas en las calles. La diversión principal es tirar fuegos artificiales y petardos (*firecrackers*) muy potentes. Cada noche hay complejos y ensordecedores (*deafening*) fuegos artificiales en el banco del río. Junto con los ninots, los fuegos artificiales, son la gran atracción del festival. La gran fiesta culmina con "La crema (la quema) de los ninots". La palabra **fallas** quiere decir *fuego* en valenciano.

Las Fallas de Valencia, España.

Los ninots. Busca in Internet fotos de ninots y tráelas a la clase para presentarlas.

🔊 Escuchemos

El cumple de Rosario y la fiesta de Carnaval. Rosario y su amiga Laura charlan sobre fiestas y cumpleaños. Escucha y responde a las siguientes preguntas.

1. ¿Por qué a Rosario le gusta el día de su cumpleaños?
2. Usando la información escuchada en la grabación, describe la fiesta de Carnaval.
3. ¿Cuál fue el cumpleaños favorito de Laura, y por qué?
4. ¿Cómo celebró Rosario su fiesta de quince años?
5. ¿Cuál fue tu cumpleaños favorito? ¿Por qué? Describe lo que hiciste.
6. ¿Cuál es tu feriado favorito y por qué?

Sigamos con las estructuras

☑ Complete the self-test in your *MySpanishLab* course. If you do not obtain a passing score, you need to review the **Cabos sueltos** Study Materials in *MySpanishLab* or at the back of the book. If you do, you can continue with the following activities.

Repasemos

Talking to and about people and things: Uses of the definite article

El señor Pérez dice que **las Fallas de Valencia** es un festival único.

12-12 El mensaje de Estela. Estela está en Valencia durante su año en el extranjero. Ella les escribe un mensaje electrónico a sus amigos después de asistir a la crema. Completa los espacios con el artículo donde sea necesario.

De:	Estela
Para:	Antonio, Graciela, Hugo
Asunto:	Nueva situación

Hola, chicos,

No se imaginan lo que es esto. (1)____ sábado por (2) ____noche fue (3) ____ quema de (4) ____ ninots. Estas enormes estatuas hechas de madera y papel maché se quemaron rápidamente. Son (5) _____ creaciones espectaculares, algunas son verdaderas (6) _____ obras de arte. (7) _____ calles de (8) ____ ciudad eran como una gran fiesta con (9) _____ petardos y fuegos artificiales que caían entre (10) _____ muchedumbre. (11) ____ restaurantes tenían mesas afuera en (12) ____ calle y estaban todos llenos con gente gozando de (13) ____ comida hasta muy entrada (14) ___ noche. Nunca había estado en un lugar donde fuera una fiesta continua durante cinco días.

Los quiero,

Estela

12-13 Entrevista. Averigua las formas de divertirse que tienen en el pueblo de tus compañeros/as; luego, informa a la clase tus resultados. Presta especial atención al uso de los artículos.

MODELO: ENCUESTA: *¿Qué fiestas comunitarias hay en tu pueblo?*
　　　　　　INFORME: *En mi pueblo hay un desfile grande para celebrar el Día de la Tierra*
　　　　　　　　　　　　(Earth Day). Se celebra con bailes al lado del río y hay muchos
　　　　　　　　　　　　quioscos de comida, bandas de música y actividades para niños.

Aprendamos 1

Describing how things may be in the future, expressing probability: Future perfect

A. Uses of the future perfect

1. Use the future perfect to talk about an event that will have happened by a specific time in the future.

   Para el fin de este año, **habrás**　　　*By the end of this year, you will have found*
   　encontrado a tu príncipe azul.　　　*your prince charming.*

2. You have learned that the future tense is used to express probability in the present. The future perfect is used to express probability or conjecture about a past event.

   Me imagino que Antonia **habrá**　　　*I imagine that Antonia has received lots of*
   　recibido muchos regalos para su boda.　*presents for her wedding.*

B. Forms

1. To form the future perfect, use the future of **haber** + past participle.

Future of *haber*	Past participle
habré	
habrás	amado
habrá　　+	entristecido
habremos	sentido
habréis	
habrán	

12-14 ¿Qué habrá pasado? Con tu compañero/a constesten estas preguntas sobre lo que podrá haber pasado para el año 2020. Alternen los papeles para hacer las preguntas.

1. ¿Crees que se habrá inventado una droga para curar el mal de amor?
2. ¿Los científicos habrán explicado el proceso de enamoramiento?
3. ¿Crees que se habrá descubierto cómo hacer que la gente no envejezca?
4. ¿Habrán descubierto una cura para los celos desmedidos?
5. ¿Habrán encontrado una forma de escoger el sexo de los hijos?
6. ¿…?

12-15 ¿Y tú? ¿Qué habrás hecho tú en 15 años? Explícale a tu compañero/a cinco cosas que quisieras haber hecho de hoy en 15 años.

MODELO: *En quince años habré terminado mis estudios; habré viajado por toda*
　　　　　　Sudamérica…

Aprendamos 2

Talking about hypothetical situations in the past: Conditional perfect

A. Uses of the conditional perfect

1. Use the conditional perfect to talk about what would / could have happened in the past.

   Quizás la tía rica **habría** pagado por la fiesta de quince.   *Perhaps the rich aunt would have paid for the fifteenth birthday party.*

2. You can also use it to express what might or could have happened in the past under certain conditions.

   Conociendo su pasado, no te **habrías enamorado** tanto de él.   *Knowing his past, you wouldn't have fallen so much in love with him.*

B. Forms

1. To form the conditional perfect, use the conditional of **haber** + past participle.

Conditional of *haber*	Past participle
habría	
habrías	besado
habría +	temido
habríamos	vivido
habríais	
habrían	

12-16 Regalos diferentes. Susana recibió regalos muy diversos para su cumpleaños. ¿Qué habrías hecho tú con estos regalos? Discute esto con tu compañero/a.

> MODELO: un teléfono con pantalla de TV
> *Yo lo habría cambiado por uno más sencillo.*

1. una lapicera con un micrófono adentro
2. un reloj que tiene dos caras para distintas zonas de tiempo
3. un aparato para leer libros electrónicos
4. una cámara de fotos de hace treinta años
5. una fuente de agua con la estatua de Cupido
6. un ramo de flores artificiales

12-17 Decisiones difíciles. ¿Qué habrías hecho en estas situaciones? Escribe lo que habrías hecho en estas circunstancias según la información dada. Luego compara tus sugerencias con las de tu compañero/a.

> MODELO: El novio de Ana le fue infiel y ella no hizo nada.
> *Yo lo habría dejado y me habría buscado otro novio.*

1. Tu prima se casa en España y quiere que tú vayas pero no tienes el dinero para el pasaje.
2. Un compañero/a de la secundaria, a quien hace algunos años que no ves, te llama por teléfono para invitarte a salir.
3. Alguien que no conocías muy bien te invitó a cenar en un restaurante elegante.
4. Querías organizar una fiesta sorpresa para tu amigo/a pero él/ella no te pudo decir cuándo iba a estar en casa.
5. Tu hermana se gastó todo el dinero para la matrícula de la universidad en su fiesta de boda.

12-18 A mi estilo. Imaginen que Uds. son escritores/as. En parejas, elijan una historia famosa y digan todo lo que habrían cambiado en la trama para que tuviera un final feliz.

MODELO: *Habría cambiado la historia de la Cenicienta. No habría puesto una madrastra mala. Cenicienta no habría vuelto a las doce. Ella le habría dicho la verdad al príncipe. Y todo habría sido más directo y más rápido.*

Ventana al mundo

Las posadas

En México, durante las nueve noches anteriores a la Nochebuena, se representa la historia de María y José buscando refugio en su camino hacia Belén. Generalmente, la familia y los amigos celebran en una casa distinta cada noche. Un niño y una niña vestidos como María y José, y otro niño vestido

Las posadas mexicanas.

de ángel llaman a la puerta. Cuando se abre la puerta, los tres niños cantan: "Somos María y José buscando posada". Al principio la familia no los deja entrar; entonces los caminantes vuelven a cantar. Finalmente todos entran y hacen una fiesta.

Fiestas de Fin de Año. Descríbele a tu compañero/a las celebraciones típicas de tu familia en diciembre. ¿Qué celebran y cómo lo celebran? ¿Nochebuena? ¿Navidad? ¿Hanukkah? ¿Kwanza? ¿Nochevieja?

Aprendamos 3

Discussing contrary-to-fact situations: *If* clauses with the conditional perfect and the pluperfect subjunctive

When we hypothesize about a past situation that cannot be reversed, we express a contrary-to-fact situation using an if clause.

Si me **hubiera casado** con Pedro, no **habría sido** feliz.	*If I had married Pedro, I wouldn't have been happy.*

In Spanish this is expressed with the pluperfect subjunctive in the *if* clause. The conditional perfect is used in the clause that states the result.

¿Te **habrías enfadado** mucho si Mariana **hubiera ido** a la fiesta con Ricardo, y no contigo?	*Would you have gotten very angry if Mariana had gone to the party with Ricardo and not with you?*

Note: In several Latin American countries, the pluperfect subjunctive is used instead of the conditional perfect. So you may hear the following *if* clause:

Si **hubiera sabido** que todos Uds. venían a la fiesta, yo **hubiera preparado** más comida.
Had I known that all of you were coming to the party, I would have prepared more food.

12-19 ¿Qué habría pasado? A veces, nos encontramos en situaciones que no son las ideales. Haz frases completas para explicar qué habría pasado en las siguientes situaciones.

> **MODELO:**   si / tú / romperme la guitarra / enojarme muchísimo
> *Si me hubieras roto la guitarra, me habría enojado muchísimo.*

1. si / tú llegar / tarde de la fiesta / preocuparnos
2. si / ella / no / invitarme a la boda / ponerme triste
3. si / él / vestirse con traje y corbata / nosotros / comer en el restaurante francés
4. si / tu banda / tocar en el Día de los Muertos / ser muy lindo
5. si / la boda / celebrarse en mayo / hacer mejor tiempo
6. si / nosotros / no tener una piñata / los niños / desilusionarse

12-20 ¿Qué habrías hecho tú? Piensen en las situaciones propuestas y en otras dos más. Pregúntense qué habrían hecho Uds. en esos casos. Alternen los roles para preguntar y contestar.

> **MODELO:**   E1: *¿Qué habrías hecho si de niño/a te hubieran prohibido ir a los cumpleaños de tus amigos/as?*
> E2: *Si me hubieran prohibido ir a los cumpleaños de mis amigos/as, yo me habría rebelado. Habría hecho una huelga de hambre.*

¿Qué habrías hecho si …

1. la familia de tu amigo/a / invitarte a ir a Cancún con ellos en diciembre?
2. tus padres / no dejarte asistir a la universidad lejos de tu hogar (*home*)?
3. un/a muchacho/a de intercambio / querer ir contigo a la fiesta de graduación?
4. tus amigos / hacerte participar de una celebración que no te interesaba?
5. tú / enamorarte del/de la muchacho/a más popular del colegio?
6. un/a amigo/a / te / mentir?

12-21 Fiestas. Todos hemos tenido alguna vez una fiesta que no salió como deseábamos o en la que nos aburrimos mucho. Esto es lo que pasó la semana pasada en la fiesta de Javier. ¿Qué habrías hecho tú?

> **MODELO:**   Se nos acabó la comida temprano.
> E1: *Si se nos hubiera acabado la comida temprano, yo habría ido a comprar unas pizzas.*

1. Se nos acabó la bebida pronto.
2. Se descompuso el equipo de música.
3. Sólo teníamos cuatro CDs.
4. Los invitados empezaron a irse temprano.
5. Había mucha gente aburrida.
6. ¿…?

12-22 Una fiesta horrible. Cuéntale a un/a compañero/a tus experiencias en una fiesta aburrida y mal organizada y él/ella te dirá qué habría hecho en tu lugar. Alternen los roles.

12-23 De viaje. Imaginen lo que habrían hecho el año pasado si se hubieran ido de viaje por América Latina. Inventen una pequeña historia y cuéntensela a sus compañeros/as. Hablen de los lugares que habrían visitado, las celebraciones a las que habrían asistido. Digan algo sobre la gente, la comida, el paisaje, el viaje etc. Usen la información de las **Ventanas** y de **la actividad 12-5** de este capítulo.

MODELO: *Si hubiéramos estado en México en diciembre, habríamos visto las posadas …*

Ventana al mundo

La fiesta de San Fermín

La fiesta de San Fermín, llamada también los San Fermines o el Encierro de Pamplona, es una fiesta tradicional que se celebra cada año en Pamplona, España. Cada mañana durante siete días, seis toros corren a través de la ciudad hasta la plaza de toros donde quedan encerrados para luego participar de la corrida. Ernest Hemingway la hizo famosa en su libro *Fiesta*. Este festival sigue siendo el más popular del País Vasco y a él asiste gente de todas las edades y orígenes. Lamentablemente, prácticamente cada año, ocurre algún accidente, ya que los toros suelen envestir a la gente que se encuentra en las calles para verlos pasar. La ropa tradicional de este festival es una camisa blanca, un pantalón blanco con un cinturón rojo y un pañuelo rojo atado al cuello.

Los San Fermines de Pamplona.

Fiesta. Te gustaría saber qué dice Hemingway sobre este festival. Busca el libro en la biblioteca y prepara un pequeño informe para la clase.

Conversemos sobre las lecturas

Antes de leer

Estrategia de lectura: *Putting everything together*

You have learned several strategies to help you in the process of reading a foreign text. Now, you are going to put them all together. Remember to follow these steps every time you encounter a new text. They will aid you in understanding its message.

First, look at the illustrations, the title, and visual cues, such as the format of the text: is it a letter, a postcard, a form, a newspaper article, an essay? What does the title suggest? These elements will provide the context of the reading. At this point, you may create your first hypothesis about the content, and relate it to some prior knowledge you may have of the topic.

Second, skim the text, using cognates and the context in general as clues for understanding. Is your hypothesis confirmed? If it is not, create a new hypothesis about the purpose of the text, and formulate questions about some of the content, such as main ideas, characters, settings, and events.

Third, scan the text for your answers. Remember that each paragraph has a topic sentence, usually located at the beginning. By reading the topic sentence and skimming the paragraph, you will know if it contains the answers you are looking for.

Fourth, now that you have identified the main elements, read slowly and carefully, checking your comprehension throughout the text. Use comprehension questions as a guide. Confirm your hypothesis and try to summarize the text in your own words.

12-24 Más celebraciones. Lee la siguiente información sobre *El día del estudiante* siguiendo estos pasos.

Paso 1:

1. Lee el título.
2. Escribe tu primera hipótesis: ¿sobre qué tratará este texto?
3. Relaciónalo con algo que ya sepas sobre fiestas de la juventud.

Paso 2:

1. Lee el texto rápidamente para descubrir la idea principal.
2. Anota la idea principal.
3. Compara la idea principal con tu hipótesis. ¿Coinciden o son diferentes?
4. Haz tres preguntas sobre puntos del texto que necesites aclarar.

Paso 3:

1. Lee el texto detenidamente y trata de encontrar las respuestas a tus preguntas.
2. Comparte tus respuestas con un/a compañero/a.

Día del estudiante

En Argentina y en algunos otros países de América Latina cada año se celebra el día del estudiante el 21 de septiembre. Esta fecha coincide con el comienzo de la primavera, estación que representa el renacimiento de la naturaleza y la promesa de la juventud. Los jóvenes son los protagonistas de tal fiesta. La costumbre es reunirse con amigos, pasar un día de picnic y aprovechar los espacios abiertos. También hay espectáculos al aire libre tales como conciertos de música moderna, bailes estudiantiles y desfiles de carrozas. En algunas celebraciones, al final del día se elige la reina del estudiante en un baile popular.

Estudiantes celebrando el día del estudiante.

12-25 Fechas importantes. Muchas veces las celebraciones tienen alguna relación directa con la estación del año en que se celebra o con la naturaleza de la región. Por ejemplo, el día de la madre coincide con la primavera y no es en la misma fecha en todos los hemisferios. Haz una lista de las celebraciones correspondientes a cada estación, en tu familia, tu ciudad, tu estado. Compara tu lista con la de otro/a estudiante.

En el otoño

En el invierno

En la primavera

En el verano

Ventana al mundo

El carnaval

El carnaval es una fiesta muy popular en muchos lugares de Latinoamérica. Los carnavales más famosos son los de Brasil, aunque en casi toda América Latina se celebra el carnaval con gran alegría y participación general. En cada ciudad se prepara un desfile o corso en el que cada barrio presenta su carroza (*float*) al ritmo de la música de las bandas y de las diferentes murgas (*banda callejera que toca música ligera*), o comparsas (*grupo de personas vestidas iguales para divertir a la gente*). Las celebraciones duran entre tres y siete días en el mes de febrero. Hay muchos bailes en la calle y la gente suele disfrazarse y llevar máscaras. También es costumbre que las personas —especialmente los niños— se tiren serpentinas, confeti y hasta globos pequeños llenos de agua. Por unos días, las barreras sociales no existen y la realidad queda suspendida.

¿Cómo se celebra el carnaval? Investiga la celebración del carnaval en algún país hispanoamericano. Prepara un informe para presentar en clase.

Carnaval en Ponce, Puerto Rico.

▬Vocabulario de las lecturas ▬

Estudia estas palabras para comprender mejor los textos.

Vocablo	Explicación	Palabra en uso
abrazar	to embrace, hug	Nos **abrazamos** después de hacer las paces.
acariciar	to caress	Él le **acariciaba** la cara a su novia.
el afecto	affection, love	Los amigos de sus hijos le tienen mucho **afecto** a Antonia.
la almohada	pillow	Tan pronto como puso su cabeza en **la almohada**, se quedó dormida.
el/la amante	lover	La **amante** esperaba ansiosa la vuelta de su amado.
el antifaz	mask, especially one that covers only the eyes	El niño estaba disfrazado como el Zorro y llevaba un **antifaz** negro.
arrepentirse	to repent	Les grité a los niños y luego **me arrepentí** de haberlo hecho.
besar(se)	to kiss	Pablo y yo **nos besamos** por primera vez en una fiesta.
la careta	mask	En el baile José llevaba una **careta** de león.
el cariño	fondness, affection	Ellos sienten un gran **cariño** por su hermanita.
el cenicero	ashtray	Los **ceniceros** estaban vacíos.
despeinado/a	tousled, disheveled	Apareció en la cocina toda **despeinada** después de dormir la siesta.
disfrazar(se)	to disguise (oneself)	No sé de qué **disfrazarme** para el baile.
durar	to last	La fiesta **duró** hasta la madrugada.
estar enreda-do/a con	to be in a relationship with	Creo que Fernando **está enredado con** Alicia.
hacer bromas	to make jokes	Es muy graciosa; **hace bromas** todo el día.
el hilo	thread	El **hilo** es muy corto; no lo puedo atar.
el jolgorio	merrymaking, revelry	La fiesta fue un **jolgorio**; todos lo pasaron bien.
el murmullo	murmur, whisper	El **murmullo** de las olas la adormeció.
murmurar	to whisper	Él **murmuraba** palabras de amor en su oído.
mutuo	mutual	Él no me gusta y yo no le gusto. Nuestro rechazo es **mutuo**.
el ombligo	belly button, navel	La muchacha llevaba un disfraz que mostraba el **ombligo**.
el/la payaso/a	clown	Mi hermano llevaba un disfraz de **payaso**.
la tibieza	warmth	Se acurrucó (*snuggled*) a la **tibieza** de su cuerpo.

12-26 ¿Cuánto recuerdas? Elige la palabra entre paréntesis que mejor complete la oración.

1. Se miraron con (afecto / odio) mutuo. Se quieren mucho.
2. Ella lo (besó / hizo bromas) y le murmuró palabras tiernas al oído.
3. La (tibieza / careta) de (cenicero / payaso) le quedaba muy graciosa.
4. Estaban (enredados / disfrazados), pero la relación entre ellos no era buena; siempre se peleaban.
5. Él parecía (arrepentirse / acariciar) de haberle hecho tantas bromas.
6. Ellos (duraron / se abrazaron) y se besaron como muestra de su amor.
7. El carnaval fue un (antifaz / jolgorio) continuo.

12-27 ¿Pueden agruparlas? Traten de formar grupos con las siguientes palabras y luego expliquen su criterio de agrupación.

acariciarse	el chiste	juntos
el afecto	el cariño	la máscara
el/la amante	el disfraz	mutuo/a
el baile	la fiesta	el/la payaso/a
bromear	hacer bromas	abrazar
la careta	besarse	recíproco/a
el carnaval	el jolgorio	murmurar

12-28 La fiesta de disfraces. ¿Alguna vez participaron en una fiesta de disfraces? En grupos pequeños escriban lo que hacen desde el momento en que los invitan hasta el final de la fiesta, cuando se quitan las máscaras. Hagan una lista que incluya todos los pasos necesarios para la preparación. Después, comparen sus ideas con las de otros grupos de la clase.

LECTURA

Caretas y disfraces de carnaval.

Mario Benedetti (1920–2009)

Benedetti es un escritor uruguayo muy conocido en el mundo entero. Es autor de novelas, cuentos, poemas, obras de teatro y críticas literarias. Vivió muchos años exiliado en Europa. Este relato de su libro *Despistes y franquezas* es la historia de un amor que comienza en una fiesta de disfraces.

Cleopatra

El hecho de ser la única mujer entre seis hermanos me había mantenido siempre en un casillero especial de la familia. Mis hermanos me tenían (todavía me tienen) afecto, pero se ponían bastante pesados cuando me hacían bromas sobre la insularidad de mi condición femenina. Entre ellos se intercambiaban chistes, de los que por lo común yo era la destinataria, pero pronto se arrepentían, especialmente cuando yo me echaba a llorar, impotente, y me acariciaban o me besaban o me decían: Pero, Mercedes, ¿nunca aprenderás a no tomarnos en serio?

Mis hermanos tenían muchos amigos, entre ellos Dionisio y Juanjo, que eran simpáticos y me trataban con cariño, como si yo fuese una hermanita menor. Pero también estaba Renato, que me molestaba todo lo que podía, pero sin llegar nunca al arrepentimiento final de mis hermanos. Yo lo odiaba, sin ningún descuento, y tenía conciencia de que mi odio era correspondido.

Cuando me convertí en una muchacha, mis padres me dejaban ir a fiestas y bailes, pero siempre y cuando me acompañaran mis hermanos. Ellos cumplían su misión de cancerbero con liberalidad, ya que, una vez introducidos ellos y yo en el jolgorio, cada uno disfrutaba por su cuenta y sólo nos volvíamos a ver cuando venían a buscarme para la vuelta a casa.

Sus amigos a veces venían con nosotros y también las muchachas con las que estaban más o menos enredadas. Yo también tenía mis amigos, pero en el fondo habría preferido que Dionisio, y sobre todo que Juanjo, que me parecía guapísimo, me sacaran a bailar y hasta me

20 hicieran alguna "proposición deshonesta". Sin embargo, para ellos yo seguí siendo la chiquilina de siempre, y eso a pesar de mis pechitos en alza y de mi cintura, que tal vez no era de avispa, pero sí de abeja reina. Renato concurría poco a esas reuniones, y, cuando lo hacía, ni nos mirábamos. La animadversión seguía siendo mutua.

En el carnaval de 1958 nos disfrazamos todos con esmero, gracias a la espontánea

25 colaboración de mamá y sobre todo de la tía Ramona, que era modista. Así mis hermanos fueron, por orden de edades: un mosquetero, un pirata, un cura párroco, un marciano y un esgrimista. Yo era Cleopatra, y por si alguien no se daba cuenta, a primera vista, de a quién representaba, llevaba una serpiente de plástico que me rodeaba el cuello. Ya sé que la historia habla de un áspid, pero a falta de áspid, la serpiente de plástico era un buen sucedáneo.

30 Mamá estaba un poco escandalizada porque se me veía el ombligo, pero uno de mis hermanos la tranquilizó: "No te preocupes, vieja, nadie se va a sentir tentado por ese ombliguito de recién nacido". A esa altura yo ya no lloraba con sus bromas, así que le di al descarado un puñetazo en pleno estómago, que lo dejó sin habla por un buen rato. Rememorando viejos diálogos, le dije: "Disculpá* hermanito, pero no es para tanto, ¿cuándo

35 aprenderás a no tomar en serio mis golpes de karate"?

Nos pusimos caretas o antifaces. Yo llevaba un antifaz dorado, para no desentonar con la pechera áurea de Cleopatra. Cuando ingresamos en el baile (era en el club de Malvín) hubo murmullos de asombro y hasta aplausos. Parecíamos un desfile de modelos. Como siempre, nos separamos y yo me divertí de lo lindo. Bailé con un arlequín, un domador, un paje, un

40 payaso y un marqués.

De pronto, cuando estaba en plena rumba con un chimpancé, un cacique piel roja, de buena estampa, me arrancó de los peludos brazos del primate y ya no me dejó en toda la noche. Bailamos tangos, más rumbas, boleros, milongas, y fuimos sacudidos por el recién estrenado seísmo del rock and roll. Mi pareja llevaba una careta muy pintarrajeada, como

45 correspondía a su apelativo de Cara Rayada.

Aunque forzaba una voz de máscara que evidentemente no era la suya, desde el primer momento estuve segura de que se trataba de Juanjo (entre otros indicios, me llamaba por mi nombre) y mi corazón empezó a saltar al compás de ritmos tan variados. En ese club nunca contrataban orquestas, pero tenían un estupendo equipo sonoro que iba alternando los

50 géneros, a fin de (así lo habían advertido) conformar a todos. Como era de esperar, cada nueva pieza era recibida con aplausos y abucheos, pero en la siguiente era todo lo contrario: abucheos y aplausos. Cuando llegó el turno de un bolero, el cacique me dijo: "Esto es muy cursi", me tomó de la mano y me llevó al jardín, a esa altura ya colmado de parejas, cada una en su rincón de sombra.

55 "Creo que ya era hora de que nos encontráramos así, Mercedes, la verdad es que te has convertido en una mujercita". Me besó sin pedir permiso y a mí me pareció la gloria. Le devolví el beso con hambre atrasada. Me enlazó por la cintura y rodeé su cuello con mis

---

***Disculpá** is the informal usage of the word **disculpe** in Argentina and Uruguay.

brazos de Cleopatra. Recuerdo que la serpiente me molestaba, así que la arranqué de un tirón y la dejé en un cantero, con la secreta esperanza de asustar a alguien.

Nos besamos y nos besamos, y él murmuraba cosas lindas en mi oído. También acariciaba de vez en cuando, y yo diría con discreción, el ombligo de Cleopatra y tuve la impresión de que no le pareció el de un recién nacido. Ambos estábamos bastante excitados cuando escuché la voz de uno de mis hermanos: había llegado la hora del regreso. "Mejor te hubieras disfrazado de Cenicienta", dijo Cara Rayada con un tonito de despecho, "Cleopatra no regresaba a casa tan temprano". Lo dijo recuperando su verdadera voz y al mismo tiempo se quitó la careta. Recuerdo ese momento como lo más desgraciado de mi juventud. Tal vez Uds. lo hayan adivinado: no era Juanjo sino Renato. Renato, que despojado ya de su careta de fabuloso cacique, se había puesto la otra máscara, la de su rostro real, esa que yo siempre había odiado y seguí por mucho tiempo odiando. Todavía hoy, a treinta años de aquellos carnavales, siento que sobrevive en mí una casi imperceptible hebra de aquel odio. Todavía hoy, aunque sea mi marido.

12-29 ¿Qué nos dice el texto? Contesta estas preguntas, según el texto.

1. ¿Cuántos hermanos y hermanas había en esta familia?
2. ¿Qué hacía llorar a la niña con frecuencia?
3. ¿Quiénes eran los amigos de los hermanos? ¿Qué relación tenían con Mercedes?
4. ¿Cuál era la condición de los padres para que Mercedes fuera a las fiestas?
5. ¿Con quién hubiera querido bailar Mercedes? ¿Por qué no la sacaban a bailar ellos?
6. ¿Cómo era el disfraz de Mercedes en el carnaval de 1958?
7. ¿Qué danzas bailó Mercedes y con quién?
8. ¿Qué pasó con Mercedes y su pareja en el jardín?
9. ¿A quién descubrió Mercedes detrás de la careta de cacique? ¿Cómo se sintió ella?
10. ¿Cuál fue el final de esta pareja?

12-30 Resumen. En parejas, hagan un resumen corto del cuento y preséntenlo a la clase.

12-31 ¿Podría haber sido diferente? En grupos pequeños imaginen un final distinto. Continúen el cuento desde la siguiente oración.

> "Cleopatra no regresaba a casa tan temprano". Lo dijo recuperando su verdadera voz y al mismo tiempo se quitó la careta...

12-32 Sorpresas te da la vida. Comenta con un/a compañero/a alguna situación en la que hayas sido sorprendido/a, como la protagonista del cuento de Benedetti. Si no recuerdas ninguna, inventa una historia parecida.

12-33 Después de la fiesta. Nos divertimos y gozamos de las fiestas pero todo tiene su fin. Piensen en las partes de una fiesta y su final.

1. ¿Cuál es para Uds. la mejor parte?, ¿la peor? ¿Por qué?
2. Una fiesta perfecta es una fiesta en la que…
3. ¿Qué consejos pueden dar para tener una fiesta perfecta? Mencionen cuatro.
4. ¿Qué hay que hacer después de la fiesta? Enumeren por lo menos cuatro actividades. ¿Cómo pueden hacer esta tarea más liviana?

POEMA

Julio Cortázar (1934–1984)

Julio Cortázar fue un escritor e intelectual argentino que vivió la mayor parte de su vida en Francia. Se lo considera uno de los autores más innovadores y originales de su tiempo, maestro del relato corto, la prosa poética y la narración breve. Es el que da comienzo a esta nueva forma literaria latinoamericana.

Después de las fiestas

Y cuando todo el mundo se iba
y nos quedábamos los dos
entre vasos vacíos y ceniceros sucios,

qué hermoso era saber que estabas
5   ahí como un remanso,
sola conmigo al borde de la noche,
y que durabas, eras más que el tiempo,

eras la que no se iba
porque una misma almohada
10   y una misma tibieza
iba a llamarnos otra vez
a despertar al nuevo día,
juntos, riendo, despeinados.

Después de las fiestas.

12-34 ¿Qué te parece? ¿Puedes explicar en tus propias palabras el poema? ¿Qué describe? ¿De quién habla? ¿Qué dice de esa persona? ¿Qué sentimientos produce esa persona?

12-35 Mi verso preferido. Elige el verso o los versos que más te gustan y explica por qué.

Avancemos con la escritura

Antes de escribir

Estrategia de escritura: *Argumentation*

When you find yourself in the midst of a heated discussion, it's usually because you hold an opinion that is being challenged and you want to persuade the other person to see things your way. It is the same in writing: you want to persuade the reader to accept your ideas. When arguing for a point of view in writing, you may use many of the strategies that you have already learned. You can give weight to your position by describing or narrating an event, contrasting and comparing two things, or presenting causes and effects.

The most effective way to persuade the reader is to show that you are well-informed about the arguments for and against your position. Therefore, the first step is to collect data that supports your opinion. Your presentation should state your position clearly in the first sentence of the opening paragraph, and, if possible, acknowledge the opposing views. In the following paragraphs, you should present the arguments that support your opinion, and you may refute some of the arguments that differ. In your conclusion, you may choose to present your solution to the problem or a way of reconciling your differences with the opposing view. You can also summarize your views or offer a vision for the future.

Format 1	Format 2
Statement of your opinion	Statement of your opinion
Supporting information	Arguments for or against
Supporting information	Arguments for or against
Supporting information	Arguments for or against
Conclusion (may be a vision for the future)	Conclusion: Solution

---

Palabras de enlace: la argumentación

Estas frases son apropiadas para usar en la argumentación:
Es evidente que...
Está claro que...
Es lógico pensar que...
Estar de acuerdo con...
Según los conocedores / expertos / investigadores...
Proponer / opinar / mantener que...
Por un lado... / por otro lado...

12-36 ¿Qué opinas tú? Escojan uno de estos temas y hagan una lista de argumentos a favor o en contra de estas posturas. Luego, preséntenlas a la clase. La clase debe criticar sus argumentos.

Expresen sus opiniones a favor o en contra de las siguientes ideas.

1. Las fiestas en las fraternidades universitarias deberían ser prohibidas porque hay muchos abusos en las mismas.
2. Las grandes fiestas del pueblo sólo sirven para derrochar dinero.
3. El romanticismo es una mentira. No existen los finales felices como en los cuentos de hadas (*fairy tales*).

Hagan una lista de la información que necesitan buscar para fundamentar sus argumentos.

12-37 **¿Cuál es tu posición?** Basándote en los temas de la **actividad 12-35**, escribe un bosquejo de la argumentación que vas a presentar, siguiendo esta guía.

1. Escribe una oración que presente claramente la tesis de tu postura.
2. Escribe una oración que presente la postura contraria.
3. Escribe tres ideas que vas a desarrollar para apoyar tu tesis.
4. Escribe la conclusión.

A escribir

12-38 **Mis ideas.** Usando el bosquejo de la **actividad 12-37**, escribe un ensayo que presente tu opinión personal sobre el tema escogido. Escoge el formato en el que vas a presentar tu argumentación.

Antes de entregar tu argumentación, asegúrate de haber incluido y revisado lo siguiente:

- La secuencia de tiempos
- El subjuntivo en oraciones condicionales
- La concordancia
- Palabras de enlace

🔊 Vocabulario

Los festejos — Festivities, celebrations

cumplir años	to have a birthday
el desfile	parade
el día del santo	saint's day
el día feriado / festivo	holiday
la fiesta patria / religiosa / patronal	national / religious / patron saint's holiday
los fuegos artificiales	fireworks
hacer una fiesta	to have a party

Sustantivos

el acontecimiento	event
el afecto	affection, love
la aglomeración	crowd
la alegría	joy, happiness
la almohada	pillow
el/la amante	lover
el antifaz	mask
la bandera	flag
el brindis	toast (in honor of a person / an event)
la broma	joke
la careta	mask
el cariño	fondness, affection
el cenicero	ashtray
el chiste	joke
el cumpleaños	birthday
el derroche	waste, squandering
la euforia	euphoria
el globo	balloon
la guirnalda	streamer
el hilo	thread
el jolgorio	merrymaking, revelry
el júbilo	jubilation, rejoicing
la masa	mass (of people)
el murmullo	to murmur, whisper
el ombligo	belly button, navel
el/la payaso/a	clown
la pena de amor	lovesickness
el sentimiento	feeling, emotion
la tibieza	warmth
la vida diaria	everyday life

Verbos

abrazar	to embrace, hug
acariciar	to caress
adorar	to adore
alegrar(se)	to be happy
arrepentirse (ie)	to repent
asombrar	to amaze, astonish
avergonzarse de (üe)	to be ashamed of
besar	to kiss
brindar por	to toast to
contar (ue) chistes	to tell jokes
convidar	to invite
disfrazarse	to disguise oneself; to dress up (as)
emborracharse	to get drunk
entusiasmar(se)	to get excited / enthusiastic
estar enredado/a con	to be involved with (as in a romantic relationship)
festejar	to celebrate
gozar	to enjoy
hacer un brindis	to make a toast
hacer bromas	to make jokes
llevar	to take (to or away)
murmurar	to whisper
reunirse	to get together; to meet
rezar	to pray
sobresalir	to stand out, excel
temer	to be afraid
traer	to bring (from)

Adjetivos

despeinado/a	tousled
mutuo/a	mutual
ruidoso/a	noisy
solitario/a	lonely, solitary
vacío/a	empty

Expresiones útiles

la despedida de soltero/a	bachelor party / bachelorette party; bridal shower
enamorarse de	to fall in love with
tener (ie) celos de	to be jealous of

Otras palabras útiles

el beso	kiss
comprometerse	to get engaged
gastar	to spend
impresionar	to impress
el ser	being (in the sense of "person")

Cabos sueltos

Capítulo 1

Hablemos de nosotros

Repasemos 1

Describing people and things: Adjective agreement

A. Form of adjectives

In Spanish, adjectives agree in gender and number with the noun they modify. There are three rules to remember for the formation of adjectives.

1. Adjectives that end in **-o** change to **-a** in the feminine and form the plural by adding an **-s**.

	Masculino	Femenino
Singular	cariño**o**	cariño**a**
Plural	cariño**os**	cariño**as**

El padre es **cariñoso** con sus niños.	*The father is loving toward his children.*
Los padres son **cariñosos** con sus niños.	*The parents are loving toward their children.*
La novia es **cariñosa** con su novio.	*The bride is loving toward her groom.*
Las novias son **cariñosas** con sus novios.	*The brides are loving toward their grooms.*

2. Adjectives that end in **-e, -l,** or **-ista** change only in the plural by adding **-s** or **-es.** The same ending is used for the feminine and masculine.

	Singular	Plural
Masculino	agradabl**e**	agradabl**es**
Femenino	débi**l**	débi**les**
	material**ista**	material**istas**

Su sobrina tiene una personalidad **agradable**.	*His niece has a pleasant personality.*
Este es un lugar **agradable**.	*This is a pleasant place.*
Mi hermano es **materialista** pero mi madre es **idealista**.	*My brother is materialistic but my mother is idealistic.*
Estas muchachas no son **débiles**.	*These girls are not weak.*
Sus primos son **débiles**.	*Their cousins are weak.*

3. Adjectives that end in **-dor** and adjectives of nationality that end in **-ol, -án,** or **-és** add an **a** in the feminine and an **-es** or **-s** in the plural.

	Singular		Plural	
	Masculino	**Femenino**	**Masculino**	**Femenino**
	trabaja**dor**	trabaja**dora**	trabaja**dores**	trabaja**doras**
	españ**ol**	españ**ola**	españ**oles**	españ**olas**
	alem**án**	alem**ana***	alem**anes**	alem**anas**
	ingl**és**	ingl**esa**	ingl**eses**	ingl**esas**

***Note:** The accent mark is dropped in the feminine singular form with adjectives of nationality that carry an accent mark on the last syllable of the masculine singular form.

Luis es un muchacho **trabajador** y Ana es **trabajadora** también.	*Luis is a hard-working young man, and Ana is hard-working too.*
A mi amigo **inglés** no le gusta la comida **inglesa**.	*My English friend does not like English food.*
Las fiestas familiares **españolas** incluyen a todos los parientes.	*Spanish family parties include all the relatives.*

B. Position of adjectives

1. Usually descriptive adjectives are placed after the noun they modify.

Mi prima tiene el cabello **rizado**.	*My cousin has curly hair.*

2. The adjectives **bueno** and **malo** may be placed before the noun. In this case the masculine adjectives drop the -**o**.

Pedro es un **buen** tío y su esposa es una **buena** tía.	*Pedro is a good uncle and his wife is a good aunt.*
Esa muchacha tiene **mal** carácter; siempre tiene **mala** cara.	*That young girl has a bad temper; she always has an unpleasant expression on her face.*

CS1-1 Descripciones. Usa los adjetivos descriptivos para describir a las siguientes personas. (Mira la lista en la página 9.)

1. Tus vecinos/as: _____.

2. Tu pariente preferido: _____.

3. Tus abuelos/as: _____.

4. Una persona a la que admiras mucho:_____.

5. Tu compañero/a de cuarto o casa: _____.

6. Tus amigos/as de la escuela secundaria: _____.

CS1-2 ¿Cómo son? Describe cómo son estas cosas. Usa los adjetivos descriptivos.

1. Tu cuarto: _____.

2. Tus hermanos/as: _____.

3. Tus dos mejores clases: _____

4. Tu casa: _____.

5. Tu libro preferido: _____.

6. Tus profesores/as preferidos/as: _____.

CS1-3 Nacionalidades. Describe la nacionalidad de estas personas con el adjetivo correspondiente al país dado.

> MODELO: Raquel y Mario / Venezuela
> *Raquel y Mario son venezolanos.*

1. Juliana / Perú
2. Gabriela / Uruguay
3. Greta y Ansel / Alemania

4. Carlos y Gustavo / España
5. Betsy / Inglaterra
6. Ramón y Ester / Colombia

CS1-4 Cosas, lugares y personas especiales. ¿Cuáles son tus cosas, lugares o personas preferidos? Descríbelos con los adjetivos descriptivos y explica por qué son especiales para ti. Sigue el modelo.

> MODELO: *Mi lugar preferido es mi casa porque es grande y cómoda.*

1. Mi lugar preferido es...
2. Mi artista preferido/a es...
3. Mi amigo/a preferido/a es...

4. Mi animal preferido es...
5. Mi juego preferido es...
6. ¿ ... ?

Repasemos 2

Discussing daily activities: Present indicative tense of regular verbs

A. Uses of the present tense

1. Use the present tense to talk about daily activities, present events, and present habitual actions.

Los chicos **juegan** al tenis todas las tardes.	*The boys play tennis every afternoon.*
Yo **soy** vegetariana; no como carne.	*I am a vegetarian; I don't eat meat.*

2. Use it also to make a past event more vivid, especially in narration.

Einstein **descubre** la ley de la relatividad.	*Einstein discovers the law of relativity.*

3. When discussing actions in progress at the moment of speaking, you can use either the present or present progressive. A complete explanation of the present progressive follows in the next section of **Cabos sueltos**.

Miro a Ester y me **doy** cuenta de que **se parece** a su tía.	*I look at Esther and I realize that she looks like her aunt.*
Ahora **estoy escribiendo** una novela.	*Now I am writing a novel.*

Note: The present tense in Spanish has several equivalents in English.

Yo canto.	*I sing. / I do sing. / I am singing.*

B. Forms

There are three major groups of verb conjugations in the present tense: regular verbs, irregular verbs, and stem-changing verbs. Here are the forms for the regular verbs. Irregular verbs and stem-changing verbs are on pages 12–13.

Regular verbs

To conjugate a regular verb in the present tense, add these endings to the stem.

Subject pronoun	-ar	-er	-ir
	caminar	**correr**	**escribir**
yo	camin**o**	corr**o**	escrib**o**
tú	camin**as**	corr**es**	escrib**es**
él/ella/Ud.	camin**a**	corr**e**	escrib**e**
nosotros/as	camin**amos**	corr**emos**	escrib**imos**
vosotros/as	camin**áis**	corr**éis**	escrib**ís**
ellos/ellas/Uds.	camin**an**	corr**en**	escrib**en**

1. Other **-ar** verbs:

aceptar	*to accept*	**madurar**	*to mature*
adoptar	*to adopt*	**mimar**	*to pet, indulge, spoil*
ahorrar	*to save*	**ocupar**	*to occupy*
amar	*to love*	**odiar**	*to hate*
cambiar	*to change*	**pesar**	*to weigh*
cuidar	*to take care of*	**protestar**	*to protest*
determinar	*to determine*	**separar**	*to separate*
explicar	*to explain*	**tolerar**	*to tolerate*
gastar	*to spend (money)*	**usar**	*to use*
llevar	*to take, carry*	**visitar**	*to visit*

2. Other **-er** verbs:

aprender	*to learn*	**creer**	*to believe*
beber	*to drink*	**deber**	*ought to, should*
comer	*to eat*	**leer**	*to read*
comprender	*to understand*	**vender**	*to sell*

3. Other **-ir** verbs:

asistir	*to attend*	**insistir**	*to insist*
compartir	*to share*	**permitir**	*to allow*
decidir	*to decide*	**recibir**	*to receive*
discutir	*to argue*	**vivir**	*to live*

CS1-5 Las reglas de los padres. Completa las oraciones con la forma correcta de los verbos correspondientes. ¡OJO! Conjuga el verbo de acuerdo al contexto. Do not repeat the verbs in each sentence.

1. Mis padres tienen muchas reglas que yo no _____. A aunque yo siempre _____ cuando tengo que hacer lo que dicen, al final _____ las reglas.

> protestar   aceptar   decidir   comprender

2. Yo sé que ellos me _____ porque, siempre que pueden, me _____ con regalos y cariño. Además, ellos _____ todas mis locuras y me _____ en todo lo que hago.

> tolerar   mimar   amar   apoyar   asistir

3. Ellos _____ en que yo _____ madurar y cambiar mi actitud rebelde. Ellos piensan que yo _____ una postura rebelde sin razón.

separar   insistir   deber   adoptar   cambiar

4. Yo les _____ que un adolescente tiene que rebelarse contra algo o alguien. Eso es parte de crecer. _____ que me entienden porque _____ que practique con mi conjunto musical "Los descamisados" en el garaje de casa.

explicar   permitir   determinar   creer

CS1-6 La decisión de las chicas. Completa los espacios en blanco con la forma correcta del verbo para saber cuál es la decisión de estas dos chicas.

Mi amiga Teresita (1. odiar) _____ el frío. Yo tampoco lo (2. tolerar) _____ mucho. Por eso, las dos (3. decidir) _____ asistir a una universidad en Florida. Mi novio (4. asistir) _____ a una universidad en Nueva York y él (5. creer) _____ que no hay otra ciudad mejor. Pero Teresita y yo le (6. explicar) _____ que, para nosotras, es más importante el clima que las oportunidades que ofrece una ciudad como Nueva York. Así es que, esta semana, nosotras (7. visitar) _____ unas universidades en Miami. Nos encanta el clima y la gente aquí. Nosotras (8. pensar) _____ compartir un apartamento cerca de la universidad. (9. creer) _____ que esta decisión es lo mejor para nosotras.

CS1-7 ¿Qué haces? Completa las siguientes oraciones, describiendo tus hábitos.

1. Casi siempre _____.
2. Casi nunca _____.
3. Una vez al mes _____.
4. Todos los fines de semana _____.
5. Una vez al año _____.
6. Todos los días _____.

Repasemos 3

Describing actions in progress: Present progressive tense

In Spanish, the present progressive tense is used to express an action that is happening at the moment of speaking. It is formed by the verb **estar** + present participle.

Los gemelos **están jugando ahora**.   *The twins are playing now.*

A. Uses

1. It is used only for something that is happening right now. Unlike English, the present progressive in Spanish is not used for an action that will take place in the future or takes place during an extended period of time. In those cases, Spanish uses the simple

present tense. Notice the differences between English and Spanish in the following examples.

La tía **está cuidando** al bebé **en este momento**.	*The aunt is taking care of the baby right now.*
Mi hermana **se casa** dentro de dos meses.	*My sister is getting married in two months.*
David y Luisa **viven** juntos.	*David and Luisa are living together.*

2. The progressive tense may also be expressed with the present tense of the verbs **andar, continuar, ir, seguir**, and **venir** + present participle.

Los chicos **andan corriendo** por afuera.	*The children are running outside.*
La familia **continúa estando** intacta.	*The family continues to be intact.*
Ellos **van cantando** al trabajo.	*They go to work singing.*
Los niños **siguen creciendo** en familias.	*The children continue to grow in families.*
Esto **viene cambiando** desde hace tiempo.	*This change has been coming for some time.*

B. Forms of the present participle

1. To form the present participle, find the stem of the verb and add **-ando** to **-ar** verbs and **-iendo** to **-er** and **-ir** verbs.

Present participle forms	
-ar → -ando	cambiar → cambi- → cambi**ando**
-er, -ir → -iendo	aprender → aprend- → aprend**iendo**
	compartir → compart- → compart**iendo**

2. With **-er** and **-ir** verbs, add **-yendo** if the stem ends in a vowel.

leer → le → le**yendo**	construir → constru → constru**yendo**

3. Note that **-ir** verbs that change **e → i** or **o → u** in the third person of the preterite, show the same change in the stem of the present participle.

servir → **sir**viendo	dormir → **du**rmiendo

4. The present participle of **ir** (*to go*) is **yendo**.

Note: In Spanish the present participle is called **el gerundio** (*the gerund*).

CS1-8 Los Hernández se mudan. ¿Qué están haciendo los miembros de la familia Hernández en este momento?

1. Alicia / traer las cajas de ropa
2. Elisa / comer un sándwich
3. El Sr. Hernández / preparar el coche
4. Tomás / limpiar su cuarto
5. La Sra. Hernández / salir de su casa
6. Héctor / mover el equipo de música

CS1-9 Una familia muy grande. En esta familia, todos están muy ocupados. Llena los espacios en blanco con la forma correcta del verbo.

Hay diez personas que viven juntas en la casa de la familia Martínez: los abuelos, seis hijos y el señor y la señora Martínez. En este momento la abuela (1. mimar) _____ al hermanito mediano. La madre le (2. cambiar) _____ la ropa al bebé. El padre le (3. leer)_____ un libro al niño de cinco años. Los gemelos (4. jugar) _____ al ajedrez. El perro (5. dormir) _____ en el jardín. El abuelo (6. mirar) _____ un programa de televisión. La niña mayor le (7. servir) _____ un vaso de leche a su amiga. Todos (8. hacer) _____ algo.

Repasemos 4

Asking questions

A. Forming yes/no questions

There are three ways of asking a question that require a yes/no answer.

1. Applying a rising intonation to the statement.

   ¿Hay ocho personas en tu familia?

2. Placing the verb before the subject and using a rising intonation.

   (verb + subject + complement)

   ¿Tienen Uds. bisabuelos?

3. Using the tag words **¿no?** or **¿verdad?** at the end of a statement. **¿No?** is only used in affirmative statements, never in negative ones. **¿Verdad?** is used in both negative and affirmative statements.

Eres bilingüe, **¿no?**	*You are bilingual, aren't you?*
Ud. no habla inglés, **¿verdad?**	*You don't speak English, do you?*
Ellos son de Paraguay, **¿verdad?**	*They are from Paraguay, aren't they?*

In writing, Spanish uses the inverted question mark at the beginning of a question and the regular question mark at the end.

B. Question words

When asking for specific information, Spanish uses specific question words and always inverts the subject and verb order.

Question word	+	Verb	+	Subject
¿De dónde		son		Uds.?

Palabras interrogativas

¿Cómo?	*How?*	**¿Dónde?**	*Where?*
¿Cuál?	*Which (one)?*	**¿De dónde?**	*Where . . . from?*
¿Cuáles?	*Which one(s)?*	**¿Adónde?**	*Where . . . to?*
¿Cuándo?	*When?*	**¿Por qué?**	*Why?*
¿Cuánto/a?	*How much?*	**¿Qué?**	*What?*
¿Cuántos/as?	*How many?*	**¿Quién? ¿Quiénes?**	*Who?*

1. **Cuánto/a, cuántos/as** agree in gender and number with the noun that follows.

   ¿**Cuántas** tías tienes?
   ¿**Cuánto** dinero necesitamos para comprar un pasaje a los EE.UU.?

2. **Cuál, cuáles** are pronouns used to make a selection of an item from a group. They usually refer to a previously mentioned noun.

   A mí me gusta este libro. ¿**Cuál** te gusta a ti?

CS1-10 En la oficina de la alcaldía. Tu trabajo en esta oficina es entrevistar a las personas que quieren obtener documentos legales. Tienes que llenar esta planilla haciéndoles las preguntas correspondientes. Escribe las preguntas que les vas a hacer a las personas.

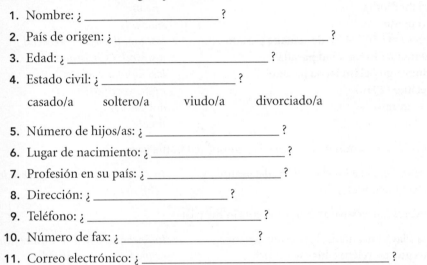

MODELO: Ciudad de origen: *¿De dónde es Ud.?*

1. Nombre: ¿ _____ ?
2. País de origen: ¿ _____ ?
3. Edad: ¿ _____ ?
4. Estado civil: ¿ _____ ?

   casado/a   soltero/a   viudo/a   divorciado/a

5. Número de hijos/as: ¿ _____ ?
6. Lugar de nacimiento: ¿ _____ ?
7. Profesión en su país: ¿ _____ ?
8. Dirección: ¿ _____ ?
9. Teléfono: ¿ _____ ?
10. Número de fax: ¿ _____ ?
11. Correo electrónico: ¿ _____ ?

CS1-11 Los famosos. Escribe tres preguntas que te gustaría hacerles a cuatro de estos personajes famosos.

Carlos Santana	Antonio Banderas	Penélope Cruz
Shakira	Juanes	Salma Hayek
Gloria Estefan	Andy García	Enrique Iglesias

Capítulo 2

Hablemos de viajes

Repasemos 1

Talking about past activities: The preterite

To talk about past events in Spanish, you need to use two different aspects of the past tense: the preterite and the imperfect. Here you are going to review the uses and forms of the preterite. In general terms, we use the preterite when we think of the event as a completed action in the past. It refers to an action that took place at a specific time in the past.

A. Uses of the preterite

The preterite is used in the following situations:

1. To express an action that took place at a definite time in the past

   El lunes por la mañana, abordé el avión que me **trajo** a México.   *On Monday morning, I got on the plane that brought me to Mexico.*

   These words and expressions denote specific time and are often used with the preterite:

ayer	*yesterday*
anteayer	*the day before yesterday*
anoche	*last night*
anteanoche	*the night before last*
a las dos de la tarde /las doce del mediodía	*at two in the afternoon / twelve noon*
de repente	*suddenly*
el mes / el año / el fin de semana pasado	*last month / year / weekend*
la semana / la Navidad pasada	*last week / Christmas*
el domingo / el invierno pasado	*last Sunday / winter*
en el año (2010)	*in the year (2010)*
hace un rato	*a while ago*
por fin	*finally*

2. To express an action that is viewed as completed in the past

   En Acapulco, **vi** a los clavadistas del acantilado de La Quebrada.   *In Acapulco, I saw the Quebrada cliff divers.*

3. To express successive actions or events in the past

   En la Playa Encantada, **hice** esquí acuático, **navegué** en velero e **hice** windsurf.   *In Encantada Beach, I water skied, sailed, and windsurfed.*

4. When the beginning and /or end of an action are stated or implicit

   Cuando el avión **despegó, comenzó** mi gran aventura.   *When the plane took off, my great adventure began.*

   Para **terminar** de broncearme, me **eché** una siesta en la blanca arena.   *In order to finish my tan, I took a nap on the white sand.*

B. Forms of the preterite

1. **Regular verbs**

   To form the preterite of regular verbs, drop the **-ar, -er,** or **-ir** ending from the infinitive and add the following endings. Note that the endings for **-er** and **-ir** verbs are identical.

-ar	-er	-ir
viajar	**comer**	**escribir**
viaj**é**	com**í**	escrib**í**
viaj**aste**	com**iste**	escrib**iste**
viaj**ó**	com**ió**	escrib**ió**
viaj**amos**	com**imos**	escrib**imos**
viaj**asteis**	com**isteis**	escrib**isteis**
viaj**aron**	com**ieron**	escrib**ieron**

2. **Spelling changes in the first person singular**

- In order to keep the pronunciation of the hard **c** and **g** sounds, the regular verbs that end in **-car** or **-gar** change the **c** → **qu** and the **g** → **gu** in the first person singular.
- Verbs that end in **-zar** change the **z** → **c** in the first person singular.

-car = c → qu	**-gar = g → gu**	**-zar = z → c**
buscar → busqué	llegar → llegué	almorzar → almorcé
-car: explicar, practicar, sacar	**-gar:** jugar, navegar, pagar	**-zar:** comenzar, empezar, utilizar

Les **expliqué** a los turistas que cuando **saqué** los pasajes, **pagué** con un cheque.
No **almorcé** para llegar a tiempo a la estación.

I explained to the tourists that when I got the tickets, I paid with a check.
I did not eat lunch in order to get to the station on time.

3. **Irregular verbs**

The preterite has its own set of irregularities. These irregularities are not the same as those of the present tense. Look at the example and study the following charts.

Todas las noches me **acuesto** tarde, pero anoche me **acosté** temprano.

Every night I go to bed late, but last night I went to bed early.

a. Verbs with irregular forms in the preterite

Observe the ending of the following verbs in points **a** and **b** above. The irregular verbs and the **e** → **i** stem-changing verbs have the same special set of endings.

andar:	anduve, anduviste, anduvo, anduvimos, anduvisteis, anduvieron
estar:	estuve, estuviste, estuvo, estuvimos, estuvisteis, estuvieron
poder:	pude, pudiste, pudo, pudimos, pudisteis, pudieron
poner:	puse, pusiste, puso, pusimos, pusisteis, pusieron
tener:	tuve, tuviste, tuvo, tuvimos, tuvisteis, tuvieron
saber:	supe, supiste, supo, supimos, supisteis, supieron

b. Stem-changing verbs **e** → **i**

hacer:	hice, hiciste, hizo, hicimos, hicisteis, hicieron
querer:	quise, quisiste, quiso, quisimos, quisisteis, quisieron
venir:	vine, viniste, vino, vinimos, vinisteis, vinieron

c. Stem-changing verbs **-y**

The verb **oír** and verbs ending in **-eer** and **-uir** add **-y** in the third person singular and plural and have their special set of endings.

oír:	oí, oíste, oyó, oímos, oísteis, oyeron
leer:	leí, leíste, leyó, leímos, leísteis, leyeron
construir:	construí, construiste, construyó, construimos, construisteis, construyeron

d. Stem-changing verbs **-j**

The verbs **decir** and **traer** and verbs ending in **-cir** add **-j** to the stem.

decir:	dije, dijiste, dijo, dijimos, dijisteis, dijeron
traer:	traje, trajiste, trajo, trajimos, trajisteis, trajeron
conducir:	conduje, condujiste, condujo, condujimos, condujisteis, condujeron

e. Other irregular verbs:

dar:	di, diste, dio, dimos, disteis, dieron
ir:	fui, fuiste, fue, fuimos, fuisteis, fueron
ser:	fui, fuiste, fue, fuimos, fuisteis, fueron

Note that **ser** and **ir** have the same form in the preterite. Context will determine the meaning of the verb.

Fuimos a pasear por el acantilado.   *We went for a walk on the cliff.*
Fue un paseo inolvidable.   *It was an unforgettable walk.*

f. -**ir** stem-changing verbs

The -**ir** verbs that stem change in the present also change in the preterite, but the change is different. The only changes occur in the third person singular and plural:

e $\rightarrow$ i and o $\rightarrow$ u.

Note: In the glossary, the present and preterite stem changes are indicated in parentheses after the word: **divertirse (ie, i)**.

Present: e $\rightarrow$ ie	Present: e $\rightarrow$ i	Present: o $\rightarrow$ ue
Preterite: e $\rightarrow$ i	Preterite: e $\rightarrow$ i	Preterite: o $\rightarrow$ u
divertirse	**despedirse**	**dormir**
me divertí	me despedí	dormí
te divertiste	te despediste	dormiste
se div**i**rtió	se desp**i**dió	d**u**rmió
nos divertimos	nos despedimos	dormimos
os divertisteis	os despedisteis	dormisteis
se div**i**rtieron	se desp**i**dieron	d**u**rmieron

Note: The preterite form of *there was / were* = **hubo**.

CS2-1 La carta de Ramón. Ramón fue de campamento a las montañas con sus amigos. Completa las oraciones con la forma correcta del verbo para terminar la carta que Ramón escribió.

Queridos Mami y Papi:

Cuando yo (1. llegar) _____ al campamento, lo primero que nosotros (2. hacer) _____ (3. ser) _____ poner la tienda de campaña. Luego, Andrés y yo (4. ir) _____ a explorar el lugar. Estábamos muy cerca de un lago: por lo tanto, nosotros (5. decidir) _____ ir a nadar. Más tarde, yo (6. pescar) _____ unos peces que, luego, nosotros (7. comer) _____ para la cena. Al día siguiente, Tomás, Aldo y yo (8. escalar) _____ una montaña. Nosotros (9. levantarse) _____ cuando (10. salir) _____ el sol y (11. empezar) _____ a caminar. Cuando (12. volver) _____ al campamento, (13. tener) _____ un gran problema. Unos animalitos (14. atacar) _____ nuestra comida. No sé cuánto tiempo más vamos a poder estar aquí con lo que nos (15. dejar) _____ para comer.

Hasta pronto,
Ramón

CS2-2 ¿Qué hicieron en el campamento? Estas son algunas de las actividades que los muchachos hicieron en el campamento. Forma frases completas, según el modelo.

MODELO: hacer una caminata por el bosque
Ellos hicieron una caminata por el bosque.

1. hacer esquí acuático
2. echarse una siesta
3. sacar fotos del paisaje
4. hacer caminatas alrededor del lago
5. tomar el sol y nadar
6. leer la guía turística
7. dormir mucho
8. divertirse en el campamento
9. poner la tienda de campaña
10. estar contentos y relajados

CS2-3 Pasó algo importante. ¿Qué fue lo más importante que ocurrió en las siguientes ocasiones? Piensa en las noticias nacionales o internacionales, en tu vida o la de tus familiares y amigos.

1. la semana pasada
2. el mes pasado
3. el verano pasado
4. el 31 de diciembre pasado
5. anoche
6. el fin de semana pasado

Repasemos 2

Telling how long ago something happened: *Hace* + time expressions

To express how long ago an event took place, use the following structures.

> **Hace** + time + **que** + verb in the preterite
> or
> Verb in the preterite + **hace** + time

Pregunta: ¿Cuánto/os/as + time + **hace** + **que** + verb in the preterite?

¿Cuánto tiempo hace que estuviste en Venezuela?	*How long ago were you in Venezuela?*
Hace tres años que estuve en Venezuela.	*It's been three years since I was in Venezuela.*
Estuve en Venezuela **hace tres años**.	*I was in Venezuela three years ago.*

Note: ¿Cuánto? agrees in gender and number with the noun that follows.
   ¿Cuántos meses hace que visitaste México?
   ¿Cuántas semanas hace que sacaste estas fotos?

CS2-4 ¿Recuerdas tus vacaciones? ¿Cuánto tiempo hace que hiciste estas cosas?

MODELO: hacer un viaje
Hace un año que hice un viaje a Italia.

1. buscar boletos baratos en Internet
2. montar a caballo
3. leer una guía turística
4. acampar al aire libre
5. hacer ecoturismo
6. hacer esquí nórdico

Repasemos 3

Describing how life used to be: The imperfect

The imperfect combines with the preterite to paint a fuller picture when talking about the past. In narration, it describes the setting, the state of mind, or the background against which the action takes place. Depending on the context, it may be translated as:

Escalaba una montaña.
I was climbing
I used to climb } *a mountain.*
I climbed

A. Uses of the imperfect

1. To express how life used to be in the past

   Cuando **era** niña, **jugaba** en el parque todos los días.

   When I was a child, I played in the park every day.

2. To express repeated or habitual actions in the past

   Cuando **estaba** de vacaciones, **me levantaba** tarde todas las mañanas.

   When I was on vacation, I used to (would) get up late every morning.

   These words express usual or repeated actions and are often used with the imperfect.

a menudo	*often*
a veces / muchas veces	*sometimes / often*
con frecuencia	*frequently*
de niño/a	*as a child*
generalmente	*generally*
los martes	*on Tuesdays*
por lo general	*in general*
todos los días / meses / años	*every day / month / year*

   The verb **soler (ue)** + infinitive = *used to* + infinitive is always used in the imperfect. It denotes a habitual action in the past.

   Solíamos pasar todos los veranos en la casa de campo.

   We used to spend every summer in our house in the country.

3. To express ongoing actions or states in the past

   El pasajero **leía** el libro tranquilamente.   *The passenger was reading the book quietly.*

   Estar (in the imperfect) + verb stem + **-ando / -iendo** is used to emphasize the ongoing nature of the action.

   Se **estaban divirtiendo** mucho en la piscina de su casa.

   They were having a lot of fun in the swimming pool of his house.

4. To state time in the past

   Eran las tres de la tarde.   *It was three o'clock in the afternoon.*

5. To express age in the past

   Tenía veinte años cuando viajé a España por primera vez.

   I was twenty years old when I traveled to Spain for the first time.

6. To express two simultaneous actions in the past (often joined by *mientras*)

Yo **hacía** las maletas **mientras** mi esposo **pagaba** la cuenta del hotel.

I was packing the suitcases while my husband was paying the hotel bill.

7. To express the intention to do something in the past, without regard for whether or not the action took place (**ir a** + infinitive)

Nosotros **íbamos a visitar** Machu Picchu, pero no tuvimos suficiente tiempo.

We were going to visit Machu Picchu, but we did not have enough time.

Nosotros **íbamos a visitar** Machu Picchu; por eso reservamos una habitación en el hotel cerca de las ruinas.

We were going to visit Machu Picchu; that is why we reserved a room in the hotel near the ruins.

B. Forms

1. Regular verbs

The regular verb conjugation in the imperfect follows this pattern: **-ar** verbs end in **-aba**, and **-er** and **-ir** verbs end in **-ía**. The **-er** and **-ir** verbs share a single set of endings.

-ar	-er	-ir
volar	**conocer**	**salir**
volaba	conocía	salía
volabas	conocías	salías
volaba	conocía	salía
volábamos	conocíamos	salíamos
volabais	conocíais	salíais
volaban	conocían	salían

2. Irregular verbs

There are only three irregular verbs in the imperfect: **ser, ir,** and **ver**. Study these forms.

ir	ser	ver
iba	era	veía
ibas	eras	veías
iba	era	veía
íbamos	éramos	veíamos
ibais	erais	veíais
iban	eran	veían

Note: The imperfect form of *there was/were* = **había**.

CS2-5 Viajes de negocios.

Anita nos cuenta sobre los viajes de su padre. Completa las oraciones para terminar la historia.

Recuerdo que cuando yo (1. ser) _____ niña, mi padre (2. viajar) _____ mucho por su trabajo. Generalmente, él (3. irse) _____ los lunes por la mañana temprano y (4. volver) _____ los jueves por la noche. Los viernes siempre (5. ir) _____ a la oficina aunque a veces (6. estar) _____ cansado del viaje. Pero él nunca (7. quejarse) _____. Al contrario, (8. estar) _____ siempre de buen humor y nos (9. decir) _____ que el lugar más lindo del mundo (10. ser) _____ nuestra casa. Él siempre nos (11. traer) _____ pequeños recuerdos de los lugares que (12. visitar) _____ y yo (13. soñar) _____ que alguna vez iría a visitar los mismos lugares.

CS2-6 Un sueño extraño. Anoche soñaste que ibas en un viaje muy extraño. ¿Cómo era? Usa las siguientes oraciones en el imperfecto para describir tu sueño.

MODELO: yo /estar de viaje / en una cápsula espacial
Anoche soñé que estaba de viaje en una cápsula espacial.

1. yo / aterrizar / en un planeta lejano
2. unos seres extraños / dar / la bienvenida
3. nosotros los / saludar / hablando español
4. ellos / hacer señas / para ir a un lugar cercano
5. nosotros los / seguir / sin miedo
6. ellos / parecer / estar muy interesados en nosotros

CS2-7 Mi niñez. Cuenta los hábitos que tenías cuando eras niño/a. Usa los siguientes verbos en tu relato.

visitar	ir	hacer	jugar	comer	beber	mirar	ser	estar	hablar

MODELO: *Cuando yo era niño/a, jugaba a la casita con mis primas.*

Capítulo 3

Hablemos de la multiculturalidad

¡Sin duda!

Talking about the weather and body sensations: Expressions with *hacer* and *tener*

A. Talking about the weather

1. **Hacer** in the third-person singular is used to describe the weather.

Hace buen tiempo.	*The weather is good.*
Hace sol.	*It is sunny.*
Hace calor / frío.	*It is hot / cold.*
Hace viento.	*It is windy.*

2. **Haber** is also used to describe the weather with the words **viento** and **nubes**.

Hay nubes.	*There are clouds.*
Hay viento.	*It is windy.*

3. Estar is commonly used with **soleado** and **nublado**.

Está soleado.	*It is sunny.*
Está nublado.	*It is cloudy.*

Note: Llover (*to rain*) and **nevar** (*to snow*) are conjugated only in the third-person singular.

Llueve.	*It rains.*
Nieva.	*It snows.*

B. Body sensations

Use **tener** in the following idiomatic expressions.

tener calor / frío	*to be hot / cold (for people and animals)*
tener sueño	*to be sleepy*
tener hambre / sed	*to be hungry / thirsty*
tener miedo	*to be afraid*
tener suerte	*to be lucky*
tener éxito	*to be successful, succeed*
tener ganas de	*to feel like*
tener razón	*to be right*

CS3-1 ¿Qué tiempo hace? Completa las oraciones con la expresión de tiempo que corresponda a cada situación.

MODELO: En Alaska… *hace frío y nieva mucho.*

1. Necesitas un abrigo porque…
2. Tienes que llevar gafas para el sol porque…
3. Debes traer tu traje de baño porque…
4. En el trópico siempre…
5. En la primavera…
6. En el otoño…

CS3-2 ¿Cómo te sientes en estas situaciones? Describe cómo te sientes de acuerdo a cada situación. Usa las expresiones con **tener**.

MODELO: Cuando camino por el bosque de noche, *tengo miedo.*

1. Cuando estoy en el sol en el verano, _____.
2. Cuando no puedo comer por ocho horas, _____.
3. Cuando tengo mucho trabajo y no puedo dormir, _____.
4. Cuando juego en la nieve en el invierno, _____.
5. Cuando gano la lotería, _____.
6. Cuando no bebo nada durante un día entero, _____.

Repasemos 1

Describing daily routines: Reflexive verbs

Reflexive verbs are used to talk about daily routines. These are verbs that indicate that the subject does the action to himself/herself. The reflexive pronoun (**me, te, se, nos, os, se**) must be used with these verbs. In English, the reflexive pronoun is often omitted.

Reflexive pronouns

me	nos
te	os
se	se

Yo **me** lavo.	*I wash myself.*
Tú **te** arreglas.	*You get yourself ready.*
Ana **se** peina.	*Ana combs her hair.*
Ud. **se** levanta.	*You get yourself up.(You get up.)*
Nosotros **nos** bañamos.	*We bathe ourselves.*
Vosotros **os** ducháis.	*You shower yourselves. (You shower.)*
Ellos **se** afeitan.	*They shave themselves. (They shave.)*
Uds. **se** visten.	*You get yourselves dressed. (You get dressed.)*

A. Position of the reflexive pronoun

1. In sentences with a simple verb, it is placed before the conjugated verb.

Nosotras no **nos acostamos** tarde.	*We do not go to bed late.*

2. In sentences with a complex verb, it is placed after and is attached to either the infinitive or gerund.

Los niños van a **levantarse** temprano.	*The children are going to get up early.*

   or

Los niños **se van a levantar** temprano.	*(Before the conjugated verb, rule 1)*
Yo estoy **poniéndome** el suéter.	*I am putting on my sweater.*

   or

Yo **me estoy poniendo** el suéter.	*(Before the conjugated verb, rule 1)*

3. It is placed after and attached to the affirmative command, but it precedes the negative command. A written accent mark is added when the stress falls on the third syllable back from the end of the word as in *lávate*.

Lávate los dientes después de cada comida.	*Brush your teeth after every meal.*
No te bañes con agua fría.	*Don't bathe with cold water.*

B. Daily routine reflexive verbs

These are some commonly used reflexive verbs.

acostarse (ue)	*to go to bed*	**lavarse**	*to wash oneself*
afeitarse	*to shave*	**levantarse**	*to get up*
arreglarse	*to get ready,*	**maquillarse**	*to put on make-up*
	dress up	**peinarse**	*to comb one's hair*
bañarse	*to bathe*	**perfumarse**	*to put on perfume*
cepillarse	*to brush*	**ponerse (la ropa)**	*to put on one's*
(**el pelo / los dientes**)	*(hair / teeth)*		*clothes*
despertarse (ie)	*to wake up*	**quitarse (la ropa)**	*to take off one's*
desvestirse (i, i)	*to undress*		*clothes*
dormirse (ue, u)	*to fall asleep*	**secarse**	*to dry oneself*
ducharse	*to shower*	**vestirse (i, i)**	*to get dressed*

C. Other common reflexive verbs

There are some reflexive verbs in which the action of the verb does not fall back on the subject. The pronoun **se** is an integral part of these verbs. Study the following list.

acordarse (de) (ue)	*to remember*	**mudarse**	*to move (change address)*
adaptarse	*to adapt*	**parecerse (zc)**	*to resemble*
dedicarse (a)	*to devote oneself to*	**preguntarse**	*to wonder*
despedirse (i, i) (de)	*to say good-bye to*	**preocuparse (por)**	*to worry (about)*
divertirse (ie, i)	*to have a good time*	**prepararse**	*to get ready*
equivocarse	*to be wrong*	**quejarse (de)**	*to complain (about)*
establecerse (zc)	*to establish*	**reunirse**	*to get together*
irse	*to go away, leave*	**sentarse (ie)**	*to sit down*
llamarse	*to be called / named*	**sentirse (ie, i)**	*to feel*

The words above are active vocabulary, so you should memorize them.

CS3-3 **La rutina de Pedro.** Completa los espacios en blanco con la forma correcta del verbo entre paréntesis para averiguar qué hace Pedro todas las mañanas.

Todas las mañanas Pedro (1. despertarse) _____ a las 5:00. A las 5:30 (2. levantarse)

_____. Después, (3. afeitarse) _____ y (4. ducharse) _____. Más

tarde, despierta a su esposa para tomar el desayuno juntos. Cuando termina, (5. cepillarse)

_____ los dientes. Un rato más tarde, Pedro (6. vestirse) _____,

(7. peinarse) _____ y (8. despedirse) _____ de su esposa, (9. ponerse)

_____ el abrigo y a las 6:30 (10. irse) _____ a su trabajo.

CS3-4 **Mi rutina diaria.** Describe lo que haces tú cada mañana. Usa las siguientes palabras como guía.

primero	luego	después	más tarde	por último	finalmente

CS3-5 Grandes cambios. Estos tres primos van a empezar sus estudios universitarios este otoño. Completa el párrafo con la forma correcta del verbo reflexivo.

Mis primos preferidos (1. llamarse) _____ Tomás y Raúl. Yo tengo la misma edad que ellos y nosotros acabamos de (2. graduarse) _____ de la escuela secundaria. Resulta que los tres vamos a asistir a la misma universidad. Nosotros (3. prepararse) _____ todo el verano para este gran cambio. Nosotros (4. mudarse) _____ a la universidad en septiembre. Ellos van a conducir su coche y yo voy a (5. reunirse) _____ con ellos allá. Nuestros padres van a (6. despedirse) _____ de nosotros con una fiesta grande a finales de agosto. Yo (7. preocuparse) _____ un poco porque todo va a ser nuevo. A veces (8. preguntarse) _____ si escogí el lugar correcto para mí, si será difícil (9. adaptarse) _____ a la nueva vida. Pero luego pienso que voy a estar con mis primos y entonces (10. sentirse) _____ más seguro y sé que vamos a (11. divertirse) _____ a lo grande, además de estudiar, por supuesto.

Repasemos 2

Describing reciprocal actions: Reciprocal verbs

To express reciprocal actions, Spanish uses the pronouns **nos, os,** and **se,** which are the equivalent of *each other* in English.

Nosotros **nos** ayudamos.	*We help each other.*
Vosotros **os** escribís.	*You write to each other.*
Ellas **se** conocieron en una fiesta.	*They met each other at a party.*

These are some verbs that can be used in a reciprocal way:

abrazarse	*to embrace*	**detestarse**	*to hate*
apoyarse	*to lean on*	**divorciarse**	*to divorce*
ayudarse	*to help*	**entenderse (ie)**	*to understand*
besarse	*to kiss*	**hacerse amigo/a**	*to become friends*
casarse	*to get married*	**juntarse**	*to get together*
comprometerse	*to get engaged*	**llevarse**	*to get along*
comunicarse	*to communicate*	**bien / mal**	*well / badly*
conocerse (zc)	*to get to know a person, meet*	**pelearse**	*to fight*
		saludarse	*to greet*
contarse (ue) todo	*to tell each other everything*	**separarse**	*to separate*
		soportarse	*to stand, put up with (a person)*
criticarse	*to criticize*		
despedirse (i, i)	*to say good-bye*	**tolerarse**	*to tolerate*

This list of verbs is active vocabulary. Memorize it.

CS3-6 **¿Cuándo y con quién?** Explica con quiénes tienes una relación recíproca y cuándo y dónde hacen Uds. lo siguiente.

MODELO: escribirse mensajes por correo electrónico
Mi hermana y yo nos escribimos mensajes por correo electrónico todos los días desde la universidad.

1. encontrarse para ir al cine
2. juntarse para charlar
3. abrazarse
4. besarse
5. saludarse
6. contarse todo

CS3-7 **¿Qué tipo de relación tienes?** Explica con quiénes tienes una relación recíproca, con quién no la tienes y por qué. Usa los verbos recíprocos.

MODELO: comunicarse
Mi madre y yo nos comunicamos muy bien porque ella es muy abierta y yo puedo hablar libremente.
Mi hermana y yo no nos comunicamos bien porque ella es egoísta y yo soy celosa.

1. entenderse
2. llevarse bien
3. pelearse
4. criticarse
5. tolerarse
6. apoyarse
7. ayudarse
8. soportarse

CS3-8 **Y ellos, ¿cómo se llevan?** Los amigos de Erna y Paco hablan de su nueva relación. Completa los espacios en blanco.

ALICIA: ¿Crees que (1. entenderse) _____ bien?

GONZALO: Sí, creo que (2. quererse) _____ mucho.

ALICIA: De eso estoy segura. Pero para que una relación funcione tienen que (3. tolerarse) _____ y (4. comprenderse) _____.

GONZALO: Ya lo sé. Pero el amor ayuda mucho. El otro día estaban (5. besarse) _____ en el parque. Además ellos nunca (6. pelearse) _____ y (7. ayudarse) _____ en todo.

ALICIA: Espero que tú tengas razón y que resulte todo bien. Yo tengo mis dudas.

Repasemos 3

Expressing likes and dislikes: Verbs like *gustar*

The verb **gustar** has a different grammatical structure from its English counterpart. Study the following constructions.

Spanish pattern:	indirect object	+	verb	+	subject
	(No) Me		**gusta**		**la comida puertorriqueña.**
English pattern:	subject	+	verb	+	direct object
	I		*(don't) like*		*Puerto Rican food.*

These verbs follow the same pattern as **gustar**.

aburrir	*to bore*
caer bien / mal	*to suit / not to suit;* *to like / not like a person*
disgustar	*to annoy, displease*
divertir	*to be fun, amuse*
encantar	*to delight, love*
entusiasmar	*to be enthusiastic (about something)*
faltar	*to be missing, lacking*
fascinar	*to fascinate*
fastidiar	*to vex, disappoint*
importar	*to matter; to be important; to care about*
interesar	*to interest*
molestar	*to bother*
parecer	*to seem*
quedar	*to remain, have left*

This list of verbs is active vocabulary. Memorize it.

1. In Spanish, the subject generally comes after the verb. It indicates the person or thing affecting the recipient of the action.

   Nos falta **la tarjeta de residente**.   *We lack a permanent residence card.*
             subject

2. The recipient of the action is indicated by the indirect object.

   Le encanta el ron cubano.   *He loves Cuban rum.*

3. In this structure, the verb is in the third-person either singular or plural, depending on the subject. When followed by an infinitive or a series of infinitives, the verb is singular.

   Nos interesa la arquitectura de las   *We are interested in the architecture of the*
    misiones.   *missions.*
 Me interesan los debates sobre la   *I am interested in the debates about*
    inmigración.   *immigration.*
 ¿Te gusta bailar salsa?   *Do you like to dance salsa?*

4. The verb is in the singular when it is followed by a subordinate clause.

   Me **molesta** cuando se trata mal a los inmigrantes.

5. A prepositional phrase **a** + noun or prepositional pronoun is used to clarify or emphasize the indirect object.

   A la abuela le gusta hablar sobre su   *My grandmother likes to talk about her*
    juventud en Puerto Rico.   *youth in Puerto Rico.*
 ¿A Uds. les divierte esa película?   *Is that movie fun for you people?*

Note: Prepositional pronouns follow the prepositions.

Prepositional pronouns	
mí	nosotros/as
ti	vosotros/as
él/ella/Ud.	ellos/ellas/Uds.

Note: After the preposition **con**, the first- and second-person singular become **conmigo** and **contigo**.

CS3-9 Entrevista. Forma preguntas con estas frases. Luego, interroga a tu compañero/a para saber sobre sus gustos. Informa a la clase sobre sus preferencias.

> MODELO: E1:   *¿Te aburren los debates políticos sobre la inmigración?*
>
>   E2:   *Sí/No, (no) me interesan mucho.*
>
>   E1:   *A Susana (no) le interesan mucho los debates...*

1. encantar / la música latina
2. importar / los problemas raciales
3. disgustar / las leyes de inmigración
4. fascinar / otras culturas
5. interesar / los programas hispanos de la televisión

CS3-10 Los gustos cambian. Compara tus gustos e intereses cuando eras niño/a y ahora. Usa los verbos a continuación y empieza la oración con la frase: *Cuando era niño/a,...*

aburrir	disgustar	encantar	entusiasmar	fascinar	gustar	importar

> MODELO: pasatiempos
>
> *Cuando era niño/a, me entusiasmaba mucho cuando mi madre me llevaba al cine. Ahora me interesa más ir al cine con mis amigos.*

1. deportes
2. comidas
3. libros
4. lugares
5. juguetes
6. películas
7. viajes
8. ¿...?

Antes de leer

Using terms of endearment: Diminutives

The suffixes **-ito**, **-ita** or **-cito**, **-cita** are added to Spanish words to express endearment, cuteness, or smallness.

a. Nouns that end in the vowels **-a** or **-o**, drop the vowel and add **-ito** or **-ita** to the masculine and feminine respectively.

> | Ana → Anita | niño → niñito | sala → salita |
> |---|---|---|

Notice these spelling changes. Words ending in **-co** or **-ca** change the spelling to **-qu** before **-ito** or **-ita**.

Paco → **Paquito**	chica → **chiquita**

b. Nouns that end in a consonant, except **-n** or **-r**, add the suffix **-ito** or **-ita** to the end of the word.

Inés → **Inesita**	Manuel → **Manuelito**

c. Nouns that end in the vowel **-e** or the letters **-n** or **-r**, add the suffix **-cito** to the masculine noun and **-cita** to the feminine noun.

hombre → **hombrecito**	balcón → **balconcito**	mujer → **mujercita**

Notice these spelling changes. One-syllable words that end in **-z** change to **-ce** before adding **-cito** or **-cita**.

luz → **lucecita**

CS3-11 Diminutivos. Da el diminutivo de estas palabras.

1. Andrés _____
2. Nicolás _____
3. mujer _____
4. Miguel _____
5. coche _____

6. papel _____
7. voz _____
8. lápiz _____
9. chico _____
10. poco _____

Capítulo 4

Hablemos de donde vivimos

Repasemos 1

Distinguishing between people and things: The personal *a*

When the direct object is a specific person or persons, or a personalized object like a dear pet, the personal **a** is used before it. If it is a non-specific person or a place or a thing, the **a** is omitted.

Visitamos **a la alcaldesa** de la ciudad para presentarle nuestra organización.	*We visited the mayor of the city to present our organization to her.*
Llevamos **a nuestra perrita** al veterinario porque había que vacunarla.	*We took our puppy to the vet because it was necessary to vaccinate her.*
No visites **la selva tropical** en la estación de lluvias. [place]	*Don't visit the rainforest in the rainy season.*
Necesito **amigos**. [non-specific]	*I need friends.*

Finding the direct object

Remember that, in general, the direct object receives the action of the verb. Usually, in order to find the direct object, ask the question **¿Qué? / ¿A quién?** + verb.

Visitamos la selva tropical.	Conozco a la presidenta de la empresa.
¿Qué visitamos?	¿A quién conozco?
la selva tropical → Direct Object	a la presidenta de la empresa → Direct Object

CS4-1 ¿Qué pasa con la selva tropical? Lee el párrafo y escribe la **a** personal donde sea necesario.

Existe una organización internacional dedicada a proteger (1) _____ la selva tropical. Muchas personas que buscan (2) _____ tierras cultivables van a la selva, cortan (3) _____ los árboles y destruyen (4) _____ la fauna y la flora de la región. Esta organización invitó (5) _____ unos ecólogos para que estudien (6) _____ la situación en la selva del Perú y creen (7)_____ soluciones para las personas del lugar.

　　Los ecólogos también visitaron (8) _____ muchas empresas internacionales, donde dieron conferencias sobre el efecto de la destrucción de la selva. No es bueno talar (9) _____ los árboles que limpian (10) _____ el aire que respiramos. Al final de un año de trabajo, los ecólogos tuvieron que presentar (11)_____ un informe sobre los resultados de esta campaña. El presidente de la organización recibió (12) _____ los ecólogos en su oficina y les dio un premio por sus logros. Aunque ellos trabajaron mucho, el problema sigue siendo grave.

CS4-2 ¿Se necesita o no? Escribe la **a personal** donde sea necesario.

1. Conozco _____ Adolfo muy bien. Es el mejor amigo de mi compañera de cuarto.

2. Estoy contenta de ir a mi casa este fin de semana. Voy a ver _____ mis amigos y _____ mi gatito que hace mucho que no los veo.

3. Me encantaría visitar _____ las ruinas de Machu Picchu.

4. Su trabajo es llamar por teléfono _____ los ex-alumnos de la universidad.

5. Llevamos _____ todos los estudiantes en autobús para que vean el partido de fútbol.

6. Necesitamos traer _____ los libros a clase todos los días.

Repasemos 2

Avoiding repetition of nouns: Direct object pronouns

As you learned above, the direct object is the person or thing that is directly affected by the verb. It tells you who or what receives the action.

El satélite tomó **fotos de la capa de ozono.**

Verb   D.O.

In order to avoid repetition, the direct object can be replaced by a direct object pronoun. When this replacement is made, the pronoun agrees with the direct object it stands for in number (singular or plural) and in gender (masculine or feminine).

El municipio creó **el programa "Mantenga limpia la ciudad"**. El municipio **lo** creó.

                D.O.   D.O.P.

Direct object pronouns

me	nos
te	os
lo, la	los, las

Placement of the direct object pronoun

1. Before a conjugated verb

   —¿Aceptan **las pilas** para reciclar?   *Do you accept batteries for recycling?*

   —No, no **las** podemos reciclar aquí.   *No, we can't recycle them here.*

2. Before a negative command

   —¿Pongo **los periódicos** en el cubo de la basura?   *Do I put the newspapers in the trash can?*

   —No, no **los** pongas en el cubo; los reciclamos.   *No, don't put them in the trash can; we recycle them.*

3. After and attached to an affirmative command

   —¿Qué hago con **estas pilas**?   *What do I do with these batteries?*

   —Tíra**las**. No **las** pueden reciclar aquí.   *Throw them away. They can't recycle them here.*

4. After and attached to an infinitive

   —¿Vas a usar **la bolsa de plástico reciclable**?   *Are you going to use the recyclable plastic bag?*

   —Sí, voy a usar**la**.   *Yes, I'm going to use it.*

5. After and attached to a gerund (**-ando, -iendo** form)

   —No creo que estén talando **el bosque**.   *I don't believe they're cutting down the forest.*

   —Sí, te aseguro que están talándo**lo**.   *Yes, I assure you they are cutting it down.*

Note: When the pronoun is used in a verbal phrase with the infinitive or the gerund, it may be placed before the conjugated verb or after and attached to the infinitive or the gerund, as shown in 4 and 5 above as well as in the chart below. Notice that the gerund needs an accent mark on the stress syllable which is the third syllable from the end of the word.

—¿Vas a visitar el Museo Reina Sofía, en Madrid?

—Sí, **lo** voy a visitar.

—Sí, voy a visitar**lo**.

—No encuentro el artículo sobre la contaminación del aire.

—Yo también **lo** estoy buscando.

—Yo también estoy busc**á**ndo**lo**.

CS4-3 Planes para el verano. Este verano, tú quieres ir a trabajar a Madidi, el nuevo parque nacional de Bolivia, y estás esperando la respuesta a tu solicitud. Contesta las preguntas que un amigo te hace, usando los pronombres de objeto directo.

MODELO: ¿Te entrevistó el jefe del grupo? (No, todavía no)
          No, todavía no me entrevistó.

1. ¿Te invitaron a trabajar con el equipo ecológico en el parque? (Sí)
2. ¿Te escogieron para viajar con ellos? (No / ir solo/a)
3. ¿Te van a esperar en el aeropuerto de La Paz? (Sí)
4. ¿Quieres que yo te lleve al aeropuerto? (No / mis padres)
5. ¿Puedo visitarte en el parque por una semana este verano? (Sí, por supuesto)
6. ¿Me acompañas a comprar el pasaje? (Sí)
7. ¿Me ayudas a planear mi itinerario? (Sí)

CS4-4 El parque Madidi. El parque nacional Madidi, en Bolivia, cubre 4,7 millones de acres. Explica lo que está pasando allí, usando los pronombres de objeto directo con el gerundio.

MODELO: ¿Los habitantes de Madidi hablan español? (No / aprender)
          No, no lo hablan. Los habitantes están aprendiéndolo.
          No, no lo hablan. Los habitantes lo están aprendiendo.

1. ¿Los investigadores conocen toda la flora y la fauna de Madidi? (No / estudiar)
2. ¿Los investigadores tienen catalogados todos los pájaros de Madidi? (No / clasificar)
3. ¿El grupo ecologista tiene el permiso del gobierno? (No / pedir)
4. ¿Los ecologistas hablan quechua[1]? (No / estudiar)
5. ¿El gobierno apoya a los ecologistas? (Sí / apoyar)
6. ¿Los turistas visitan los pueblos dentro del parque? (Sí / visitar)
7. ¿Los turistas escalan las montañas? (Sí / escalar)

Repasemos 3

Indicating to whom and for whom actions are done: Indirect object pronouns

Indirect objects indicate *for whom* or *to whom* the action of the verb is done. As with the direct object pronouns, indirect object pronouns can also be placed before or after the conjugated verb, and attached to the infinitive or gerund.

Yo **le** pedí ayuda **a mi hermana**.   Ellos están haciéndo**me** una pregunta importante.
   ↑   ↑   ↑
 I.O.P.   I.O.   I.O.P.

---

[1] **Quechua** is the indigenous language of Peru.

In order to find the indirect object in a sentence, we ask the question *to whom* or *for whom* something is done.

Ramón les manda mensajes electrónicos a los grupos ecologistas.	*Ramón sends e-mails to the ecological groups.*
¿A quiénes les manda mensajes electrónicos Ramón?	*To whom does Ramón send e-mails?*
a los grupos ecologistas → I.O.	*to the ecology groups*

The indirect object is introduced by the prepositional phrase **a** + noun(s). The indirect object may be replaced with the corresponding indirect object pronoun. However, every time the indirect object noun is used in a sentence, you must include the indirect object pronoun also.

Indirect object pronouns

me	nos
te	os
le	les

Luis **le** pidió una beca **al director**.	*Luis asked the director for a scholarship.*
Luis **le** pidió una beca.	*Luis asked him for a scholarship.*

The indirect object pronoun has the same placement as the direct object pronoun.

1. Before a conjugated verb	**Le** prestamos un envase de vidrio.	*We loaned him a glass container.*
2. Before a negative command	No **nos digas** mentiras.	*Don't tell us lies.*
3. After and attached to an affirmative command	Da**me** esa caja de cartón, por favor.	*Give me that cardboard box, please.*
4. After and attached to an infinitive	Voy a dar**les** una sorpresa.	*I'm going to give them a surprise.*
5. After and attached to a gerund (**-ando, -iendo** form)	Están regalándo**les** latas de comida.	*They are giving them cans of food.*

Note: When the pronoun is used in a verbal phrase with an infinitive or gerund, it may be placed before the conjugated verb, or after and attached to the infinitive or the gerund.

Le voy a mandar flores a mi madre.

Voy a mandar**le** flores a mi madre.

Les están explicando lo que necesitan para el viaje.

Están explicándo**les** lo que necesitan para el viaje.

CS4-5 La comunicación.
Tu amigo finalmente se fue a trabajar a Madidi por tres meses y tú tienes problemas con la comunicación. Forma oraciones completas en el pretérito con los elementos dados. Usa los pronombres de objeto indirecto.

MODELO: mandar / a mi amigo / mensajes por correo electrónico

Le mandé a mi amigo mensajes por correo electrónico.

1. escribir / a mi amigo / tres cartas
2. no contestar / a mí / ninguna
3. mandar /a él / una caja de dulces

4. enviar / a él / un telegrama

5. responder / a mí / con otro telegrama

6. decir / a mí / que / no debo preocuparme

7. explicar / a mí / que donde está no hay teléfono ni correo

CS4-6 El regreso de Madidi. Cuando tu amigo vuelve a los Estados Unidos les trae recuerdos a todos. Di lo que le trajo a cada persona.

MODELO: a Antonia / dar / una bolsa inca
A Antonia, le dio una bolsa inca.

1. a sus padres / traer / un sombrero coya[2]

2. a su novia / regalar / unas pulseras hechas por los indígenas

3. a su primo / dar / una foto de los Andes

4. a mí / traer / un suéter de llama

5. a ti / dar / dulces típicos de ese lugar

6. a nosotros (a ti y a mí) / regalar / CD con música andina

Capítulo 5

Hablemos de los derechos humanos

Repasemos 1

Expressing hope and desire: Present subjunctive of regular verbs

Spanish has two different moods that distinguish between factual and hypothetical events. The indicative mood is used to express the first and the subjunctive mood expresses the latter. Hypothetical statements are subjective; they express the subject's hopes, desires, opinions, and emotions, all of which, in many instances, carry a degree of uncertainty and doubt. For this reason, the subjunctive mood is used to express these thoughts. The subjunctive is also used to suggest, give advice, and make requests.

Rigoberta quiere que la gente **respete** la tierra.   *Rigoberta wants people to respect the land.*

A. Some uses of the subjunctive

1. The subjunctive form is often used in a dependent clause introduced by **que**, when there is a change of subject. When the verb in the main clause expresses something subjective, uncertain, or unknown to the speaker, the subjunctive must be used in the dependent clause.

Main clause	+	**que**	+	*dependent clause*
Nosotros deseamos		**que**		los derechos humanos sean para todos.

change of subject

---

[2] **Coyas** are the descendants of the indigenous people of Peru, Bolivia, and northern Argentina.

2. The subjunctive is used only when the subject of the dependent clause is different from that of the main clause. Otherwise, use the infinitive.

Change of subject → Subjunctive

Los campesinos esperan que **el gobierno** respete sus derechos.
The peasants hope that the government will respect their rights.

No change of subject → Infinitive

Los campesinos **esperan tener** una buena cosecha.
The peasants hope to have a good harvest.

3. Subjective statements expressing desire and hope use verbs or expressions in the main clause that signal the use of the subjunctive in the dependent clause.

Desire: **querer, desear**

Hope: **esperar, ojalá que**

Deseamos que este año **haya** una buena cosecha.
We hope that there is a good harvest this year.

¡OJO! Because the subjunctive form is used very little in English to talk about future occurrences, the infinitive form or the future is usually used in the translation. See examples above.

Note: **Ojalá** (**que**) is not a verb; it is an Arabic expression meaning *may Allah grant. . .* It is always followed by a verb in the subjunctive. The use of **que** is optional.

Ojalá que termine la opresión y la violencia.

B. Forms of the present subjunctive

Regular verbs

To form the present subjunctive, take the first-person singular (**yo** form) of the present indicative, drop the **-o**, and add the **-e** endings to **-ar** verbs and **-a** endings to **-er** and **-ir** verbs.

visitar → **visito** → **visit-** → **visite**

aprender → **aprendo** → **aprend-** → **aprenda**

vivir → **vivo** → **viv-** → **viva**

-ar	-er	-ir
visitar	**aprender**	**vivir**
visit**e**	aprend**a**	viv**a**
visit**es**	aprend**as**	viv**as**
visit**e**	aprend**a**	viv**a**
visit**emos**	aprend**amos**	viv**amos**
visit**éis**	aprend**áis**	viv**áis**
visit**en**	aprend**an**	viv**an**

CS5-1 Mis deseos de paz. Forma oraciones usando el subjuntivo para expresar tus deseos. Usa los verbos **querer, desear, esperar** y la expresión **ojalá**.

MODELO: la gente / terminar la discriminación contra los indígenas
Quiero que la gente termine la discriminación contra los indígenas.

1. los gobiernos / respetar los grupos indígenas
2. la gente / comprender las costumbres indígenas
3. los gobiernos / prohibir la tortura
4. las personas en el poder / no violar los derechos humanos
5. la Iglesia / aceptar las creencias populares
6. el ejército / no usar la violencia
7. los pueblos / discutir las ideas opuestas para llegar a un acuerdo
8. las diferentes comunidades indígenas / vivir en paz
9. ¿…?

CS5-2 Los deseos de Rigoberta Menchú. Completa el párrafo con la forma correcta del presente del subjuntivo.

Rigoberta Menchú quiere que los pueblos indígenas (1. vivir) _____ en paz y
(2. cultivar) _____ la tierra tranquilamente. Ella espera que ellos (3. recibir) _____
una paga justa por sus cosechas y que los comerciantes no los (4. explotar) _____. Ella
desea que los gobiernos (5. respetar) _____ sus derechos y que no (6. violar) _____
sus derechos humanos. Ella espera que la globalización no los (7. oprimir) _____. Ojalá
que se (8. cumplir) _____ sus deseos.

Repasemos 2

Expressing hope and desire: Present subjunctive of irregular verbs

Verbs that are irregular in the first person of the present indicative keep the irregularity in all persons in the subjunctive.

tener → tengo → teng- = **tenga, tengas, tenga, tengamos, tengáis, tengan**

conocer → conozco → conozc- = **conozca, conozcas, conozca, conozcamos, conozcáis, conozcan**

1. **Spelling-changing verbs**
   Verbs that end in **-car, -gar, -zar,** and **-ger /-gir** have spelling changes to preserve the original sound of the infinitive form.

-car → **que**	= practicar → practi**que**
-gar → **gue**	= pagar → pa**gue**
-zar → **ce**	= comenzar → comien**ce**
-ger, -gir → **ja**	= escoger → esco**ja**, dirigir → diri**ja**

-**car** verbs	-**gar** verbs	-**zar** verbs	-**ger**, -**gir** verbs
atacar	agregar	alcanzar	dirigir
buscar	investigar	almorzar	elegir
comunicar	juzgar	analizar	escoger
criticar	llegar	avanzar	exigir
educar	navegar	comenzar	recoger
explicar	negar	empezar	
platicar	obligar	finalizar	
practicar	pagar	gozar	
publicar	pegar	organizar	
sacar		utilizar	
secar			
tocar			

2. **Stem-changing verbs**

The -**ar** and -**er** verbs that change their stems in the present indicative also show the same change in the present subjunctive, except in the **nosotros** and **vosotros** forms.

	-ar		-er
pensar e → ie	recordar o → ue	querer e → ie	poder o → ue
piense	recuerde	quiera	pueda
pienses	recuerdes	quieras	puedas
piense	recuerde	quiera	pueda
pensemos	recordemos	queramos	podamos
penséis	recordéis	queráis	podáis
piensen	recuerden	quieran	puedan

The -**ir** verbs that change their stems in the present indicative also show the same change in the present subjunctive, and in addition a different stem change in the **nosotros** and **vosotros** forms.

preferir e → ie, i	servir e → i, i	dormir o → ue, u
prefiera	sirva	duerma
prefieras	sirvas	duermas
prefiera	sirva	duerma
prefiramos	sirvamos	durmamos
prefiráis	sirváis	durmáis
prefieran	sirvan	duerman

3. **Irregular verbs**

These are common irregular verbs in the present subjunctive:

dar: dé, des, dé, demos, deis, den

estar: esté, estés, esté, estemos, estéis, estén

haber: haya, hayas, haya, hayamos, hayáis, hayan

ir: vaya, vayas, vaya, vayamos, vayáis, vayan

saber: sepa, sepas, sepa, sepamos, sepáis, sepan

ser: sea, seas, sea, seamos, seáis, sean

Note: **hay** = haya

CS5-3 Buenos deseos. Otros estudiantes y tú van a viajar a Guatemala para aprender español en una escuela y allí van a vivir con una familia. Forma oraciones que indiquen tus deseos y esperanzas.

MODELO: esperar / nosotros / tener suerte
Yo espero que nosotros tengamos suerte.

1. esperar / nosotros / poder llevarnos bien con la familia
2. esperar / mi clase / querer visitar alguna asociación de derechos humanos
3. ojalá / yo / saber comunicarme bien con la familia
4. esperar / mis compañeros y yo / recordar nuestro español
5. ojalá / hacer muchos amigos nuevos
6. esperar / los maestros / ser buenos
7. esperar / nosotros / repetir la experiencia
8. esperar / el grupo / volver contento
9. esperar / nosotros / hacer un buen trabajo

CS5-4 ¿Qué quieres tú? Completa las oraciones con tus deseos personales y la forma correcta del verbo en el subjuntivo. Luego comparte tus respuestas con tu compañero/a.

1. Yo quiero que mi amiga (ir) _____.
2. Yo deseo que mis profesores (dar) _____.
3. Ojalá que mis clases (ser) _____.
4. Espero que mis amigos (estar) _____.
5. Quiero que nosotros (ir) _____.
6. Ojalá que yo (saber) _____.

Repasemos 3

Expressing opinion and judgment: Impersonal expressions with the subjunctive

Impersonal expressions that introduce an opinion require the subjunctive when there is a change of subject. Remember that opinions are not factual; they are subjective views and, therefore, require the subjunctive. These expressions can be used to influence someone else.

Expressing opinion

es aconsejable	**es horrible**	**es sorprendente**	**es necesario**
es bueno / malo	**es posible**	**es útil / inútil**	**es fantástico**
es importante	**es una lástima**	**es preferible**	**es terrible**
es imposible	**es mejor**	**es ridículo**	**es interesante**

1. **Change of subject: Specific idea**
   If the subject of the dependent clause is different from the subject of the impersonal expression, then the subjunctive is used. Use it to talk about a specific idea, not a general one.

Es importante que Amnistía Internacional **trabaje** para proteger los derechos humanos.	*It is important that Amnesty International works to protect human rights.*
Es terrible que **pasen** estas atrocidades.	*It is terrible that these atrocities happen.*

2. No change of subject: General statement

If an impersonal expression is used without a change of subject, the infinitive is used. The impersonal expression is used to convey a general idea instead of a particular one.

Es importante **trabajar** para proteger los derechos humanos.

It is important to work to protect human rights.

Note: Impersonal expressions that state a fact are followed by the indicative.

es cierto	es obvio	no hay duda	es evidente	es verdad

No hay duda de que **conoce** bien el problema.

There is no doubt that he knows the problem well.

CS5-5 ¿Qué opinas? Los sacerdotes mayas ejecutan ritos durante los 260 días que dura el año ritual para ellos. Expresa tu opinión sobre estos ritos, usando las expresiones de opinión o juicio.

MODELO: ellos / pedirle perdón a la tierra por talar árboles
Es increíble que ellos le pidan perdón a la tierra por talar árboles.

1. el año ritual maya / durar 260 días
2. los sacerdotes / practicar sus ritos todos los días
3. ellos / pedir permiso al mundo cuando nace un niño
4. la comunidad / solicitarle a la tierra una abundante cosecha de maíz
5. los sacerdotes / pedirles a los dioses protección contra las armas enemigas
6. los indígenas / creer que están hechos de maíz blanco y amarillo
7. los indígenas / pensar que el agua es algo sagrado
8. ellos / adorar al sol porque da vida

CS5-6 La Iglesia en Latinoamérica. La teología de la liberación denuncia la injusticia y la opresión que sufren los pobres de Latinoamérica. Aquí tienes algunas de las ideas que propone. Expresa tu opinión usando las expresiones impersonales.

MODELO: Valora la identidad indígena, negra y criolla de Latinoamérica.
Es importante que la teología de la liberación valore la identidad indígena, negra y criolla de Latinoamérica.

1. Denuncia la opresión de los pobres.
2. Rechaza la injusticia social en Latinoamérica.
3. Enseña solidaridad con los pobres.
4. Propone una nueva interpretación de la historia.
5. Quiere cambiar la tradición colonialista.
6. Presenta el evangelio relacionado con la vida de los oprimidos.

Capítulo 6

Hablemos de la salud

Repasemos 1

Talking about generalities and giving information: Impersonal *se*

1. When we want to talk about generalities without mentioning a specific subject, in English we use the words *one, people, you, we,* or *they* in impersonal sentences.

   They say there are good doctors in this hospital.

   (*They* refers to people in general.)

   To express this impersonal subject in Spanish, use the impersonal **se.**

   > **se** + third-person singular verb

Se dice que la nueva vacuna ayudará a erradicar la enfermedad.	*They say that the new vaccine will help to eradicate the illness.*
Se cree necesario que todos tengan un buen seguro de salud.	*One thinks it necessary for everyone to have good health insurance.*

2. The impersonal **se** is also used to report an action in the passive voice that does not specify who is doing the action. In this case, Spanish uses the following structure:

   > **se** + third-person singular verb + singular subject
   > **se** + third-person plural verb + plural subject

Se necesita una buena enfermera en la sala de emergencia.	*A good nurse is needed in the emergency room.*
Se necesitan enfermeras bilingües.	*Bilingual nurses are needed.*

   Note: You will find additional practice with the passive **se** in Chapter 11, page 318.

3. The impersonal **se** construction is used in signs that give information or warning.

Se alquila(n)...	*For rent...*
Se habla español.	*Spanish is spoken here.*
Se necesita secretaria.	*A secretary is needed.*
Se prohíbe fumar.	*No smoking.*
Se ruega no tocar.	*Please don't touch.*
Se vende(n)...	*For sale...*

CS6-1 **Para reducir el estrés.** Aconseja lo que se debe cambiar en estas situaciones para llevar una vida menos estresada. Usa el **se** impersonal para expresar lo que hay que cambiar.

> MODELO: Si el trabajo exige muchas horas.
> *Se debe exigir menos horas.*

1. Si corres todo el día de una cosa a otra.
2. Si comes mal porque no tienes tiempo para preparar comida saludable.
3. Si trabajas muchísimo.
4. Si hay que trabajar los fines de semana.
5. Si duermes poco.
6. Si no tienes tiempo para estar con tus amigos.

CS6-2 **El nuevo seguro de salud.** En la universidad se pide que todos los estudiantes tengan un buen seguro de salud. Explica lo que se cubre (*is covered*) con el seguro.

> MODELO: tener / protección en caso de accidente
> *Se tiene protección en caso de accidente.*

1. requerir / protección en caso de hospitalización
2. obtener / vacunas gratis
3. pagar / las visitas de rutina al médico
4. cubrir / las visitas a la sala de emergencia
5. proteger / la confidencialidad de los informes de salud
6. completar / un formulario antes de recibir el seguro

CS6-3 **Anuncios.** Tú trabajas en una imprenta y hay varios clientes que quieren anuncios para estas situaciones. Ayúdales a escribir el anuncio. ¿Qué deben decir?

> MODELO: La Sra. López tiene una panadería de pasteles y no quiere que nadie los toque.
> *Se prohíbe tocar los pasteles.*

1. El Sr. Aguirre tiene un apartamento para alquilar.
   Anuncio:_____
2. La carnicería San Cayetano tiene empleados bilingües para ayudar a los clientes en español.
   Anuncio: _____
3. María quiere vender su coche.
   Anuncio:_____
4. El dueño del restaurante *La buena vida* es alérgico al cigarrillo y no quiere que sus clientes fumen.
   Anuncio:_____
5. La secretaria de la clínica encontró otro trabajo mejor. Ahora, no tienen secretaria.
   Anuncio:_____

Repasemos 2

Telling people what to do: Formal commands

In order to tell someone what to do or to give directions, you may use direct commands. There are two kinds of command forms in Spanish: formal and informal.

Here we are going to see the formal commands.

Forms of the formal command

The formal command for **usted/ustedes** is formed by dropping the **-o** from the first-person singular (**yo**) of the present indicative and adding **-e/-en** for **-ar** verbs, and **-a/-an** for **-er** and **-ir** verbs.

Infinitive	-ar respirar	-er toser	-ir recibir
	respir**o**	tos**o**	recib**o**
	+ e /en	**+ a /an**	**+ a /an**
Ud.	respir**e**	tos**a**	recib**a**
Uds.	respir**en**	tos**an**	recib**an**

Irregular verbs follow the same rule:

hacer	hag**o**	hag**a/an**	salir	salg**o**	salg**a/an**
poner	pong**o**	pong**a/an**	decir	dig**o**	dig**a/an**

"**Respire** hondo", dice el médico
cuando me examina.

"Breathe deeply," the doctor
says when he examines me.

Note: The **Ud.** and **Uds.** commands have the same form as the third-person singular and plural present subjunctive, respectively. No quiero que **hagan** dieta.

CS6-4 La semana zen. En el trabajo, deciden organizar una semana anti estrés. Utilizando las frases siguientes, di lo que deben hacer los empleados para que la semana sea un éxito. Luego, piensa en tres actividades más y añádelas a la lista. Utiliza los mandatos en las formas de **Ud.** y **Uds.**

MODELOS: la jefa de personal / contactar al instructor de yoga
Contacte al instructor de yoga.
los mensajeros / ir a pie en vez de en moto
Vayan a pie en vez de en moto.

1. todos / participar de las actividades de la semana
2. los administradores / colocar flores en todos los escritorios
3. el responsable del café / servir té de hierbas
4. los ejecutivos / desconectar los teléfonos móviles durante el almuerzo
5. la directora de ventas / comprar incienso para todos los empleados
6. los empleados / vestirse con colores claros
7. el recepcionista / poner música relajante y suave
8. todos / proponer tres actividades para la semana zen
9. ¿...?

Repasemos 3

Telling people what to do: Informal commands

The informal (**tú**) commands have different forms in the affirmative and the negative.

A. Affirmative forms

Regular affirmative **tú** commands have the same form as the third-person singular of the present indicative.

	-**ar** cuidar	-**er** comer	-**ir** prescribir
	cuida	**come**	**prescribe**

Cuida tu salud. *Take care of your health.*
Come muchas verduras. *Eat a lot of vegetables.*
Prescribe un jarabe. *Prescribe a cough syrup.*

B. Negative forms

The negative informal (**tú**) commands drop the -**o** from the first-person singular (**yo**) of the present indicative tense and then, add -**es** for -**ar** verbs, and -**as** for -**er** and -**ir** verbs.

Infinitive	estornudar	hacer	escribir
First-person singular	estornud**o**	hag**o**	escrib**o**
Negative command	No estornud**es** aquí.	No hag**as** régimen.	No escrib**as** la receta así.

Note: The negative informal command has the same form as the second-person singular of the present subjunctive. No es bueno que **sigas** una dieta sin carbohidratos.

C. Irregular informal commands

A few verbs have an irregular informal command form. Study this list:

decir	**di**	no **digas**	salir	**sal**	no **salgas**
hacer	**haz**	no **hagas**	ser	**sé**	no **seas**
ir	**ve**	no **vayas**	tener	**ten**	no **tengas**
poner	**pon**	no **pongas**	venir	**ven**	no **vengas**

D. Verbs with spelling changes and commands

1. Verbs that end in -**car** / -**gar** change to -**que** / -**gue** to preserve the hard sound of the **c** and **g** in the **Ud./Uds.** command and the negative **tú** command.

   Paguen Uds. por los remedios. *Pay for the medicine.*
   No **toques** la comida. *Don't touch the food.*

   Note: The verbs **buscar, sacar, practicar, tocar, pagar, jugar,** and **llegar** are some of the verbs that follow this pattern.

2. Verbs that end in -**zar** change the **z** to **c** in the **Ud./Uds.** command and in the negative **tú** command.

   No **almuerce** Ud. antes de hacer ejercicio. *Don't eat lunch before exercising.*
   No **comiences** un régimen sin consultar *Don't start a diet without checking with*
     con el doctor primero. *the doctor first.*

   Note: The verbs **empezar, cruzar, organizar, almorzar, comenzar,** and **memorizar** are some of the verbs that follow this pattern.

CS6-5 En situaciones difíciles. Éstos son consejos de una psicóloga para enfrentar las situaciones difíciles y mantener una vida sana. Cambia cada consejo como sea necesario para convertirlo en un mandato informal. Piensa en otros consejos para esta lista.

> **MODELO:** ser optimista; no ser pesimista
> *Sé optimista. No seas pesimista.*

1. ser objetivo; no perder la calma frente a situaciones de emergencia
2. mantener una dieta equilibrada; no comer muchas grasas
3. llevar una vida activa; no llevar una vida sedentaria
4. tener una buena vida social; no pasar mucho tiempo solo
5. conservar el buen humor; no estar de mal humor mucho tiempo
6. dormir ocho horas por noche; no tomar mucho café
7. hacer ejercicios de relajación; no dejar de ir al gimnasio

CS6-6 Para tener éxito en la universidad. Tú estás en el grupo que da la orientación para los/las estudiantes de primer año. Explícales lo que deben hacer y no hacer para tener un buen semestre. Utiliza los mandatos informales.

> **MODELO:** dormir / por lo menos siete horas incluso en la época de exámenes
> *Duerme por lo menos siete horas…*

1. decir / siempre la verdad a los profesores
2. salir / temprano de casa por la mañana
3. hacer / ejercicio por lo menos cuatro veces por semana
4. no almorzar / tarde
5. no comenzar / la tarea a la medianoche
6. no organizar / el día con muchas actividades
7. no llegar / tarde a clase
8. venir a / verme a mí si tienes preguntas

Capítulo 7

Hablemos del trabajo

Repasemos 1

Describing general qualities: *Lo* + adjective

To describe general qualities or abstract ideas, as in *the good thing, the interesting thing*, Spanish uses the neuter article **lo** followed by an adjective.

Lo interesante es que mi jefe me dio un aumento.	*The interesting thing is that my boss gave me a raise.*

For emphasis or to express a degree of quality, the words **más** or **menos** may be added. Study these structures:

> **lo** + masculine singular adjective
> **lo** + **más/menos** + masculine singular adjective

Lo bueno de este trabajo es el horario flexible.

The good thing about this job is the flexible schedule.

Lo más importante de la entrevista fue la negociación del salario.

The most important thing about the interview was the salary negotiation.

Common phrases in Spanish are:

lo bueno	**lo cómico**	**lo fantástico**	**lo importante**
lo interesante	**lo mejor**	**lo malo**	**lo peor**

Note: The neutral article **lo** is also used in the expression **lo que**. It may be translated as *the thing that,* or *what* in English. It is used when *what* introduces an idea, or is embedded in a sentence.

Lo que me encanta de mi trabajo es la camaradería de mis colegas.

What (The thing that) I love about my job is the camaraderie of my colleagues.

Pregúntale a Luisa **lo que** hace un/a asistente social.

Ask Luisa what a social worker does.

CS7-1 Mi trabajo. Describe tu último trabajo. Usa las expresiones con **lo + adjetivo.**

> **MODELO:** ¿Qué era lo más interesante de tu último trabajo?
>
> *Lo más interesante de mi último trabajo era la parte de las finanzas.*

1. ¿Qué era lo mejor de tu último trabajo?
2. ¿Qué era lo peor de tu último trabajo?
3. ¿Qué era lo más importante de tu último trabajo?
4. ¿Qué era lo más aburrido de tu último trabajo?
5. ¿Qué era lo menos agradable de tu último trabajo?
6. ¿Qué era lo que más te gustaba de tu último trabajo?

CS7-2 Mantener el equilibrio. Hay muchas mujeres que trabajan fuera de casa y también tienen que atender a la familia. Describe las ventajas y desventajas de esta situación usando estas expresiones: **lo bueno, lo malo, lo fácil, lo difícil, lo interesante**, etc.

> **MODELO:** *Lo bueno es que ellas tienen una vida profesional.*

CS7-3 Consejos para encontrar trabajo. Completa las oraciones con **lo, lo que** o **que.** Luego expresa si tú estás de acuerdo con estos consejos.

1. _____ debes hacer es tener paciencia.

2. _____ no debes hacer es esperar a que alguien te ofrezca un trabajo.

3. No esperes _____ tu primer trabajo sea muy interesante.

4. Tienes que buscar un trabajo _____ te guste.

5. _____ difícil es encontrar trabajo cerca de mi casa.

6. Pregunta _____ no comprendas en la entrevista.

7. Escucha los argumentos _____ presentan los entrevistadores.

8. Presenta tus ideas sobre _____ se puede cambiar, sin criticar la estructura actual de la empresa.

Repasemos 2

Explaining what you want others to do: Indirect commands

Indirect commands are used to tell a person what one wants other people to do.

Susy, por favor, **que Sonia prepare** los documentos para la reunión.

Susy, please have Sonia prepare the documents for the meeting.

A. Form

The present subjunctive is used in Spanish for the indirect command.

B. Sentence structure

Que, meaning *let, may,* or *have,* is always used to introduce the indirect command. The subject may go before the verb or after the objects.

que	+	(subject)	+	verb	+	object	+	(subject)
Que				haga		las fotocopias		Graciela.
Que		Ester y José		escriban		el informe.		

C. Uses

The indirect command is used:

1. to tell someone what you want another person / other people to do.

   Que Inés te dé los nuevos contratos.

2. to express good wishes to another person.

   ¡Que tengas suerte en la entrevista!

CS7-4 La nueva fábrica.
Tú estás encargado/a de organizar al equipo que va a poner en marcha una nueva fábrica. Dile a tu secretario/a los mensajes electrónicos que tiene que mandar hoy.

MODELO: firmar los contratos / la abogada

Que la abogada firme los contratos.

1. traer los nuevos planos / la arquitecta
2. mandar dos cartas de recomendación / los candidatos
3. hablar conmigo / el gerente de ventas
4. negociar con el departamento de recursos humanos / los obreros
5. finalizar el contrato / los directivos
6. demostrar el nuevo producto / los ingenieros del departamento de desarrollo
7. presentar el nuevo presupuesto / el contador

CS7-5 Los graduados.
Estos amigos tuyos se gradúan de la universidad y tienen distintos planes para el futuro. Expresa tus buenos deseos para cada uno de ellos.

MODELO: Roberto y Luisa se van a casar. (ser felices)

¡Que sean felices!

1. Gabriela quiere estudiar medicina. (alcanzar sus metas)
2. Benjamín y Lucas van a abrir su propia empresa. (tener suerte)
3. Teresa se muda a otra ciudad. (hacer nuevos amigos)
4. Raquel y Sebastián van a hacer un viaje por Europa. (divertirse)
5. Laura quiere trabajar para las Naciones Unidas. (encontrar el puesto soñado)
6. Agustín está desconforme con su trabajo. (conseguir un nuevo trabajo)

Capítulo 8

Hablemos del arte

Repasemos 1

Talking about people and things: Uses of the indefinite article

Nouns are usually accompanied by an article, either definite or indefinite. The indefinite article **un/una/unos/unas** is used to signal a noun that is undetermined, i.e., that has not been mentioned before. Indefinite articles are less frequently used in Spanish than in English. Follow these rules for when to use, and when to omit, an indefinite article.

A. Use an indefinite article:

1. The general rule is to use it before a noun that has not been previously mentioned.

   Necesito **un** pincel grande.   *I need a big brush.*

2. Use it before a modified noun

   Quiero comprar **una** pintura de   *I want to buy a painting from that artist.*
   esa artista.

3. Use it before each noun in a list

   Para empezar **una** pintura, se necesita   *In order to start a painting, one needs*
   una idea, **un** taller bien equipado,   *an idea, a well-equipped studio, a good*
   una tela de buena calidad y **una**   *quality canvas, and a palette of colors.*
   paleta de colores.

B. Omit the indefinite article:

1. Before the name of a profession, occupation, nationality, religion, or affiliation

   Tengo un compañero de trabajo que   *I have a co-worker who is an art critic*
   es **crítico de arte** y es **experto en**   *and an expert on impressionism.*
   impresionismo.
   Yo no soy **religiosa**. Tampoco soy ni   *I am not a religious person. I am neither a*
   conservadora ni **liberal**.   *conservative nor a liberal person.*
   Ella es **venezolana**.   *She's Venezuelan.*

2. Before the words: **cien/ciento, mil, cierto/a, medio/a, otro/a**

   Mis hijos navegan por Internet **cien**   *My children surf the Net hundreds of times*
   veces por semana. Es **otro** de los nuevos   *each week. It is another new pastime of this*
   entretenimientos de esta generación.   *generation.*
   Sus pinturas tienen **cierto** parecido a las *His paintings have a certain resemblance to*
   de Picasso.   *Picasso's.*

CS8-1 Creación a distancia. Completa las oraciones con el artículo indefinido, donde sea necesario.

Ver a (1) _____ artista trabajando en (2) _____ finca, lejos del ruido y la contaminación, mientras observa por (3) _____ ventana las flores del jardín, puede parecer (4) _____ sueño. Pero tal (5) _____ imagen no está lejos de ser realidad. Desde (6) _____ hacienda en Villa de Leyva, (7) _____ colombiano maneja desde su país (8) _____ empresa de diseño de (9) _____ páginas de Internet que está en Miami, a (10) _____ miles de kilómetros de distancia. Esto es posible, claro está, gracias a la tecnología. Sólo se necesitan (11) _____ computadora personal con (12) _____ conexión rápida a la red, (13) _____ celular de última generación, y (14) _____ computadora potente con acceso a la red.

CS8-2 Mis dos amigas. Ramón le cuenta a Raúl que sus dos amigas están haciendo planes para crear una empresa. Completa el diálogo con el artículo indefinido correcto, donde sea necesario.

RAÚL: ¿Sabes que estoy pensando en tener mi propia (1) _____ empresa?

RAMÓN: ¿Tú también? Qué casualidad, yo tengo (2) _____ amiga que estudió diseño y que quiere abrir (3) _____ empresa también.

RAÚL: ¿Sabes de dónde piensa sacar el dinero?

RAMÓN: Va a pedir (4) _____ préstamo de (5) _____ cien mil euros en (6) _____ banco.

RAÚL: ¿Lo va a hacer todo sola?

RAMÓN: No. Cristina, que es (7) _____ otra amiga y que también es (8) _____ gran artista, va a ayudarla. Además, Cristina es (9) _____ muy buena administradora y (10) _____ persona de mucha confianza.

RAÚL: ¡Qué bien! Parece (11) _____ plan excelente.

RAMÓN: No sólo eso. Como ellas son (12) _____ feministas, quieren hacer todo lo posible para ayudar a (13) _____ otras mujeres del mundo del arte que están sin (14) _____ empleo.

Repasemos 2

Contrasting and contradicting: The use of *pero*, *sino*, and *sino que* to express *but*

A. *Pero*

The conjunction **pero** introduces an idea contrary or complementary to a first idea presented in the same sentence. If the first part of the sentence is affirmative, **pero** can be translated as *but, nevertheless*.

Affirmative sentence + **pero** + · · ·

Este cuadro es muy bonito **pero** es muy caro.	*This picture is very pretty but, nevertheless, it is very expensive.*

If the first part of the sentence is negative, **pero** can be translated as *however* and it expresses concession. In other words, the information conveyed by the second part of the sentence does not contradict that expressed by the first part.

Negative sentence + **pero** + · · ·

No me gustan sus cuadros **pero** se venden muy bien.	*I don't like her pictures; however, they sell very well.*
No sé si es salvadoreño **pero** pinta muy bien.	*I don't know if he is Salvadorean but he paints very well.*

B. *Sino*

The conjunction **sino** is used to contrast with the previous *negative* statement. Specifically, it is used to contrast two nouns.

Negative verb phrase + **sino** + noun that contradicts or replaces the previous noun mentioned. (*but, on the contrary*)

No quiero una **acuarela** sino un **óleo**.	*I don't want a watercolor but, on the contrary, an oil painting.*

C. *Sino que*

When two complete ideas are contrasted, **sino que** is used. It is used before a conjugated verb and means *but rather/but instead.*

El pintor no descansó **sino que** siguió pintando para aprovechar la luz del sol.	*The painter didn't rest but rather continued painting to take advantage of the sunlight.*
Ella no sólo admiró el cuadro **sino que** lo compró.	*She not only admired the picture but she bought it.*

Note: Both **sino** and **sino que** are used to contrast ideas—**sino** is used to contrast nouns or infinitives, and **sino que** is used to contrast sentences or conjugated verbs.

CS8-3 ¿*Pero o sino?* Lee y analiza las siguientes oraciones. Ten en cuenta si son negativas o afirmativas y si la primera parte excluye o no a la segunda. Luego completa con **pero** o **sino**.

1. Los artistas no suelen ser ricos _____ les gusta lo que hacen.

2. Deberías explicarles que este cuadro no es impresionista, _____ cubista.

3. Esta vez los mecenas no vinieron a comprar, _____ a mirar.

4. Esta pintora no es famosa, _____ sus obras me gustan mucho.

5. Si quieres esa escultura, cómprala _____ fíjate que sea auténtica.

6. No es evidente vivir del arte, _____ vale la pena.

7. No quieren exponer en una galería, _____ directamente por Internet.

8. Lo lamentamos _____ no podremos ir a la inauguración.

CS8-4 Una exposición. Une las frases de la columna **A** con las de las columna **B** y **C** y decide qué conjunción usar: **sino, pero** o **sino que**.

A	B	C
1. Queremos hacer una exposición.	pero	bastante publicidad
2. No tenemos dinero.		compartan los gastos
3. No conseguimos mucho dinero.	sino	dinero
4. No queremos sólo publicidad.		no tenemos dinero
5. Ahora tenemos publicidad.	sino que	nos falta dinero
6. No queremos que hagan publicidad.		trataremos de conseguirlo

Capítulo 9

Hablemos de la juventud

Repasemos 1

Talking about future activities: Future tense

In Spanish, you can express future events in three different ways:

1. **Using the present tense**

   Mañana **se casa** Ana María.   *Ana María is getting married tomorrow.*

   The speaker using the present tense in this way has a sense of certainty that the action will happen.

2. **Using *ir a* + *infinitive***

   Nosotras **vamos a ser** abogadas.   *We are going to be lawyers.*

   This form is used to express actions in either the near or distant future. It is commonly used in everyday speech as an alternative to the future tense.

3. **Using the future tense**

   El comité **se reunirá** con los líderes de   *The committee will meet with the leaders*
     las pandillas urbanas.   *of the urban gangs.*

A. Forms of the future tense

1. **Regular verbs**

   To form the regular future tense, add the following endings to the infinitive: **-é, -ás, -á, -emos, -éis, -án.** Use the same endings for **-ar, -er,** and **-ir** verbs.

-ar	-er	-ir
criar	**leer**	**compartir**
criaré	leeré	compartiré
criarás	leerás	compartirás
criará	leerá	compartirá
criaremos	leeremos	compartiremos
criaréis	leeréis	compartiréis
criarán	leerán	compartirán

   Note: Notice that all forms have an accent mark except the **nosotros** form.

2. **Irregular verbs**

A few verbs in Spanish show some irregularities in the stem, although they have the same endings as the regular verbs. To help yourself memorize them, you can divide them into three categories.

Changing Verbs Stem

Verbs that drop the -*e* in the stem			Verbs that change the -*e* or the -*i* for -*d*					
caber	cabr–	**cabré**	poner	pondr–	**pondré**	**decir**	dir–	**diré**
haber	habr–	**habré**	salir	saldr–	**saldré**	**hacer**	har–	**haré**
poder	podr–	**podré**	tener	tendr–	**tendré**			
querer	querr–	**querré**	valer	valdr–	**valdré**			
saber	sabr–	**sabré**	venir	vendr–	**vendré**			
hay → **habrá**								

B. Uses of the future tense

1. **To express a future event**

   Estos jóvenes **recibirán** una beca.   *These young people will receive a scholarship.*

2. **To make promises**

   Hoy, sin falta, **pasaré** por tu oficina.   *Today without fail, I'll come by your office.*

3. **To get other people to do things**

   In this case, the verb in the future tense appears in the main clause, and the present subjunctive appears in the dependent clause. Note that only verbs that introduce the subjunctive are used in this way.

   El comité le **pedirá** al intendente que   *The committee will ask the mayor to increase*
   aumente el número de policías en las calles.   *the number of police officers on the street.*

4. **To express probability in the present**

   To express probability or wonder as well as to conjecture about things that are happening at the present time, use the future tense. These statements do not express facts. Instead, you are guessing or wondering about something somebody is doing.

   ¿Qué **hará** mi novio ahora?   *I wonder what my boyfriend is doing now.*
   Estará trabajando en la biblioteca.   *(I think/guess that…) He must be working in the library.*

CS9-1 Te aseguro que lo haré.

Lidia tiene que hacer un viaje de negocios y deja a sus dos hijas con su hermana menor por tres días. La hermana le asegura que todo irá como ella lo planeó. Haz el papel de la hermana y, usando el futuro, prométele estas cosas. Comienza cada oración con **Te prometo que …**

MODELO: La niña pequeña necesita dormir una siesta por la tarde.
    Te prometo que dormirá dos horas todas las tardes.

1. Amalia necesita llevar su almuerzo al colegio todos los días.
2. Elisa no debe comer bananas porque es alérgica.
3. Amalia y Elisa deben acostarse a las ocho todas las noches.
4. Elisa no puede jugar con su tren porque no funciona.
5. Amalia debe hacer la tarea de la escuela todas las tardes.
6. Amalia y Elisa deben visitar a su abuela Ester el jueves.

CS9-2 Las nuevas condiciones de trabajo. Es difícil trabajar y estudiar. Por eso, un grupo de jóvenes que trabaja en una fábrica quiere mejores condiciones de trabajo. Para saber cuáles son esas condiciones, completa los espacios con la forma correcta del verbo en el futuro.

1. Mañana, una comisión de jóvenes _____ (presentar) a los jefes de la empresa la lista de las condiciones de trabajo que les _____ (permitir) cumplir con más facilidad sus responsabilidades laborales y estudiantiles.

2. Los jóvenes _____ (pedir) la posibilidad de trabajar a tiempo parcial sin ser penalizados cuando les corresponda un ascenso (*promotion*) dentro de la empresa.

3. Además, ellos _____ (demandar) que se les permita compartir el trabajo con otros empleados de acuerdo a la disponibilidad que tenga cada uno. Es decir, dos personas _____ (hacer) el trabajo que le correspondería a una sola persona.

4. Esto implica que ellos _____ (tener) que compartir el salario y los beneficios de salud.

5. Ellos entienden que su salario _____ (ser) más bajo, pero no quieren compartir los beneficios. Por eso ellos _____ (exigir) beneficios completos.

6. Las ventajas para la empresa _____ (ser) enormes pues _____ (disminuir) el ausentismo laboral y _____ (aumentar) la productividad.

7. Así los jóvenes _____ (crear) su propio horario y al mismo tiempo _____ (disponer) de tiempo libre para estudiar cuando lo necesiten.

8. Este sistema _____ (requerir) una perfecta coordinación entre los jóvenes.

CS9-3 Conjeturas. Haz conjeturas basadas en las siguientes situaciones. Usa el futuro.

MODELO: Luisa no vino a clase hoy.
          ¿Estará enferma?

1. Susana no me saludó cuando la vi en el laboratorio.
2. Jorge tiene un coche nuevo, último modelo.
3. Raúl y Marta están siempre juntos.
4. Estela va a la biblioteca todos los días.
5. Mi compañero/a de cuarto tiene tos y está muy cansado/a.
6. Mis vecinos nos invitaron a cenar esta noche.

Repasemos 2

Talking about conditions: Conditional tense

To express conditions, give advice, or make requests, the conditional tense is used. It is the equivalent in English of *would* or *could* + *verb*.

A. Forms of the conditional tense

1. Regular verbs

To form the regular conditional tense, add the following endings to the infinitive: **ía, -ías, -ía, -íamos, -íais, -ían**. Use the same endings for **-ar, -er,** and **-ir** verbs.

-ar	-er	-ir
apoyar	**defender**	**sentir**
apoyar**ía**	defender**ía**	sentir**ía**
apoyar**ías**	defender**ías**	sentir**ías**
apoyar**ía**	defender**ía**	sentir**ía**
apoyar**íamos**	defender**íamos**	sentir**íamos**
apoyar**íais**	defender**íais**	sentir**íais**
apoyar**ían**	defender**ían**	sentir**ían**

2. Irregular verbs

The irregular verbs in the conditional use the same stem changes as in the future tense.

decir	dir-	**diría**	**saber**	sabr-	**sabría**
hacer	har-	**haría**	**poner**	pondr-	**pondría**
caber	cabr-	**cabría**	**salir**	saldr-	**saldría**
haber	habr-	**habría**	**tener**	tendr-	**tendría**
poder	podr-	**podría**	**valer**	valdr-	**valdría**
querer	querr-	**querría**	**venir**	vendr-	**vendría**

hay ⟶ **habría**

B. Uses of the conditional tense

1. To express polite requests

¿**Podría** decirme cuál es el índice de la natalidad en España?   *Could you tell me what the birth rate is in Spain?*

2. To give advice after expressions such as: **Yo que tú…** (*If I were you*) and **En tu lugar…** (*In your place*)

Yo que tú dejaría a las niñas con el padre.   *If I were you, I would leave the girls with the father.*

3. To get other people to do things

In this case, the conditional appears in the main clause and the imperfect subjunctive appears in the dependent clause.

Me **gustaría** que tú trabajaras aquí.   *I would like you to work here.*

4. To express probability in the past

To express probability, wonder, or to make conjectures about the past, use the conditional. This can be translated as *I wonder…, could have, might have, must have,* or *probably.*

¿Qué **haría** ella allí?   *I wonder what she was doing there.*
Saldría de trabajar temprano.   *She might have / must have left work early.*

CS9-4 Me gustaría trabajar desde mi casa. Tener la propia empresa en casa es una alternativa para los que no quieren viajar hasta el lugar de trabajo. Estos son algunos de los trabajos que estas personas harían desde su casa. Forma oraciones completas, usando el condicional.

MODELO: coser (*to sew*) ropa original para vender (Silvia)
Silvia cosería ropa original para vender.

1. traducir documentos del inglés al español (Nora)
2. redactar informes (nosotros)
3. hacer diseño gráfico (Carlos)
4. cocinar comidas para vender (tú)
5. tomar mensajes por teléfono para otras compañías (Antonio y Pepe)
6. escribir un libro (yo)
7. hacer trabajos manuales (*crafts*) para vender (Ruth y yo)
8. dar clases individuales de español (él)

CS9-5 Y tú, ¿qué harías? ¿Qué trabajo harías tú para ganarte la vida y no tener que salir de tu casa? Escribe al menos cuatro posibilidades.

MODELO: *Yo haría empanadas argentinas y las vendería a algún restaurante.*

CS9-6 Pensándolo bien. . . Este muchacho está considerando los pros y los contras de trabajar este verano en Costa Rica. Completa las oraciones con el condicional.

Pensándolo bien, yo creo que en Costa Rica…

1. …extrañar a mi familia
2. …echar de menos a mis amigos
3. …necesitar hablar en español todo el día
4. …ayudar en la construcción de una escuela
5. …conocer otra cultura
6. …mejorar mi español
7. …hacer nuevos amigos
8. …¿…?

CS9-7 ¿Qué puede haber pasado? Estas personas actuaron de una manera inesperada. Haz conjeturas sobre lo que podría haberles inducido a actuar así.

MODELO: Mi vecino llegó muy tarde a su cuarto anoche.
Estudiaría en la biblioteca hasta tarde.

1. El equipo de fútbol de mujeres de la universidad ganó todos los partidos menos el último.
2. No sé por qué mi hermano se hizo miembro de esa fraternidad.
3. Mi hermana me llama por teléfono todos los días pero ayer no me llamó.
4. Mi mejor amigo me dijo que vendría a visitarme ayer pero no vino.
5. Todos los libros de esta escritora han tenido mucho éxito, menos el primero.

Capítulo 10

Hablemos del comercio justo y el consumo responsable

Repasemos 1

Expressing outstanding qualities: The superlative

Superlative form of adjectives

The superlative form of adjectives is used when comparing a thing or a person to a group. To express the superlative use the following structure:

> **el / la / los / las** + *noun* (optional) + **más / menos** + *adjective* + **de**

Esta es **la computadora más lenta de** la oficina.

This is the slowest computer in the office.

Note: Spanish uses the preposition **de** when English uses *in* or *of*. The preposition **de** is used when it is followed by a place.

1. The noun is omitted if it has been mentioned before in the sentence.

Esta computadora **es la más nueva de la oficina**.

This computer is the newest one in the office.

2. The irregular forms **mejor** and **peor** are generally placed before the noun.

La cooperativa del cacao tiene **la mejor producción** ecológica de la región.

The cocoa cooperative has the best ecological production in the region.

3. The superlative form can also be expressed using the following words, together with the adjective: **muy, extraordinariamente, extremadamente**, and **sumamente**.

Este programa de computadoras es **sumamente complicado**.

This computer program is extremely complicated.

CS10-1 Opiniones. Esta persona tiene opiniones bastante exageradas y usa muchos superlativos. Forma oraciones completas con los elementos dados.

MODELO: computadora / invento / importante / siglo XX
La computadora fue el invento más importante del siglo XX.

1. esta / computadora / caro / tienda
2. las computadoras / máquinas / útil / mundo
3. las computadoras de esta oficina / bueno / computadoras / mercado
4. la clonación / práctica científica / prometedor / últimos años
5. la clonación humana / experimento / peligroso / historia
6. la red / bueno / invento / todos los tiempos

CS10-2 De compras. ¿Cuáles son las ventajas y desventajas de comprar en cada lugar? Expresa las ventajas o desventajas de comprar en cada uno de estos lugares. ¡Ojo con la concordancia!

los centros comerciales	las megatiendas virtuales	las tiendas del barrio
los grandes almacenes	los mercados al aire libre	las tiendas pequeñas

MODELO: *Las megatiendas virtuales son las más convenientes porque no necesito salir de mi casa.*

1. ser / rápido
2. tener / mayor variedad
3. ser mejor / para ver gente
4. ser / peor / para ahorrar tiempo
5. ser / divertido
6. tener / precios bajos
7. ser / caro
8. ser / barato

Repasemos 2

Expressing outstanding qualities: Absolute superlative

Absolute superlative form

Spanish has the **-ísimo/a** form of the adjective to describe extraordinary or exceptional qualities. In English, **-ísimo** means *very, extremely,* or *exceptionally*.

Since adjectives agree in gender and number with the noun they modify, there are four forms to the absolute superlative endings: **-ísimo, -ísima, -ísimos, -ísimas**.

The rules to form the absolute superlative are as follows.

Word endings	Changes	Example
consonant	no change	**fácil** → facilísimo
vowel	drop the final vowel	**interesante** → interesantísimo
		buena → buenísima
-co	c → qu	**poco** → poquísimo
-go	g → gu	**largo** → larguísimo

En el mundo del comercio tradicional hay **muchísimos** intermediarios; por eso el costo de los productos es **carísimo**.

In the traditional business world there are very many intermediaries; that is why the cost of products is very expensive.

CS10-3 Los mercados de mi pueblo. Completa las siguientes oraciones con el superlativo absoluto correspondiente según el contexto.

Mi pueblo es (1. pequeño) _____; por eso hay unas (2. poco) _____ tiendas pequeñas y no hay supermercados. Más vale que no se necesite nada (3. rápido) _____ porque es probable que no lo consiga en mi pueblo y tenga que conducir al pueblo vecino. No es que sea un viaje (4. largo) _____, pero es una molestia. Para algunos este aislamiento es (5. bueno) _____ pero para otros es (6. difícil) _____ porque hay que planear todo con anticipación. Lo bueno es que tiene un mercado al aire libre donde se pueden comprar productos locales durante el verano y el otoño. Los vegetales y las frutas que venden son (7. rico) _____ . A mí me encanta comprar en este mercado regional porque de alguna manera, al comprar productos locales, disminuyo la huella ecológica que producimos comprando productos que vienen de (8. lejos) _____.

Capítulo 11

Hablemos del ocio y del tiempo libre

Repasemos 1

Indicating who performs the actions: Passive voice with *ser*

In Spanish as in English, it is possible to clarify whether the subject of a sentence performs or receives the action by using the active voice or the passive voice respectively. In Spanish, however, the use of the passive voice is more prevalent than in English. The one who performs the action is called the *agent*. Consider these examples:

Active voice	Passive voice
The subject performs the action.	The subject receives the action.
La compañía AG instaló ayer la antena parabólica.	La antena parabólica fue instalada ayer por la compañía AG.
(**la compañía AG** is the subject.)	(**la antena parabólica** is the subject, **la compañía AG** is the agent.)

The form of a passive sentence is:

$$\text{subject} + \textbf{ser} + \text{past participle} + \textbf{por} + \text{agent}$$

1. The past participle agrees with the subject in gender and number because it acts as an adjective.

El contrato **fue firmado** por el director y la productora.
The contract was signed by the director and the producer.

Todas las entradas **fueron vendidas** el primer día.
All the tickets were sold on the first day.

2. In sentences using the passive voice, the agent has a minor role in the sentence and, therefore, is often omitted. When it does appear in the sentence, the agent is introduced by the preposition **por**.

Este anuncio comercial **fue transmitido por dos canales diferentes.**	*This commercial was aired by two different channels.*
Las luces son **apagadas y encendidas** para indicar el final del intermedio. (agent is omitted)	*The lights are turned off and on to signal the end of the intermission.*

3. The form of the verb **ser** shows the tense of the sentence. It can be in the present, past, or future.

Esta telenovela **es** vista por más de un millón de televidentes.
Esta telenovela **fue** vista por más de un millón de televidentes.
Esta telenovela **será** vista por más de un millón de televidentes.

4. In Spanish, the passive voice appears more often in written than in spoken language. In spoken language, on the other hand, the passive construction with **se** is used more often. See the explanation in **Repasemos 2**.

Mañana **se entrevistarán** a los cantantes.	*The singers will be interviewed tomorrow.*

CS11-1 La entrega de premios. Lee lo que hacen estos/as artistas y luego exprésalo en la voz pasiva.

1. El animador llama a los artistas al escenario uno por uno.
2. El animador describe brevemente la carrera artística del/de la candidato/a.
3. La academia de cine otorga los premios en diferentes categorías.
4. Los jueces eligen al/a la mejor candidato/a para cada premio.
5. Generalmente, un actor o una actriz famoso/a le entrega el premio a cada ganador/a.
6. Dos autoras jóvenes reciben el premio al mejor guión.

CS11-2 ¡Qué suerte! A Ana María le fascina el cantante español Joan Manuel Serrat. Completa el párrafo usando la voz pasiva para saber por qué ella tuvo suerte. Usa el verbo **ser** en el pretérito.

Ana María estaba muy contenta al comprar el último disco compacto de Serrat porque la

tapa (1. firmar) _____ por él mismo. Las canciones (2. grabar) _____

por la compañía de discos más importante del país. Además, su tío Paco, que es músico,

(3. elegir) _____ para tocar la guitarra en el próximo concierto de Serrat. Él

(4. presentar) _____ a Serrat por su agente, quien le consiguió unos boletos para

el espectáculo a Ana María. Las butacas (5. escoger) _____ por el tío, así que

deben de estar muy bien ubicadas. Ana María espera poder saludar a Serrat después del

concierto.

CS11-3 Un cambio de programación. Descubre lo que ha pasado con el Canal 12 este mes. Escribe oraciones completas, usando la voz pasiva con **ser** en el pretérito perfecto. ¡Ojo con el tiempo verbal!

> MODELO:　los anuncios comerciales / eliminar / totalmente
> *Los anuncios comerciales han sido eliminados totalmente.*

1. el Canal 12 / comprar / una empresa japonesa / el mes pasado
2. la programación / cambiar / completamente
3. por ejemplo / los videos musicales con letra ofensiva / reemplazar / programas educativos
4. las telenovelas / cambiar / documentales sobre animales
5. los noticieros / transmitir / con más frecuencia
6. las películas de violencia / suspender

Repasemos 2

Substitute for passive voice: The passive *se*

When it is not important to mention the person/agent who is carrying out the action, the passive construction with **se** is commonly used. The passive **se** is followed by the verb in the third-person singular or plural, according to the noun that follows.

> **se** + third-person singular + *singular* noun

Se abrió la nueva temporada de teatro con mucho éxito.
The new theater season was successfully opened.

> **se** + third-person plural + *plural* noun

Se anunciaron los premios Goya.
The Goya awards were announced.

Note: You have seen the passive construction with **se** on page 318, along with the explanation of the impersonal **se** (page 399).

CS11-4 Un gesto generoso. El conjunto de teatro de la ciudad le dio al alcalde lo recaudado en una función para que se use para la promoción de las artes en las escuelas. Escribe oraciones que describan lo que hicieron. Usa el **se** pasivo en el pretérito.

> MODELO:　programar / función de gala
> *Se programó una función de gala.*

1. enviar / invitaciones / a mil personas y empresas
2. anunciar / la función / en todos los medios de difusión
3. ofrecer / un cóctel / antes de la función
4. transmitir / la obra por dos canales de televisión
5. después de la actuación / entregar / ramos de flores a los actores
6. publicar / la función en el periódico

CS11-5 Los entretenimientos. Tu amigo/a de la infancia te viene a visitar y quiere saber qué se puede hacer en esta ciudad. Usando el **se** pasivo en el presente, explícale dónde puede encontrar las siguientes cosas.

> MODELO: ¿Dónde se puede escuchar buena música latina? (bar Regata)
> *Se escucha buena música latina en el bar Regata.*

1. ¿Dónde se pueden ver películas extranjeras? (cine club)
2. ¿Dónde se pueden comer tapas auténticas? (La Giralda)
3. ¿Dónde se pueden ver telenovelas argentinas? (Canal 5)
4. ¿Dónde se pueden mirar las noticias en español? (Canal 10)
5. ¿Dónde se pueden ver buenas obras de teatro? (Teatro Nacional)
6. ¿Dónde se puede escuchar la orquesta sinfónica? (el Conservatorio de Música)

Capítulo 12

Hablemos de las celebraciones

Repasemos

Talking to and about people and things: Uses of the definite article

A. Agreement

The definite article in Spanish agrees in gender and number with the noun it accompanies.

el aniversario	**la** fiesta
los aniversarios	**las** fiestas

Note: When a feminine noun starts with a stressed **a** or **ha, la** changes to **el** in the singular form only.

el agua fría	las aguas frías	*the cold waters*
el ama de casa	las amas de casa	*the housewives*
el hacha afilada	las hachas afiladas	*the sharp axes*

B. Uses

The definite article is used in the following instances:

1. To accompany abstract nouns and nouns that are used in a general way.

   Las celebraciones son buenas para **la salud.**   *Celebrations are good for your health.*

      ↑   ↑

   general noun   *abstract noun*

2. With days of the week, to mean *on*, except when telling which day of the week it is.

   En casa, comemos sopa **los lunes.**   *At home, we eat soup on Mondays.*
   but
   Hoy es lunes.   *Today is Monday.*

3. With titles (**señor, señora, señorita, profesor/a**, etc.), when talking about the person. It is omitted when talking to the person.

> **El señor Ramírez** festeja sus 30 años. *Mr. Ramírez celebrates his 30th birthday.*
>
> but
>
> —Dígame, **Sr. Ramírez**, ¿A quién quiere *Tell me, Mr. Ramírez, who/whom do you*
> invitar a su fiesta?   *want to invite to your party?*

4. Before the names of languages.

> **El español** es muy popular aquí.   *Spanish is very popular here.*

The definite article is not used after the preposition **en** and the verbs **hablar, aprender, comprender, enseñar, escribir, leer**, and **saber**.

> Enrique habla, lee y escribe **portugués**   *Enrique speaks, reads, and writes*
> perfectamente.   *Portuguese perfectly.*
> El niño habla **en** francés porque el padre   *The child speaks in French because the*
> es de Francia.   *father is from France.*

5. With articles of clothing and parts of the body, in situations in which English uses the possessive adjective.

> Me puse **los guantes** antes de salir.   *I put my gloves on before going out.*
> Me duele **la cabeza**.   *My head hurts. / I have a headache.*

6. After the prepositions **a** and **de**, the masculine singular article **el** becomes **al** and **del**.

> | a + el = **al** de + el = **del** |
> |---|

> Fuimos **al** cumpleaños de Tita en el coche **del** hermano de María.

7. The definite article may be used to determine a historic period.

> **El México** de la Revolución   *The Mexico of the revolutionary period*

8. The definite article is used with the subject of the sentence.

> **La comida** estaba buena.   *The food was good.*
> **La torta** estaba riquísima.   *The cake was delicious.*

CS12-1 Ojo con los excesos. Durante el período de las fiestas de fin de año, solemos excedernos en la comida y en la bebida. Pero parece que los españoles en general comen sano. Lee el siguiente artículo y te informarás. Utiliza el artículo definido donde sea necesario. Luego, contesta las preguntas que aparecen a continuación.

(1) _____ Ministerio de Sanidad y Consumo y (2) _____ Universidad Complutense de Madrid hicieron una encuesta sobre (3)_____ salud de (4)_____ españoles. Según (5)_____ conclusiones (de) (6)_____ estudio, (7)_____ alimentación de (8)_____ españoles es sana y variada. Siguen (9)_____ dieta mediterránea, no excesiva en (10)_____ calorías ni en (11)_____ grasas saturadas, y hay un abundante consumo de (12)_____ pescado, frutas y verduras. Esta es (13)_____ razón por la que (14)_____ nivel de colesterol de (15)_____ españoles no es alto y (16)_____ España ocupa (17)_____ tercer lugar entre (18)_____ países con mayor esperanza de vida. Pero ¡atención a (19)_____ excesos! Durante (20)_____ época de fiestas, se suceden (21)_____ comidas y cenas en (22)_____ que es difícil no consumir (23)_____ comida y (24)_____ bebida en exceso.

1. ¿Quiénes hicieron el estudio sobre la salud?
2. ¿Cómo es la alimentación de los españoles?
3. ¿Cómo es la dieta mediterránea?
4. ¿Qué suele ocurrir durante las fiestas?

CS12-2 La fiesta de quince. La quinceañera es una celebración popular en muchos países de América Latina. Lee la información sobre esta celebración y completa los espacios con el artículo definido donde sea necesario.

(1) _____ fiesta de quince años, o (2) _____ Quinceañera, fiesta de quince o simplemente Los Quince, es, en algunas zonas de Latinoamérica, (3) _____celebración de los quince años de una muchacha. No se celebra en todos (4) _____ países de (5)_____ misma manera pero todas (6)_____ fiestas tienen algunos puntos en común. En todas (7)_____ fiestas de quince (8)_____ chica suele llevar un vestido de (9)_____ colores claros, y largo. En casi todas (10)_____ fiestas hay una música particular, que puede ser un vals, como en Cuba o la República Dominicana. A veces tienen una coreografía especial para (11)_____ ocasión. En México, (12)_____ tradición viene de (13)_____ mayas y es de ellos que les llega (14)_____ costumbre de entregar (15) _____último juguete como símbolo (de) (16)_____ fin de (17)_____ infancia. En la República Dominicana uno de (18)_____ atractivos es (19)_____ pastel que suele ser muy grande y con una decoración especial. En Argentina existe la tradición de (20)_____ velas. (21)_____ quinceañera pronuncia un discurso en el que recuerda sus primeros quince años y entrega quince (22)_____ velas a familiares y amigos que tienen alguna relación con esos recuerdos.

Verb charts

Regular Verbs: Simple Tenses

Infinitive Present Participle Past Participle	Indicative						Subjunctive		Imperative
	Present	Imperfect	Preterit	Future	Conditional		Present	Imperfect	
hablar	hablo	hablaba	hablé	hablaré	hablaría		hable	hablara	
hablando	hablas	hablabas	hablaste	hablarás	hablarías		hables	hablaras	habla tú, no hables
hablado	habla	hablaba	habló	hablará	hablaría		hable	hablara	hable usted
	hablamos	hablábamos	hablamos	hablaremos	hablaríamos		hablemos	habláramos	hablemos
	habláis	hablabais	hablasteis	hablaréis	hablaríais		habléis	hablarais	
	hablan	hablaban	hablaron	hablarán	hablarían		hablen	hablaran	hablen Uds.
comer	como	comía	comí	comeré	comería		coma	comiera	
comiendo	comes	comías	comiste	comerás	comerías		comas	comieras	come tú, no comas
comido	come	comía	comió	comerá	comería		coma	comiera	coma usted
	comemos	comíamos	comimos	comeremos	comeríamos		comamos	comiéramos	comamos
	coméis	comíais	comisteis	comeréis	comeríais		comáis	comierais	coman Uds.
	comen	comían	comieron	comerán	comerían		coman	comieran	
vivir	vivo	vivía	viví	viviré	viviría		viva	viviera	
viviendo	vives	vivías	viviste	vivirás	vivirías		vivas	vivieras	vive tú, no vivas
vivido	vive	vivía	vivió	vivirá	viviría		viva	viviera	viva usted
	vivimos	vivíamos	vivimos	viviremos	viviríamos		vivamos	viviéramos	vivamos
	vivís	vivíais	vivisteis	viviréis	viviríais		viváis	vivierais	
	viven	vivían	vivieron	vivirán	vivirían		vivan	vivieran	vivan Uds.

Vosotros Commands

hablar	hablad, no habléis	comer	comed, no comáis	vivir	vivid, no viváis

Regular Verbs: Perfect Tenses

	Indicative					Subjunctive	
	Present Perfect	Past Perfect	Preterit Perfect	Future Perfect	Conditional Perfect	Present Perfect	Past Perfect
he	he	había	hube	habré	habría	haya	hubiera
has	has hablado	habías hablado	hubiste hablado	habrás hablado	habrías hablado	hayas hablado	hubieras hablado
ha	ha comido	había comido	hubo comido	habrá comido	habría comido	haya comido	hubiera comido
hemos	hemos vivido	habíamos vivido	hubimos vivido	habremos vivido	habríamos vivido	hayamos vivido	hubiéramos vivido
habéis	habéis	habíais	hubisteis	habréis	habríais	hayáis	hubierais
han	han	habían	hubieron	habrán	habrían	hayan	hubieran

Irregular Verbs

Infinitive / Present Participle / Past Participle	Indicative					Subjunctive		Imperative
	Present	Imperfect	Preterit	Future	Conditional	Present	Imperfect	
andar andando andado	ando	andaba	anduve	andaré	andaría	ande	anduviera	anda tú, no andes
	andas	andabas	anduviste	andarás	andarías	andes	anduvieras	ande usted
	anda	andaba	anduvo	andará	andaría	ande	anduviera	andemos
	andamos	andábamos	anduvimos	andaremos	andaríamos	andemos	anduviéramos	andad vosotros, no andéis
	andáis	andabais	anduvisteis	andaréis	andaríais	andéis	anduvierais	anden Uds.
	andan	andaban	anduvieron	andarán	andarían	anden	anduvieran	
caer cayendo caido	caigo	caía	caí	caeré	caería	caiga	cayera	cae tú, no caigas
	caes	caías	caíste	caerás	caerías	caigas	cayeras	caiga usted
	cae	caía	cayó	caerá	caería	caiga	cayera	caigamos
	caemos	caíamos	caímos	caeremos	caeríamos	caigamos	cayéramos	caed vosotros, no caigáis
	caéis	caíais	caísteis	caeréis	caeríais	caigáis	cayerais	caigan Uds.
	caen	caían	cayeron	caerán	caerían	caigan	cayeran	
dar dando dado	doy	daba	di	daré	daría	dé	diera	da tú, no des
	das	dabas	diste	darás	darías	des	dieras	dé usted
	da	daba	dio	dará	daría	dé	diera	demos
	damos	dábamos	dimos	daremos	daríamos	demos	diéramos	dad vosotros, no deis
	dais	dabais	disteis	daréis	daríais	deis	dierais	den Uds.
	dan	daban	dieron	darán	darían	den	dieran	

Irregular Verbs (continued)

Infinitive / Present Participle / Past Participle	Indicative Present	Imperfect	Preterit	Future	Conditional	Subjunctive Present	Imperfect	Imperative
decir / diciendo / dicho	digo	decía	dije	diré	diría	diga	dijera	di tú, no digas
	dices	decías	dijiste	dirás	dirías	digas	dijeras	diga usted
	dice	decía	dijo	dirá	diría	diga	dijera	digamos
	decimos	decíamos	dijimos	diremos	diríamos	digamos	dijéramos	decid vosotros, no digáis
	decís	decíais	dijisteis	diréis	diríais	digáis	dijerais	digan Uds.
	dicen	decían	dijeron	dirán	dirían	digan	dijeran	
estar / estando / estado	estoy	estaba	estuve	estaré	estaría	esté	estuviera	está tú, no estés
	estás	estabas	estuviste	estarás	estarías	estés	estuvieras	esté usted
	está	estaba	estuvo	estará	estaría	esté	estuviera	estemos
	estamos	estábamos	estuvimos	estaremos	estaríamos	estemos	estuviéramos	estad vosotros, no estéis
	estáis	estabais	estuvisteis	estaréis	estaríais	estéis	estuvierais	estén Uds.
	están	estaban	estuvieron	estarán	estarían	estén	estuvieran	
haber / habiendo / habido	he	había	hube	habré	habría	haya	hubiera	
	has	habías	hubiste	habrás	habrías	hayas	hubieras	
	ha	había	hubo	habrá	habría	haya	hubiera	
	hemos	habíamos	hubimos	habremos	habríamos	hayamos	hubiéramos	
	habéis	habíais	hubisteis	habréis	habríais	hayáis	hubierais	
	han	habían	hubieron	habrán	habrían	hayan	hubieran	
hacer / haciendo / hecho	hago	hacía	hice	haré	haría	haga	hiciera	haz tú, no hagas
	haces	hacías	hiciste	harás	harías	hagas	hicieras	haga usted
	hace	hacía	hizo	hará	haría	haga	hiciera	hagamos
	hacemos	hacíamos	hicimos	haremos	haríamos	hagamos	hiciéramos	haced vosotros, no hagáis
	hacéis	hacíais	hicisteis	haréis	haríais	hagáis	hicierais	hagan Uds.
	hacen	hacían	hicieron	harán	harían	hagan	hicieran	
ir / yendo / ido	voy	iba	fui	iré	iría	vaya	fuera	ve tú, no vayas
	vas	ibas	fuiste	irás	irías	vayas	fueras	vaya usted
	va	iba	fue	irá	iría	vaya	fuera	vayamos
	vamos	íbamos	fuimos	iremos	iríamos	vayamos	fuéramos	id vosotros, no vayáis
	vais	ibais	fuisteis	iréis	iríais	vayáis	fuerais	vayan Uds.
	van	iban	fueron	irán	irían	vayan	fueran	

Irregular Verbs (continued)

Infinitive / Present Participle / Past Participle	Indicative Present	Imperfect	Preterit	Future	Conditional	Subjunctive Present	Imperfect	Imperative
oír / oyendo / oído	oigo	oía	oí	oiré	oiría	oiga	oyera	oye tú, no oigas
	oyes	oías	oíste	oirás	oirías	oigas	oyeras	oiga usted
	oye	oía	oyó	oirá	oiría	oiga	oyera	oigamos
	oímos	oíamos	oímos	oiremos	oiríamos	oigamos	oyéramos	oíd vosotros, no oigáis
	oís	oíais	oísteis	oiréis	oiríais	oigáis	oyerais	oigan Uds.
	oyen	oían	oyeron	oirán	oirían	oigan	oyeran	
poder (ue, u) / pudiendo / podido	puedo	podía	pude	podré	podría	pueda	pudiera	
	puedes	podías	pudiste	podrás	podrías	puedas	pudieras	
	puede	podía	pudo	podrá	podría	pueda	pudiera	
	podemos	podíamos	pudimos	podremos	podríamos	podamos	pudiéramos	
	podéis	podíais	pudisteis	podréis	podríais	podáis	pudierais	
	pueden	podían	pudieron	podrán	podrían	puedan	pudieran	
poner / poniendo / puesto	pongo	ponía	puse	pondré	pondría	ponga	pusiera	pon tú, no pongas
	pones	ponías	pusiste	pondrás	pondrías	pongas	pusieras	ponga usted
	pone	ponía	puso	pondrá	pondría	ponga	pusiera	pongamos
	ponemos	poníamos	pusimos	pondremos	pondríamos	pongamos	pusiéramos	poned vosotros, no pongáis
	ponéis	poníais	pusisteis	pondréis	pondríais	pongáis	pusierais	pongan Uds.
	ponen	ponían	pusieron	pondrán	pondrían	pongan	pusieran	
querer (ie, i) / queriendo / querido	quiero	quería	quise	querré	querría	quiera	quisiera	quiere tú, no quieras
	quieres	querías	quisiste	querrás	querrías	quieras	quisieras	quiera usted
	quiere	quería	quiso	querrá	querría	quiera	quisiera	queramos
	queremos	queríamos	quisimos	querremos	querríamos	queramos	quisiéramos	quered vosotros, no queráis
	queréis	queríais	quisisteis	querréis	querríais	queráis	quisierais	quieran Uds.
	quieren	querían	quisieron	querrán	querrían	quieran	quisieran	
saber / sabiendo / sabido	sé	sabía	supe	sabré	sabría	sepa	supiera	sabe tú, no sepas
	sabes	sabías	supiste	sabrás	sabrías	sepas	supieras	sepa usted
	sabe	sabía	supo	sabrá	sabría	sepa	supiera	sepamos
	sabemos	sabíamos	supimos	sabremos	sabríamos	sepamos	supiéramos	sabed vosotros, no sepáis
	sabéis	sabíais	supisteis	sabréis	sabríais	sepáis	supierais	sepan Uds.
	saben	sabían	supieron	sabrán	sabrían	sepan	supieran	
salir / saliendo / salido	salgo	salía	salí	saldré	saldría	salga	saliera	sal tú, no salgas
	sales	salías	saliste	saldrás	saldrías	salgas	salieras	salga usted
	sale	salía	salió	saldrá	saldría	salga	saliera	salgamos
	salimos	salíamos	salimos	saldremos	saldríamos	salgamos	saliéramos	salid vosotros, no salgáis
	salís	salíais	salisteis	saldréis	saldríais	salgáis	salierais	salgan Uds.
	salen	salían	salieron	saldrán	saldrían	salgan	salieran	

Irregular Verbs (continued)

Infinitive Present Participle Past Participle	Indicative Present	Imperfect	Preterit	Future	Conditional	Subjunctive Present	Imperfect	Imperative
ser siendo sido	soy	era	fui	seré	sería	sea	fuera	sé tú, no seas
	eres	eras	fuiste	serás	serías	seas	fueras	sea usted
	es	era	fue	será	sería	sea	fuera	seamos
	somos	éramos	fuimos	seremos	seríamos	seamos	fuéramos	sed vosotros, no seáis
	sois	erais	fuisteis	seréis	seríais	seáis	fuerais	sean Uds.
	son	eran	fueron	serán	serían	sean	fueran	
tener teniendo tenido	tengo	tenía	tuve	tendré	tendría	tenga	tuviera	ten tú, no tengas
	tienes	tenías	tuviste	tendrás	tendrías	tengas	tuvieras	tenga usted
	tiene	tenía	tuvo	tendrá	tendría	tenga	tuviera	tengamos
	tenemos	teníamos	tuvimos	tendremos	tendríamos	tengamos	tuviéramos	tened vosotros, no tengáis
	tenéis	teníais	tuvisteis	tendréis	tendríais	tengáis	tuvierais	tengan Uds.
	tienen	tenían	tuvieron	tendrán	tendrían	tengan	tuvieran	
traer trayendo traído	traigo	traía	traje	traeré	traería	traiga	trajera	trae tú, no traigas
	traes	traías	trajiste	traerás	traerías	traigas	trajeras	traiga usted
	trae	traía	trajo	traerá	traería	traiga	trajera	traigamos
	traemos	traíamos	trajimos	traeremos	traeríamos	traigamos	trajéramos	traed vosotros, no traigáis
	traéis	traíais	trajisteis	traeréis	traeríais	traigáis	trajerais	traigan Uds.
	traen	traían	trajeron	traerán	traerían	traigan	trajeran	
venir viniendo venido	vengo	venía	vine	vendré	vendría	venga	viniera	ven tú, no vengas
	vienes	venías	viniste	vendrás	vendrías	vengas	vinieras	venga usted
	viene	venía	vino	vendrá	vendría	venga	viniera	vengamos
	venimos	veníamos	vinimos	vendremos	vendríamos	vengamos	viniéramos	venid vosotros, no vengáis
	venís	veníais	vinisteis	vendréis	vendríais	vengáis	vinierais	vengan Uds.
	vienen	venían	vinieron	vendrán	vendrían	vengan	vinieran	
ver viendo visto	veo	veía	vi	veré	vería	vea	viera	ve tú, no veas
	ves	veías	viste	verás	verías	veas	vieras	vea usted
	ve	veía	vio	verá	vería	vea	viera	veamos
	vemos	veíamos	vimos	veremos	veríamos	veamos	viéramos	ved vosotros, no veáis
	véis	veíais	visteis	veréis	veríais	veáis	vierais	vean Uds.
	ven	veían	vieron	verán	verían	vean	vieran	

Stem-Changing and Orthographic-Changing Verbs

Infinitive Present Participle Past Participle	Indicative					Subjunctive		Imperative
	Present	Imperfect	Preterit	Future	Conditional	Present	Imperfect	
dormir (ue, u) dormiendo dormido	duermo	dormía	dormí	dormiré	dormiría	duerma	durmiera	duerme tú, no duermas
	duermes	dormías	dormiste	dormirás	dormirías	duermas	durmieras	duerma usted
	duerme	dormía	durmió	dormirá	dormiría	duerma	durmiera	durmamos
	dormimos	dormíamos	dormimos	dormiremos	dormiríamos	durmamos	durmiéramos	dormid vosotros, no durmáis
	dormís	dormíais	dormisteis	dormiréis	dormiríais	durmáis	durmierais	duerman Uds.
	duermen	dormían	durmieron	dormirán	dormirían	duerman	durmieran	
incluir (y) incluyendo incluido	incluyo	incluía	incluí	incluiré	incluiría	incluya	incluyera	incluye tú, no incluyas
	incluyes	incluías	incluiste	incluirás	incluirías	incluyas	incluyeras	incluya usted
	incluye	incluía	incluyó	incluirá	incluiría	incluya	incluyera	incluyamos
	incluimos	incluíamos	incluimos	incluiremos	incluiríamos	incluyamos	incluyéramos	incluid vosotros, no incluyáis
	incluís	incluíais	incluisteis	incluiréis	incluiríais	incluyáis	incluyerais	incluyan Uds.
	incluyen	incluían	incluyeron	incluirán	incluirían	incluyan	incluyeran	
pedir (i, i) pidiendo pedido	pido	pedía	pedí	pediré	pediría	pida	pidiera	pide tú, no pidas
	pides	pedías	pediste	pedirás	pedirías	pidas	pidieras	pida usted
	pide	pedía	pidió	pedirá	pediría	pida	pidiera	pidamos
	pedimos	pedíamos	pedimos	pediremos	pediríamos	pidamos	pidiéramos	pedid vosotros, no pidáis
	pedís	pedíais	pedisteis	pediréis	pediríais	pidáis	pidierais	pidan Uds.
	piden	pedían	pidieron	pedirán	pedirían	pidan	pidieran	
pensar (ie) pensando pensado	pienso	pensaba	pensé	pensaré	pensaría	piense	pensara	piensa tú, no pienses
	piensas	pensabas	pensaste	pensarás	pensarías	pienses	pensaras	piense usted
	piensa	pensaba	pensó	pensará	pensaría	piense	pensara	pensemos
	pensamos	pensábamos	pensamos	pensaremos	pensaríamos	pensemos	pensáramos	pensad vosotros, no penséis
	pensáis	pensabais	pensasteis	pensaréis	pensaríais	penséis	pensarais	piensen Uds.
	piensan	pensaban	pensaron	pensarán	pensarían	piensen	pensaran	

Stem-Changing and Orthographic-Changing Verbs (continued)

Infinitive Present Participle Past Participle	Indicative						Subjunctive		Imperative
	Present	Imperfect	Preterit	Future	Conditional	Present	Imperfect	
producir (zc)	produzco	producía	produje	produciré	produciría	produzca	produjera	
produciendo	produces	producías	produjiste	producirás	producirías	produzcas	produjeras	produce tú, no produzcas
producido	produce	producía	produjo	producirá	produciría	produzca	produjera	produzca usted
	producimos	producíamos	produjimos	produciremos	produciríamos	produzcamos	produjéramos	produzcamos
	producís	producíais	produjisteis	produciréis	produciríais	produzcáis	produjerais	producid vosotros, no produzcáis
	producen	producían	produjeron	producirán	producirían	produzcan	produjeran	produzcan Uds.
reír (i, i)	río	reía	reí	reiré	reiría	ría	riera	
riendo	ríes	reías	reíste	reirás	reirías	rías	rieras	ríe tú, no rías
reído	ríe	reía	rio	reirá	reiría	ría	riera	ría usted
	reímos	reíamos	reímos	reiremos	reiríamos	riamos	riéramos	riamos
	reís	reíais	reísteis	reiréis	reiríais	riáis	rierais	reíd vosotros, no riáis
	ríen	reían	rieron	reirán	reirían	rían	rieran	rían Uds.
seguir (i, i) (ga)	sigo	seguía	seguí	seguiré	seguiría	siga	siguiera	
siguiendo	sigues	seguías	seguiste	seguirás	seguirías	sigas	siguieras	sigue tú, no sigas
seguido	sigue	seguía	siguió	seguirá	seguiría	siga	siguiera	siga usted
	seguimos	seguíamos	seguimos	seguiremos	seguiríamos	sigamos	siguiéramos	sigamos
	seguís	seguíais	seguisteis	seguiréis	seguiríais	sigáis	siguierais	seguid vosotros, no sigáis
	siguen	seguían	siguieron	seguirán	seguirían	sigan	siguieran	sigan Uds.
sentir (ie, i)	siento	sentía	sentí	sentiré	sentiría	sienta	sintiera	
sintiendo	sientes	sentías	sentiste	sentirás	sentirías	sientas	sintieras	siente tú, no sientas
sentido	siente	sentía	sintió	sentirá	sentiría	sienta	sintiera	sienta usted
	sentimos	sentíamos	sentimos	sentiremos	sentiríamos	sintamos	sintiéramos	sintamos
	sentís	sentíais	sentisteis	sentiréis	sentiríais	sintáis	sintierais	sentid vosotros, no sintáis
	sienten	sentían	sintieron	sentirán	sentirían	sientan	sintieran	sientan Uds.
volver (ue)	vuelvo	volvía	volví	volveré	volvería	vuelva	volviera	
volviendo	vuelves	volvías	volviste	volverás	volverías	vuelvas	volvieras	vuelve tú, no vuelvas
vuelto	vuelve	volvía	volvió	volverá	volvería	vuelva	volviera	vuelva usted
	volvemos	volvíamos	volvimos	volveremos	volveríamos	volvamos	volviéramos	volvamos
	volvéis	volvíais	volvisteis	volveréis	volveríais	volváis	volvierais	volved vosotros, no volváis
	vuelven	volvían	volvieron	volverán	volverían	vuelvan	volvieran	vuelvan Uds.

Glossary

adj. adjective
adv. adverb
conj. conjunction
n. noun
pl. plural
prep. preposition
v. verb

A

a *(prep.)* to, at
   a causa de *(prep.)* because of, **4**
   a la larga *(adv.)* in the long run, **5**
   a lo largo de *(prep.)* during, throughout, **8**
   a menudo *(adv.)* often, **8**
   a su vez *(adv.)* in turn, **5**
   a través *(prep.)* by means of, through, **9**
abarcar *(v.)* to cover, include, **10**
abnegación, la *(n.)* self-sacrifice, **9**
abordar el avión *(v.)* to board a plane, **2**
abrazar(se) *(v.)* to embrace (each other), hug (each other), **3**
abrumado *(adj.)* overwhelmed, **4**
aburrir *(v.)* to bore, **3**
acabar de + infinitivo *(v.)* to have just done (something), **2**
acampar *(v.)* to camp, **2**
acantilado, el *(n.)* cliff, **2**
acariciar *(v.)* to caress, **12**
aceptar *(v.)* to accept, **1**
acontecimiento, el *(n.)* event, **12**
acordarse (ue) (de) *(v.)* to remember, **3**
acostarse (ue) *(v.)* to go to bed, **3**
actriz, la *(n.)* actress, **11**
actual *(adj.)* present, current, **11**
actualidad, la *(n.)* (the) present time, **11**
actualizar *(v.)* to bring up to date; to update, **11**
actuar *(v.)* to act, **7**
acuarela, la *(n.)* watercolor, **8**
acusado/a *(adj.)* marked, **1**
acusarse *(v.)* to acknowledge, **1**
adaptarse *(v.)* to adapt, **3**
adelgazar *(v.)* to lose weight, **6**

además *(adv.)* besides, **3**
administración, la *(n.)* management, **7**
   Administración de Empresas, la *(n.)* business administration, **7**
adoptar *(v.)* to adopt, **1**
adorar *(v.)* to adore, **12**
afectar *(v.)* to affect, **9**
afecto, el *(n.)* affection, love, **12**
afeitarse *(v.)* to shave, **3**
aglomeración, la *(n.)* crowd, **12**
agobio, el *(n.)* exhaustion, **2**
agotado/a *(adj.)* exhausted, **6**
agregar *(v.)* to add, **9**
aguardar *(v.)* to wait, **2**
ahorrar *(v.)* to save, **1**
aire, el *(n.)* air, **2**
aislado/a *(adj.)* isolated, **5**
ajeno/a *(adj.)* free from, **4**
ajetreo, el *(n.)* bustle, **4**
al to the, at the
   al final *(adv.)* at the end, **11**
   al principio *(adv.)* at the beginning, **11**
   al rato *(adv.)* a short time later, **2**
ala *(fem.)*, **el** *(n.)* wing, **8**
alargar *(v.)* to prolong; to extend, **9**
alcanzar una meta *(v.)* to reach a goal, **7**
aldea, la *(n.)* village, **5**
   aldea global, la *(n.)* global village, **9**
alegrar(se) *(v.)* to be happy, **12**
alegría, la *(n.)* joy, happiness, **12**
alejado/a *(adj.)* remote, removed from, **9**
alejarse de *(v.)* to distance oneself from, withdraw from, **8**
alfabetización, la *(n.)* literacy, **5**
algodón, el *(n.)* cotton, **3**
alimento, el *(n.)* food, **6**
aliviar *(v.)* to alleviate, **6**
almohada, la *(n.)* pillow, **12**
almorzar (ue) *(v.)* to eat lunch, **1**
alojarse *(v.)* to lodge, **2**
alpinista, el *(n.)* mountain climber, **2**
alrededor *(adv.)* around, **1**
alzar la voz *(v.)* to raise one's voice, **11**

amante, el/la *(n.)* lover, **12**
amar *(v.)* to love, **1**
amargo/a *(adj.)* bitter, **3**
ambiental *(adj.)* environmental, **4**
ambiente, el *(n.)* environment, **3**
　　ambiente de trabajo, el *(n.)* workplace atmosphere, **7**
　　ambiente empresarial, el *(n.)* business climate, **7**
ámbito, el *(n.)* sphere, field (of expertise), **7**
ameno/a *(adj.)* agreeable, pleasant, **11**
amistad, la *(n.)* friendship, **3**
amor, el *(n.)* love, **1**
amplio/a *(adj.)* ample, wide, spacious, large, **7**
analfabetismo, el *(n.)* illiteracy, **5**
anciano/a, el/la *(n.)* old / elderly person, **5**
andar *(v.)* to walk, go, **2**
andino/a *(adj.)* Andean, **4**
angustia, la *(n.)* anguish, **6**
ánimo, el *(n.)* spirit, **2**
antecedente laboral, el *(n.)* job/work record, **7**
anterior *(adj.)* previous, earlier, **9**
antifaz, el *(n.)* mask, **12**
anunciado/a *(adj.)* announced, **11**
anunciar *(v.)* to announce, **11**
anuncio comercial, el *(n.)* TV commercial, **11**
apagar *(v.)* to turn off (a machine or lights), **11**
aparecer (zc) *(v.)* to appear, to seem, **1**
aparte de aside from, **8**
apasionado/a *(adj.)* passionate, **1**
aplaudir *(v.)* to clap, applaud, **11**
aplicar *(v.)* to apply (something, e.g., paint); to put on; to enforce (a theory or law), **7**
aportar *(v.)* to contribute, **6**
apoyar *(v.)* to advocate for; to support, **4**
　　apoyarse *(v.)* to lean on, **3**
apoyo, el *(n.)* support, **1**
apreciar *(v.)* to appreciate, **8**
aprender *(v.)* to learn, **1**
apresar *(v.)* to capture, **5**
apretar (ie) *(v.)* to press, push, **11**
archivo, el *(n.)* file, **9**
arco iris, el *(n.)* rainbow, **8**
arduo/a *(adj.)* arduous, **5**
arena, la *(n.)* sand, **2**
argumento, el *(n.)* plot, **11**
armatoste, el *(n.)* cumbersome piece of furniture, **11**
arrastrarse *(v.)* to drag oneself, **3**

arrebolado/a de la aurora tinged red by the sun, **6**
arrecifes, los *(n.pl.)* reefs, **4**
arreglarse *(v.)* to get ready, dress up, **3**
arrepentirse (ie, i) *(v.)* to repent, **12**
arrojarse *(v.)* to throw oneself, **2**
arroz integral, el *(n.)* brown rice, **6**
arte abstracto, el *(n.)* abstract art, **8**
ascender (ie) *(v.)* to advance, be promoted, **7**
asegurado/a *(adj.)* assured, **10**
asentir (ie, i) *(v.)* to assent, agree, **11**
asiento, el *(n.)* seat, **2**
asimilarse *(v.)* to assimilate, **3**
asistir *(v.)* to attend, **1**
asombrar *(v.)* to amaze, astonish, **12**
aspirante, el/la *(n.)* applicant, **7**
asustado/a *(adj.)* frightened, **2**
atacar *(v.)* to attack, **5**
atender (ie) al público *(v.)* to deal with the public, **7**
aterrizar *(v.)* to land, **2**
atisbar *(v.)* to glimpse, **2**
atraer *(v.)* to attract, **7**
atrapado/a *(adj.)* trapped, **2**
atrasado/a *(adj.)* late, **2**
atrevido/a *(adj.)* daring, **1**
aumentar *(v.)* to increase, **1**
aumento, el *(n.)* increase, raise (in salary), **7**
aunque *(conj.)* though, although, even if, **1**
aurora, la *(n.)* dawn, **6**
auténtico/a *(adj.)* authentic, **8**
autoestima, la *(n.)* self-esteem, **7**
autógrafo, el *(n.)* autograph, **11**
autorretrato, el *(n.)* self-portrait, **8**
autoservicio, el *(n.)* self-service, **10**
avergonzarse (üe) (de) *(v.)* to be ashamed (of), **10**
ávido/a *(adj.)* eager, **4**
ayudarse *(v.)* to help oneself / each other, **3**
azorado/a *(adj.)* dazzling, **3**

B

bajar *(v.)* to lower, go down, **5**
ballena, la *(n.)* whale, **2**
banda sonora, la *(n.)* sound track, **11**
bandera, la *(n.)* flag, **5**
bañarse *(v.)* to bathe, **3**

barco, el *(n.)* boat, ship, **2**
barrera, la *(n.)* barrier, **3**
basado/a (en) *(adj.)* based (on), **1**
basura, la *(n.)* garbage, trash, **4**
bebé, el *(n.)* baby, **1**
beber *(v.)* to drink, **1**
bellas artes, las *(n.pl.)* fine arts, **8**
beneficio, el *(n.)* benefit, **7**
benjamín *(adj.)* youngest, **1**
besar(se) *(v.)* to kiss (each other), **3**
beso, el *(n.)* kiss, **12**
bloqueador solar, el *(n.)* sunscreen, **2**
boda, la *(n.)* wedding, **1**
bolsa de dormir, la *(n.)* sleeping bag, **2**
bonito/a *(adj.)* pretty, attractive, **3**
borde, el *(n.)* edge, **8**
bosque, el *(n.)* forest, **2**
bosquejo, el *(n.)* sketch, **8**
botiquín, el *(n.)* medicine cabinet, **6**
brindar por *(v.)* to toast to, **12**
brindis, el *(n.)* toast (in honor of a person / an event), **12**
broma, la *(n.)* joke, **12**
bronceado/a *(adj.)* tanned, **3**
broncearse *(v.)* to get a tan, **2**
bucear *(v.)* to scuba dive, **2**
buceo, el *(n.)* scuba diving, **2**
buey/bueyes, el/los *(n.)* ox/oxen, **2**
burlarse (de) *(v.)* to mock, make fun of, **9**
buscar trabajo *(v.)* to look for a job, **7**
butaca, la *(n.)* seat (in theater or movie theater), **11**

C

cabello, el *(n.)* hair, **6**
cabeza, la *(n.)* head, **6**
cadena, la *(n.)* chain, **10**
   cadena de televisión, la *(n.)* TV network, **11**
cadera, la *(n.)* hip, **6**
caer *(v.)* to fall, **1**
   caer bien *(v.)* to suit, like, **3**
   caer mal *(v.)* not to suit, not like a person, **3**; to not agree
      with (said for food), **6**
caído/a *(adj.)* fallen, **6**
caja, la *(n.)* cash register, **10**
calentamiento global, el *(n.)* global warming, **4**
calentar (ie) *(v.)* to get hot; to heat, **4**

callado/a *(adj.)* quiet, **1**
camarógrafo/a, el/la *(n.)* camera operator, **11**
cambiar *(v.)* to change, **1**
   cambiar al bebé *(v.)* to change the baby's
      diaper, **1**
cambio, el *(n.)* change, **1**
camerino, el *(n.)* dressing room, **11**
campamento, el *(n.)* campground, **2**
campana, la *(n.)* bell, **2**
campesino/a, el/la *(n.)* peasant, **5**
camposanto, el *(n.)* cemetery, **2**
canal, el *(n.)* (TV) channel, **11**
cáncer de mama, el *(n.)* breast cancer, **6**
candado, el *(n.)* padlock, **4**
candidato/a, el/la *(n.)* candidate, **7**
cantante, el/la *(n.)* singer, **11**
capacidad, la *(n.)* ability, **1**
capacitación, la *(n.)* training, **7**
capacitarse *(v.)* to train, **7**
capricho, el *(n.)* whim, **10**
carácter, el *(n.)* temperament, **1**
careta, la *(n.)* mask, **12**
cargar *(v.)* to carry, **3**
cariño, el *(n.)* fondness, affection, **12**
cariñoso/a *(adj.)* loving, **1**
carreta, la *(n.)* ox cart, **2**
carretero/a, el/la *(n.)* cart driver, **2**
carro (del supermercado), el *(n.)* supermarket cart, **10**
cartel, el *(n.)* poster, **8**
casa de campo, la *(n.)* vacation home, **2**
casar(se) *(v.)* to get married, **1**
castaño/a *(adj.)* chestnut-colored, brown, hazel, **1**
catarro, el *(n.)* chest congestion, head cold, **6**
catástrofe, la *(n.)* catastrophe, **4**
cazador/a, el/la *(n.)* hunter, **2**
cebo, el *(n.)* bait, **10**
ceja, la *(n.)* eyebrow, **6**
celo, el *(n.)* zeal, **5**
celoso/a *(adj.)* jealous, **1**
cenicero, el *(n.)* ashtray, **12**
centrado/a *(adj.)* focused, centered, **9**
cepillarse (el pelo / los dientes) *(v.)* to brush (hair / teeth), **3**
cerrar (ie) *(v.)* to close, **1**
chillar *(v.)* to sob; to scream, **3**
chiste, el *(n.)* joke, **12**
chorrear *(v.)* to gush, **5**
ciego/a, el/la *(n.)* blind or visually impaired person, **8**

cinta, la *(n.)* ribbon, **2**
cintura, la *(n.)* waist, **6**
ciruela, la *(n.)* plum, **6**
cita, la *(n.)* appointment, **6**
clarín, el *(n.)* very thin and clear linen cloth, **11**
clavadista, el/la *(n.)* diver, **2**
clave *(adj.)* key, **8**
clima, el *(n.)* climate, **4**
código, el *(n.)* code, **9**
codo, el *(n.)* elbow, **6**
colgar (ue) *(v.)* to hang up (picture, telephone), **8**
    colgar (en Internet) *(v.)* to post (something) (on the Internet), **4**
colocar *(v.)* to place, **10**
colorido, el *(n.)* colors (referring to the palette of colors of a painting), **8**
combatir *(v.)* to combat, **6**
combustible fósil, el *(n.)* fossil fuel, **4**
comedia, la *(n.)* comedy, **11**
comenzar (ie) *(v.)* to begin, **1**
comer *(v.)* to eat, **1**
comercio justo, el *(n.)* fair trade, **10**
como *(conj.)* since (at the beginning of a sentence), **2**
cómodo/a *(adj.)* comfortable, **9**
compartir *(v.)* to share, **1**
competencia, la *(n.)* competition, **3**
comportamiento, el *(n.)* behavior, **1**
comportar (se) *(v.)* to behave, **1**
comprender *(v.)* to understand, **1**
comprobar (ue) *(v.)* to verify, check, **11**
comprometerse *(v.)* to get engaged; to commit, **3**
compromiso, el *(n.)* commitment, **7**
comunicarse *(v.)* to communicate, **3**
conducir (zc) *(v.)* to drive, **1**
conducta, la *(n.)* behavior, **9**
conejo, el *(n.)* rabbit, **3**
conferir (ie, i) *(v.)* to confer; to lend; to give, **5**
confiar (en) *(v.)* to trust (in), **5**
congelado/a *(adj.)* frozen, **2**
conocer (zc) *(v.)* to know; to meet, **1**
    conocerse *(v.)* to get to know a person; to meet (each other), **3**
conocimiento, el *(n.)* knowledge, **5**
conseguir (i, i) *(v.)* to get, obtain, **3**
consejo, el *(n.)* council, **5**
constancia, la *(n.)* perseverance, **9**
construir *(v.)* to build, **1**

consultorio, el *(n.)* doctor's office, **6**
consumidor/a, el/la *(n.)* consumer, **10**
contagiar *(v.)* to be contagious; to infect, **6**
contaminación, la *(n.)* pollution, **4**
contaminado/a *(adj.)* contaminated, polluted, **4**
contaminar *(v.)* to pollute, contaminate, **4**
contar (ue) *(v.)* to count, **1**
    contar chistes *(v.)* to tell jokes, **12**
    contar con *(v.)* to count on, **7**
    contarse todo *(v.)* to tell each other everything, **3**
continuar *(v.)* to continue, **1**
contraer matrimonio *(v.)* to get married, **1**
contratar *(v.)* to hire, **7**
contribuir *(v.)* to contribute, **1**
control remoto, el *(n.)* remote control, **11**
controlado/a *(adj.)* controlled, **4**
convenir (ie) *(v.)* to be convenient; to suit one's interests, **7**
convertirse (ie, i) *(v.)* to become, turn into, **8**
convidar *(v.)* to invite, **12**
convivir *(v.)* to live together, **1**
convocar *(v.)* to summon, **4**
cónyuge, el *(n.)* spouse, **1**
corazón, el *(n.)* heart, **6**
cordillera, la *(n.)* mountain range, **2**
corredor, el *(n.)* hallway, **11**
corriente artística, la *(n.)* an artistic trend, **8**
corte, el *(n.)* harvest, **2**
costa, la *(n.)* coast, **2**
costar (ue) *(v.)* to cost, **1**
    costarle a uno *(v.)* to be difficult for someone, **7**
costo, el *(n.)* cost, **10**
costumbre, la *(n.)* custom, habit, **5**
costurera, la *(n.)* seamstress, **10**
cotidiano/a *(adj.)* daily, **2**
coyuntura, la *(n.)* turning point, **8**
crear *(v.)* to create, **3**
crecer (zc) *(v.)* to grow, **1**
creer *(v.)* to believe, **1**
crianza, la *(n.)* bringing up, rearing, **1**
criar *(v.)* to raise, rear, **1**
criticarse *(v.)* to criticize, **3**
cruzar *(v.)* to cross, **3**
cuadro, el *(n.)* painting, **8**
cualesquiera whatever, **3**
cubismo, el *(n.)* cubism, **8**
cuello, el *(n.)* neck, **6**
cuerno, el *(n.)* horn, **2**

cuerpo humano, el *(n.)* the human body, **6**
cuestión, la *(n.)* matter, topic, **11**
cuidado, el *(n.)* care, **6**
cuidadoso/a *(adj.)* careful, **8**
cuidar *(v.)* to take care of, **1**
cultivar *(v.)* to cultivate, **10**
culto/a *(adj.)* well-educated, **1**
cumpleaños, el *(n.)* birthday, **12**
cumplimiento, el *(n.)* accomplishment, fulfillment, **3**
cumplir *(v.)* to fulfill,
    cumplir años *(v.)* to have a birthday, **12**
    cumplir con *(v.)* to fulfill, execute, **7**
currículum vítae, el *(n.)* résumé, **7**

D

dañar *(v.)* to harm, damage, **6**
dar *(v.)* to give, **1**
    dar tumbos *(v.)* to stumble, **2**
    darse cuenta de *(v.)* to realize, **3**
dato, el *(n.)* data, fact(s), **1**
de *(prep.)* of, from,
    de acuerdo con *(prep.)* according to; in accordance with; in
        agreement with, **3**
    de esta manera *(adv.)* in this way, **4**
    de este modo *(adv.)* in this way, **7**
    de hecho *(adv.)* in fact, indeed, actually, **4**
    de lata *(adj.)* tin, **3**
    de modo *(adv.)* in a way, in a manner, **8**
    de modo que *(conj.)* so that, **8**
    de rodillas *(adv.)* on their knees, **3**
    de súbito *(adv.)* all of a sudden, **3**
deber, el *(n.)* duty, obligation, **1**
deber *(v.)* ought to, should, **1**
débil *(adj.)* weak, **1**
decidir *(v.)* to decide, **1**
decir *(v.)* to say, tell, **1**
dedicarse (a) *(v.)* to devote oneself to, **3**
dedo, el *(n.)* finger, **6**
deducir (zc) *(v.)* to deduce, **1**
deforestación, la *(n.)* deforestation, clear cutting, **4**
demorar (en) *(v.)* to delay (in), **5**
derecho, el *(n.)* right, **1**
    derechos humanos, los *(n.pl.)* human rights, **5**
derroche, el *(n.)* waste, squandering, **12**
desafiar *(v.)* to challenge, **8**

desamor, el *(n.)* lack of love, indifference, **9**
desanimado/a *(adj.)* discouraged,
    disheartened, **9**
desanimar *(v.)* to discourage, dishearten, **9**
desaparecer (zc) *(v.)* to disappear, **2**
desarrollado/a *(adj.)* developed, **4**
desarrollar *(v.)* to develop, **1**
    desarrollarse *(v.)* to develop oneself, **4**
desarrollo, el *(n.)* development, **4**
descalzo/a *(adj.)* barefoot, **11**
descansar *(v.)* to rest, **6**
descargar *(v.)* to download, **9**
descarnado/a *(adj.)* bare, **8**
descomponerse *(v.)* to be indisposed, **6**
descubrir *(v.)* to discover, **9**
desechable *(adj.)* disposable, **6**
desembarcar *(v.)* to disembark, land, **2**
desembarco, el *(n.)* unloading, landing, **2**
desempleado/a *(adj.)* unemployed, **4**
desempleo, el *(n.)* unemployment, **7**
desfile, el *(n.)* parade, **12**
desganado/a *(adj.)* lethargic, **9**
desgraciadamente *(adv.)* unfortunately, **5**
desheredado/a *(adj.)* disinherited, **5**
deshielo, el *(n.)* thaw, **4**
desigual *(adj.)* unequal, **5**
desigualdad, la *(n.)* inequality, **5**
desmayarse *(v.)* to faint, **6**
desmayo, el *(n.)* fainting spell, **6**
desmotivado/a *(adj.)* unmotivated, **7**
despedida de soltero/a, la *(n.)* bachelor/bachelorette party;
    bridal shower, **12**
despedirse (i, i) (de) *(v.)* to say good-bye (to), **3**
despegar *(v.)* to take off (referring to a plane), **2**
despeinado/a *(adj.)* tousled, **12**
desperdiciar *(v.)* to waste, **4**
desperdicio, el *(n.)* waste, **4**
despertarse (ie) *(v.)* to wake up, **3**
desplegar *(v)*. to spread, **4**
desprovisto/a *(adj.)* lacking, **8**
destruir *(v.)* to destroy, **1**
desvestirse (i, i) *(v.)* to undress, **3**
detalle, el *(n.)* detail, **8**
detenerse (ie) *(v.)* to stop, **2**
determinar *(v.)* to determine, **1**
detestar(se) *(v.)* to hate, dislike, **3**
devolver (ue) *(v.)* to return (an object to its owner), **1**

día, el *(n.)* day,
   día del santo, el *(n.)* saint's day, **12**
   día feriado, el *(n.)* holiday, **12**
   día festivo, el *(n.)* holiday, **12**
diamela, la *(n.)* Arabian jasmine (flower), **11**
dibujo, el *(n.)* drawing, **8**
   dibujo animado, el *(n.)* cartoon, **11**
diestro/a *(adj.)* right-handed, **10**
dieta equilibrada, la *(n.)* balanced diet, **6**
diferenciarse *(v.)* to be different; to differ, **9**
directivo, el *(n.)* director, member of the board, **7**
dirigir *(v.)* to direct, **11**
disco compacto (CD), el *(n.)* CD, **11**
discutir *(v.)* to argue, **1**
disfrazarse *(v.)* to disguise oneself; to dress up (as), **12**
disfrutar (de) *(v.)* to enjoy, **2**
disgustado/a *(adj.)* displeased, **2**
disgustar *(v.)* to annoy, displease, **3**
disminuir *(v.)* to diminish, **10**
disponer *(v.)* to prepare; set out, to decide, **5**
divertido/a *(adj.)* amusing, funny, **1**
divertir (ie, i) *(v.)* to be fun, amuse, **3**
   divertirse *(v.)* to have a good time, **2**
divorciarse *(v.)* to divorce, **3**
divorcio, el *(n.)* divorce, **1**
documental, el *(n.)* documentary, **11**
doler (ue) *(v.)* to hurt, **6**
dolor, el *(n.)* pain, **6**
   dolor de oído, el *(n.)* earache, **6**
dominante *(adj.)* domineering, **1**
dormir (ue, u) *(v.)* to sleep, **1**
   dormirse *(v.)* to fall asleep, **3**
ducharse *(v.)* to shower, **3**
duplicar *(v.)* to duplicate, **4**
durar *(v.)* to last, **12**
DVD, el *(n.)* DVD, **11**

E

ecología, la *(n.)* ecology, **4**
ecológico/a *(adj.)* ecological, **4**
edificio, el *(n.)* building, **8**
educado/a *(adj.)* polite, **1**
efecto invernadero, el *(n.)* greenhouse effect, **4**

ejecutivo/a, el/la *(n.)* executive, **7**
elaborar *(v.)* to make; to develop, **9**
elegir (i, i) *(v.)* to choose, **1**
embarazo, el *(n.)* pregnancy, **1**
embarcar *(v.)* to board, **2**
emborracharse *(v.)* to get drunk, **12**
emisión de radio, la *(n.)* radio broadcast, **11**
empeorar *(v.)* to get worse, **6**
empezar (ie) *(v.)* to start, **1**
empleado/a, el/la *(n.)* employee, **7**
empleador/a, el/la *(n.)* employer, **7**
emplear *(v.)* to employ; to make use of, **10**
empresa, la *(n.)* business, company, **7**
empujar *(v.)* to push, **3**
en *(prep.)* in, on,
   en cuanto a *(prep.)* as far as, with respect to, regarding, **1**
   en realidad *(adv.)* in reality, actually, **11**
   en retroceso receding, **4**
   en sí mismo/a/s/as on himself/herself/themselves, **9**
   en vivo live (program), **11**
enamorarse de *(v.)* to fall in love with, **12**
encantar *(v.)* to delight, love, **3**
encanto, el *(n.)* charm, **8**
encargado/a *(adj.)* in charge, **7**
encasillar *(v.)* to classify, **8**
encender (ie) *(v.)* to turn on (machine / lights), **11**
encontrar (ue) *(v.)* to meet; to find, **1**
enfermedad, la *(n.)* illness, **6**
enfermo/a *(adj.)* sick, **1**
enfocar (un problema) *(v.)* to focus on; to approach (a problem), **7**
enfrentar *(v.)* to face, **6**
engañar *(v.)* to deceive, **5**
engordar *(v.)* to gain weight, **6**
ensayar *(v.)* to rehearse, **11**
entender (ie) *(v.)* to understand, **1**
   entenderse *(v.)* to understand each other, **3**
enternecer *(v.)* to touch (someone emotionally), **4**
entero/a *(adj.)* entire, whole, **5**
entidad, la *(n.)* entity, **4**
entorno, el *(n.)* environment, setting, **7**
entrada, la *(n.)* entry, entrance (of a building), **10**; ticket, **11**
entraña, la *(n.)* heart [figurative], **4**
éntrale otra vez *(v.)* to continue figurative, **3**
entrecejo, el *(n.)* space between the eyebrows, **1**

entregar *(v.)* to deliver, **11**

entrenar *(v.)* to train, **7**

entretener (ie) *(v.)* to entertain, **11**

entretenido/a *(adj.)* entertaining, **11**

entretenimiento, el *(n.)* entertainment, **11**

entrevista de trabajo, la *(n.)* job interview, **7**

entusiasmar(se) *(v.)* to get excited / enthusiastic (about something), **12**

envase, el *(n.)* container, **4**

envidia, la *(n.)* envy, **9**

época, la *(n.)* epoch, age, period of time, **5**

equilibrado/a *(adj.)* balanced, **6**

equilibrio, el *(n.)* balance, **7**

equipaje, el *(n.)* luggage, **2**

equivocarse *(v.)* to be wrong, **3**

Es una pena. It's a pity., **11**

escala, la *(n.)* stop, port of call, **2**

escalar (montañas) *(v.)* to climb (a mountain), **2**

escalón, el *(n.)* step, **8**

escarcharse *(v.)* to frost over, **2**

escena, la *(n.)* scene, **11**

escenario, el *(n.)* stage, **11**

esclavo/a, el/la *(n.)* slave, **5**

esfuerzo, el *(n.)* effort, **9**

espalda, la *(n.)* back, **6**

espectáculo, el *(n.)* show, **11**

espectador/a, el/la *(n.)* spectator, **11**

esponjoso/a *(adj.)* spongy, **2**

espontaneidad, la *(n.)* spontaneity, **9**

esquema, el *(n.)* outline, **8**

esquí acuático, el *(n.)* water skiing, **2**

esquiar *(v.)* to ski, **2**

establecerse (zc) *(v.)* to establish, **3**

estadía, la *(n.)* stay, **2**

estantería, la *(n.)* group of shelves, **10**

estar *(v.)* to be, **1**

　estar a punto de *(v.)* to be about to, **2**

　estar al alcance de *(v.)* to be within reach of, **9**

　estar embarazada *(v.)* to be pregnant, **6**

　estar en cartelera *(v.)* to be showing / playing at the moment, **11**

　estar enredado/a con *(v.)* to be involved with (as in a romantic relationship), **12**

estatura, la *(n.)* height, **6**

este, el *(n.)* east, **2**

estética, la *(n.)* aesthetics, **8**

estornudar *(v.)* to sneeze, **6**

estrenar (una película, una obra de teatro) *(v.)* to release (a movie); to perform for the first time (a play, a show), **11**

estreno, el *(n.)* opening night, premiere, **11**

estrujón, el *(n.)* tight grip, **2**

euforia, la *(n.)* euphoria, **12**

evitar *(v.)* to avoid, **6**

excursión, la *(n.)* tour, **2**

éxito, el *(n.)* success, **3**; hit (movie or play), **11**

　éxito de taquilla, el *(n.)* box office success, **11**

experiencia laboral, la *(n.)* work experience, **7**

explicar *(v.)* to explain, **1**

explotar *(v.)* to exploit, **5**

expresionismo, el *(n.)* expressionism, **8**

expuesto/a *(adj.)* exposed, **3**

extraviado/a *(adj.)* lost, **8**

F

fábrica, la *(n.)* factory, **4**

falla, la *(n.)* failure, **9**

falta, la *(n.)* lack of, **1**

faltar *(v.)* to be missing, be lacking, **3**

familia nuclear, la *(n.)* nuclear family, **1**

fascinar *(v.)* to fascinate, **3**

fastidiar *(v.)* to vex, disappoint, **3**

fatiga, la *(n.)* fatigue, **2**

favorecer (zc) *(v.)* to favor, **10**

felicidad, la *(n.)* happiness, **7**

festejar *(v.)* to celebrate, **12**

festejos, los *(n.pl.)* festivities, celebrations, **12**

fiesta, la *(n.)* party, celebration,

　fiesta patria, la *(n.)* national holiday, **12**

　fiesta patronal, la *(n.)* patron saint's holiday, **12**

　fiesta religiosa, la *(n.)* religious holiday, **12**

fijo/a *(adj.)* fixed, **5**

firmar *(v.)* to sign, **7**

flaco/a *(adj.)* thin, skinny, **1**

flequillo, el *(n.)* bangs, **1**

florecer (zc) *(v.)* to flourish, flower, **9**

　floreció en it occurred, **5**

flujo, el *(n.)* flow, **10**

folleto, el *(n.)* brochure, **2**

fomentar *(v.)* to promote, encourage, **8**

fondo, el *(n.)* background, **8**

forma, la *(n.)* way, form, manner, **7**

formulario, el *(n.)* form *(to fill out)*, **7**
franqueza, la *(n.)* frankness, candor, **8**
freír (i, i) *(v.)* to fry, **6**
frijol, el *(n.)* bean, **6**
fuegos artificiales, los *(n.)* fireworks, **12**
fuente, la *(n.)* fountain; source, **5**
 fuente de inspiración, la *(n.)* source of inspiration, **8**
fuerza de voluntad, la *(n.)* willpower, **1**
función, la *(n.)* performance, **11**
funcionamiento, el *(n.)* functioning, workings, **3**
funcionar *(v.)* to work, function, **3**

G

gafas 3D, las *(n.pl.)* 3D glasses, **11**
gallo, el *(n.)* rooster, **8**
ganancia, la *(n.)* profit (as in monetary profit), **10**
ganar *(v.)* to earn; to win, **3**
 ganarse (la vida) *(v.)* to earn one's living, **3**
garantizar *(v.)* to guarantee, **10**
garganta, la *(n.)* throat, **6**
garza, la *(n.)* heron, **11**
gastar *(v.)* to spend (money), **1**
gavilán, el *(n.)* sparrow hawk (type of bird), **8**
gaviota, la *(n.)* seagull, **3**
generador/a, el/la *(n.)* generator, **5**
generar *(v.)* to generate, **4**
gerente/a, el/la *(n.)* manager, **7**
gestar *(v.)* to create, **8**
gira, la *(n.)* tour (of a theater troupe), **11**
glaciar, el *(n.)* glacier, **4**
globalización económica, la *(n.)* economic globalization, **9**
globo, el *(n.)* balloon, **12**
gota, la *(n.)* drop, **6**
gozar *(v.)* to enjoy, **12**
 gozar de buena salud *(v.)* to enjoy good health, **6**
grabación, la *(n.)* recording, **11**
grabar *(v.)* to record, **11**
grasa, la *(n.)* fat, **6**
gripe, la *(n.)* flu, **6**
gritar *(v.)* to scream; to shout, **3**
grito, el *(n.)* scream, **8**
grueso/a *(adj.)* thick, **3**
guerra, la *(n.)* war, **1**
guía turística, la *(n.)* tourist guide, **2**

guiar *(v.)* to guide, **3**
guión, el *(n.)* script, **11**
guirnalda, la *(n.)* streamer, **12**

H

hacer *(v.)* to do; to make, **1**
 hacer bromas *(v.)* to make jokes, **12**
 hacer dedo *(v.)* to hitchhike, **2**
 hacer ecoturismo *(v.)* to take an ecological vacation, **2**
 hacer escala *(v.)* to stop over (referring to a plane ride), **2**
 hacer esquí alpino / nórdico / acuático *(v.)* to ski downhill / cross country / water ski, **2**
 hacer fila *(v.)* to stand in line, **10**
 hacer régimen / dieta *(v.)* to be on a diet, **6**
 hacer sobreuso *(v.)* to overuse, **4**
 hacer trizas *(v.)* to break, **2**
 hacer un brindis *(v.)* to make a toast, **12**
 hacer una caminata *(v.)* to hike, **2**
 hacer una fiesta *(v.)* to have a party, **12**
 hacer windsurf *(v.)* to windsurf, **2**
 hacerse *(v.)* to become, **8**
 hacerse amigo/a *(v.)* to become friends, **3**
halagar *(v.)* to flatter, **4**
hallar *(v.)* to find, **7**
hartarse *(v.)* to be fed up, **3**
hecho, el *(n.)* fact, **3**
herencia cultural, la *(n.)* cultural heritage, **3**
herida, la *(n.)* wound, **6**
herido/a *(adj.)* wounded, **8**
herramienta, la *(n.)* tool, **4**
hígado, el *(n.)* liver, **6**
higo, el *(n.)* fig, **6**
hijo/a, el/la *(n.)* son/daughter, **1**
 hijos, los *(n.pl.)* children, **1**
hilito, el *(n.)* little thread, **3**
hilo, el *(n.)* thread, **12**
hogar, el *(n.)* home, **3**
hoja de vida, la *(n.)* résumé, **7**
hombro, el *(n.)* shoulder, **6**
hondo/a *(adj.)* deep, **4**
hora, la *(n.)* hour, **5**
horario, el *(n.)* schedule, timetable, **7**
hoy en día *(adv.)* nowadays, **1**
huella, la *(n.)* footprint, trace, **4**
hueso, el *(n.)* bone, **6**

huésped/a, el/la *(n.)* guest, lodger, **2**
huesudo/a *(adj.)* bony, **6**
humillar *(v.)* to humiliate, **9**
hundir *(v.)* to sink, **2**
hurtar *(v.)* to steal, **11**

I

igual *(adj.)* equal, same, **5**
igualdad, la *(n.)* equality, **5**
impedir (i, i) *(v.)* to hinder, prevent, **5**
implicar *(v.)* to imply, **9**
importar *(v.)* to matter; to be important; to care about, **3**
impresionar *(v.)* to impress, **12**
impresionismo, el *(n.)* impressionism, **8**
imprevisto, el *(n.)* unforeseen / unexpected occurrence, **3**
inaugurar *(v.)* to open (referring to an exhibit), **8**
incierto/a *(adj.)* uncertain, **2**
incitar *(v.)* to urge, **10**
indígena, el/la *(n.)* indigenous person, **5**
indocumentado/a, el/la *(n.)* person without legal documents, **3**
inesperado/a *(adj.)* unexpected, **2**
infancia, la *(n.)* childhood, **1**
infantil *(adj.)* child (as in child labor), **10**
infeliz *(adj.)* unhappy, **7**
infeliz, el *(n.)* "poor devil," unfortunate person, **9**
influir *(v.)* to influence, **6**
informática, la *(n.)* computer science, **7**
inquietante *(adj.)* disturbing, **8**
insatisfecho/a *(adj.)* unsatisfied, **7**
insensato/a *(adj.)* foolish, **1**
insistir *(v.)* to insist, **1**
insomnio, el *(n.)* insomnia, **6**
intacto/a *(adj.)* intact, **1**
integrante, el *(n.)* member, **1**
integrarse *(v.)* to become part of, **3**
intentar *(v.)* to try, **5**
interesar *(v.)* to interest, **3**
intermediario/a, el/la *(n.)* intermediary, **10**
intermedio, el *(n.)* intermission, **11**
interpretar el papel de *(v.)* to play the part of, **11**
ir *(v.)* to go, **1**

irse *(v.)* to go away, leave, **3**
isla, la *(n.)* island, **2**

J

jalar (halar) *(v.)* to pull, **3**
jarabe (para la tos), el *(n.)* (cough) syrup, **6**
jefe/a, el/la *(n.)* chief, **5**
jerga, la *(n.)* jargon, slang, **9**
jolgorio, el *(n.)* merrymaking, revelry, **12**
joven, el/la *(n.)* young person, **9**
jubilación, la *(n.)* retirement, **7**
júbilo, el *(n.)* jubilation, rejoicing, **12**
juguete, el *(n.)* toy, **10**
juntarse *(v.)* to get together, **3**
junto/a *(adj.)* together, **1**
junto a *(prep.)* by, next to, **3**
justo/a *(adj.)* fair, **1**
juvenil *(adj.)* youthful, young, **9**
juzgar *(v.)* to judge, **3**

L

labio, el *(n.)* lip, **6**
labor redentora, el *(n.)* redeeming work, **5**
laboral *(adj.)* work-related, **7**
lago, el *(n.)* lake, **2**
lapa, la *(n.)* macaw, **2**
lápiz USB, el *(n.)* pen drive, flash drive, **11**
largo/a *(adj.)* long, **1**
lavar(se) *(v.)* to wash (oneself), **3**
lazo familiar, el *(n.)* family tie, **1**
leal *(adj.)* loyal, **1**
lealtad, la *(n.)* loyalty, **9**
lecho, el *(n.)* bed, **5**
lector de CD / DVD, el *(n.)* CD / DVD player, **11**
leer *(v.)* to read, **1**
lengua, la *(n.)* tongue, **6**
  lengua materna, la *(n.)* mother tongue, **3**
levantarse *(v.)* to get up, **3**
libertad, la *(n.)* freedom, **3**
libro electrónico, el *(n.)* e-book, **11**
licencia (sin goce de sueldo), la *(n.)* leave (unpaid), **7**
licenciado/a, el/la *(n.)* university graduate, **7**
lienzo, el *(n.)* canvas, **8**

limpio/a *(adj.)* clean, **4**
lindo/a *(adj.)* beautiful, pretty, **1**
línea definida, la *(n.)* well-defined line, **8**
llamarse *(v.)* to be called, be named, **3**
llanura, la *(n.)* plain, **4**
llegar a ser *(v.)* to become, **8**
llenar *(v.)* to fill up, **6**
lleno/a *(adj.)* full, **2**
llevar *(v.)* to take (to / away), carry, **1**
  llevarse bien / mal *(v.)* to get along well / badly, **3**
llorar *(v.)* to cry, **3**
local, el *(n.)* business location, premises, **10**
lograr *(v.)* to attain, **3**; to succeed in; to manage, **4**
logro, el *(n.)* achievement, **3**
loza, la *(n.)* china (plates, cups, saucers), **11**
luchar *(v.)* to fight, **9**
luz, la *(n.)* light, **8**

M

madre, la *(n.)* mother, **1**
madrugada, la *(n.)* dawn, **9**
madurar *(v.)* to mature, **1**
maduro/a *(adj.)* mature, **1**
maestro/a, el/la *(n.)* master, teacher, **8**
mal educado/a *(adj.)* impolite, **1**
malentendido, el *(n.)* misunderstanding, **3**
malestar, el *(n.)* malaise; discomfort, **6**
malgastar *(v.)* to waste, **4**
maltrato, el *(n.)* mistreatment, **5**
mandar *(v.)* to send, **7**
manejo, el *(n.)* handling, **8**
manglar, el *(n.)* mangrove swamp, **4**
mantener (ie) *(v.)* to provide for; to defend or sustain an opinion, **9**
  mantener (una familia) *(v.)* to support (a family), **3**
maquillarse *(v.)* to put on make-up, **3**
mar, el *(n.)* sea, **2**
marco, el *(n.)* frame, **8**
marearse *(v.)* to become dizzy, seasick, **6**
mareo, el *(n.)* dizziness; seasickness, **6**
marginación, la *(n.)* marginalization, **9**
más propenso/a a dirigir more likely to lead, **1**
masa, la *(n.)* mass (of people), **12**
matar *(v.)* to kill, **5**

material, el *(n.)* material,
  material artístico, el *(n.)* artistic material, **8**
  material reutilizable, el *(n.)* reusable material, **4**
maternidad, la *(n.)* maternity, **1**
matrimonio, el *(n.)* marriage, **1**
mayor *(adj.)* older, **1**
mayor, el/la *(n.)* the oldest, **1**
mayoría, la *(n.)* majority, **1**
mediano/a, el/la *(n.)* middle child, **1**
medicamento, el *(n.)* medicine, **6**
médico/a de guardia, el/la *(n.)* doctor on call, **6**
medio, el *(n.)* means, **4**
  medio ambiente, el *(n.)* environment, **4**
  medios de comunicación, los *(n.pl.)* means of communication, media, **11**
  medios de difusión, los *(n.pl.)* mass media, **11**
medir (i, i) *(v.)* to measure, **1**
mejilla, la *(n.)* cheek, **6**
mejorar *(v.)* to improve, **3**
menor, el/la *(n.)* the youngest, **1**
mente, la *(n.)* mind, **6**
mentir (ie, i) *(v.)* to lie, **1**
mentón, el *(n.)* chin, **6**
mercado, el *(n.)* market, **5**
  mercado de consumo, el *(n.)* consumer market, **9**
  mercado laboral, el *(n.)* job market, **7**
merecer (zc) *(v.)* to deserve, **1**
merodea on the prowl, **2**
mestizo/a, el/la *(n.)* person of half Spanish, half Native-American descent, **5**
meta, la *(n.)* goal, **10**
mientras que *(conj.)* while, **3**
migaja, la *(n.)* crumb, **11**
mimar *(v.)* to spoil, pamper, indulge, **1**
mini-videocámara, la *(n.)* webcam, **11**
minoría, la *(n.)* minority, **1**
moda, la *(n.)* fashion, **1**
mojado/a *(adj.)* wet, **11**
molestar *(v.)* to bother, **3**
momento, el *(n.)* (present) moment, **7**
monoparental *(adj.)* single-parent, **1**
montaña, la *(n.)* mountain, **2**
morder (ue) *(v.)* to bite, **6**
morir (ue, u) *(v.)* to die, **1**
mortuorio/a *(adj.)* mortuary, belonging to the dead, **2**
mostrar (ue) *(v.)* to show, **1**
  mostrarse *(v.)* to appear to be, **1**

motivado/a *(adj.)* motivated, **7**
mover(se) (ue) *(v.)* to move, **1**
mudanza, la *(n.)* move to another residence, **1**
mudar(se) *(v.)* to change residence, move (change address), **1**
mudo/a *(adj.)* mute, **8**
muela, la *(n.)* molar, **6**
muerte, la *(n.)* death, **2**
mundo del espectáculo, el *(n.)* show business, **11**
municipio, el *(n.)* municipality, **4**
muñeca, la *(n.)* wrist, **6**
muralismo, el *(n.)* muralism, **8**
murmullo, el *(n.)* murmur, whisper, **12**
murmurar *(v.)* to whisper, **12**
músculo, el *(n.)* muscle, **1**
muslo, el *(n.)* thigh, **6**
mutuo/a *(adj.)* mutual, **12**

N

nacimiento, el *(n.)* birth, **1**
nariz pinochil *(adj.)* a nose like Pinocchio's, **1**
naturaleza, la *(n.)* nature, **2**
   naturaleza muerta, la *(n.)* still-life, **8**
navegar *(v.)* to sail, **2**
   navegar por Internet *(v.)* to surf the Web, **9**
nervio, el *(n.)* nerve, **6**
nieto/a, el/la *(n.)* grandson/granddaughter, **1**
nivel de vida, el *(n.)* standard of living, **3**
no no, not,
   no bien *(conj.)* as soon as, just as, **8**
   no sólo… sino también not only … but also, **1**
norte, el *(n.)* north, **2**
noticias, las *(n.pl.)* news, **2**
noticiero, el *(n.)* newscast, **11**
novedoso/a *(adj.)* new, **9**

O

obedecer (zc) *(v.)* to obey, **1**
obra, la *(n.)* work,
   obra de arte, la *(n.)* the work of art, **8**
   obra de teatro, la *(n.)* (theater) play, **11**
   obra maestra, la *(n.)* masterpiece, **8**
ocaso, el *(n.)* sunset, **4**

ocio, el *(n.)* leisure, **9**
ocupar *(v.)* to occupy, **1**
odiar *(v.)* to hate, **1**
oeste, el *(n.)* west, **2**
oferta, la *(n.)* sale, offer, **10**
   oferta de trabajo, la *(n.)* job offer, **7**
ofrecer (zc) *(v.)* to offer, **1**
oído, el *(n.)* inner ear, **6**
oír *(v.)* to hear, **1**
ola, la *(n.)* wave, **2**
óleo, el *(n.)* oil painting, **8**
ombligo, el *(n.)* belly button, navel, **12**
operario/a, el/la *(n.)* operator (of a machine in the workplace), **10**
oprimido/a *(adj.)* oppressed, **5**
optar *(v.)* to opt, choose, **1**
orgullo, el *(n.)* pride, **9**
ori *word used when playing hide-and-seek*, **1**
orilla, la *(n.)* bank of the river, **6**
oscurecer (zc) *(v.)* to get dark, **5**
otorgar *(v.)* to grant, give, **11**

P

padre, el *(n.)* father, **1**
   padres, los *(n.pl.)* parents, **1**
paga, la *(n.)* pay, **10**
pagar *(v.)* to pay, **3**
país, el *(n.)* country (nation), **2**
   país en vías de desarrollo, el *(n.)* developing country, **10**
paisaje, el *(n.)* landscape, countryside, **2**
paja, la *(n.)* straw, **11**
paleta, la *(n.)* palette, **8**
pan integral, el *(n.)* whole wheat bread, **6**
pantorrilla, la *(n.)* calf, **6**
pañuelo, el *(n.)* handkerchief, **6**
papá/s, el/los *(n.)/(n.pl.)* dad(dy) / parents, **1**
parada, la *(n.)* stop, **2**
parado/a *(adj.)* standing, **2**
paraguas, el *(n.)* umbrella, **8**
parecer (zc) *(v.)* to seem, **1**
   parecer(se) a *(v.)* to resemble, **1**
pareja, la *(n.)* couple, partner; lover, **1**
pares, los *(n.pl.)* peers, **9**
paridad, la *(n.)* parity, **10**
pariente/a, el/la *(n.)* relative, **1**

pasajero/a, el/la *(n.)* passenger, **2**
pasar, *(v.)* to pass, happen; to spend (time)
   pasarlo bien / mal *(v.)* to have a good / bad
     time, **2**
   pasar(se) el tiempo + -ando/-iendo *(v.)* to spend the time
     doing (something), **2**
pasatiempo, el *(n.)* pastime, leisure time
   activity, **11**
pastel, el *(n.)* pastel (a crayon for drawing in pastel), **8**
pastilla, la *(n.)* pill, **6**
paternidad, la *(n.)* paternity, **1**
patrocinar *(v.)* to sponsor, **8**
patrón, el *(n.)* pattern, **8**
payaso/a, el/la *(n.)* clown, **12**
paz, la *(n.)* peace, **5**
pedido, el *(n.)* order (an order placed with a provider), **10**
pedir (i, i) *(v.)* to ask, request, **1**
pegarse *(v.)* to pick up (an accent, a way of speaking), **9**
peinarse *(v.)* to comb one's hair, **3**
peleador/a *(adj.)* quarrelsome, **1**
pelearse *(v.)* to fight, **3**
película, la *(n.)* movie, **11**
peligro, el *(n.)* danger, **9**
pelo, el *(n.)* hair, **6**
pena de amor, la *(n.)* lovesickness, **12**
pensar (ie) *(v.)* to think, **1**
   pensar + infinitivo *(v.)* to plan to, **2**
perder (ie) *(v.)* to lose, **1**
   perder el tiempo *(v.)* to waste time, **3**
pérdida de tiempo, la *(n.)* waste of time, **3**
perezoso/a *(adj.)* lazy, **1**
perfil, el *(n.)* profile, **3**
perfumarse *(v.)* to put on perfume, **3**
periódico, el *(n.)* newspaper, **11**
periodista, el/la *(n.)* reporter, **11**
permiso de trabajo, el *(n.)* work permit, **3**
permitir *(v.)* to allow, **1**
personaje, el *(n.)* character (in a play, movie, or book), **11**
pertenecer (zc) *(v.)* to belong, **3**
pesar *(v.)* to weigh, **1**
peso, el *(n.)* weight, **6**
pestaña, la *(n.)* eyelash, **6**
piadoso/a *(adj.)* pious, **4**
piedra, la *(n.)* rock, stone, **5**
pincel, el *(n.)* brush, **8**
pintar *(v.)* to paint, **8**
pintor/a, el/la *(n.)* painter, **8**

pintura, la *(n.)* painting, **8**
   pintura al fresco, la *(n.)* fresco, **8**
piscar *(v.)* to pick, **3**
pista (de aterrizaje / despegue), la *(n.)* landing strip /
   runway, **2**
planeta, el *(n.)* planet, **4**
playa, la *(n.)* beach, **2**
plazo, el *(n.)* term, date (fixed or agreed upon for an action), **3**
pleno/a *(adj.)* full, **6**
pluma, la *(n.)* feather, **8**
población, la *(n.)* population, **3**
poblar (ue) *(v.)* to populate, **4**
pobreza, la *(n.)* poverty, **9**
poco a poco little by little, **5**
poder (ue) *(v.)* to be able, **1**
poder, el *(n.)* power, **5**
política, la *(n.)* policy, **7**
pomada, la *(n.)* scented cream, **6**
poner *(v.)* to put, **1**
   poner el yeso *(v.)* to put the cast on, **6**
   poner una inyección *(v.)* to give an injection/a shot, **6**
   ponerse (+ adjetivo) *(v.)* to become, get (as in "to become
     sick, nervous," etc.), **8**
   ponerse (la ropa) *(v.)* to put on one's clothes, **3**
por *(prep.)* through, by
   por ciento percent, **1**
   por eso *(adv.)* for that reason, therefore, **4**
porcentaje, el *(n.)* percentage, **1**
pozo, el *(n.)* a well, **2**
pradera, la *(n.)* meadow, **4**
precio, el *(n.)* price, **10**
predecir (i) *(v.)* to predict, **1**
preferir (ie, i) *(v.)* to prefer, **1**
preguntarse *(v.)* to wonder, **3**
prejuicio, el *(n.)* prejudice, **3**
preocuparse (por) *(v.)* to worry (about), **3**
prepararse *(v.)* to get ready, **3**
prescindir de *(v.)* to do without, **11**
presentimiento, el *(n.)* inkling (of things to come), **8**
prestar atención *(v.)* to pay attention, **6**
prevalecer (zc) *(v.)* to prevail, **3**
preveer *(v.)* to foresee; to anticipate, **10**
prevenir (ie) *(v.)* to prevent, **6**
prever *(v.)* to anticipate, predict, **10**
primero/a *(adj.)* first,
   primer plano, el *(n.)* foreground, **8**
   primera plana, la *(n.)* front page, **11**

primogénito/a, el/la *(n.)* first-born, **1**
probar (ue) *(v.)* to try; to taste, **1**
producir (zc) *(v.)* to produce, **1**
productor, el *(n.)* producer, **10**
programación de computadoras, la *(n.)* computer programming, **7**
promover (ue) *(v.)* to promote, develop, **9**
propiciar *(v.)* to foster, **6**
propietario/a, el/la *(n.)* owner, **3**
proponer metas *(v.)* to set goals, **7**
proporcionar *(v.)* to provide with, supply, **10**
propósito, el *(n.)* purpose, **10**
próspero/a *(adj.)* prosperous, thriving, **9**
protagonista, el/la *(n.)* protagonist, main character, **11**
proteger (j) *(v.)* to protect, **4**
protegido/a *(adj.)* protected, **4**
protestar *(v.)* to protest, **1**
proveer *(v.)* to supply, provide, **10**
provenir (ie) *(v.)* to come from something / someone, **10**
público, el *(n.)* audience, **11**
pueblo, el *(n.)* people, **5**
puente, el *(n.)* bridge, **1**
puesto, el *(n.)* position, job, **7**
pulmón, el *(n.)* lung, **6**
puntualidad, la *(n.)* punctuality, **3**

Q

quebrarse (ie) (una pierna / un brazo) *(v.)* to break (a leg / an arm), **6**
quedar *(v.)* to remain, have left, **3**
   quedar embarazada *(v.)* to get pregnant, **6**
   quedarse *(v.)* to remain, **2**
quejarse (de) *(v.)* to complain (about), **3**
quemarse *(v.)* to get sunburned, **2**; to burn oneself, **6**
querer (ie) *(v.)* to love; to want, **1**
quisquilloso/a *(adj.)* easily offended, **11**
quitarse (la ropa) *(v.)* to take off one's clothes, **3**
quizá(s) *(adv.)* maybe, perhaps, **5**

R

racismo, el *(n.)* racism, **3**
rapidez, la *(n.)* quickness, swiftness, **4**
rato, el *(n.)* short time, little while, **5**

raza, la *(n.)* race, **3**
razón de ser, la *(n.)* reason for being, **5**
realismo, el *(n.)* realism, **8**
realizado/a *(adj.)* accomplished, **9**
realizar *(v.)* to carry out, fulfill, accomplish, **3**
   realizar (su sueño) *(v.)* to fulfill one's dream, **3**
recelo, el *(n.)* mistrust, misgiving, **11**
receta, la *(n.)* prescription (for medicine); recipe (for cooking), **6**
recetar *(v.)* to prescribe, **6**
rechazar *(v.)* to reject, **10**
recibir *(v.)* to receive, **1**
reciclaje, el *(n.)* recycling, **4**
reciclar *(v.)* to recycle, **4**
recién *(adj.)* recently, **6**
recobrar *(v.)* to recover, **2**
recomendar (ie) *(v.)* to recommend, **1**
reconocer (zc) *(v.)* to recognize, **1**
reconocimiento, el *(n.)* recognition, **11**
recordar (ue) *(v.)* to remember, **1**
recorrer *(v.)* to go around a place, **2**
recorrida, la *(n.)* route, trip, visit (to a place), **9**
recurso, el *(n.)* resource,
   recurso natural, el *(n.)* natural resource, **4**
   recursos humanos, los *(n.pl.)* human resources, **7**
reducir (zc) *(v.)* to reduce, **4**
reemplazado/a *(adj.)* replaced, **4**
reflejar *(v.)* to reflect, **1**
reforestación, la *(n.)* reforestation, **4**
refugio natural, el *(n.)* nature sanctuary, **4**
régimen, el *(n.)* diet, **6**
reír (i, i) *(v.)* to laugh, **1**
remedio, el *(n.)* medicine, remedy, **6**
rendimiento, el *(n.)* output (of a worker), yield, **3**
renovable *(adj.)* renewable, **4**
repetir (i, i) *(v.)* to repeat, **1**
reponerse *(v.)* to recover from, **4**
reportero/a, el/la *(n.)* newspaper reporter, **4**
reserva, la *(n.)* reserve, **4**
resfriado, el *(n.)* cold, **6**
resolver (ue) *(v.)* to solve; to resolve, clear up, **7**
respeto, el *(n.)* respect, **1**
respirar *(v.)* to breathe, **6**
resultado, el *(n.)* result, **1**
resumir *(v.)* to summarize, **10**

retener (ie) *(v.)* to retain; to keep, **7**
retratar *(v.)* to portray, **8**
retrato, el *(n.)* portrait, **8**
retroceder *(v.)* to go back, **10**
retroceso, el *(n.)* backward movement, **4**
reunión, la *(n.)* meeting, **7**
reunirse *(v.)* to get together, meet, **3**
reutilizable *(adj.)* reusable, **4**
reutilizar *(v.)* to reuse, **4**
rezar *(v.)* to pray, **12**
riesgo, el *(n.)* risk, **4**
río, el *(n.)* river, **2**
rizado/a *(adj.)* curly headed, curly haired, **1**
rodeado/a *(adj.)* surrounded, **5**
rodear *(v.)* to surround, **3**
rodilla, la *(n.)* knee, **6**
romanticismo, el *(n.)* romanticism, **8**
romper *(v.)* to break,
    hubiera roto had broken, **3**
rostro, el *(n.)* face, **5**
rugir *(v.)* to roar, **2**
ruidoso/a *(adj.)* noisy, **2**
rumiar *(v.)* to ponder, **2**

S

saber *(v.)* to know, **1**
sacar fotos *(v.)* to take pictures, **2**
sacerdote, el *(n.)* priest, **5**
saco de dormir, el *(n.)* sleeping bag, **2**
sala de emergencia, la *(n.)* emergency room, **6**
salir *(v.)* to go out, leave, **1**
saludable *(adj.)* healthy, **6**
saludarse *(v.)* to greet each other, **3**
salvar *(v.)* to save, **4**
sangre, la *(n.)* blood, **6**
sano/a *(adj.)* healthy, **1**
satisfecho/a *(adj.)* satisfied, **7**
secarse *(v.)* to dry oneself, **3**
seguir (i, i) *(v.)* to follow; to continue, **1**
según *(prep.)* according to, **1**
seguro de desempleo, el *(n.)* unemployment insurance, **7**
selva, la *(n.)* jungle, **2**
sensato/a *(adj.)* sensible, **1**
sentar (ie) mal *(v.)* to not agree with (with regards to food), **6**
    sentarse *(v.)* to sit down, **3**

sentido, el *(n.)* sense, meaning, connotation, **7**
sentimiento, el *(n.)* feeling, emotion, **12**
sentir (ie, i) *(v.)* to feel, **6**
    sentirse *(v.)* to feel, **3**
    sentirse bien / mal *(v.)* to feel good / bad, **6**
señal, la *(n.)* signal, **2**
separar(se) *(v.)* to separate, **1**
ser *(v.)* to be, **1**
    ser alérgico/a *(v.)* to be allergic, **6**
ser, el *(n.)* being (in the sense of "person"), **12**
ser humano, el *(n.)* human being, **1**
servir (i, i) *(v.)* to serve, **1**
SIDA, el *(n.)* AIDS, **6**
siembra, la *(n.)* sowing, planting, **4**
siglo, el *(n.)* century, **5**
siguiente *(adj.)* following, next, **7**
similitud, la *(n.)* resemblance, similarity, **9**
sin embargo *(adv.)* nevertheless, however, **8**
síntoma, el *(n.)* symptom, **6**
sistema de salud, el *(n.)* health system, **5**
sobre todo *(adv.)* above all, **5**
sobresaliente *(adj.)* outstanding, **4**
sobresalir *(v.)* to stand out, excel, **12**
soleado/a *(adj.)* sunny, **2**
solicitar *(v.)* to apply for; to solicit, **7**
    solicitar un trabajo *(v.)* to apply for a job, **7**
solicitud de empleo, la *(n.)* job application, **7**
solitario/a *(adj.)* lonely, solitary, **12**
solo *(adv.)* only, **7**
solo/a *(adj.)* alone, **3**
sombra, la *(n.)* shadow, **8**
someter(se) *(v.)* to submit (oneself), **7**
sonarse (ue) la nariz *(v.)* to blow one's nose, **6**
soñar (ue) *(v.)* to dream, **1**
soportar(se) *(v.)* to stand; to put up with, stand (a person), **3**
sordo/a *(adj.)* hearing-impaired, deaf, **8**
sordo/a, el/la *(n.)* hearing-impaired person, deaf person, **9**
sostén, el *(n.)* support, **1**
sostener (ie) *(v.)* to maintain, support, **4**
suave *(adj.)* soft, smooth, **3**
subyugar *(v.)* to subjugate, **5**
suceder *(v.)* to happen, **4**
    suceder(se) *(v.)* to follow one another, **11**
suceso, el *(n.)* event, **2**
sueldo, el *(n.)* salary, **7**
sueño, el *(n.)* dream, **6**
supervivencia, la *(n.)* survival, **4**

sur, el *(n.)* south, **2**

surco, el *(n.)* furrow, **3**

surgir *(v.)* to come forth, emerge, **8**

surrealismo, el *(n.)* surrealism, **8**

suspirar *(v.)* to sigh, **3**

suspiro, el *(n.)* sigh, **11**

T

tal vez *(adv.)* maybe, **5**

tala, la *(n.)* felling/cutting down of trees, **4**

tales como such as, **9**

taller, el *(n.)* studio, workshop, **8**

talón, el *(n.)* heel, **6**

tamaño, el *(n.)* size, **1**

taparse la boca *(v.)* to cover one's mouth, **6**

taquillero/a *(adj.)* successful at the box office, **11**

tarde o temprano *(adv.)* sooner or later, **7**

tarjeta, la *(n.)* card,

    tarjeta de embarque, la *(n.)* boarding pass, **2**

    tarjeta de residente, la *(n.)* permanent resident card, **3**

tasa, la *(n.)* rate,

    tasa de mortalidad, la *(n.)* mortality rate, **6**

    tasa de natalidad, la *(n.)* birth rate, **1**

técnica, la *(n.)* technique, **8**

    técnica artística, la *(n.)* artistic technique, **8**

tejedor/a, el/la *(n.)* weaver, **10**

tela, la *(n.)* canvas, **8**

telaraña, la *(n.)* spiderweb, **2**

telediario, el *(n.)* news program, **11**

teléfono con pantalla táctil, el *(n.)* cell phone with touch screen, **11**

telenovela, la *(n.)* soap opera, **11**

televidente, el/la *(n.)* TV viewer, person watching TV, **11**

televisivo/a *(adj.)* televised, **11**

temer *(v.)* to be afraid, **12**

temor, el *(n.)* fear, **5**

témpera, la *(n.)* tempera, **8**

temporada, la *(n.)* season (for a specific activity or event, *i.e.,* holiday season, soccer season, etc.), **10**

tender a (ie) *(v.)* to have a tendency to, **1**

tenebroso/a *(adj.)* dreary, **6**

tener (ie) *(v.)* to have, **1**

    tener afán de superación *(v.)* to expect a lot of oneself, **7**

    tener celos de *(v.)* to be jealous of, **12**

    tener dolor de... *(v.)* to have a/an . . . ache, **6**

tener dominio de otros idiomas *(v.)* to be fluent in other languages, **7**

tener en cuenta *(v.)* to take into account, **7**; to take into consideration, **3**

tener éxito *(v.)* to succeed, **3**

tener facilidad de palabra *(v.)* to be articulate, **7**

tener fiebre *(v.)* to have a fever, **6**

tener iniciativa *(v.)* to show initiative, **7**

tener náusea *(v.)* to be nauseous, **6**

tensión arterial, la *(n.)* blood pressure, **6**

tentar (ie) *(v.)* to tempt, **10**

terremoto, el *(n.)* earthquake, **2**

terreno, el *(n.)* plot of land, lot, **4**

terrestre *(adj.)* terrestrial, relating to Earth, **4**

tertulia, la *(n.)* social gathering, **3**

tez, la *(n.)* face skin, **3**

tibieza, la *(n.)* warmth, **12**

tiempo, el *(n.)* time; weather, **5**

    tiempo parcial, el *(n.)* part-time, **7**

tienda de campaña, la *(n.)* tent, **2**

tirar *(v.)* to throw away, **4**

    tirarse *(v.)* to throw oneself, **2**

titulares, los *(n.pl.)* headlines, **11**

título, el *(n.)* degree, **7**

tobillo, el *(n.)* ankle, **6**

tolerar(se) *(v.)* to tolerate, **1**

tomar *(v.)* to take,

    tomar decisiones *(v.)* to make decisions, **7**

    tomar el sol *(v.)* to sunbathe, **2**

    tomar fotos *(v.)* to take pictures, **2**

    tomarse la presión arterial *(v.)* to take one's blood pressure, **6**

    tomarse la temperatura *(v.)* to take one's temperature, **6**

torcerse (ue) (el tobillo / la muñeca) *(v.)* to twist (one's ankle / wrist), **6**

tormenta, la *(n.)* storm, **2**

tos, la *(n.)* cough, **6**

toser *(v.)* to cough, **6**

trabajador/a, el/la *(n.)* worker, **5**

trabajar en equipo *(v.)* to work as a team, **7**

trabajo, el *(n.)* job, work, **7**

traducir (zc) *(v.)* to translate, **1**

traer *(v.)* to bring, **1**

trama, la *(n.)* plot, **11**

tramo de escaleras, el *(n.)* flight of stairs, **3**

transmitir *(v.)* to broadcast, **11**

trasero, el *(n.)* buttocks, **6**
tratar *(v.)* to deal with, **11**
   tratar (bien / mal) a alguien *(v.)* to treat someone well / badly, **3**
   tratar(se) de *(v.)* to be a question of, **7**; to be about, **11**
trazar *(v.)* to draw, **4**
truco, el *(n.)* trick, gimmick, **10**
turba, la *(n.)* crowd, **4**
turno, el *(n.)* doctor's appointment, **6**

U

únicamente *(adv.)* solely, **7**
unidad, la *(n.)* unity, **1**
uña, la *(n.)* fingernail, toenail, **6**
usar *(v.)* to use, **1**
uva, la *(n.)* grape, **6**

V

vacío/a *(adj.)* empty, **12**
valer *(v.)* to be worth, **1**
   valer la pena *(v.)* to be worthwhile, **11**
   valerse de *(v.)* *(v.)* to make use of, **5**
válido/a *(adj.)* valid, **3**
valor, el *(n.)* value, **3**
valorar *(v.)* to value, **3**
variado/a *(adj.)* varied, **1**
vecino/a, el/la *(n.)* neighbor, **1**
velero, el *(n.)* sailboat, **2**
vencer *(v.)* to defeat, overcome, **9**
vendar *(v.)* to bandage, **6**
vender *(v.)* to sell, **1**
venir (ie) *(v.)* to come, **1**
venta, la *(n.)* sale, **7**
ventaja, la *(n.)* advantage, **7**

ver *(v.)* to see, **1**
verdura, la *(n.)* vegetable, **6**
verja, la *(n.)* railing, **11**
vestirse (i, i) *(v.)* to get dressed, **3**
vez/veces, la/s *(n.)* (number of) time/s, **5**
viajar a dedo *(v.)* to hitchhike, **2**
vida, la *(n.)* life, **5**
   vida diaria, la *(n.)* everyday life, **12**
vidrio, el *(n.)* glass (window pane), **4**
vínculo, el *(n.)* link, connection, bond, **9**
violar *(v.)* to violate; to rape, **5**
visitar *(v.)* to visit, **1**
vista, la *(n.)* view, **2**
viudo/a, el/la *(n.)* widower/widow, **1**
vivir *(v.)* to live, **1**
vivo/a alive, **3**
volar (ue) *(v.)* to fly, **2**
voluble *(adj.)* fickle, **1**
volver (ue) *(v.)* to return (to a place), **1**
   volverse *(v.)* to become, turn, **8**
vomitar *(v.)* to vomit, **6**
vómito, el *(n.)* vomiting, **6**

Y

ya *(adv.)* already, **1**
ya que *(conj.)* since, inasmuch as, **1**
yerno, el *(n.)* son in law, **1**
yeso, el *(n.)* plaster, **6**

Z

zapatillas, las *(n.)* slippers, **6**
zona, la *(n.)* area, **4**

Credits

Photo Credits

Index

Numbers in italics refer to graphics and photo captions.

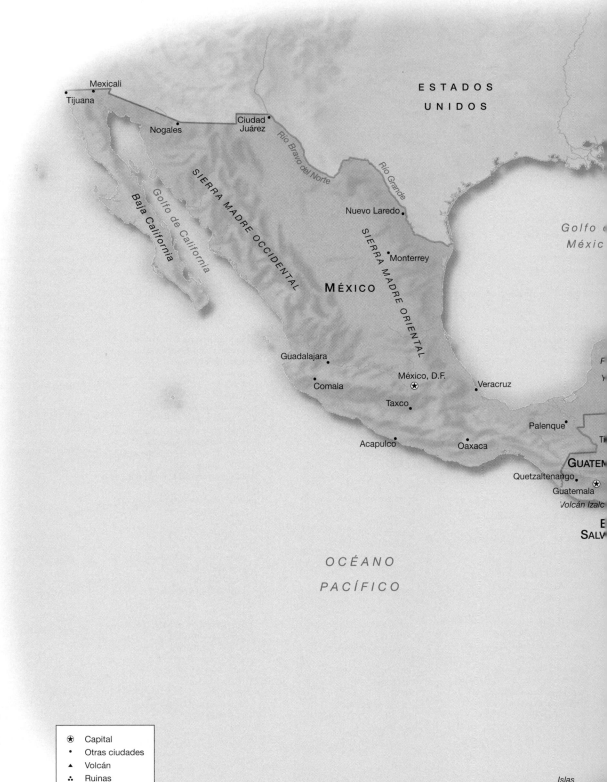

ESTADOS
UNIDOS

Mexicali
Tijuana
Nogales
Ciudad
Juárez
Río Bravo del Norte
Río Grande

SIERRA MADRE OCCIDENTAL

Golfo de California

Baja California

Nuevo Laredo

SIERRA MADRE ORIENTAL

Monterrey

MÉXICO

Golfo de
Méxic

Guadalajara

Comala

México, D.F.
⊛

Taxco

Veracruz

F
Y

Acapulco

Oaxaca

Palenque

Ti

GUATEM

Quetzaltenango
Guatemala
⊛
Volcán Izalc

E
SALV

OCÉANO

PACÍFICO

⊛	Capital
•	Otras ciudades
▲	Volcán
∴	Ruinas

Islas
Galápagos
(Ec.)

México, América Central y el Caribe

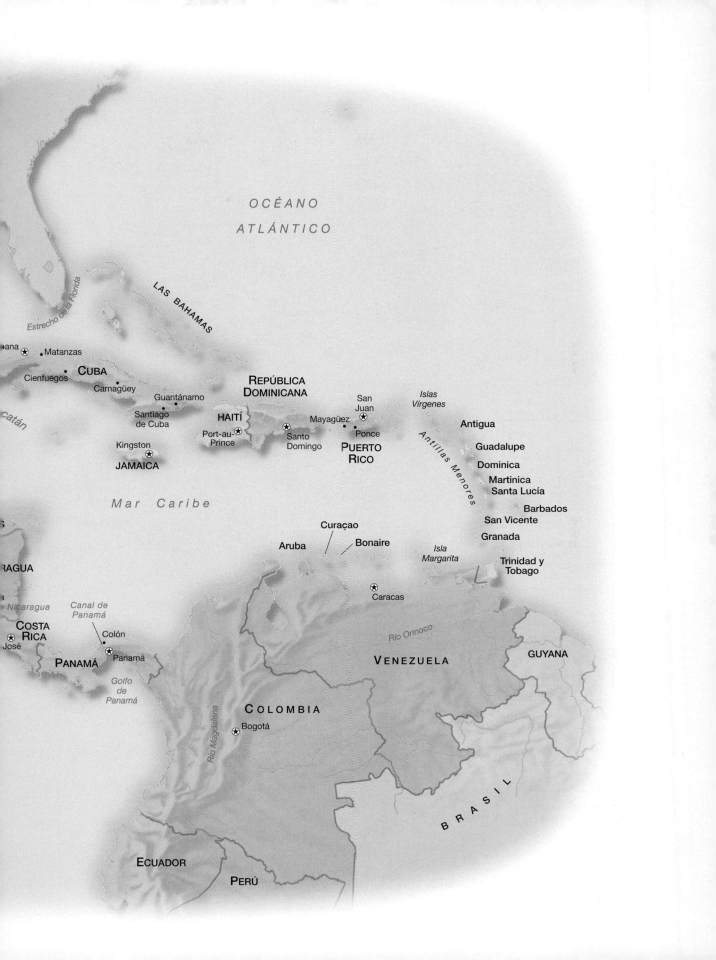

OCÉANO
ATLÁNTICO

Estrecho de la Florida

LAS BAHAMAS

ana ⭐ •Matanzas

Cienfuegos   CUBA
      •Camagüey
          •Guantánamo
catán   Santiago
          de Cuba   HAITÍ
              Kingston   Port-au-⭐
          JAMAICA   Prince

REPÚBLICA
DOMINICANA

San
Juan   Islas
        Vírgenes

Mayagüez   Antigua
•Santo   •Ponce
Domingo PUERTO   Guadalupe
          RICO
                  Dominica

                  Martinica
                  Santa Lucía

Mar   Caribe   Barbados
                          San Vicente
                                Granada
          Curaçao
                              Trinidad y
Aruba   Bonaire   Isla   Tobago
                    Margarita

RAGUA

Nicaragua   Canal de
              Panamá
COSTA   •Colón   Caracas
RICA   Río Orinoco
José   PANAMÁ ⭐Panamá
                            VENEZUELA   GUYANA
          Golfo
          de
          Panamá

                    COLOMBIA
                        ⭐Bogotá

                                    BRASIL

ECUADOR

PERÚ

Antillas Menores

Río Magdalena

Mar Caribe

OCÉANO
ATLÁNTICO

Barranquilla
Cartagena
Maracaibo Caracas
Barquisimeto

Medellín
VENEZUELA
Río Orinoco
Georgetown
Paramaribo
Cayenne
GUAYANA FRANCESA (Francia)

Manizales
Salto Ángel
GUYANA
SURINAM

Cali
Bogotá
COLOMBIA

Quito
ECUADOR
Ecuador

Islas Galápagos (Ec.)
Guayaquil
Cuenca
Iquitos
Manaus
Río Amazonas
Belém
Fortaleza

Cajamarca
Río Madeira
Recife

Trujillo
Río Branco
B R A S I L

PERÚ
Lima
Machu Picchu
Cuzco
Ayacucho
BOLIVIA
Salvador

Arequipa
Lago Titicaca
La Paz
Santa Cruz
Brasília

Arica
Cochabamba
Sucre
Belo Horizonte

Iquique
Potosí
PARAGUAY
Río de Janeiro

Antofagasta
Salta
Asunción
Salto Iguazú
São Paulo
Santos
Trópico de Capricornio

CHILE
San Miguel de Tucumán
ARGENTINA
Pôrto Alegre

Coquimbo
Córdoba
Rivera
Rosario
URUGUAY

Valparaíso
Santiago
Mendoza
Buenos Aires
La Plata
Montevideo
OCÉANO ATLÁNTICO

Concepción
Bahía Blanca
Río de la Plata

Puerto Montt

OCÉANO PACÍFICO

Estrecho de Magallanes
Islas Malvinas (Br.)

Punta Arenas
TIERRA DEL FUEGO
Cabo de Hornos

OCÉANO PACÍFICO

I. Pinta
I. Fernandina
I. Marchena
I. San Salvador
Santa Cruz
I. Santa Cruz
I. Isabela
Puerto Ayora
I. San Cristóbal
Puerto Villamil
Puerto Baquerizo Moreno

ISLAS GALÁPAGOS (ECUADOR)

OCÉANO PACÍFICO

Cabo Norte
Volcán Katiki
Hanga Roa
Cabo Cumming
Mataveri

ISLA DE PASCUA (CHILE)

⊛ Capital
• Otras ciudades
▲ Volcán
∴ Ruinas

América del Sur

Mar Cantábrico

Golfo de Vizcaya

FRANCIA

La Coruña

Avilés   Gijón   Santander
Oviedo
ASTURIAS   CANTABRIA   Bilbao
CORDILLERA CANTÁBRICA   PAÍS
VASCO
San
Sebastián

ANDORRA

Andorra la Vella

Lugo
GALICIA

León

Pamplcna
NAVARRA

PIRINEOS

Pontevedra

Orense

CASTILLA Y LEÓN

Burgos

Logroño

Río Ebro

Vigo

Braga
Oporto

Palencia

LA RICJA

SISTEMA IBÉRICO

CATALUÑA

Costa Brava

Lérida

Zamora   Valladolid   Zaragoza

Barcelona

OCÉANO
ATLÁNTICO

Río Duero

ARAGÓN

Tarragona

Segovia

Menorca

Coimbra

P O R T U G A L

Salamanca   Ávila

SIERRA DE GUADARRAMA

Madrid

Palma de
Mallorca

COMUNIDAD
DE
MADRID

Castellón

Río Tajo

Toledo

Mallorca

Lisboa

EXTREMADURA

ESPAÑA

Valencia

Cáceres

Río Júcar

ISLAS BALEARES

Setúbal

Mérida

CASTILLA
LA MANCHA

VALENCIA

Ibiza

Badajoz

Río Guadiana

Ciudad Real

Albacete

Formentera

Almadén

SIERRA MORENA

Linares

Alicante

Mar Mediterráneo

Río Guadalquivir

Murcia

Córdoba   Jaén   MURCIA

ANDALUCÍA

Cartagena

Huelva

Sevilla

Granada

Sra Nevada   Almería

Málaga   Costa del Sol

Jerez de la
Frontera

Cádiz

Algeciras

Estrecho de Gibraltar

Ceuta (Esp.)

Tánger

Mel la (Esp.)

ÁFRICA

ÁFRICA

Santa
Cruz de
la Palma   Lanzarote
La Palma   Santa   Arrecife
Cruz
Gomera   Fuerteventura
Tenerife   Las   Puerto del Rosario
Palmas
Hierro   Gran
Canaria

ISLAS CANARIAS
(ESPAÑA)

OCÉANO
ATLÁNTICO

ÁFRICA

Malabo

CAMERÚN

GUINEA
ECUATORIAL

OCÉANO
ATLÁNTICO

GABÓN

España y África